Über dieses Buch

Urlaub wird durch Lesen schön, und ein Buch ist oft die netteste Reisebekanntschaft. Kluge Leute nehmen deshalb schon seit langem ihre Lieblingsschriftsteller mit in die Ferien. Der vorliegende Querschnitt durch das literarische Programm des Deutschen Taschenbuch Verlags soll darüber hinaus noch Gelegenheit geben, einmal etwas von den Autoren zu lesen, die man bisher vielleicht nur dem Namen nach kannte. Eine teils heitere, teils ernsthafte, vielleicht sogar romantische, auf jeden Fall jedoch interessante literarische Kreuzfahrt mit vielen guten Bekannten und manchen neuen Gesichtern. Seien Sie herzlich willkommen an Bord!

Das Urlaubslesebuch

Zusammengestellt von
Lutz-W. Wolff

Deutscher
Taschenbuch
Verlag

Originalausgabe
1. Auflage Mai 1985
4. Auflage Januar 1986: 126. bis 145. Tausend
Deutscher Taschenbuch Verlag GmbH & Co. KG,
München

Umschlaggestaltung: Celestino Piatti
Gesamtherstellung: C. H. Beck'sche Buchdruckerei,
Nördlingen
Printed in Germany · ISBN 3-423-10411-2

Inhalt

Günter Kunert
Vom Reisen

In frühester Literatur schon bildet das Reisen die Grundlage von Intention: keine Odyssee, von der bekanntlich jede planlose Irrfahrt ihre Bezeichnung bezieht, ohne die Mittelmeerkreuzfahrt ihres Helden und gleichzeitigen Reiseberichterstatters, der, wo immer er auch an Land gelangt, von seinem Umhergetriebensein berichtet. Aber nicht nur des »göttlichen Dulders« Umweg nach Hause, alle Darstellungen und seriösen Beschreibungen des Reisens implizieren unausgesprochen und unausdrücklich das Gleichnis. Der Reisende vertritt nicht einfach den Daheimgebliebenen, ihm Nachricht von der Ferne zu geben, in seiner Aktion und Reaktion spiegelt sich die Bewältigung unausweichlichen Lebens. Und nicht allein daraus resultiert des Lesers Interesse am literarisierten Gereistsein. Reisen, wie ich es verstehe, ist kein Hintersichbringen einer Entfernung zwischen zwei näher oder entfernter gelegenen Orten, um so rasch wie möglich einen Zweck zu erfüllen, was Zusammensetzungen wie »Geschäftsreise«, »Dienstreise« falsch und widersprüchlich benennen. *Reisen* meint weder das Verlassen des Heimes noch der Heimatstadt, noch des sogenannten Vaterlandes, sondern vor allem: der Gewohnheit. Selbst noch im letzten, von keiner Einsicht getrübten Touristen schimmelt im Unterbewußtsein etwas vom existentiellen Motiv des Reisens, das Metamorphose heißen könnte. Man weiß zwar, Reisen hat sich aus nackten ökonomischen Notwendigkeiten ergeben; wer nicht im weitesten Sinne wirtschaftlich betroffen war, blieb von der Steinzeit an hinterm Ofen hocken, doch trotz dieser realen Ursprünge und neben ihnen (und das ist ein Gesetz, von Gültigkeit auch für andere Bereiche) bedeutete es keineswegs nur Pfefferimport, Austausch von Tonwaren und Bernstein.

Die reisigen Ritter des Mittelalters, aus unfriedlichen Absichten in den Orient gezogen, kehrten verändert, nämlich zu der blinden Enge und Dumpfheit heimatlicher Verhältnisse nicht mehr ganz passend, in diese zurück, die, wir wissen es nur zu gut, mit dem Zusammenbruch ausgedehnter individueller Kommunikation in der Welt (und die antike Welt *war* die Welt) überhaupt erst entstehen konnten. Das jedoch sind nur die bekannten gröblichen Beispiele für die Unbelehrbaren, von denen wir hier nicht reden. Ungereiste Völkerschaften leben stets nahe der Barbarei, denn alles Andersgeartete, das ihnen fremd ist, wird, falls es in ihrer Mitte selber entsteht, als feindlich ausgerottet, weil sie es nicht als Katalysator eigner Entwicklung kapieren. Gewiß: das heißt man massenpsychologische oder gar philosophische Spekulationen, von denen kein verändernder Impuls zu erwarten ist: die geschichtsnotorischen Mechanismen, ewig mit dem Öl des Irrationalismus geschmiert, sind vermutlich unzerstörbar.

Verwandlung hießen wir das geheime und ungenannte Ziel jedes wirklichen Reisens und nicht: irgendwo ankommen. Selbst jemand, der in ausschließlich utilitaristischer Absicht sich von einem geographischen Punkt zum andern bewegt, transzendiert unwillkürlich sein Unternehmen, indem er dessen Begleitumstände betont und hervorhebt und so unfreiwillig eingesteht, wie sehr auch ihn die Mittel der Verwandlung erfaßt haben.

Verwandlung – aber wie? Das Wort ist nun oft genug gefallen, somit die Erläuterung fällig. Gemeint ist keineswegs die Zunahme an Kenntnissen und Wissen, keine Steigerung von Fähigkeiten, unterschiedliche Situationen reibungsloser zu bewältigen – gemeint ist, daß die *Fremde* (und ich benutze bewußt den altertümlichen, doch treffenden Ausdruck) den Reisenden sich selber fremd werden läßt. Woanders ist man ein anderer. Welcher einigermaßen empfindsame Reisende merkte nicht beispielsweise unter südlicherem Himmel an sich selber eine stärkere Bereitschaft zu größerer Lebhaftigkeit, gar zur ungewohnten Gestikulation? Dem anderen Lebensrhythmus sich anpassend, verliert er merklich von der eigenen, ohnehin unsicheren Individualitätssubstanz, gewinnt jedoch fremdartig neue hinzu, die aus der Kollektiv-Individualität, von welcher er eingehüllt wird, auf ihn übergeht. Man meint, die abweichende, sogar gegensätzliche Daseinsweise durch ein Minimum an Mimesis zu begreifen, nachzufühlen, und in diesem Nachfühlen (etwas wie ein emotionales Bewußtsein, und das ist bloß ein scheinbarer Widerspruch) liegt bereits, da wir ja damit schon von uns selber absehen und anderes Leben in uns aufzunehmen trachten, die Verwandlung beschlossen. Beteiligt sich noch unsere Phantasie, unser Vorstellungsvermögen an dem Vorgang, erhöht sich seine Intensität: jede Landschaft bietet uns plötzlich Heimat und glückliche Geborgenheit, jedes Haus die Möglichkeit, eine Existenz hineinzuprojizieren, welche die unsere sein könnte, sein müßte. Jener fremden Frau mit den eigentümlichen Zügen, dem vieldeutigen Blick, dem Fluidum einer gänzlich anderen Natur, anderen Historie ordnet man sich, da sie neben uns mit fremder Stimme in fremder Sprache spricht, als ihr Gatte oder Liebhaber zu: durchaus glaubhafte Möglichkeiten, die, wären sie verwirklicht, uns zum selbstverständlichen Bestandteil der Piazza werden ließen, genußvoll speisend und trinkend, ehe wir unser gemeinsames Bett in einem halbverfallenen, von lauter lauten Leuten bewohnten Quartier aufsuchen würden. Auf solche Weise wurde ich in New Mexico zum Indianer. Ich bin sowohl der etwas suspekte, vermutlich im Grenzbereich der Kriminalität operierende Kramhändler vom sonnabendlichen Krammarkt in Brighton, wie auch jener Postangestellte im abgelegenen Tiroler Inntal-Dorf, wo fünfhundert Meter von der Autostraße weg die Kalender einige Menschenalter hindurch nicht erneuert wurden. Der Stärkegrad freilich des Sichverwandelns schwankte. Das hängt von der Eindrucksmächtigkeit der bisher unbekannten Umgebung ab, von der hinterbliebenen Kraft örtlicher Vergangenheit, von der Vitalität ihrer Bewohner, die heftiger oder geringer spürbar, sinnlicher oder abstrakter sein kann; ihre Anwesenheit, ihre Geschichte und ihre Geschichten, ob den Gesichtern hypothetisch entnommen oder tatsächlich gehört, es sind die kostenlosen Mittel, derer wir bedürfen, unser eigenes Ich auszutauschen – freilich: es handelt sich nur um einen scheinbaren Austausch, und doch: etwas bekommen wir und etwas geben wir fort dabei, ohne daß wir genau zu definieren vermögen, was es eigentlich ist. Auf jeden Fall sensibilisieren uns solche Pseudo-Morphosen: sie öffnen unsere Poren. Unser Bewertungssystem wird korrigiert: wir erkennen, was Leben sein kann und was nicht und welches von beiden mehr wert wäre, gelebt zu werden.

So außer sich und aus seinem persönlichen Alltag geraten, in einer Art gezügelter, doch permanenter Ekstase, erfährt der Reisende auch das eigene Ich, da er nach allen Wandlungen und Verwandlungen erneut und immer wieder zu sich selber zurückkehrt. Weil er jedoch bei dieser Rückkehr kaum mehr der ganz gleiche ist wie vordem, findet er sich selber fremd und verfremdet vor, sich selber deutlicher erkennbar, eingebettet im Gelee seiner sozialen und gesellschaftlichen Lage.

Derart vollzieht sich an Reisenden die Goethische Sentenz »Reisen bildet«, was, dem Sprachgebrauch des Alten zufolge wahrscheinlich mehr enthält als nur Bildungserlebnis und wohl eher und glaubhafter besagt, daß, wer da reise, zum Menschen gebildet werde. Was eben auf andere Weise das gleiche verheißt: Verwandlung – aus rohem Stoff zu einem Wesen, das (potentiell) die Gesamtheit, meinetwegen: die Gattung, mitenthält. Eine Literatur, die sich mit dem Reisen befaßt und sich solcher Möglichkeiten trotzdem nicht bewußt ist, darf getrost als »Reise-Literatur« bezeichnet werden: ihr bleibt alles unverwechselbar exotisch und außerhalb des Begreifbaren, Begriffenen, sogar Begrifflichen.

Wo aber die Reise zum Zentrum der Dinge, der irdischen Dinglichkeit geht und die Reflexion am Steuer sitzt, von solcher Reise erwarten wir, wenn einer eine tut, daß er was davon erzählen kann, dessen wir nicht mehr entraten möchten, nachdem wir es erfuhren.

HEINRICH BÖLL
Hier ist Tibten

Herzlose Menschen begreifen nicht, daß ich so viel Sorgfalt und Demut auf eine Beschäftigung verwende, die sie meiner für unwürdig halten. Meine Beschäftigung mag nicht meinem Bildungsgrad entsprechen, auch war sie nicht der Gegenstand irgendeines der zahlreichen Lieder, die an meiner Wiege gesungen wurden, aber sie macht mir Spaß und ernährt mich: Ich sage den Leuten, wo sie sind. Zeitgenossen, die abends auf dem Heimatbahnhof in Züge steigen, die sie in ferne Gegenden tragen, die nachts dann auf unserem Bahnhof erwachen, verwirrt ins Dunkel blicken, nicht wissend, ob sie übers Ziel hinausgefahren oder noch vor dem Ziel sind, möglicherweise gar am Ziel (denn unsere Stadt birgt Sehenswürdigkeiten mannigfacher Art und lockt viele Reisende an), allen diesen sage ich, wo sie sind. Ich schalte den Lautsprecher ein, sobald ein Zug eingelaufen ist, und die Räder der Lokomotive stillstehen, und ich spreche es zögernd in die Nacht hinein: »Hier ist Tibten – Sie sind in Tibten! Reisende, die das Grab des Tiburtius besuchen wollen, müssen hier aussteigen!«, und von den Bahnsteigen her kommt das Echo bis in meine Kabine zurück: Dunkle Stimme aus dem Dunkeln, die etwas Zweifelhaftes zu verkünden scheint, obwohl sie die nackte Wahrheit spricht.

Manche stürzen dann hastig mit Koffern auf den schwach erleuchteten Bahnsteig, denn Tibten war ihr Ziel, und ich sehe sie die Treppe hinuntersteigen, auf Bahnsteig 1 wieder auftauchen und dem schläfrigen Beamten an der Sperre ihre Fahrkarten übergeben. Nur selten kommen nachts Leute mit geschäftlichen Ambitionen, Reisende, die bei den Tibtenschen Bleigruben den Bedarf ihrer Firmen zu decken gedenken. Meist sind es Touristen, die das Grab des Tiburtius anlockt, eines römischen Jünglings, der vor 1800 Jahren einer Tibtenschen Schönheit wegen Selbstmord beging. »Er war noch ein Knabe«, steht auf seinem Grabstein, den man in unserem Heimatmuseum bewundern kann, »doch die Liebe überwältigte ihn!« – Er kam aus Rom hierher, um Blei für seinen Vater zu kaufen, der Heereslieferant war.

Gewiß hätte ich nicht fünf Universitäten frequentieren und

zwei Doktorgrade erwerben müssen, um Nacht für Nacht ins Dunkel zu sagen: »Hier ist Tibten! Sie sind in Tibten.« Und doch erfüllt mich meine Tätigkeit mit Befriedigung. Ich sage meinen Spruch leise, so, daß die Schlafenden nicht erwachen, die Wachen ihn aber nicht überhören, und ich lege gerade so viel Beschwörung in meine Stimme, daß die Dösenden sich besinnen und überlegen, ob Tibten nicht ihr Ziel war.

Spät am Vormittag dann, wenn ich vom Schlaf erwache und aus dem Fenster schaue, sehe ich jene Reisenden, die nachts der Lockung meiner Stimme erlagen, durch unser Städtchen ziehen, mit jenen Prospekten bewaffnet, die unser Verkehrsbüro großzügig in die ganze Welt verschickt. Beim Frühstück haben sie schon gelesen, daß Tibten aus dem lateinischen Tiburtinum im Lauf der Jahrhunderte in seine gegenwärtige Form verschlissen wurde, und sie ziehen nun zum Heimatmuseum, wo sie den Grabstein bewundern, den man dem römischen Werther vor 1800 Jahren setzte: Aus rötlichem Sandstein ist das Profil eines Knaben gemeißelt, der vergebens die Hände nach einem Mädchen ausstreckt. »Er war noch ein Knabe, doch die Liebe überwältigte ihn ...« Auf sein jugendliches Alter weisen auch die Gegenstände hin, die man in seinem Grab fand: Figürchen aus elfenbeinfarbigem Stoff; zwei Elefanten, ein Pferd und eine Dogge, die – wie Brusler in seiner ›Theorie über das Grab des Tiburtius‹ behauptet – einer Art von Schachspiel gedient haben sollen. Doch bezweifle ich diese Theorie, ich bin sicher, daß Tiburtius mit diesen Dingen einfach so gespielt hat. Die kleinen Dinger aus Elfenbein sehen genauso aus wie die, die wir beim Einkauf eines halben Pfundes Margarine als Zugabe bekommen, und sie erfüllten denselben Zweck: Kinder spielten mit ihnen ... Vielleicht wäre ich hier verpflichtet, auf das ausgezeichnete Werk unseres Heimatschriftstellers Volker von Volkersen hinzuweisen, der unter dem Titel ›Tiburtius, ein römisches Schicksal, das sich in unserer Stadt vollendete‹ einen ausgezeichneten Roman schrieb. Doch halte ich Volkersens Werk für irreführend, weil auch er Bruslers Theorie über den Zweck des Spielzeuges anhängt.

Ich selbst – hier muß ich endlich ein Geständnis ablegen – bin im Besitz der originalen Figürchen, die in Tiburtius' Grab lagen; ich habe sie im Museum gestohlen, sie durch jene ersetzt, die ich beim Einkauf von einem halben Pfund Margarine als Zugabe bekomme: Zwei Elefanten, ein Pferd und eine Dogge; sie sind weiß wie Tiburtius' Tiere, sie haben dieselbe Größe, dieselbe Schwere, und – was mir als das Wichtigste erscheint – sie erfüllen denselben Zweck.

So kommen Reisende aus der ganzen Welt, um das Grab des Tiburtius und sein Spielzeug zu bewundern. Plakate mit dem Text »Come to Tibten« hängen in den Wartesälen der angelsächsischen Welt, und wenn ich nachts meinen Spruch spreche: »Hier ist Tibten! Sie sind in Tibten! Reisende, die das Grab des Tiburtius besuchen wollen, müssen hier aussteigen ...«, dann locke ich jene Zeitgenossen aus den Zügen, die in heimatlichen Bahnhöfen der Verführung unseres Plakates erlagen. Gewiß, sie sehen die Sandsteinplatte, deren historische Echtheit nicht zu bezweifeln ist. Sie sehen das rührende Profil eines römischen Jünglings, der von der Liebe überwältigt wurde und sich in einem abgesoffenen Schacht der Bleigruben ertränkte. Und dann gleiten die Augen der Reisenden über die Tierchen: Zwei Elefanten, ein Pferd und eine Dogge – und gerade an diesen könnten sie die Weisheit dieser Welt studieren, aber sie tun's nicht. Gerührte In- und Ausländerinnen häufen Rosen auf das Grab dieses Knaben, Gedichte werden geschrieben; auch meine Tiere, das Pferd und die Dogge (zwei Pfund Margarine mußte ich verbrauchen, um in ihren Besitz zu gelangen!), sind schon Gegenstand lyrischer Versuche geworden. »Spieltest wie wir spielen mit Dogge und Pferd ...« lautet der Vers aus dem Gedicht eines nicht unbekannten Lyrikers. Da liegen sie also: Gratiszugaben der Firma »Klüßhenners Eigelb-Margarine«, auf rotem Samt unter dickem Glas in unserem Heimatmuseum: Zeugen meines Margarineverbrauchs. Oft, bevor ich nachmittags zur Schicht gehe, besuche ich eine Minute das Heimatmuseum und betrachte sie: Sie sehen echt aus, gelblich angefärbt und sind nicht im geringsten von denen zu unterscheiden, die in meiner Schublade liegen, denn ich habe die Originale zu jenen geworfen, die ich beim Einkauf von »Klüßhenners Margarine« hinzubekomme, und versuche vergebens, sie wieder herauszufinden.

Nachdenklich gehe ich dann zum Dienst, hänge meine Mütze an den Haken, ziehe den Rock aus, lege meine Brote in die Schublade, lege mir Zigarettenpapier, Tabak, die Zeitung zurecht und sage, wenn ein Zug einläuft, den Spruch, den zu sprechen ich verpflichtet bin. »Hier ist Tibten! Sie sind in Tibten! Reisende, die das Grab des Tiburtius besuchen wollen, müssen hier aussteigen ...« Leise sage ich es, so daß die Schlafenden nicht erwachen, die Wachen mich nicht überhören, und ich lege gerade so viel Beschwörung in meine Stimme, daß die Dösenden sich besinnen und überlegen, ob Tibten nicht ihr Ziel war.

Und ich begreife nicht, daß man diese Beschäftigung meiner für unwürdig hält ...

Alfred Döblin

Die Ermordung einer Butterblume

Der schwarzgekleidete Herr hatte erst seine Schritte gezählt, eins, zwei, drei, bis hundert und rückwärts, als er den breiten Fichtenweg nach St. Ottilien hinanstieg, und sich bei jeder Bewegung mit den Hüften stark nach rechts und links gewiegt, so daß er manchmal taumelte; dann vergaß er es.

Die hellbraunen Augen, die freundlich hervorquollen, starrten auf den Erdboden, der unter den Füßen fortzog, und die Arme schlenkerten an den Schultern, daß die weißen Manschetten halb über die Hände fielen. Wenn ein gelbrotes Abendlicht zwischen den Stämmen die Augen zum Zwinkern brachte, zuckte der Kopf, machten die Hände entrüstete hastige Abwehrbewegungen. Das dünne Spazierstöckchen wippte in der Rechten über Gräser und Blumen am Wegrand und vergnügte sich mit den Blüten.

Es blieb, als der Herr immer ruhig und achtlos seines Weges zog, an dem spärlichen Unkraut hängen. Da hielt der ernste Herr nicht inne, sondern ruckte, weiter schlendernd, nur leicht am Griff, schaute sich dann, am Arm festgehalten, verletzt um, riß erst vergebens, dann erfolgreich mit beiden Fäusten das Stöckchen los und trat atemlos mit zwei raschen Blicken auf den Stock und den Rasen zurück, so daß die Goldkette auf der schwarzen Weste hochsprang.

Außer sich stand der Dicke einen Augenblick da. Der steife Hut saß ihm im Nacken. Er fixierte die verwachsenen Blumen, um dann mit erhobenem Stock auf sie zu stürzen und blutroten Gesichts auf das stumme Gewächs loszuschlagen. Die Hiebe sausten rechts und links. Über den Weg flogen Stiele und Blätter.

Die Luft laut von sich blasend, mit blitzenden Augen ging der Herr weiter. Die Bäume schritten rasch an ihm vorbei; der Herr achtete auf nichts. Er hatte eine aufgestellte Nase und ein plattes bartloses Gesicht, ein ältliches Kindergesicht mit süßem Mündchen.

Bei einer scharfen Biegung des Weges nach oben galt es aufzuachten. Als er ruhiger marschierte und sich mit der Hand gereizt den Schweiß von der Nase wischte, tastete er, daß sein Gesicht sich ganz verzerrt hatte, daß seine Brust heftig keuchte. Er erschrak bei dem Gedanken, daß ihn jemand sehen könnte, etwa von seinen Geschäftsfreunden oder eine Dame. Er strich sein Gesicht und überzeugte sich mit einer verstohlenen Handbewegung, daß es glatt war.

Er ging ruhig. Warum keuchte er? Er lächelte verschämt. Vor die Blumen war er gesprungen und hatte mit dem Spazierstöckchen gemetzelt, ja, mit jenen heftigen aber wohlgezielten Handbewegungen geschlagen, mit denen er seine Lehrlinge zu ohrfeigen gewohnt war, wenn sie nicht gewandt genug die Fliegen im Kontor fingen und nach der Größe sortiert ihm vorzeigten.

Häufig schüttelte der ernste Mann den Kopf über das sonderbare Vorkommnis. »Man wird nervös in der Stadt. Die Stadt macht mich nervös«, wiegte sich nachdenklich in den Hüften, nahm den steifen englischen Hut und fächelte die Tannenluft auf seinen Schopf.

Nach kurzer Zeit war er wieder dabei, seine Schritte zu zählen, eins, zwei, drei. Fuß trat vor Fuß, die Arme schlenkerten an den Schultern. Plötzlich sah Herr Michael Fischer, während sein Blick leer über den Wegrand strich, wie eine untersetzte Gestalt, er selbst, von dem Rasen zurücktrat, auf die Blumen stürzte und einer Butterblume den Kopf glatt abschlug. Greifbar geschah vor ihm, was sich vorhin begeben hatte an dem dunklen Weg. Diese Blume dort glich den andern auf ein Haar. Diese eine lockte seinen Blick, seine Hand, seinen Stock. Sein Arm hob sich, das Stöckchen sauste, wupp, flog der Kopf ab. Der Kopf überstürzte sich in der Luft, verschwand im Gras. Wild schlug das Herz des Kaufmanns. Plump sank jetzt der gelöste Pflanzenkopf und wühlte sich in das Gras. Tiefer, immer tiefer, durch die Grasdecke hindurch, in den Boden hinein. Jetzt fing er an zu sausen, in das Erdinnere, daß keine Hände ihn mehr halten konnten. Und von oben, aus dem Körperstumpf, tropfte es, quoll aus dem Halse weißes Blut, nach in das Loch, erst wenig, wie einem Gelähmten, dem der Speichel aus dem Mundwinkel läuft, dann in dickem Strom, rann schleimig, mit gelbem Schaum auf Herrn Michael zu, der vergeblich zu entfliehen suchte, nach rechts hüpfte, nach links hüpfte, der drüber wegspringen wollte, gegen dessen Füße es schon anbrandete.

Mechanisch setzte Herr Michael den Hut auf den schweißbedeckten Kopf, preßte die Hände mit dem Stöckchen gegen die Brust. »Was ist geschehen?« fragte er nach einer Weile. »Ich bin nicht berauscht. Der Kopf darf nicht fallen, er muß liegen bleiben, er muß im Gras liegen bleiben. Ich bin überzeugt, daß er jetzt ruhig im Gras liegt. Und das Blut – –. Ich erinnere mich dieser Blume nicht, ich bin mir absolut nichts bewußt.«

Er staunte, verstört, mißtrauisch gegen sich selbst. In ihm starrte alles auf die wilde Erregung, sann entsetzt über die Blume, den gesunkenen Kopf, den blutenden Stiel. Er sprang noch immer über den schleimigen Fluß. Wenn ihn jemand sähe, von seinen Geschäftsfreunden oder eine Dame.

In die Brust warf sich Herr Michael Fischer, umklammerte den Stock mit der Rechten. Er blickte auf seinen Rock und stärkte sich an seiner Haltung. Die eigenwilligen Gedanken wollte er schon unterkriegen: Selbstbeherrschung. Diesem Mangel an Gehorsam würde er, der Chef, energisch steuern. Man muß diesem Volk bestimmt entgegentreten: »Was steht zu Diensten? In meiner Firma ist solch Benehmen nicht üblich. Hausdiener, raus mit dem Kerl.« Dabei fuchtelte er, stehen bleibend, mit dem Stöckchen in der Luft herum. Eine kühle, ablehnende Miene hatte Herr Fischer aufgesetzt; nun wollte er einmal sehen. Seine Überlegenheit ging sogar soweit, daß er oben auf der breiten Fahrstraße seine Furchtsamkeit bespöttelte. Wie würde es sich komisch machen, wenn an allen Anschlagsäulen Freiburgs am nächsten Morgen ein rotes Plakat hinge: »Mord begangen an einer erwachsenen Butterblume, auf dem Wege vom Immental nach St. Ottilien, zwischen sieben und neun Uhr abends. Des Mordes verdächtig« et cetera. So spöttelte der schlaffe Herr in Schwarz und freute sich über die kühle Abendluft. Da unten würden die Kindermädchen, die Pärchen finden, was von seiner Hand geschehen war. Geschrei wird es geben und entsetztes Nachhauselaufen. An ihn würden die Kriminalbeamten denken, an den Mörder, der sich schlau ins Fäustchen lachte. Herr Michael erschauerte wüst über seine eigne Tollkühnheit, er hätte sich nie für so verworfen gehalten. Da unten lag aber sichtbar für die ganze Stadt ein Beweis seiner raschen Energie.

Der Rumpf ragt starr in die Luft, weißes Blut sickert aus dem Hals.

Herr Michael streckte leicht abwehrend die Hände vor.

Es gerinnt oben ganz dick und klebrig, so daß die Ameisen hängen bleiben.

Herr Michael strich sich die Schläfen und blies laut die Luft von sich.

Und daneben im Rasen fault der Kopf. Er wird zerquetscht,

aufgelöst vom Regen, verwest. Ein gelber stinkender Matsch wird aus ihm, grünlich, gelblich schillernd, schleimartig wie Erbrochenes. Das hebt sich lebendig, rinnt auf ihn zu, gerade auf Herrn Michael zu, will ihn ersäufen, strömt klatschend gegen seinen Leib an, spritzt an seine Nase. Er springt, hüpft nur noch auf den Zehen.

Der feinfühlige Herr fuhr zusammen. Einen scheußlichen Geschmack fühlte er im Munde. Er konnte nicht schlucken vor Ekel, spie unaufhörlich. Häufig stolperte er, hüpfte unruhig, mit blaubleichen Lippen weiter.

»Ich weigere mich, ich weigere mich auf das entschiedenste, mit Ihrer Firma irgendwelche Beziehungen anzuknüpfen.«

Das Taschentuch drückte er an die Nase. Der Kopf mußte fort, der Stiel zugedeckt werden, eingestampft, verscharrt. Der Wald roch nach der Pflanzenleiche. Der Geruch ging neben Herrn Michael einher, wurde immer intensiver. Eine andere Blume mußte an jene Stelle gepflanzt werden, eine wohlriechende, ein Nelkengarten. Der Kadaver mitten im Walde mußte fort. Fort.

Im Augenblick, als Herr Fischer stehen bleiben wollte, fuhr es ihm durch den Kopf, daß es ja lächerlich war, umzukehren, mehr als lächerlich. Was ging ihn die Butterblume an? Bittere Wut lohte in ihm bei dem Gedanken, daß er fast überrumpelt war. Er hatte sich nicht zusammengenommen, biß sich in den Zeigefinger: »Paß auf, du, ich sag dir's, paß auf, Lump, verfluchter.« Zugleich warf sich hinterrücks Angst riesengroß über ihn.

Der finstere Dicke sah scheu um sich, griff in seine Hosentasche, zog ein kleines Taschenmesser heraus und klappte es auf.

Inzwischen gingen seine Füße weiter. Die Füße begannen ihn zu grimmen. Auch sie wollten sich zum Herrn aufwerfen; ihn empörte ihr eigenwilliges Vorwärtsdrängen. Diese Pferdchen wollte er bald kirren. Sie sollten es spüren. Ein scharfer Stich in die Flanken würde sie schon zähmen. Sie trugen ihn immer weiter fort. Es sah fast aus, als ob er von der Mordstelle fortliefe. Das sollte niemand glauben. Ein Rauschen von Vögeln, ein fernes Wimmern lag in der Luft und kam von unten herauf. »Halt, halt!« schrie er den Füßen zu. Da stieß er das Messer in einen Baum.

Mit beiden Armen umschlang er den Stamm und rieb die Wangen an der Borke. Seine Hände fingerten in der Luft, als ob sie etwas kneteten: »Nach Kanossa gehn wir nicht.« Mit angestrengt gerunzelter Stirn studierte der totblasse Herr die Risse des Baumes, duckte den Rücken, als ob von hinten etwas über ihn wegspringen sollte. Die Telegrafenverbindung zwischen sich und der Stelle hörte er immer wieder klirren, trotzdem er mit Fußstößen die Drähte verwirren und zudrücken wollte. Er suchte es sich zu verbergen, daß seine Wut schon gelähmt war, daß in ihm eine sachte Lüsternheit aufzuckte, eine Lüsternheit nachzugeben. Ganz hinten lüsterte ihn nach der Blume und der Mordstelle.

Herr Michael wippte versuchend mit den Knieen, schnupperte in die Luft, horchte nach allen Seiten, flüsterte ängstlich: »Nur einscharren will ich den Kopf, weiter nichts. Dann ist alles gut. Rasch, bitte, bitte.« Er schloß unglücklich die Augen, drehte sich wie versehentlich auf den Hacken um. Dann schlenderte er, als wäre nichts geschehen, geradeaus abwärts, in gleichgültigem Spaziergängerschritt, mit leisem Pfeifen, in das er einen sorglosen Ton legte, und streichelte, während er befreit aufatmete, die Baumstämme am Wege. Dabei lächelte er, und sein Mäulchen wurde rund wie ein Loch. Laut sang er ein Lied, das ihm plötzlich einfiel: »Häschen in der Grube saß und schlief.« Das frühere Tänzeln, Wiegen der Hüften, Armschlenkern machte er nach. Das Stöckchen hatte er schuldbewußt hoch in den Ärmel hinaufgeschoben. Manchmal schlich er bei der Biegung des Weges rasch zurück, ob ihn jemand beobachte.

Vielleicht lebte sie überhaupt noch; ja woher wußte er denn, daß sie schon tot war? Ihm huschte durch den Kopf, daß er die Verletzte wieder heilen könnte, wenn er sie mit Hölzchen stützte und etwa ringsherum um Kopf und Stiel einen Klebeverband anlegte. Er fing an schneller zu gehen, seine Haltung zu vergessen, zu rennen. Mit einmal zitterte er vor Erwartung. Und stürzte lang an einer Biegung hin gegen einen abgeholzten Stamm, schlug sich Brust und Kinn, so daß er laut ächzte. Als er sich aufraffte, vergaß er den Hut im Gras; das zerbrochene Stöckchen zerriß ihm den Ärmel von innen; er merkte nichts. Hoho, man wollte ihn aufhalten, ihn sollte nichts aufhalten; er würde sie schon finden. Er kletterte wieder zurück. Wo war die Stelle? Er mußte die Stelle finden. Wenn er die Blume nur rufen könnte. Aber wie hieß sie denn? Er wußte nicht einmal, wie sie hieß. Ellen? Sie hieß vielleicht Ellen, gewiß Ellen. Er flüsterte ins Gras, bückte sich, um die Blumen mit der Hand anzustoßen.

»Ist Ellen hier? Wo liegt Ellen? Ihr, nun? Sie ist verwundet, am Kopf, etwas unterhalb des Kopfes. Ihr wißt es vielleicht noch nicht. Ich will ihr helfen; ich bin Arzt, Samariter. Nun, wo liegt sie? Ihr könnt es mir ruhig anvertrauen, sag ich euch.«

Aber wie sollte er, die er zerbrochen hatte, erkennen? Vielleicht faßte er sie gerade mit der Hand, vielleicht seufzte sie dicht neben ihm den letzten Atemzug aus.

Das durfte nicht sein.

Er brüllte: »Gebt sie heraus. Macht mich nicht unglücklich, ihr Hunde. Ich bin Samariter. Versteht ihr kein Deutsch?«

Ganz legte er sich auf die Erde, suchte, wühlte schließlich blind im Gras, zerknäulte und zerkratzte die Blumen, während sein Mund offen stand und seine Augen gradaus flackerten. Er dumpfte lange vor sich hin.

»Herausgeben. Es müssen Bedingungen gestellt werden. Präliminarien. Der Arzt hat ein Recht auf den Kranken. Gesetze müssen eingebracht werden.«

Die Bäume standen tiefschwarz in der grauen Luft am Wege und überall herum. Es war auch zu spät, der Kopf gewiß schon vertrocknet. Ihn entsetzte der endgültige Todesgedanke und schüttelte ihm die Schultern.

Die schwarze runde Gestalt stand aus dem Grase auf und torkelte am Wegrand entlang abwärts.

Sie war tot. Von seiner Hand.

Er seufzte und rieb sich sinnend die Stirn.

Man würde über ihn herfallen, von allen Seiten. Man sollte nur, ihn kümmerte nichts mehr. Ihm war alles gleichgültig. Sie würden ihm den Kopf abschlagen, die Ohren abreißen, die Hände in glühende Kohlen legen. Er konnte nichts mehr tun. Er wußte, es würde ihnen allen einen Spaß machen, doch er würde keinen Laut von sich geben, um die gemeinen Henkersknechte zu ergötzen. Sie hatten kein Recht, ihn zu strafen, waren selbst verworfen. Ja, er hatte die Blume getötet, und das ging sie garnichts an, und das war sein gutes Recht, woran er festhielte gegen sie alle. Es war sein Recht, Blumen zu töten, und er fühlte sich nicht verpflichtet, das näher zu begründen. Soviel Blumen, wie er wollte, könnte er umbringen, im Umkreise von tausend Meilen, nach Norden, Süden, Westen, Osten, wenn sie auch darüber grinsten. Und wenn sie weiter so lachten, würde er ihnen an die Kehle springen.

Stehen blieb er; seine Blicke gifteten in das schwere Dunkel der Fichten. Seine Lippen waren prall mit Blut gefüllt. Dann hastete er weiter.

Er mußte wohl hier im Wald kondolieren, den Schwestern der Toten. Er wies darauf hin, daß das Unglück geschehen sei, fast ohne sein Zutun, erinnerte an die traurige Erschöpfung, in der er aufgestiegen war. Und an die Hitze. Im Grunde seien ihm allerdings alle Butterblumen gleichgültig.

Verzweifelt zuckte er wieder mit den Schultern: »Was werden sie noch mit mir machen?« Er strich sich mit den schmutzigen Fingern die Wangen; er fand sich nicht mehr zurecht.

Was sollte das alles; um Gotteswillen, was suchte er hier!

Auf dem kürzesten Wege wollte er davonschleichen, querabwärts durch die Bäume, sich einmal ganz klar und ruhig besinnen. Ganz langsam, Punkt für Punkt.

Um nicht auf dem glatten Boden auszugleiten, tastet er sich von Baum zu Baum. Die Blume, denkt er hinterlistig, kann ja auf dem Wege stehen bleiben, wo sie steht. Es gibt genug solch toten Unkrauts in der Welt.

Entsetzen packt ihn aber, als er sieht, wie aus einem Stamm, den er berührt, ein runder blaßheller Harztropfen tritt; der Baum weint. Im Dunkeln auf einen Pfad flüchtend, merkt er bald, daß sich der Weg sonderbar verengt, als ob der Wald ihn in eine Falle locken wolle. Die Bäume treten zum Gericht zusammen.

Er muß hinaus.

Wieder rennt er hart gegen eine niedrige Tanne; die schlägt mit aufgehobenen Händen auf ihn nieder. Da bricht er sich mit Gewalt Bahn, während ihm das Blut stromweise über das Gesicht fließt. Er speit, schlägt um sich, stößt laut schreiend mit den Füßen gegen die Bäume, rutscht sitzend und kollernd abwärts, läuft schließlich Hals über Kopf den letzten Abhang am Rand des Waldes herunter, den Dorflichtern zu, den zerfetzten Gehrock über den Kopf geschlagen, während hinter ihm der Berg drohsam rauscht, die Fäuste schüttelt und überall ein Bersten und Brechen von Bäumen sich hören läßt, die ihm nachlaufen und schimpfen.

Regungslos stand der dicke Herr an der Gaslaterne vor der kleinen Dorfkirche. Er trug keinen Hut auf dem Kopf, in seinem zerzausten Haarschopf war schwarze Erde und Tannennadeln, die er nicht abschüttelte. Er seufzte schwer. Als ihm warmes Blut den Nasenrücken entlang auf die Stiefel tropfte, nahm er langsam mit beiden Händen einen Rockschoß hoch und drückte ihn gegen das Gesicht. Dann hob er die Hände an das Licht und wunderte sich über die dicken blauen Adern auf dem Handrücken. Er strich an den dicken Knollen und konnte sie nicht wegstreichen. Beim Ansingen und Aufheulen der Elektrischen trollte er weiter, auf engen Gäßchen, nach Hause.

Nun saß er ganz blöde in seinem Schlafzimmer, sagte laut vor sich hin: »Da sitz ich, da sitz ich«, und sah sich verzweifelt im Zimmer um. Auf und ab ging er, zog seine Sachen aus und versteckte sie in einer Ecke des Kleiderspindes. Er zog einen andern schwarzen Anzug an und las auf seiner Chaiselongue das Tagblatt. Er zerknäulte es im Lesen; es war etwas geschehen, es war etwas geschehen. Und ganz spürte er es am nächsten Tage, als er an seinem Pulte saß. Er war versteinert, konnte nicht fluchen, und mit ihm ging eine sonderbare Stille herum.

Mit krampfhaftem Eifer sprach er sich vor, daß alles wohl geträumt sein müsse; aber die Risse an seiner Stirn waren echt. Dann muß es Dinge geben, die unglaublich sind. Die Bäume hatten nach ihm geschlagen, ein Geheul war um die Tote gewesen. Er saß versunken da und kümmerte sich zum Erstaunen des Personals nicht einmal um die brummenden Fliegen. Dann schikanierte er die Lehrlinge mit finsterer Miene, vernachlässigte seine Arbeit und ging auf und ab. Man sah ihn oft, wie er mit der Faust auf den Tisch schlug, die Backen aufblies, schrie, er würde einmal aufräumen im Geschäft und überall. Man würde es sehen. Er lasse sich nicht auf der Nase herumtanzen, von niemandem.

Als er rechnete, bestand aber am nächsten Vormittag unerwartet etwas darauf, daß er der Butterblume zehn Mark gutschrieb. Er erschrak, verfiel in bitteres Sinnen über seine Ohnmacht und bat den Prokuristen, die Rechnung weiterzuführen. Am Nachmittag legte er selbst das Geld in einen besonderen Kasten mit stummer Kälte; er wurde sogar veranlaßt, ein eigenes Konto für sie anzulegen; er war müde geworden, wollte seine Ruhe haben. Bald drängte es ihn, ihr von Speise und Trank zu opfern. Ein kleines Näpfchen wurde jeden Tag für sie neben Herrn Michaels Platz gestellt. Die Wirtschafterin hatte die Hände zusammengeschlagen, als er ihr dies Gedeck befahl; aber der Herr hatte sich mit einem unerhörten Zornesausbruch jede Kritik verbeten.

Er büßte, büßte für seine geheimnisvolle Schuld. Er trieb Gottesdienst mit der Butterblume, und der ruhige Kaufmann behauptete jetzt, jeder Mensch habe seine eigene Religion; man müsse eine persönliche Stellung zu einem unaussprechlichen Gott einnehmen. Es gebe Dinge, die nicht jeder begreift. In den Ernst seines Äffchengesichts war ein leidender Zug gekommen; auch seine Körperfülle hatte abgenommen, seine Augen lagen tief. Wie ein Gewissen sah die Blume in seine Handlungen, streng, von den größten bis zu den kleinsten alltäglichen.

Die Sonne schien in diesen Tagen oft auf die Stadt, das Münster und den Schloßberg, schien mit aller Lebensfülle. Da weinte der Verhärtete eines Morgens am Fenster auf, zum ersten Male seit seiner Kindheit. Urplötzlich, weinte, daß ihm fast das Herz brach. All diese Schönheit raubte ihm Ellen, die verhaßte Blume, mit jeder Schönheit der Welt klagte sie ihn jetzt an. Der Sonnenschein leuchtet, sie sieht ihn nicht; sie darf den Duft des weißen Jasmins nicht atmen. Niemand wird die Stelle ihres schmählichen Todes betrachten, keine Gebete wird man dort sprechen: das durfte sie ihm alles zwischen die Zähne werfen, wie lachhaft es auch war und er die Hände rang. Ihr ist alles versagt: das Mondlicht, das Brautglück des Sommers, das ruhige Zusammenleben mit dem Kuckuck, den Spaziergängern, den Kinderwagen. Er preßte das Mündchen zusammen; er wollte die Menschen zurückhalten, als sie den Berg hinaufzogen. Wenn doch die Welt mit einem Seufzer untergegangen wäre, damit der Blume das Maul gestopft sei. Ja, an Selbstmord dachte er, um diese Not endlich zu stillen.

Zwischendurch behandelte er sie erbittert, wegwerfend, drängte sie mit einem raschen Anlauf an die Wand. Er betrog sie in kleinen Dingen, stieß hastig, wie unabsichtlich, ihren Napf um, verrechnete sich zu ihrem Nachteil, behandelte sie manchmal listig wie einen Geschäftskonkurrenten. An dem Jahrestag ihres Todes stellte er sich, als ob er sich an nichts erinnerte. Erst als sie dringender auf eine stille Feier zu bestehen schien, widmete er ihrem Andenken einen halben Tag.

In einer Gesellschaft ging einmal die Frage nach dem Leibgericht herum. Als man Herrn Michael fragte, was er am liebsten esse, fuhr er mit kalter Überlegung heraus: »Butterblumen; Butterblumen sind mein Leibgericht.« Worauf alles in Gelächter ausbrach, Herr Michael aber sich zusammenduckte auf seinem Stuhl, mit verbissenen Zähnen das Lachen hörte und die Wut der Butterblume genoß. Er fühlte sich als scheusäliger Drache, der geruhsam Lebendiges herunterschluckt, dachte an wirr Japanisches und Harakiri. Wenngleich er heimlich eine schwere Strafe von ihr erwartete.

Einen solchen Guerillakrieg führte er ununterbrochen mit ihr; ununterbrochen schwebte er zwischen Todespein und Entzücken; er labte sich ängstlich an ihrem wütenden Schreien, das er manchmal zu hören glaubte. Täglich sann er auf neue Tükken; oft zog er sich, hoch aufgeregt, aus dem Kontor in sein Zimmer zurück, um ungestört Pläne zu schmieden. Und so heimlich verlief dieser Krieg, und niemand wußte darum.

Die Blume gehörte zu ihm, zum Komfort seines Lebens. Er dachte mit Verwunderung an die Zeit, in der er ohne die Blume gelebt hatte. Nun ging er oft mit trotziger Miene in den Wald nach St. Ottilien spazieren. Und während er sich eines sonnigen Abends auf einem gefallenen Baumstamm ausruhte, blitzte ihm der Gedanke: hier an der Stelle, wo er jetzt saß, hatte seine Butterblume, Ellen, gestanden. Hier mußte es gewesen sein. Wehmut und ängstliche Andacht ergriff den dicken Herrn. Wie hatte sich alles gewendet! Seit jenem Abend bis heute. Er ließ versunken die freundlichen, leicht verfinsterten Augen über das Unkraut gehen, die Schwestern, vielleicht Töchter Ellens. Nach langem Sinnen zuckte es spitzbübisch über sein glattes Gesicht. Oh, sollte seine liebe Blume jetzt eins bekommen. Wenn er eine Butterblume ausgrübe, eine Tochter der Toten, sie zu Hause einpflanzte, hegte und pflegte, so hatte die Alte eine junge Nebenbuhlerin. Ja, wenn er es recht überlegte, konnte er den Tod der Alten überhaupt sühnen. Denn er rettete dieser Blume das Leben und kompensierte den Tod der Mutter; diese Tochter verdarb doch sehr wahrscheinlich hier. Oh, würde er die Alte ärgern, sie ganz kaltstellen. Der gesetzkundige Kaufmann erinnerte sich eines Paragraphen über Kompensation der Schuld. Er grub ein nahes Pflänzchen mit dem Taschenmesser aus, trug es behutsam in der bloßen Hand heim und pflanzte es in einen goldprunkenden Porzellantopf, den er auf einem Mosaiktischchen seines Schlafzimmers postierte. Auf den Boden des Topfes schrieb er mit Kohle: »§ 2403 Absatz 5.«

Täglich begoß der Glückliche die Pflanze mit boshafter Andacht und opferte der Toten, Ellen. Sie war gesetzlich, eventuell unter polizeilichen Maßregeln zur Resignation gezwungen, bekam keinen Napf mehr, keine Speise, kein Geld. Oft glaubte er, auf dem Sofa liegend, ihr Winseln, ihr langgezogenes Stöhnen zu hören. Das Selbstbewußtsein des Herrn Michael stieg in ungeahnter Weise. Er hatte manchmal fast Anwandlungen von Größenwahn. Niemals verfloß sein Leben so heiter.

Als er eines Abends vergnügt aus seinem Kontor in seine Wohnung geschlendert war, erklärte ihm seine Wirtschafterin gleich an der Tür gelassen, daß das Tischchen beim Reinemachen umgestürzt, der Topf zerbrochen sei. Sie hätte die Pflanze, das gemeine Mistzeug, mit allen Scherben in den Mülleimer werfen lassen. Der nüchterne, leicht verächtliche Ton, in dem die Person von dem Unfall berichtete, ließ erkennen, daß sie mit dem Ereignis lebhaft sympathisiere.

Der runde Herr Michael warf die Tür ins Schloß, schlug die kurzen Hände zusammen, quiekte laut vor Glück und hob die überraschte Weibsperson an den Hüften in die Höhe, so weit es seine Kräfte und die Deckenlänge der Person erlaubten. Dann schwänzelte er aus dem Korridor in sein Schlafzimmer, mit flackernden Augen, aufs höchste erregt; laut schnaufte er und stampften seine Beine; seine Lippen zitterten.

Es konnte ihm niemand etwas nachsagen; er hatte nicht mit dem geheimsten Gedanken den Tod dieser Blume gewünscht, nicht die Fingerspitze eines Gedankens dazu geboten. Die Alte, die Schwiegermutter, konnte jetzt fluchen und sagen, was sie wollte. Er hatte mit ihr nichts zu schaffen. Sie waren geschiedene Leute. Nun war er die ganze Butterblumensippschaft los. Das Recht und das Glück standen auf seiner Seite. Es war keine Frage. Er hatte den Wald übertölpelt.

Gleich wollte er nach St. Ottilien, in diesen brummigen, dummen Wald hinauf. In Gedanken schwang er schon sein schwarzes Stöckchen. Blumen, Kaulquappen, auch Kröten sollten daran glauben. Er konnte morden, so viel er wollte. Er pfiff auf sämtliche Butterblumen.

Vor Schadenfreude und Lachen wälzte sich der dicke, korrekt gekleidete Kaufmann Herr Michael Fischer auf seiner Chaiselongue.

Dann sprang er auf, stülpte seinen Hut auf den Schädel und stürmte an der verblüfften Haushälterin vorbei aus dem Hause auf die Straße.

Laut lachte und prustete er. Und so verschwand er in dem Dunkel des Bergwaldes.

Heimito von Doderer
Die Peinigung der Lederbeutelchen

Wenige Tage nach dem Leichenbegängnisse Coyle's, des alten Geizhalses, erschien bei mir Mr. Crotter, sein ehmals nächster Freund, und der einzige Mann in unserer Stadt und im ganzen Distrikte überhaupt, von dem gesagt werden konnte, daß er noch reicher sei, als der jüngst Verstorbene es war; ja eigentlich galt er sogar als um ein Vielfaches wohlhabender. Die Uhr rückte gerade auf neun, als Mr. Crotter kam, ich saß am Feuer, hatte mein Frühstück beendet und hielt noch die Teetasse in der Hand. Draußen lag ein rauchiger Winternebel vor den Fenstern. »So zeitig?!« sagte ich, während ich mich erhob und den alten Herrn begrüßte, »gibt es was Neues? Ich wollte heute gegen Mittag bei Ihnen vorsprechen (ich war damals noch Crotters Rechtsanwalt), und nun machen Sie mir schon am Morgen die Ehre Ihres Besuches in meinem bescheidenen Heim« – damit bot ich ihm einen Lehnstuhl und eine Zigarre an. »Hören Sie mal«, meinte er, nach ein paar Zügen, »ich ging an Ihrem Hause vorüber, und dabei kam mir der Gedanke, daß Sie eigentlich ein recht vernünftiger junger Mann seien, und so entschloß ich mich jetzt gleich, heraufzusteigen und mit Ihnen über eine Sache zu reden, die den verstorbenen Coyle betrifft.«

»Ah –!« sagte ich, »wegen des Testamentes ...?« – dieses letztere bildete jetzt einen häufigen Gesprächsgegenstand in unserer Stadt, was aus allerlei Gründen begreiflich erscheint. Denn zuerst, nachdem den alten Harpagon wieder einmal, jedoch nunmehr endgültig, der Schlag gerührt hatte, war überhaupt keine Aufzeichnung eines letzten Willens zu finden gewesen; jetzt aber schien wieder jedermann neugierig, was wohl in jenem, wie seit vorgestern verlautete, endlich entdeckten Schriftstücke verordnet sein mochte bezüglich eines so bedeutenden Vermögens, und ob nicht etwa doch wenigstens die Pfarre oder ein Wohltätigkeitsinstitut der öffentlichen Hand irgendein Legat erhalten habe, und dergleichen mehr ... »Sind Sie etwa«, fragte ich, »in dem Testamente irgendwie erwähnt, oder an der Verlassenschaft gar beteiligt?«

»Das kann ich noch nicht wissen«, sagte Mr. Crotter, »man eröffnet eben jetzt das Schriftstück. Ich traf nämlich den Notar zufällig vor einer halben Stunde auf der Straße, und ich sagte ihm auf jeden Fall, daß ich hier bei Ihnen sein werde. Übrigens haben sich Verwandte gefunden, hörte ich, eine natürliche Tochter, oder so etwas. Sie dürften zudem wissen, daß ich wahrhaft keinen Grund habe, nach einer Erbschaft zu schielen, und wenn mir der alte Coyle irgendetwas von Wert vermacht haben sollte, würde ich's unverzüglich dem Pfarrer übergeben, denn ich trage kein Verlangen nach den zusammengescharrten Schätzen dieses widerlichen alten Geizkragens.«

»Erlauben Sie«, sagte ich mit leichtem Erstaunen, »gleichwohl waren Sie sein einziger Freund, ja der einzige Mensch überhaupt, mit dem er Umgang hatte. Beinahe buchstäblich genommen. Er hielt ja, wie es hieß, nicht einmal Dienerschaft.«

»Nicht einen Menschen. Irgendeine alte Vettel kam wohl über Tag, kochte und besorgte das Nötigste. Er pflegte in der Küche hinter ihr zu stehen und aufzupassen, daß nicht zuviel Fett in die Pfanne getan werde. Habe das selbst gesehen. Er hatte von der Stadt hier bis nach dem alten grauen verwahrlosten Kasten da draußen, den er sein Haus nannte, eine gute Dreiviertelstunde zu gehen, und machte das, trotz seines hohen Alters, stets zu Fuß, falls er schon überhaupt einmal aus dem Baue kroch. Wenn er am Droschkenstand vorbeiwatschelte, pflegten die Kutscher ihm Frechheiten nachzurufen. Ja wirklich, Sie haben Recht, Doktor, er war vollkommen einsam. Verdiente es auch nicht anders, meines Erachtens nach. Wenn ich zu ihm hinausfuhr – und das tat ich dann stets mit dem neuen schönen Jagdwagen und den beiden Füchsen, um ihn zu ärgern sozusagen – wenn ich also hinausfuhr, mußte der Diener das Essen einpacken, aber nicht nur das, sondern wenn ich da draußen nur eine Tasse Tee nehmen wollte, ließ ich schon alles mitführen, Service, Tee, Zucker, selbst den Weingeist für die Teemaschine. Einmal brachte ich nichts. Er löffelte ruhig sein abendliches Milchsüppchen mit altem Brot darinnen, und ich sah dabei zu. Er hat mir niemals irgendetwas angeboten, nicht einmal Tabak, um eine Pfeife zu stopfen.«

»Nun, da kann man wirklich sagen«, meinte ich lachend, »daß Ihr Umgang mit dem seligen Coyle zumindest keinerlei eigensüchtige Motive hatte! Indessen – Verzeihung, Sir, es geht mich ja gewiß nichts an – jedoch man könnte schon dazu gelangen, die Frage zu stellen, was eigentlich einen so lebenslustigen und gerade in den materiellen Dingen des Lebens ganz ausgesprochen großzügigen Mann, wie Sie, an diesem alten – na –

Harpagon angezogen haben mag ... nun, ich meinte eigentlich: es wäre schier zu glauben, daß Sie Coyle einfach deshalb brauchten, um ihn zu verabscheuen – wenn anders ich mir einen kleinen Seitensprung in die Psychologie erlauben darf –«

»Bewahre!« sagte er sehr lebhaft, und sein etwas zu groß geratenes Gesicht zog sich noch mehr in die Länge, wobei seine dachförmig geknickten Augenbrauen, die noch ganz tiefschwarz waren, sich sozusagen in spitze Hütchen verwandelten – »bewahre!« rief er, »davon kann überhaupt keine Rede sein. Weder habe ich Coyle jemals verabscheut, noch gehaßt. Wohin denken Sie! Nein – er war ein im Grunde interessanter und ein sehr gescheuter Mann. Coyle hat in seiner Jugend die ganze Welt gesehen. Ich konnte ihm stundenlang zuhören. Anschauen durfte man ihn freilich dabei nicht, sah ja aus wie ein Knollengewächs oder ein wandelnder Kegelstumpf. Dazu eine Haut wie Pipa, die Wabenkröte. Na, Gott hab ihn selig. Jedoch – und nun hören Sie genau zu, junger Mann, denn das ist jetzt die Angelegenheit, derentwegen ich Sie eigentlich sprechen wollte – jedoch ich habe, im Zusammenhange mit Coyle, die letzten Monate hindurch tatsächlich gehaßt, sogar auf das heftigste, wenn auch nicht den Verstorbenen, und überhaupt keinen Menschen, sondern vielmehr ein totes Ding, oder, genauer angegeben, eine Reihe von toten Dingen. Ich bin gewissermaßen gekommen, um bei Ihnen mein Herz zu erleichtern, ja, wenn Sie's so nennen wollen, um zu beichten – seltsam, ich alter Kerl einem Jungen.«

»Ihr Vertrauen ehrt mich«, sagte ich, denn mir fiel augenblicklich nichts Besseres ein. Ich war überrannt und natürlich nicht im Bilde. »Erlauben Sie mir nur«, fuhr ich fort – vielleicht in dem Wunsche Zeit und damit Sammlung zu gewinnen – »erlauben Sie mir nur, noch telephonisch mit meinem Kollegen zu sprechen, den Sie heute morgen getroffen haben, bevor Sie hierher kamen. Vielleicht kann er mir schon sagen, wie es mit dem Testamente steht, ich meine vor allem in bezug auf Sie, Mr. Crotter.« Damit griff ich zum Hörer. Der Notar sagte mir »den alten Crotter hat er nicht mit einem Sterbenswörtchen in dem letzten Willen erwähnt, eigentlich abscheulich, dabei hat sich der noch als einziger um ihn gekümmert, die ganze letzte Zeit hindurch – aber so sind solche Leute schon, filzig bis über's Grab und obendrein undankbar – ja, diese arme Tochter wird natürlich alles bekommen, ist ja auch niemand da, der's anfechten würde – einen verschlossenen Brief habe ich hier, ›an Mr. Crotter zu übergeben nach meinem Ableben‹ – der Alte ist noch bei Ihnen, Doktor? ja? wird vielleicht sehr enttäuscht sein?! Nein? na umso besser. Ich schick' den Brief 'rüber, durch meinen Clerk, in einer halben Stunde. Mr. Crotter soll die Bestätigung unterschreiben, damit ist's erledigt.«

Derlei geht in kleinen Landstädten, wo man einander kennt, und schon gar unter Kollegen, ohne viel Umstände. Ich teilte meinem Gast mit, was ich erfahren hatte, freilich unter Hinweglassung der Randbemerkungen des Notars. Mr. Crotter zeigte wenig Interesse, nur als er von dem Brief hörte, der in einer halben Stunde hierher gebracht werden sollte, hob er plötzlich den Kopf, augenscheinlich aus einer Grübelei heraus, in die er während meines Telephonierens verfallen war.

»Hören Sie recht gut zu«, sagte er unmittelbar danach, gleich an das Frühere anknüpfend, »denn es wird Ihnen so leicht nicht fallen, mir in dieser Sache Verständnis entgegenzubringen, und ich brauche sogar mehr als das, nämlich geradezu – Trost. Dieser jüngst verstorbene alte Mann also hatte im Laufe seines langen Lebens verschiedenerlei gesammelt, und, wie Sie bei Mr. Coyle leicht denken können, werden das nicht gerade Dinge gewesen sein, denen nur ein reiner Liebhaberwert zukommt. Eines Tages also führte er mich durch das ganze Haus, bis in ein abseits gelegenes Zimmer im linken Flügel – die Räume, durch welche wir dabei schritten, waren sichtlich unbewohnt, durch verschlossenen Fensterladen verdunkelt, und natürlich namenlos kalt. Coyle beschränkte sich ja auf ein einziges Zimmer. Als wir hinten angelangt waren, machte er Licht, und öffnete in dem gänzlich verstaubten, aber ziemlich geräumigen Kabinette, worin wir uns jetzt befanden, einen alten Kleiderschrank, der zunächst nichts zu enthalten schien, als etliche Regenmäntel und Paletots. Jedoch, als Mr. Coyle diese beiseite geschoben hatte, wurde eine eiserne Kasse sichtbar, eine solide Kasse, wenn auch, wie ich auf den ersten Blick sah, von uralter Konstruktion, sozusagen von anno Tobak.

Ich bin mir heute freilich darüber klar, daß alles, was jetzt geschah, eine Kundgebung größten, ja ganz außerordentlichen Vertrauens von seiten Mr. Coyle's war. Und das eben macht die Sache umso schlimmer.

Er öffnete den Tresor – wobei ich schon sehen konnte, wie primitiv das Schloß gemacht war – und ließ mich hineinblikken. Da drinnen herrschte sozusagen musterhafte Ordnung. Bei dem scharfen Licht der elektrischen Lampe, das geradewegs in den Hohlraum fiel, sah ich, daß hier – und zwar auf übereinander angeordneten, dick gepolsterten, rotsamtenen Stufen, ähnlich wie in den Schaukästen der Museen – in drei Reihen kleine Beutelchen von Sämischleder saßen. Beachten Sie wohl, wenn ich sage: sie *saßen*.«

»Ja«, sagte ich. »Aber man könnte doch auch sagen: sie standen; oder: sie lagen.«

»Nein, keineswegs. Verstehen Sie wohl: gerade das *Sitzen* dieser Beutelchen war so überaus deutlich, um nicht zu sagen penetrant, daß ich mir zu jedem von ihnen gleich auch kleine Beinchen hinzudenken mußte, die über die Stufe herab baumelten (ich wunderte mich über solch kindische Vorstellungen bei einem immerhin schon alten Mann), und, sehen Sie, Doktor, darüber geriet ich in Zorn. Ja. Damit begann es.«

»Wie – warum gerieten Sie in Zorn?«

»Wegen des Sitzens – genau genommen.«

»Wie?!« rief ich, leicht aufgebracht, und dabei, das fühlte ich, in irgendeiner widerwärtigen Weise von ihm schon angesteckt, »aber es waren doch in Wirklichkeit gar keine Beinchen vorhanden?!«

»Natürlich nicht. Diese sind auch zum Sitzen nicht unbedingt erforderlich. Dieses Sitzen wurde vielmehr bewirkt –«

»Erlauben Sie –«, unterbrach ich ihn, »Sie meinen: der Eindruck des Sitzens wurde hervorgerufen.«

»Nun ja, meinetwegen«, sagte er, leicht ungeduldig, »der Eindruck wurde also hervorgerufen dadurch, daß diese Kerlchen eigentlich die Form von umgekehrten Steinpilzen hatten: breit, gesetzt, wie man ja auch zu sagen pflegt. Das nächste, was ich bemerkte, war, daß jedes von ihnen vorne eine große Nummer am Bauch trug, dunkel in das graue Sämischleder eingepreßt. Es saßen sechsunddreißig im ganzen hier, die Nummern eins bis zwölf auf der untersten, dreizehn bis vierundzwanzig auf der mittleren, fünfundzwanzig bis sechsunddreißig auf der obersten Stufe, von links nach rechts geordnet. Coyle zeigte mir auch ein Verzeichnis, das innen an der Tür des Tresors angebracht war und den Inhalt jedes dieser Geschöpfe genau angab. Etwa: Nummer dreiundzwanzig, Smaragden, neununddreißig Stück, Schliff, Gewicht, alles im einzelnen vermerkt ... Es war ein Vermögen hier angehäuft. Nummer zweiunddreißig enthielt die unbeschreiblichsten Brillanten, dergleichen ich niemals so groß und so zahlreich beisammen gesehen. Jeder Stein befand sich überdies noch in einer Hülle von Rehleder, die mit einem Buchstaben des Alphabetes bezeichnet war und das Inhaltsverzeichnis der einzelnen Beutelchen führte alle Daten für jeden einzelnen Stein an. Zehn bis vierzehn enthielten märchenhaft große Perlen. Achtzehn bis dreiundzwanzig enthielten sogenannte nuggets, natürliche Goldkörner, fast alle größer als Haselnüsse: sie bildeten offenbar noch den am wenigsten wertvollen Teil dieser Sammlung.

›Wozu der viele Samt?‹ fragte ich Coyle.

›Damit der Mammon warm sitzt, ja, ja!‹ entgegnete er scherzhaft, und rieb sich die Hände.

Nun muß ich Ihnen ergänzend mitteilen, daß ich im Grunde für derlei Dinge nie Interesse gefühlt habe, und wenn ich dem alten Coyle wiederholt meine Bewunderung für seinen Hort ausdrückte, so geschah das zum guten Teil aus Höflichkeit und um ihm Freude zu bereiten. Im Vertrauen gesprochen – ich will da ganz offen zu Ihnen sein, Doktor, wenn es schon an dem ist, daß ich beichte – diese Schätze des Mr. Coyle könnte ich, wie die Verhältnisse heute bei mir liegen, immer noch leichtlich kaufen, wahrhaft ohne mich dabei irgendwie anzuspannen. Jedoch tät' ich's nie, und schaffe mir für mein Geld lieber andere Freuden.

Wichtig ist nun das folgende: der Umstand, daß Mr. Coyle, bei dem ich auch den Abend noch verbrachte, gerade damals von einem seiner schlimmen Zustände befallen wurde – es rührte ihn leicht der Schlag, so nennt man's wohl? Wie? Habe nie was von Medizin verstanden. Apoplexie, mag sein – kurz, auch dieser Umstand scheuchte mich nicht aus dem Bannkreise gewisser Vorstellungen, obwohl ich mich gleichzeitig um Mr. Coyle bemühte und meinen Kutscher mit dem Wagen zum Arzt sandte, was sich indessen als überflüssig herausstellte, denn Coyle hatte seine vorgeschriebenen Mittel stets zur Hand, und die Aufwärterin war vom Doktor instruiert. Als es Mr. Coyle etwas besser ging, fuhr ich zur Stadt, und suchte jemand auf, dort jenseits des Flusses in dem Vorort. Der Name tut nichts zur Sache. Es war schon ziemlich spät nachts. Ich bin in den folgenden Wochen unzählige Male da drüben gewesen. Habe dort eine ganze Reihe von Kenntnissen und Fertigkeiten erworben, die mir bis dahin nicht geläufig waren, und, wahrhaftig, ich hatte in meinem bisherigen Leben auch keinen Bedarf nach derlei: beispielsweise zu wissen, wie man einen Fensterladen und ein Fenster von außen öffnet, ohne allzuviel Lärm und ohne das Glas eindrücken zu müssen – was alles bei alten klapprigen derartigen Vorrichtungen gar nicht so schwer ist; ferner, wie man, wenn der Wind geht, den Lärm geschickt ausnützen muß, den jener macht; weiter, wie man ein Kastenschloß öffnet; endlich aber – das Wichtigste – die Kunst, blitzschnell Wachsabdrücke zu machen, die brauchbar für einen Handwerker sind, um danach einen passenden Schlüssel herzustellen. Mein Studium dauerte lange Zeit, ich war da wirklich auf eine Hochschule geraten, und knauserte auch nicht mit den Kollegiengeldern, so daß mein Lehrer in jeder Hinsicht recht zufrieden war. Späterhin aber, als meine Fähigkeiten sich schon als respektabel erwiesen, hielt ich doch für nötig, mich lebhafter für Edelsteine zu interessieren, und verbrachte ein oder die andere Stunde mit Mr. Coyle in seiner Schatzkammer. Als ich die Wachsabdrücke endlich hatte, ließ ich sämtliche erforderlichen Schlüssel herstellen, und obendrein noch einen, der eine kleine Pforte im Flügel sperren konnte, also, daß ich jenes Kolleg über Fensterladen eigentlich umsonst belegt und gehört hatte.«

Ich wußte nicht, was ich denken sollte. Würde Mr. Crotter etwa beabsichtigen, mich in dieser Angelegenheit auch als Juristen heranzuziehen? Das Gebiet des Strafrechtes lag ja von den Dingen, die er eben beschrieb, nicht mehr allzuweit ab!? Sein großes Gesicht zeigte während des Sprechens einen seltsamen Wechsel zwischen wirklicher, echter Bekümmernis und der dann wieder hervorbrechenden, ganz offenbaren Freude über irgendeine verübte Büberei; und diese ganze Verfassung berührte mich bei dem alten Manne recht unangenehm.

»Soweit war ich also«, fuhr er fort, »alles klappte, das heißt, es paßten alle Schlüssel, und die in Betracht kommenden Schlösser und Türangeln hatte ich sogar heimlich geölt, mit einer kleinen Spritze, die ich zu diesem Zwecke bei mir trug. Die Gelegenheiten zu all' diesen schnellen Hantierungen waren nicht allzuschwer wahrzunehmen gewesen, Mr. Coyle ließ mich sogar in seiner Schatzkammer einmal allein. Gerade bei diesem Anlasse aber wuchs mein Haß bis in's Ungemessene.«

»Gegen Mr. Coyle, Ihren Freund?!«

»Bewahre!« rief er, »ach nein! Aber diese Kerlchen! Die grauen Bäuchlein aus Sämischleder! Die gedrungenen Körperchen! Das reihenweise Sitzen! Der weiche, warme, rote Samt! Diese ganz abscheuliche Versammlung von sechsunddreißig bösen, neidigen Greisen-Geschöpfchen, in der sicheren – haha! sicheren – Hut der Kasse da drinnen! Hier sollte ein Exempel statuiert, ein Gericht gehalten, hier sollte auf's Grausamste eingeschritten werden! – Ich habe es übrigens keineswegs unterlassen, meinem Freund Mr. Coyle Vorhaltungen zu machen wegen der nicht genügend sicheren Verwahrung seines Schatzes: zu weit weg von seinem Schlafraume, ohne Alarmvorrichtung und in einer gänzlich veralteten Kasse, ganz abgesehen davon, daß er allein hier im Hause schlafe (was ich bei einem so alten Manne überhaupt ganz unbegreiflich fand). Aber er knurrte mich nur an, und sagte, nun stände das Ding bald vierzig Jahre dort rückwärts, auch käme gerade dahin niemals die Wirtschafterin, weil sie dort nichts zu suchen habe, und also könne sie auch nicht spionieren. Sollte er sich etwa jetzt um teures Geld eine neue Kasse kaufen und herausschaffen lassen, damit jeder in der Stadt es nur gleich erfahre, daß bei ihm Wertvolles zu holen sei? Derlei Apparate zögen die Gauner geradezu herbei, meinte er (hatte vielleicht nicht so ganz Unrecht damit). Also ließ ich diesen Gesprächsgegenstand fallen. Und vierzehn Tage später schritt ich zur ersten Aktion.« Er schwieg und warf den Zigarrenstummel in's Kaminfeuer, dessen helle Glut, als er sich vorbeugte, seinem übergroßen Gesicht mit den spitzen Hütchen der Augenbrauen ein geradezu unheimliches Aussehen verlieh.

»Mein erster Besuch bei Mr. Coyle, von dem er nicht wußte, fand gegen drei Uhr morgens statt. Ich ging zunächst noch milde vor. Das heißt ich stiftete lediglich eine moderate Unordnung, indem ich Nummer siebzehn, von der zweiten Stufe, dazu zwang, mit Nummer dreißig, dritte Stufe, den Platz zu tauschen. Dann verschwand ich wieder, lautlos, wie ich gekommen. Immerhin war einmal in diese pedantische, verknöcherte Gesellschaft hineingefahren worden.«

Ich sagte überhaupt nichts mehr.

»Er pflegte«, fuhr Mr. Crotter alsbald fort, »seine Schätze wöchentlich einmal einer Kontrolle zu unterziehen, auf's genaueste, das hatte er mir selbst gesagt. Als die angemessene Zeit vergangen war, besuchte ich ihn. Und ich kann Ihnen sagen, ich war aus ehrlichem Herzen um Coyle besorgt. Er mußte doch Nummer siebzehn, zweite Stufe, auf dem Platze Nummer dreißig, dritte Stufe, bemerkt haben. Während ich hinausfuhr, tat er mir geradezu leid. Mein Gewissen regte sich fühlbar. Wenn ihm nun, was Gott verhüten möge, was zugestoßen ist! dachte ich immer wieder. Ein Schlaganfall! Mir wurde kalt vor Schreck im Wagen, ich war nahe am Weinen –

aber was sagen Sie nun dazu: diesem alten Kerl war nicht das geringste anzumerken, es war nicht das allermindeste Zeichen aus dem scheußlichen Harpagon herauszubringen, ob er was gemerkt und wie das auf ihn gewirkt habe? – na, ich wurde geradezu schamlos und fragte: ›Nun, Mr. Coyle, haben Sie Ihre Schatzkammer wieder mal gemustert?‹ Und, was glauben Sie, er antwortete mir in aller Ruhe: ›Na freilich, gestern, ohnehin mein einziges Vergnügen.‹

Da mußte also schärfer durchgegriffen werden.

Ich ließ geraume Zeit vergehen. Dann schritt ich wieder ein. Ich nötigte sechsundzwanzig, siebenundzwanzig, achtundzwanzig, neunundzwanzig –«

»Erlauben Sie mir«, sagte ich gereizt, »was bedeutet das: Sie nötigten?«

»Das bedeutet, daß ich die Kerlchen zwang, vom Samte zu steigen, herabzumarschieren, und sich unverzüglich in der ersten Reihe auf zwei, drei, vier, fünf draufzusetzen. Ich sah förmlich die Beinchen baumeln. Zudem saßen sie schlecht.«

Ich seufzte.

»Beim nächsten Male, als ich – nach angemessener Zeit natürlich, aber ich konnte es kaum erwarten – zu Coyle fuhr, ließ ich den Diener außer dem Abendessen noch einen Korb Rotwein für Mr. Coyle mitnehmen. Sehr wahrscheinlich aus elendem Gewissen, vielleicht aus Angst um Coyle, ja, ganz gewiß aus der Erwägung, daß der arme alte Mann etwa einer Stärkung bedürftig sein könnte – ja, aber welche Niedertracht erwartete mich? Er aß ruhig sein Milchsüppchen. Es war – nichts. Nichts. Gar nichts. War das auszuhalten? Sagen Sie selbst: war das noch auszuhalten?«

»Es scheint mir, daß Sie Mr. Coyle ganz unermeßlich gehaßt haben müssen«, entgegnete ich traurig.

»Bewahre!« sagte er, und sein Gesicht wurde bei dem betonten Vokal dieses Wortes plötzlich übermäßig lang, wie etwa Gesichter in einem verzerrenden Spiegel, nach der Art jener, die man auf Jahrmärkten in den Buden sehen kann, »bewahre! Verzeihen Sie, aber ich finde es beinahe langweilig, daß Sie immer dasselbe sagen. Nun weiter: Ich ertötete von da ab jedes Mitleid in mir, drei, elf, neunundzwanzig, acht, siebzehn und zehn mußten beim nächsten Male ganz einfach aus dem Kasten, und in einer kreisförmigen Anordnung – angesichts der von außen wieder sorgfältig versperrten Türe des Tresors! – außerhalb desselben Platz nehmen. Siebzehn im Mittelpunkte des

Kreises sitzend. Und zwar auf dem Fußboden. Beim nächsten Mal, als ich zu Coyle hinausfuhr, ließ ich einen Korb Champagner einpacken. Er trank davon viel und mit Vergnügen, bei allerbester Laune, ebenso von dem Rotwein, man kann schon sagen, daß er soff. Sie verstehen, daß meine Lage nunmehr vollkommen unhaltbar sich gestaltete, und damit hängt es eben zusammen, daß ich mich hinreißen ließ, daß ich zum Äußersten schritt, daß ich vor keiner Roheit mehr zurückschreckte. Und nun sehen Sie, deshalb bin ich ja bei Ihnen, obgleich mir vielleicht besser gewesen wäre, zum Pfarrer zu gehen –«

Ich erschrak. »Mr. Crotter«, sagte ich in sehr ernstem Tone, »sprechen Sie bitte ohne Umschweife.« Ich setzte mich aufrecht. »Haben Sie Mr. Coyle – irgendein Leid angetan?«

»Bewahre!« rief er, und jetzt schien mir sein Gesicht einen Augenblick lang von den Haaren bis zur Kinnspitze mindestens einen Yard zu messen, »es ist ja wahrhaft entsetzlich, wie phantasielos ihr jungen Leute seid! Ach, diese Generation nach dem Kriege! Für alles sucht sie immer nur die banalste Erklärung. Sie verzeihen schon. Aber, in Anbetracht des Altersunterschiedes zwischen uns –«

Ich machte eine Bewegung mit dem Oberkörper, die einer leichten Verbeugung etwa gleichkommen mochte.

»Unsinn, alles Unsinn!« rief Mr. Crotter. »Nun weiter: es folgte zunächst eine Häufung meiner nächtlichen Besuche, deren Abstände somit immer kürzer wurden. Sechs, neun, elf, neunzehn, sechzehn, ferner fünfzehn, achtzehn, dreiundzwanzig, achtundzwanzig, und dazu von oben fünfunddreißig, sechsunddreißig, vor allem anderen aber siebzehn, mußten zunächst im Gänsemarsch aufziehen, Richtung vom Tresor zur Türe. Siebzehn voran. Beim nächsten Male befahl ich eine Schlangenlinie, ließ dieselbe beim übernächsten Mal wiederholen (immer siebzehn voran!) und verfiel – nachdem ich's auch mit Doppelreihen versucht hatte – auf's Kavalleristische: zwei, hopla!, aufgesessen auf drei, vier auf fünf, sechs auf sieben, und so fort, siebzehn voran, naturgemäß« (ich wollte eine Zwischenfrage tun, da mir ›naturgemäß‹ nicht recht einleuchtete, aber Mr. Crotter war dermaßen in Schuß gekommen, daß dieser Versuch mißlang). »Indessen mußte ich bei alledem bald erkennen«, – fuhr er fort – »daß ich es im Grunde doch nur mehr auf siebzehn (zweite Reihe) abgesehen hatte, dieses Geschöpf war mir zum Brennpunkte unermeßlichen Hasses geworden, warum, weiß ich nicht, ich habe auch nie nachgeprüft, was jener Graubauch eigentlich enthielt, ist ja auch gleichgültig.

Unverzüglich schritt ich nunmehr zu jenem Äußersten, das heute mein Gewissen so sehr beschwert, Doktor. Ich wählte eine ganz abscheulich kalte Winternacht. Ich öffnete beide Fensterflügel weit, ließ siebzehn allein herausgehen, schlang ihm eine mitgebrachte Schnur um den Hals, und hing ihn in die äußerste Kälte, ans Fensterkreuz, so daß er etwa einen Yard darunter schwebte. Der Tresor war natürlich wieder ordnungsgemäß verschlossen worden.«

Er schwieg und auch ich äußerte nichts und starrte in das Feuer, dessen stille Glut jetzt, da keine Flammen mehr züngelten, gleichmäßig und tief, wie roter Samt, leuchtete.

»Am darauffolgenden Abend ist Mr. Coyle gestorben. Wie Sie wissen, infolge sogenannten Herzschlages.«

»Sie hätten vielleicht doch gut daran getan, zum Pfarrer zu gehen, Mr. Crotter«, sagte ich.

»Meinen Sie, daß man unserem ehrwürdigen Vikar so etwas begreiflich machen könnte? Ich bin nicht dieser Anschauung.«

»Ich auch nicht, Mr. Crotter. So etwas kann man überhaupt keinem – verzeihen Sie – vernünftigen Menschen begreiflich machen, gleichwohl, vielleicht hätte der Pfarrer Ihnen doch einiges sagen können, einiges in bezug auf Ihr Gewissen ...«

»Da sind wir, wo wir hingehören!« rief er höchst lebhaft, ja geradezu begeistert, was mich hinwiederum befremdete. »Das Gewissen! Das ist's! Sie können sich kaum vorstellen, was ich leide, seit der alte Mann gestorben ist. Mein Leben läuft unter einem dumpfen Drucke ab. Ich will kein furchtbares Wort gebrauchen für das, was ich möglicherweise doch getan habe, aber dieses Wort steht ständig in mir bereit, will sich hervorwagen, will ausgesprochen werden ... sehen Sie, deshalb ging ich zu Ihnen, Sie sind ein junger Mann von Welt, von Einsicht – ach, was nützt mir unser alter Pfarrer!« Er redete sich geradezu in Schwung, es entstand bei mir der groteske Eindruck, als würde ihm diese seine Gewissensangst geradezu einen Genuß, ja fast möchte ich sagen eine kindische Freude bereiten ...

»Ich will nicht noch einmal wiederholen, worüber Sie sich früher schon ärgerten, Mr. Crotter«, sagte ich, »aber Sie wissen ja, was ich für den eigentlichen Urgrund Ihrer Handlungsweise gegenüber Coyle halte ... und gerade darin scheint mir Ihre Schuld zu liegen, von welcher selbst dann noch etwas übrig bliebe, wenn wir beispielsweise annehmen wollten, daß

Mr. Coyle von allem Anfange an Ihre ganze Narretei durchschaut, Sie, Mr. Crotter, als den Täter richtig angenommen, sich also in keiner Weise bekümmert oder geängstigt habe. Das heißt, daß er Sie gewissermaßen – gewähren ließ, die ganze Sache als ein harmlos kindisches Treiben betrachtend. Dafür sprechen doch immerhin einige Gründe. Man ließ Sie auffallend lange ganz ungestört. Nie wurde ein Wort über die Sache Ihnen gegenüber gesprochen –«

»Aber am Ende hat ihn doch der Schlag getroffen!« unterbrach er mich, und unglaublicherweise geradezu triumphierend. Gleich danach aber schlug sein Ton in's völlig Jämmerliche um: »Ach, könnt' ich mich mit dem, was Sie eben sagten, wirklich trösten, Doktor, ich tät' es zu gern! Jedoch, wie wäre jemals darüber Gewißheit zu erlangen?! Und nur die Gewißheit könnte hier der wahre Trost sein und die Befreiung von den Qualen des Gewissens bedeuten! Sie meinen also, es wäre immerhin möglich – daß dieser letzte Schlaganfall ... daß dieser Umstand nur als ein sozusagen zufällig gerade an jenem Tage eingetretener betrachtet werden könnte? Und nicht als Folge der Entdeckung des entsetzlichen Zustandes, in welchem ich siebzehn gezwungen hatte, die ganze Nacht zu verbringen? Vielleicht hat er am nächsten Tage gar keinen Kontrollgang unternommen? Jedoch, wär's nicht auch möglich, daß er, wenn auch von Anfang alles wissend – was ich nicht glaube, nicht glauben darf, weil ich mir die Sache damit allzuleicht machen würde!! – wär's nicht auch möglich, daß er *trotzdem* von jener letzten Entdeckung gebrochen und niedergeschmettert wurde: einfach deshalb, weil es eben – um's kurz zu sagen: einfach schon zu arg war, was er da am Ende noch sehen und erleben mußte? Wie? Mein armer toter Freund! Und – wie konnten Sie von meiner ›Handlungsweise gegen Coyle‹ sprechen?! Welch' ein Mißverständnis! Habe ich je bei alledem – gegen ihn gehandelt? Bewahre! Bewahre! Ich sprach diesen elendiglichen Graubäuchen ein selbständiges Leben zu, sozusagen, diesen miserablen Geschöpfen hauchte ich gewissermaßen den Odem ein. Das war's. Sie waren aber nur ein Eigentum, ein schäbiges obendrein, meines Erachtens. Ich verwechselte die Begriffe von Subjekt und Objekt. Ich bin eigentlich unschuldig. Und doch kann ich mich dabei nicht beruhigen. Ich – und überdies mein armer Freund! – wir sind in gewissem Sinne die Opfer eines philosophischen Irrtumes meinerseits geworden ... ach, aber auch diese Einsicht bringt mir wenig Trost ...«

Es klopfte an der Türe, und mein Diener ließ den Clerk des Notars ein, welcher alsbald Mr. Crotter einen versiegelten Briefumschlag mittlerer Größe überreichte. Als die Unterschrift geleistet, und wir wieder allein waren, brach mein Gast eilends die Enveloppe auf.

Man kann sich denken, daß ich ihn mit größter Spannung beobachtete. Was aber nun geschah, war in keiner Weise vorauszusehen gewesen und knüppelte sozusagen alle meine Erwartungen und Vermutungen in nichts zusammen.

Mit einer wilden Gebärde zerrte Mr. Crotter aus dem Briefumschlage ein Ding an's Licht, welches ich sogleich als einen schlaffen und leeren grauen Lederbeutel erkannte, aus dessen Maul ein länglicher Zettel heraushing. Crotter starrte einen Augenblick hindurch auf den Zettel, sprang auf, warf mir beides zu, und tat, tiefe Zornesröte im Gesicht, ein paar Schritte bis in die Mitte des Zimmers, wo er atemringend stehen blieb.

Ich betrachtete, was auf meinen Knien lag. Der leere Beutel von Sämischleder trug die Nummer »siebzehn« dunkel eingepreßt. Auf dem Zettel standen nur wenige Worte, die mich jedoch erschütterten, ja mir ein gelindes Grauen erzeugten:

»I am cold. I am getting very cold . . .« Hier brach die Schrift ab.

»Mir ist kalt. Mir wird sehr kalt . . .«

»Mr. Crotter –«, sagte ich leise, »Coyle wollte offenbar in seinen letzten Augenblicken noch an Sie schreiben, als ihn schon Todeskälte beschlich . . .«

Hinter mir aber brach ein unbeschreibliches Toben los:

»Wie?! was?! Todeskälte? Unsinn, alles Unsinn! Was verstehen Sie denn da? Der Beutel, das Beutelchen, der elende Graubauch, das graue Schweinchen, dieses widerlichste Geschöpf spricht doch diese Worte! Kalt ist dir? Ha! Ich will dir helfen! Warte mal! Da –!«

Er fuhr auf mich los, entriß mir das Beutelchen, schleuderte es in die Glut des Kamines und schrie:

»Da! wärme dich im roten Samte, du Scheusal, du Widerling, elender Graubauch! Verbrenn' dir deine Pilzbeinchen –!«

Das Leder rollte sich in der Glut, die in glimmendem Rande darauf vorschritt. Jetzt blähte sich das Ding ein wenig auf, schien platzen zu wollen, ja schien sich als Ganzes zu krümmen und zu bewegen . . . Indessen tobte Crotter:

»Coyle hat alles gewußt! Wollte mich noch utzen! Dieses Schwein! Möge er in der untersten Hölle braten, wohin alle

Geizhälse gehören. Solch' ein Schuft! Läßt mich da ein- und aussteigen! Oh, warte mal –!«

Crotter trat mit dem Stiefel in die Glut, den Rest der weißen Lederasche darin vergrabend. »Hat alles gewußt, der Schuft ...«, ächzte er nun noch einmal, und sank, endlich ermattet, im Lehnstuhl zusammen.

Eine gute Zeit hindurch blieb es vollkommen stille. Dann sprach Mr. Crotter wieder, mit leiser und trockener Stimme:

»Und was sagen nun Sie zu alledem, Doktor?!«

Jedoch, um's am Ende kurz zu machen, mir war an dem Punkte, wo wir jetzt hielten, die ganze Geschichte einfach zu dumm geworden.

»Nichts, Mr. Crotter«, antwortete ich daher ziemlich kühl, »die Sache scheint mir nur in jeder Hinsicht außerhalb meines Pflichtenkreises als Ihr Rechtsanwalt, sowie auch außerhalb meiner diesbezüglichen Kompetenzen zu liegen.«

Nun, er verließ mich doch recht verärgert, wie mir schien. Und vier Wochen später hat er mir seine Kundschaft und die Vollmacht entzogen. Ich war in der Ablehnung seines privaten Lebens offenbar zu weit gegangen. Der Verlust Mr. Crotters als Klienten bedeutete damals eine so empfindliche Erschütterung meines laufenden Budgets, daß ich allein aus diesem Grunde schon die Geschichte von der Peinigung der Lederbeutelchen bis heute im Gedenken behalten habe.

Isabella Nadolny
Die Kreuzfahrt

15. Juli

Mir ist zumute wie der Heldin eines Illustriertenromans. Etwas Tolles ist geschehen. Ein Freund hat uns zu einer Kreuzfahrt auf dem Mittelmeer eingeladen. Kommenden Dienstag fahren wir nach Rapallo, wo das Boot liegt. Ein Motorboot von zwanzig Metern Länge, das Arabella heißt. Mir geht es seitdem wie dem Mann, der sich aufs Pferd schwang, um in alle vier Windrichtungen zugleich davonzugaloppieren: Ich lasse meinen weißen Plisseerock reinigen, mir die Haare kurz schneiden (wegen des Tauchens im Salzwasser), lese in Goethes italienischer Reise nach, wann, ob und wo auch er auf dem Mittelmeer kreuzte, und halte Auslese unter den Blumentöpfen, die ich zur Nachbarin zum Gießen stellen muß. Der Glanz der großen Welt, der plötzlich auf mich fällt, blendet mich.

16. Juli

Ich habe am Erdbeerbeet entlang zwanzig Meter abgeschritten. So furchtbar lang ist das gar nicht. Und die Motorjacht hat so viele Kabinen: eine große mit Duschbad für den Captain und seine Frau, die Gästekabine römisch eins mit Waschraum für mich und die römisch zwei für Michael. Außerdem natürlich Salon und Küche, die nun Kombüse heißt, Mannschaftslogis und Kommandobrücke, Besenkämmerchen und Eisschrank. Wie geht das bloß alles drauf? – Als Michael mich im Garten stelzen sah wie den Storch im Salat, schritt auch er nochmals zwanzig Meter ab. Er macht viel größere Schritte. Nun kann ich es mir eher vorstellen. Aber so groß wie die Schiffe, auf denen die Callas reist, scheint die Arabella nicht zu sein. – Ob sie ein Rettungsboot hat? – Aber das Mittelmeer ist ja immer ruhig. – So ruhig wie unser See hier ist es natürlich nicht, sagt Michael. – Mir wird schon in der Schiffahrtsabteilung im Deutschen Museum schlecht. Ich bin zur Apotheke gegangen und habe mir mehrere Mittel gegen Übelkeit gekauft. Der Apotheker, ein diskreter Mann, hatte alle Mühe, mich nicht prüfend anzublicken.

17. Juli

Unser ruhiges Leben ist von Grund auf verändert. Bei Tisch würzen unbekannte Begriffe die Unterhaltung: automatischer Pilot für Nachtfahrten, Küstenfunk, Echolot, Schirokko. Ich denke darüber nach, wer die acht Tage, die der Junge hier alleinbleibt, ehe auch er abreist, für ihn Geschirr spülen wird. Gewiß, auch er spült manchmal, aber nicht so sehr ab, es bleibt öfters noch was dran. In seinem Alter glaubt man, daß ein Kochtopf nur an der Innenseite, ein Teller nur an der Oberfläche schmutzig wird. – Ich wurde ermahnt, angesichts einer Märchenreise nicht ans Abwaschen zu denken, sondern mich etwas mit Geographie zu beschäftigen.

Auf dem Teppich im Wohnzimmer liegt eine Karte der italienischen Küste. Man kann nicht mehr staubsaugen.

20. Juli

Wir sind tatsächlich abgereist. (Wer hätte nicht bis zur letzten Minute Zweifel!) Es war wie bei jeder Reise: Die ersten fünfzig Kilometer Autofahrt wurde ich innerlich mit aller Kraft nach rückwärts gezogen. (Habe ich die Hintertür wirklich abgeschlossen? – Ich hätte Dicki noch das hellblaue Hemd heraussuchen sollen ...) Dann riß das Gummiband, das mich mit zu Hause verbindet, ich schwebte frei, dem Neuen zugewandt. Vielleicht allzusehr zugewandt. Von Zeit zu Zeit nahm ich mir vor, nur fünf Minuten lang die Augen zuzumachen. Es waren aber immer nur anderthalb. Alles war so schön und interessant. »Drum trinke, Auge, was die Wimper hält ...« Was tun, wenn gegen Abend die Wimper nichts mehr hält? Sehr langsam, gemeinsam schweigend, durch den Ort des erwählten Nachtquartiers gehen und den Abend nur mehr als Schattenspiel wahrnehmen, hilft meistens.

Donnerwetter, wie jaulten die Katzen nachts um das kleine Hotel! Gar nicht wie Katzen, sondern so, wie ein Komiker es nachahmen würde.

21. Juli

Wie kann man die Po-Ebene langweilig nennen, diesen riesigen sanft-grünen Garten. Mir liegt eben das Heroische weniger – auch bei Landschaften. Die Kurven des Apennin empfand ich besonders stark, weil mir schon morgens in Bergamo der Plastikverschluß meiner Sonnenölflasche zerbrochen war. In den Koffer legen konnte ich sie nicht mehr, und im Handschuhkasten fuhr sie bei jeder Kurve hin und her. Danach hielt ich sie in der Hand, aufrecht, um zu verhindern, daß das Öl in den Wagen floß.

Etwa bei Genua fand Michael, man merke doch, daß meine Urahnin Schottin gewesen sei. (Arme Isabella Euphemia, so tapfer und so zäh, die 1812 den Brand Moskaus überstanden hat – ihrer wird nur gedacht, wenn ich mich gegen offensichtliche Materialverschwendung auflehne!)

22. Juli

Das Mittelmeer hatte von oben nicht nur sehr blau, sondern auch sehr ruhig ausgesehen. Nachts hörte man dann doch Brandung, so daß mein Mut wieder schwand. Man hörte auch sonst eine Menge. Das einzige Quartier, das wir an dieser überfüllten Riviera noch hatten bekommen können, lag über einer Garage mit Nachtbetrieb, wenige Schritte von der Eisenbahnstrecke Genua-Nizza. (Sehr dichte Zugfolge!) Die Wohnungsinhaber ließen die Tür zum Treppenhaus und sämtliche Zimmertüren offen, und mehrere Familien setzten sich, des geringen Luftzuges wegen, in den Korridor und draußen auf die obersten Treppenstufen. Auf dem Weg ins Badezimmer bekam man einen guten Überblick über die gängigsten Typen des italienischen Volkes.

Die Nacht war so laut und heiß, als hätten wir uns an einer belebten Straßenkreuzung neben einer Teer-Kochmaschine schlafen gelegt. An den Süden, sagte Michael tröstend früh um drei Uhr, müsse man sich immer erst gewöhnen. (Wie liebenswürdig er noch immer war, wo ich ihm schon mindestens dreimal nach innen rollend im Doppelbett ins Gesicht gefallen war. Diese italienischen Betten ...)

23. Juli

Dem Datum in unseren Eheringen nach sind wir heute zwanzig Jahre verheiratet, der Eintragung im Register der Gemeinde nach waren wir es schon gestern. So bleibt denn diese Diskrepanz als ewiges Denkmal für die damaligen dörflichen Hochzeitshindernisse bestehen. Zwei Tage sind dem Alltag entrissen, an denen wir einen legitimen Grund haben, besonders lieb zueinander zu sein. Vor zwanzig Jahren wurde uns, außer silbernen Obstaufsätzen und anderem Unnötigem, ein alter Ehevertrag geschenkt, der etwa 1800 zwischen einem gewissen Ferdinand und seiner Louise geschlossen war. Artikel fünf besagt, daß sich die Gatten »einander stets in wohlanstehender Bekleidung darstellen wollen«. Es ist wahrscheinlich derjenige, den ich am meisten verletzt habe. Ob allerdings Michael bemerkt hat, daß ich verschiedene Strümpfe anhabe (die jeweils übriggebliebenen Brüder von Laufmaschenpaaren), bleibt dahingestellt. (»Du bist der Widerhall, durch den mein irdisch Leben den Geist vernimmt, der in mir lebt, sonst hätt' ich's nicht, sonst wüßt' ich's nicht, wenn ich's vor dir nicht ausspräche«, sagt Bettina von Arnim.)

24. Juli

Prospero heißt der Wirt am Strande, bei dem man den guten Schinken mit Melone bekommt und unter dessen Sonnensegel wir uns in der Heiterkeit des nahen Aufbruchs mit den ebenso vergnügten Freunden zusammenfanden, ausgerechnet Prospero, wie der, der in Shakespeares ›Sturm‹ sagt:

»Ich will es alles kundthun und verspreche
Euch stille See, gewognen Wind und Segel
So rasch, daß ihr die königliche Flotte
Weit weg erreichen sollt . . .«
Na, hoffen wir das Beste.

25. Juli

Wir sind an Bord gegangen. Weiß und strahlend wie ein Unschuldslämmchen lag die Arabella, unser Zuhause für die nächsten Wochen, in der Bucht von Rapallo. Durch einen dummen Zufall sind die zarten Beziehungen zwischen dem Schiff und mir gleich anfangs gestört worden. In der Nacht vor dem Auslaufen brieste oder braßte es auf (oder wie das heißt, wenn plötzlich Wind geht), und da ich nicht gewohnt bin, ein ausgezeichnetes Abendessen in einem Rotor zu verdauen, dachte ich schon gegen elf Uhr – auf meinem Bett in der Kabine hin und her geworfen –, einen der Tiefpunkte meiner Existenz erreicht zu haben. An Deck war es dann etwas besser. Mit Tränen der Sehnsucht im Auge saß ich in einem der bunten Rohrstühle und sah zu den Lichtern an Land hinüber. Zweihundert Meter weit weg war festes Land. Drüben, im Exzelsior-Palast, wohnte zur Zeit die Exkaiserin Soraya. Zum ersten, ja wohl einzigen Male habe ich sie beneidet: um ihr stillstehendes Bett.

26. Juli

Die Leiden von gestern sind vergessen. Der unvergleichliche Augenblick der Ausfahrt hat sie ausgelöscht. Das Rasseln der Ankerkette, das Zurückgleiten der nun schon vertrauten Bucht, das Abenteuer des Aufbruchs ins Unbekannte, während die Sonne aufgeht. Es war mir ein dringendes Bedürfnis, laut zu singen. Wenn ich mich ganz hinten hinsetzte, dort, wo das Beiboot aufgehängt ist und die Kielwelle (heißt es so?) schäumt, hörte es niemand. Noch nach Stunden dachte ich, mir sei von den vielen Seekrankheitsmitteln so schwindlig, aber es war wohl doch Ergriffenheit angesichts des blauen Meeres, der bernsteinfarbenen, bunt getupften Küste, der fernen, großen Schiffe. Ich bin so wenig blasiert, daß es immerhin denkbar wäre.

Wir nehmen Kurs auf Elba.

27. Juli

Backbord ist links.

29. Juli

Wer hätte gedacht, daß Elba so gebirgig ist. (Dabei fällt mir plötzlich nach Jahren wieder ein, daß die Geographielehrerin, bei der ich nie aufgepaßt habe, Fräulein Siegmund hieß. Ich glaube, Geographie müßte man ganz anders unterrichten, nicht so langweilig und immerzu »fruchtbare Tiefebenen«, unter denen sich keiner was vorstellen kann. –) Die Häfen sind genau wie alle italienischen Häfen, bunt, schmutzig, mit ganz entzükkenden alten Männern drin, die ihren Lebensabend damit verbringen, den noch arbeitenden jüngeren Fischern Ratschläge zuzubrüllen und im Schatten der fischstinkenden Boote ein Schläfchen zu machen.

30. Juli

Aus der verlassenen und zerstörten Festung von Porto Ferraio, die ich bisher nur als Stich aus dem ›Leben Napoleons‹ kannte, steigen in der Abenddämmerung Hunderte, Tausende von Fledermäusen und beschmutzen den zart apfelgrünen Himmel wie Fliegentüpfelchen ein Bild. Auf ein unhörbares Kommando stürzen sie sich allesamt in die staubig-räudigen Platanen, und man sieht sie nicht mehr.

1. August

Es sind fünf Männer an Bord: drei Stück Mannschaft, Captain und Michael. Alle fünf laufen immerzu von vorn nach hinten und wieder zurück. Dies scheint das Wesen der Seefahrt zu sein. Die zu jeder Tageszeit im Kabinenfenster erscheinenden haarigen Männerbeine kann ich jetzt schon mit einem einzigen Blick identifizieren.

2. August

Captain sagt, wir hätten solch ruhige Lage im Wasser, weil wir so viel zollfreien Whisky im Bauch haben. Ich finde unsere Lage nicht ruhig, mir ist konstant übel, aber durch alle Übelkeit hindurch kann ich mir bereits vorstellen, wie man nach diesem Tang- und Teergeruch, dem Schwappen und Platschen, dem sanften Atem des Meeres Heimweh haben kann, solange man lebt. – Der Whisky gibt mir jedoch die nötige innere Gelassenheit, und ich schlafe abends rasch ein und erwache erst, wenn der Wind umspringt und alle Schiffsinsassen gähnend und zerstrubbelt aufstehen und Erbswürste aus Stoff über die Reling hängen, die Fender heißen. (Die neben uns vertäuten Schiffe bedrängen uns dann plötzlich wie eigensinnige Rösser in zu engem Stall.)

4. August

Eine Jacht darf nicht liegen, wo sie will. Sie hat Parkraumschwierigkeiten, wie ein Wagen in der Innenstadt. Und ebenso wie dort über den schattigen Parkplatz neben dem Dom, freut man sich hier über die richtige Stelle an der Kaimauer, nicht zu weit von der Zapfstelle für Süßwasser, am allerliebsten zwischen zwei feststationierten Schiffen, die nicht erst nachts einlaufen und deren Ankerketten Michael und die Mannschaft nicht am nächsten Morgen alle mit hochleiern müssen, weil sie sich drübergelegt haben. Die Engländerin, die links von uns an Deck Aquarelle malt, malte gestern abend in der Dämmerung, als die jungen Männer sich landfein gemacht und von Bord weggestohlen hatten, noch immer.

5. August

Alle Nachrichten erreichen uns mit einer gewissen Verzögerung. Als wir hörten, daß Hemingway tot ist, zitierte ich – nicht wörtlich, aber doch ungefähr – die Stelle aus ›Schnee auf dem Kilimandscharo‹, wo der Sterbende plötzlich zu seiner

Frau sagt, die Vorstellung, das Ende nahe uns in scheußlicher Gestalt, mit einem Totenschädel und einer Hippe, sei reiner Blödsinn. Es könne, so meint er, auch die Gestalt eines Schmetterlings oder zweier Polizisten auf Rädern annehmen. – Ich habe diese Stelle immer besonders gern gehabt.

Als wir uns danach schweigend anschauten, dachten wir alle das gleiche: Es ist unwichtig, wie und warum das Jagdgewehr losging. Man hat Napoleon einmal gefragt: »Welchen Tod wünschen Sie sich, Sire?«, und er hat geantwortet: »Den unerwarteten.«

6. August

Merkwürdig, *wie* schmutzig es an den Ufern ist. Prachtvoll gewachsene junge Schönheiten, nur notdürftig bedeckt (was man keineswegs bedauert), stellen ihren Liegestuhl an einem »Strand« auf, den ich als breitgetretene Abfallhalde empfinde.

7. August

Nachts scheinen mir riesige Sterne von oben aufs Kopfkissen. Sie heben und senken sich ganz langsam innerhalb der Fensteröffnung. (Ja, vor dem Tau soll man sich hüten, man kriegt Rheuma davon. Nun, das habe ich schon.) Die Flecken in meinem weißen Plisseerock sind alle Öl, sagt Gustav, der Maschinist. Der weiß es bestimmt. Die in allen Farben spielenden blauen Flecken an mir selbst stammen von der Bettkante (wenn unvermutet eine Welle kam), von der Tür zum Waschraum und vom Niedergang zur Kombüse.

8. August

Das Reklamethermometer des Uhrmachers von Porto Azzurro zeigt 32 Grad. Der Hafenkommandant, sehr schick, mit weißen Shorts (er sieht entfernt Vittorio de Sica ähnlich), findet, es sei für Elba um diese Jahreszeit erfrischend kühl. Die gebratenen Makrelen schmeckten trotzdem.

9. August

Wo sind die gepflegten Frauen um die vierzig, die man in Amerika »matron« nennt, die aber noch keineswegs Matronen sind und auch nicht sein wollen? Wir sehen hier nur bezaubernde Teenager mit allem Schmelz der Jugend, schick angezogen, kokett und selbstbewußt. Und dann die aus dem Leim gegangenen, schwarzgekleideten »mammas« mit fettigen Haaren und Knopflöchern. Gibt es hier kein Zwischenstadium? Hört man hier, wenn man erst einen Mann fürs Leben festgenagelt hat, gänzlich auf, etwas für sich zu tun?

10. August

Ich habe daheim in Seeham manchmal die Saison als »laut« bezeichnet. Das ist ein relativer Wert. Hier tönen aus drei Musikboxen sechzehn Stunden täglich Schlager, aus der Bar Nettuno am lautesten. Motorräder knattern bis zwei Uhr nachts. (Jeder Jüngling zeigt seinem Mädchen als Sensation die fremden Jachten am Kai und wünscht sich darauf mit ihr in die Ferne, eben die Ferne, aus der wir kommen.) Früh um drei fahren bereits die Fischer aus und brüllen sich Aussichten und Ansichten zu. Auf den ringsumher vertäuten Schiffen werden sehr lebhafte, lärmende Feste gefeiert. Ich kann mich noch immer nicht daran gewöhnen, daß zwischen mir und diesen Festen nur die Fender und zwei Meter Wasser liegen. Tief erstaunt sehe ich, wie Michael sich im Getöse unzähliger Phon mit dem seliggelösten Ausdruck eines satten Säuglings auf einer Matratze zusammenrollt und einschläft. Er ist schon so braun, daß Handflächen und Zehenspitzen etwas peinlich Rosiges haben, wie bei Eingeborenen. Gut, daß wir Farbfilm in der Kamera haben.

12. August

Der Badestrand hier hat eine große Ähnlichkeit mit dem Pavianfelsen im Zoo. Frauen und Kinder wimmeln, starr beaufsichtigt von den wenig schönen, sehr bunt in Bademäntel gehüllten Männchen. Waagrechte Flächen sind rar, auf dem besten Platz stehen die Kofferradios. Die Felsspalten sind voll von Papier und Schlimmerem. Wir gingen recht schnell ins Wasser.

Mit dem Schnorchel komme ich immer noch nicht zurecht. Die Wellen schlagen mir immer gerade dorthin Wasser, wo nur Luft hereinkommen soll. Ich krabbele angstvoll nach Grund, um mich aufzurichten und die Maske auszugießen. Habe ich damit gerade beide Hände voll, so kommt die übernächste Welle und schleudert mich unsanft gegen das vulkanische Gestein, das schneidet wie Rasierklingen. Bei Eingeborenen soll gerade das Meerwasser solche Wunden schnell zur Heilung bringen. Bei mir tut es das nicht.

14. August

Seit gestern ist Schirokko. Man wird ständig wie durch den Haartrockner gerissen und trinkt viel. Beim Waschen der berühmten »kleinen Wäsche«, deretwegen Frauen an Bord nicht beliebt sind, flog uns das Waschpulver buchstäblich um die Ohren. Die Arabella schaukelte derart, daß ich mich schließlich in den Schalterraum des Postamts am Kai zurückzog. Die wakkeren Mannen brachten mir belegte Brote dorthin und trösteten mich, ihnen sei es auf den ersten Seereisen ähnlich gegangen. Zunächst genierte ich mich vor dem Postbeamten, aber was sind schließlich belegte Brote im Amtsraum in einem Lande, in dem jeder niederfällt und schläft, wo es ihm gerade paßt und den Parteienverkehr über sich hinwegsteigen läßt.

15. August

Neben uns liegt der Segler, in dem die Callas gereist ist. Von seinen technischen Details verstehe ich nichts, aber an Deck standen feudal aussehende Stühle um eine gewaltige Bronzevase mit Gladiolen. Viel größer als die Arabella ist das Ding nicht, und nach Dieselöl stinkt es auch. Wen wundert es, daß die Callas sich schließlich jemandem zugewandt hat, dessen Schiffe wirklich komfortabel waren: Onassis. Ich hätte es an ihrer Stelle auch getan.

Captain, auch Klabautermann genannt, will Elba verlassen und uns morgen eine Überraschung zeigen. Da man nicht weiß, was für eine Überraschung es ist, habe ich sicherheitshalber mal den weißen Plisseerock entfleckt.

17. August

Wer hätte das gedacht: Klabautermanns Überraschung war eine Insel! Pianosa heißt sie, eine wahre Operndekoration: Hafen mit stark befestigten Palazzi, Torbogen in die rückwärtige Kulisse, für den Auftritt der Räuberbraut. Der Chor der Piratenfrauen sang, als wir uns näherten. Das Nadelöhr der Einfahrt ließ Captain die Stirne runzeln. Auch die wackeren Mannen und Michael bekamen den abwesend starren Gesichtsausdruck, den Männer bei technisch kniffligen Höhepunkten ihres Lebens zeigen. Klabauterfrau und ich verschwanden nach drunten, als sich ein schrapendes Geräusch erhob. (Ein Atavismus: Frauen an Bord brachten früher Unglück. Während der Landemanöver heitere Bemerkungen über Land und Leute zu machen ist unwillkommen.) Eng umschlungen, die Hüfte in etwas übriggebliebene kalte Spaghetti gestützt, warteten Klabauterfrau und ich, bis die Leinen ausgeworfen waren. Es wurde still. Man hörte, daß der Frauenchor hinter den schwer vergitterten Fenstern sang »A casa, a casa« = nach Hause. Eine Gruppe Uniformierter näherte sich eilenden Schritts. Wir stellten uns in Positur, um Glückwünsche wegen des ausgezeichnet gelungenen Landemanövers entgegenzunehmen. »Sind Sie in Seenot?« fragte man barsch, »wenn nicht, laufen Sie gefälligst sofort wieder aus.«

Die ganze Insel war ein Frauengefängnis. Ich konnte gerade noch die Hafenkatze streicheln, mißtrauisch beäugt, ob ich ihr nicht ein Kassiber umbinde. Fünf Minuten später waren wir auf dem Wege nach Korsika.

18. August

Was uns jetzt den Magen in die Ohren drückt und die Rachenmandeln in die Kniekehlen, ist gar keine bewegte See, sagt mir Michael, sondern eine alte Dünung von gestern. Es ist kein Trost.

19. August

Mehrere Fahrtstunden lang lag ich in Decken verpackt in der äußerst bewegten frischen Luft an Deck und versuchte, nichts wahrzunehmen. Wenn Michael kam und dicht an meinem Ohr fragte, wie es mir denn ginge (womöglich mit einem Pfefferminzbonbon im Mund), brauchte ich meine ganze Kraft, um mich daran zu erinnern, daß ich ihn aus Liebe geheiratet habe.

Diese nur schwach flackernde Selbstdisziplin wurde stärker angefacht, wenn Klabautermann oder Klabauterfrau sich mit mir beschäftigten. In elendem Zustand mit unserem Nächststehenden höflich und liebenswürdig zu sein, scheint recht schwer. Ich glaubte, einem Geheimnis menschlichen Zusammenlebens auf der Spur zu sein, aber mir war viel zu übel, um den Gedanken weiter zu verfolgen.

20. August

Es ist mal wieder überstanden. Glatt wie Öl (nein, an Öl darf ich noch nicht denken!) strebte die Arabella die letzte Stunde dem schartigen, ehrfurchtgebietenden Korsika zu. Wo würde der Hafen liegen? Wie hatte er überhaupt noch Platz unterhalb dieser Hochgebirge? (Auch als Korsika in Geographie drankam, war ich ausschließlich damit beschäftigt gewesen, die Initialen eines Tanzstundenherrn in die Bank des Lyzeums zu schnitzen.)

20. August abends

Vieuxport gleicht einer Wabe aus überhohen Häusern. Spielende Grautöne über stinkendem Wasser, das Ganze von Schmutz und Verfall schillernd wie Perlmutter und doch herzbewegend schön. Ich erkannte es sofort: es ist der Hafen aus der ›Prinzessin Anthaja‹, Michaels letztem Roman. »Warst du schon mal hier?« rief ich ihm zu, als wir einfuhren und er gebückt über der Ankerkette stand. »Nein«, sagte er, selber erstaunt. »Wieso hast du es dann so genau beschrieben?« – »Weiß ich auch nicht«, meinte er bescheiden und kümmerte sich um Backbord und Steuerbord.

Mit Schriftstellern muß man reisen. Da erlebt man Überraschungen.

21. August

Italienisch konnte ich nur ein bißchen verstehen, wenn ich mit Klabauterfrau einkaufen ging (die als Inbild blonder Schönheit gelten darf und mit einem mezzokilo Kalbsschnitzel auch immer gleich ein mezzokilo wohlverdienter Komplimente feuriger Fleischhauer mitbekommt). Sprechen kann ich kein Wort. Seit gestern sind wir im französischen Sprachraum. Das erste schmutzige Kind, das auf dem Kai seinem Teddybär das Laufen beibrachte, verstand mich und lächelte. Der Perlenvorhang der Sprache teilte sich und ließ mich ein in das fremde Land.

23. August

Überall Napoleonstatuen, Napoleonandenken. Auf dem Promenadeplatz in Bastia sitzt er halbnackt auf einem Marmorsessel, ein marmornes Badetuch umgeschlungen, einen Speer in der Rechten, als käme auch er vom Fischestechen. Um ihn herum ergehen sich, zu zweit und dritt, Arm in Arm, die jungen Mädchen. (Ich kann nicht unterscheiden, ob sie 13 oder 20 sind.) So manche Rassenmischungen hat der Hafen Bastia im Lauf der Zeit zusammengetragen. Honigfarbene Haut, die geschwungenen »Hindinnenaugen«, die daheim die Mannequins sich mit viel Mühe anschminken. Und Taillen! Taillen wie die Oberschenkel der Seehamer Weiblichkeit.

25. August

Die Molenmauer hat die Sonne gespeichert. Im Salon der Arabella zeigt das Thermometer 30 Grad. Selbst in der Hafenkirche ist es erschreckend und ungewohnt lauwarm. Bis Mitternacht sitzen wir an Deck, ganz gelöst, ganz zufrieden. Wie viele Seelen- und Körperkalorien ich daheim immer verbrauche, nur damit mir warm ist! – Manchmal erzählt einer was (halblaut, weil man uns an Land und auf den anderen Schiffen hören kann), ein Zigarettenfünkchen glimmt. Wir überlegen, wie unendlich leicht man Menschen von Hafen zu Hafen, von Land zu Land schmuggeln könnte. Wie aufregend das wäre; welche Komplikationen es gäbe, wenn es ein verfolgter Kronprinz, ein schöner, junger Potentat (ein gestürzter) wäre und wir ein junges Mädchen an Bord hätten. Ein Filmstoff vielleicht. Ein heiterer Sommerroman. – Mit leichtem Zerren, rheumaähnlich, meldet sich aus der Ferne der Existenzkampf und die Lage des freien Schriftstellers. Aber das alles ist so weit fort.

29. August

Am Kai ist ein kleiner Altar, eine nachgemachte Lourdes-Grotte. Eine schwarzgekleidete, zahnlose alte Korsin, deren Mann auf dem Meer geblieben ist, zündet jeden Abend Kerzen davor an. Sie brennen lange, bis gegen Mitternacht. Die Bevölkerung, die keine Lust hat, in ihre Backöfen von Wohnungen heimzukehren, pilgert davor hin und zurück. Die Alten und die Schwangeren bleiben stehen oder schlagen das Kreuz, die Kinder hebt man hoch, und sie werfen der Jungfrau eine fette, schmatzende kleine Kußhand zu. Die jungen Liebespaare aber gehen abwesend und miteinander beschäftigt vorüber. Wie rührend sie sind in ihrer trotzigen Zuversicht, aus dem ewigen Kreislauf ausbrechen zu können.

30. August

Die anderen schnorcheln stundenlang. Man sieht von ihnen nur das Lämpchen des Schnorchels und den Bade-Hosen-Boden über der Wasseroberfläche dahinschleichen. Klabauterfrau hat sich in einen jungen Rochen verliebt und schwimmt vor und nach Tisch zu der Stelle, wo er im Sand liegt und vergnügt nach oben schielt.

Man kann auch unter Wasser schwindlig werden. Abgründe grünlichblauer Tiefe, in denen Algen wehen, lassen mich erschrocken auftauchen. Aber es ist wunderbar, den Fischen so nah ins Gesicht zu blicken und zu spüren, daß die Sonne auch sie wärmt, nicht nur uns.

31. August

Dies hier – die Bucht von Stagnola – ist ein unberührtes Paradies, an den Ufern dichte Macchia voller Dornen, die nach Terpentin duftet, seichte Lagunen ins Land hinein, halb Salz-, halb Süßwasser, Korkeichenwälder, Mäuerchen aus Felsbrokken (pro Stein je eine Eidechse, pro Korkeiche je eine Elster). Die Felsen unter Wasser beinahe noch interessanter: freudig gurgelnde Töne entquellen den Schnorcheln, wenn einer etwas ganz Tolles entdeckt hat.

Nachts rufen Käuzchen am Ufer, und das Meer klingt, mal hier, mal dort, in einem hohen, zirpenden Ton. Es ist, als gäbe es auf der im Mondlicht wie mit Pailletten bestickten Wasserfläche Grillen.

Abends beim Wein hätte ein Durchschnittsehemann mit Sicherheit geäußert: »Na, hat sich doch gelohnt, der ganze Aufwand, was?« Michael schwieg, das großmütige Herz.

2. September

Es hat sich das erhoben, was Dicki beim Segeln einen Kuhsturm nennt. Man weiß nicht, wohin mit sich, und ist elend. Die Männer, die sich gegenseitig immer wieder versichern, daß sie jetzt nicht in der Straße von Bonifacio sein möchten, tummeln sich leuchtenden Auges, messen Böenspitzen, reffen, raffen und tun Seemännisches. Klabauterfrau und ich sagten einander leicht beklommen gute Nacht und verschwanden mit spannenden Kriminalromanen in unseren Kabinen. Ich glaube nicht, daß ich den Mörder entlarven werde.

5. September

Wir wären vielleicht noch immer in der Bucht von Stagnola (in der wegen der steifen Brise noch ein englischer Segler neben uns Schutz gesucht hat), wenn uns nicht das Selterswasser ausgegangen wäre. Der korsische Wein (heißt La Sposata und wird von einigen Angehörigen der Familie Bonaparte gebaut) ist zu schwer, um unverdünnt getrunken zu werden. Nun führt auch der Weg zum Selterswasser nach Norden. Unsere Ferien gehen zu Ende.

7. September

Wir hatten großartige Fisch-Beute und aßen sie gebraten morgens, mittags und abends. Ganz unvermutet sagte der Captain zu mir: »Dir ist ja gar nicht mehr übel!« Ich verschluckte mich vor Schreck. Kaum hat man sich an irgend etwas wirklich gewöhnt, da ist es auch schon vorüber. Ein altes Naturgesetz.

10. September

Wir sind auf dem Heimweg. Die Arabella liegt schon fern und tief unten in der Bucht, ein Flöckchen, eine Vision. (Jeder Abschied ist ein ganz kleines bißchen Sterben).

Der Seestern stank zu sehr, aber die großen Muscheln, das Stück Korkeichenrinde und der Bruyèrestengel aus Korsika liegen im Kofferraum. Hätte ich doch die Hitze, den Duft nach wildem Thymian und das Schrillen der Zikaden einwecken können. Ich würde an einem Januartag bei Frost und Ostwind ein Glas davon aufmachen.

11. September

An der bunten, gleißenden, staubigen Riviera ist kein eigentlicher Herbst, aber man merkt den Pflanzen doch an, daß sie keine Lust mehr haben. An einem Zeitungskiosk hielten wir, Michael wartete im Wagen. Ich kaufte deutsche Zeitungen. Im Gehen las ich darin. Während der wenigen Schritte an einer sonnendurchglühten Wand entlang, die von blühender Bougainvillea wie mit lila Wäschetinte übergossen war, mußte ich alles an Ängsten und Herzschmerzen um Berlin abdienen, wozu ich daheim Wochen Zeit gehabt hätte. Das arme Berlin! Es wurde dunkel, die Farben wurden fahl, noch nach Stunden sah die Landschaft aus wie ein Fotonegativ. (Nein, wir werden *nicht* von Realitäten regiert, wie unsere Altvordern uns das glauben machen wollten. Ich habe mich einmal bei der Lektüre von Tolstois ›Krieg und Frieden‹ beim Übergang über die Beresina gräßlich erkältet.) Ich will heim, so schnell wie möglich.

14. September

Ich kann den kleinen Kirchhof in Porto Azzurro nicht vergessen, mit seinen Wandschränken voller Särge und den huschenden Ratten. Es war nur ein kleiner, lauwarmer Schreck, den ich verspürte, wie vor allem Ungewohnten. Die Italiener wissen, daß unsterblich Gewordenem keine Ratten mehr etwas anhaben können. Sich in die Vorstellungswelt eines anderen hineinzudenken, heißt ein Paar Augen und Ohren dazugeschenkt bekommen.

16. September

Hatte ich gefürchtet, die Sorgen, die daheim über den Himmel gezogen sind, seien sichtbar! Unbeteiligt blicken die hohen Berge mich aus den funkelnden Augen ihrer Wasserfälle an, an den Bäumen leuchtet das Obst. Wieviel mehr doch die deutschen Äpfel den goldenen Früchten der Märchen gleichen als die südlichen Orangen, die an Volksfest und Luftballon denken lassen!

18. September

Bei welcher Heimkehr vermisse ich die Eltern nicht? Im Erzählen daheim faßte sich alles Erlebte noch einmal wie in einem Brennspiegel zusammen. Mama konnte stundenlang zuhören, durch kleine Zwischenfragen den Bericht weitertreiben. Papa kam aus dem Atelier, zog sorgfältig an den Bügelfalten und setzte sich umständlich, ehe er eine scherzende Frage nach etwas ganz Ausgefallenem tat (Hast du den König von mir gegrüßt? – Wie schmeckt der Safran in der Bouillabaisse? –) oder sich mit leisem Grunzlaut, an der Nase zupfend, freute, wenn ich ihm eine Geschichte in einer fremden Sprache zitierte. Die Eltern lachten Tränen, wenn ich ihnen aufspringend eine Szene vorspielte, Mama verzieh, daß ich mit dem Gabelstiel aufs Tischtuch zeichnete, um ihnen ja alles recht deutlich zu machen. Höhepunkte und Glanzlichter der Reise traten hervor, die Beschwerlichkeiten versanken. »Na, herrlich, daß alles so fein geklappt hat«, konstatierte Mama zum Schluß. Wie durch einen Zauber hatte nun erst wirklich alles fein geklappt, war vollendet, abgerundet, unverlierbar geworden.

19. September

Es gibt auch heute noch verwunschene Schlösser. Sie müssen nur in einer gewissen Entfernung von der ersten Rast-Etappe der nach Süden strömenden Bundesbürger liegen. Auf dem Hinweg nach Innsbruck hält keiner dort an, weil die frischen Kräfte und der Schwung des begonnenen Urlaubs sie möglichst tief nach Italien hineintragen. Wir, auf dem Rückweg, hielten dort – trotz guter Vorsätze – auch diesmal wieder nicht an, weil die Unruhe des nahenden Alltags uns vorwärtstrieb.

(Ob viel Post da ist? Hatte ich den Abfalleimer eigentlich ausgeleert? Hoffentlich hat es nicht hereingeregnet. Wenn wir jetzt richtig zufahren, sind wir um neun Uhr zu Haus.) Das Schloß blieb verwunschen.

20. September

Spät abends sind wir angekommen. Der Garten legte sich uns beim Aussteigen so dunkel und feucht um die Ohren wie ein nasses Tuch. Es roch nach Kälte, Kartoffelfeuer und Schilf.

Als Kind mußte ich, wenn ich einen geliebten Menschen schlafen sah, den Augenblick der Angst überwinden, er könne vielleicht gestorben sein. Bei unserem Haus ging es mir, bis ich Licht gemacht hatte, ebenso.

Rudolf Hagelstange

Ein Bärenfang

»Laßt uns einen Bären fangen!« sagte ich zu meinen beiden amerikanischen Freunden Bob und James, mit denen ich eines schönen Maimorgens von Lewistown, einem Städtchen am Fuße der Sierra Nevada, ins Gebirge aufgebrochen war, um die wildromantischen Naturschutzgebiete des Yosemitetales kennenzulernen. Wir hatten die vorsintflutliche Car von James – er hatte sie vor achtzehn Jahren einem trinkfreudigen Wanderprediger im Spiel abgewonnen – am Straßenrand gestoppt und saßen in der Sonne, verzehrten das mitgebrachte Frühstück: Weißbrot, gekochte Eier, Honig, den in Cellophan geborgenen Chesterkäse, und weil wir zu bequem waren, den kleinen Benzinkocher zu einem Tee oder Kaffee in Gang zu setzen, begannen wir gleich mit Gin und tonic water. Das erste Glas – ein Drittel Gin, zwei Drittel Wasser – hatten wir schon hinter uns. Das zweite – halb Gin, halb Wasser – ging eben zur Neige. Das dritte, das James, der irischer Abstammung und ein unheimlicher Säufer war, jetzt einschenkte, bestand schon zu zwei Dritteln aus Gin und zu einem Drittel aus tonic water.

»Wir sind auf dem besten Wege, uns langsam jeder einen Affen anzutrinken«, brummte er zufrieden. »Was sollen wir da mit einem Bären anfangen?«

Bob, der sich gerade kunstvoll Honigfäden auf sein Brot träufelte, bemerkte sachlich: »Die Bären stehen unter Naturschutz. Du darfst ihnen kein Härchen ihres Pelzes krümmen. Sie befinden sich im Range etwa eines Forstbeamten. Außerdem: wir haben ja nicht einmal eine Pistole.«

»Fangen!« sagte ich. »Nicht jagen!«

»Wenn wir nur ein Schlückchen Glück haben«, meinte James, sein Glas halb leerend, »werden wir den einen oder andern Bären ohnedies unterwegs treffen. Wir werfen ihm dann ein paar Bonbons aus dem Wagen oder einen Riegel Schokolade. Dann fahren wir weiter, sonst werden die Burschen aufdringlich oder aggressiv – vor allem, wenn sie merken, daß du ein Deutscher bist, der auf Bärenfang aus ist.« Er wog die leere Ginflasche in der Hand und warf sie dann in hohem Bogen ins Gebüsch.

»Hol eine neue«, sagte er zu Bob.

Bob ging an den Wagen – nun ja ... Wagen ist vielleicht etwas übertrieben, wenigstens für heutige Begriffe. Natürlich hatte er vier Räder und eine komplette Karosserie; man hätte ihn sogar als Limousine bezeichnen können. Aber das Modell zu beschreiben fällt schwer. Im Vorderen Orient laufen gelegentlich noch Taxis solcher Bauart. Bremsen und Gashebel waren mit dem Fuß zu bedienen. Aber die Gänge waren noch seitlich zu schalten. Die Vorder- und Hintersitze waren durch verschiebbare Glaswände voneinander geschieden. Einen Kofferraum gab es nicht. Unser Proviant lag ziemlich wahllos in einer Holzkiste neben dem Fahrersitz. Bob entnahm ihr eine Flasche, schraubte sie auf und goß jedem ein.

»Wir sollten uns nicht allzu festsaufen«, sagte ich leicht mißbilligend. Aber James brummte etwas von einem »sauren Moralisten«, und Bob sagte ruhig: »Wir frühstücken doch nur.«

Als wir jeder das sechste Glas gefrühstückt hatten, schlug ich vor, ein paar Schritte in den Wald zu tun.

James knurrte, aber dann stand er doch auf. Wir ließen alles liegen und stehen, wie es lag und stand, und zogen los. Es waren reizende Burschen, aber auf Ordnung gaben sie nichts.

Als wir nach zwanzig Minuten zurückkamen, war es geschehen.

Ich ging einige Schritte voraus und sah sofort, daß irgend jemand sich im Wagen zu schaffen machte. Ich legte den Finger an die Lippen, und von hinten pirschten wir uns an die Car heran.

»Nicht zu glauben!« fauchte James und schlug ein Kreuz. »Wie kriegen wir den 'raus?«

»Ich hätte doch die Tür zuschlagen sollen«, flüsterte Bob schuldbewußt.

Ich aber dachte mir: Wie gut, daß sie aufblieb! Halblaut aber sagte ich: »Das läßt sich nachholen.«

Ich hieß Bob und James stehenbleiben, schlich vorsichtig näher, war dann mit einem Sprung an der Tür und schlug sie zu. Gott sei Dank war das Fenster geschlossen.

Aber: was ich erwartet hatte, blieb aus.

Der Bär, das Honigglas in den Tatzen haltend, wandte zwar flüchtig seinen Kopf – wie ein Schalterbeamter, den man höflich anspricht –, fuhr aber gleich wieder unbekümmert fort, mit seiner riesigen, dunkelroten Zunge das Glas auszulecken.

Immerhin trat ich sofort zurück. James' Wagentür schloß so

schlecht, daß sie leicht – oder lange Weile überhaupt nicht aufging.

Etwa zehn Schritte vom Wagen entfernt beratschlagten wir. »Noch ist er friedlich«, sagte James, »aber wenn er fertig ist, kann sich das ändern. Er ist leider sehr groß. Wir dürfen ihn nicht reizen.«

»Wenn er 'rauskommt«, meinte Bob, »wird es brenzlich. Wohin dann?«

Wir dachten nach.

Schließlich sagte ich: »Es gibt nur einen Platz, an dem wir wirklich sicher sind, den Wagen selbst. Wir müssen hinten einsteigen, die Türen fest schließen und warten, bis er geht. Oder ihn vertreiben.«

»Ich denke, du wolltest ihn fangen«, sagte James bissig. Aber er sah ein, daß ich recht hatte.

Der Bär hatte das Glas geleert und kramte in der Kiste herum, die griffbereit neben ihm stand. Er entdeckte die Schokolade und begann, sie zu fressen.

Währenddessen stiegen wir leise hinten ein, ohne daß der Bär Notiz davon nahm.

Wir saßen etwas beklommen nebeneinander und beobachteten ihn, wie er jetzt einen Käse zerbiß, wobei ihm das Cellophan, das sich auf einem Schneidezahn festgespießt hatte, zu schaffen machte. Als er sich unter einigem Gebrumm davon befreit hatte, griff er eine der Flaschen.

James stöhnte auf, als er sah, daß es die Whiskyflasche war. In seiner Eifersucht klopfte er sogar an die Scheibe, und der Bär wandte sich diesmal um. Seine Augen blitzten jetzt tükkisch.

Nach einigen vergeblichen Versuchen, den Inhalt in die Kehle zu befördern, riß er die Kapsel mit seinen Zähnen ab und begann hingebungsvoll zu trinken. Aber plötzlich schien ihm der unbekannte Saft so in den Gedärmen zu brennen, daß er die Flasche fallen ließ und zu toben anfing. Er warf sich auf dem Sitzpolster hin und her, hieb gegen die Tür, riß am Steuerrad, an den Gängen, und plötzlich merkten wir, daß sich der Wagen – sacht, ganz sacht – in Bewegung setzte. Die Straße war leicht abschüssig, und breit war sie auch. Es war das Natürlichste von der Welt, daß wir fuhren. Aber wie wir fuhren!

Nun erst, da wir fuhren, schien der Bär zu erfassen, daß er gefangen war. Das jagte ihm einen panischen Schrecken ein, und er versuchte, sich aus seiner Haft zu befreien, hieb und tastete um sich, machte sich auch immer wieder an der Tür zu schaffen, wollte durch die Fenster, die er nicht begriff, versuchte es wieder an der Türe – die hatte sich diesmal entschlossen, zu klemmen –, und bei all diesem Hin und Her gewann der Wagen an Fahrt und lief, infolge der regellosen Manipulationen des Fahrers im Zickzack, mal nach rechts, mal nach links, stoppte plötzlich, weil der Bär den Bremshebel getroffen hatte, setzte sich wieder in Bewegung, weil der Fahrer ihn nicht festhielt, und so rollten wir mit langsam zunehmender Geschwindigkeit dahin, wobei es zunächst ein Wunder schien, daß wir nicht im Gebüsch landeten. Aber noch wunderbarer war, daß der Bär mehr und mehr die Funktion des Steuerrades zu begreifen schien, das er anfangs sehr willkürlich bediente, dann jedoch auf ähnliche Weise handhabte wie z. B. die radelnden Bären im Zirkus ihre Lenkstange. Er hatte seine Tatzen aufs Steuerrad gelegt, rutschte unruhig mal nach rechts, mal nach links, brummte grimmig dabei, aber im ganzen erwies er sich doch als ein leidlich gelehriger Fahrschüler.

Nichtsdestoweniger brach uns der Schweiß aus den Poren, und wir suchten uns, in abgerissenen Sätzen, über einen Ausweg zu beraten.

»Aufmachen und 'rausspringen!« meinte Bob.

»Mein schöner Wagen!« schrie James, über diesen Vorschlag entsetzt.

»Die Vordertür öffnen«, schlug ich vor, »damit er 'rausfällt!«

»Versuch's!« schrie James.

Ich öffnete die Hintertür; Bob hielt mich dabei fest. Die Vordertür klemmte natürlich. Wir hatten Not, die Hintertür wieder zu schließen.

Währenddessen wütete der Bär wie ein Besessener und, wohl weil sein Hinterteil nicht für menschliche Sitzgelegenheiten geschaffen war, rutschte er plötzlich vom Polster nach unten und kam mit seinem ganzen Gewicht auf den Bremshebel zu liegen. Die Bremsen quietschten, wir flogen durcheinander, der Wagen bockte, schütterte und stand.

»Raus!« schrie James, riß die rechte Hintertür auf und stürzte in den Wald. Bob rannte ihm nach.

Ich war in Versuchung, das gleiche zu tun, aber irgendein Instinkt sagte mir, daß es sinnlos sei, den Bären in seiner Lage zu belassen, und zugleich schien es mir töricht, das bislang so glücklich verlaufene Abenteuer kopflos abzubrechen. War er nicht gefangen? Und nun sollten wir ihn laufen lassen?

Der Bär brüllte jetzt. Er versuchte verzweifelt, sich aus seiner Lage zu befreien. Es galt also, keine Zeit zu verlieren.

Ich sprang hinaus und legte rasch einen Stein vor das linke Vorderrad. Dann schob ich – mich durch die offene Hintertür in den Wagen beugend – das halbe Zwischenfenster beiseite, schnalzte mit der Zunge und redete dem Bären gut zu.

Es gab keinen Grund dafür, daß der Bär, der vom Sitz gerutscht war, nicht irgendwie wieder hinauf gelangen sollte, und so kam also der Bär schließlich wieder unter dem Steuerrad hervor, kletterte auf das Sitzpolster und, weil er nun einmal am Klettern war, stieg er nun in den weitaus geräumigeren hinteren Teil des Wagens, durch dessen offene Tür er das Freie witterte.

Ich schlug rasch die Tür zu und riß, während der Bär in den Fond des Wagens plumpste, die rechte Vordertür auf und schob das Zwischenfenster wieder zu, nicht ohne die Flasche Cherry, die wir noch mit uns führten, auf den Hintersitz geworfen zu haben. Diese, zu zwei Dritteln noch voll, hatte einen Korken, an dem noch Bestandteile des leicht gesüßten Alkoholsaftes klebten. Jedenfalls griff der Bär die Flasche, leckte an ihr, riß den locker sitzenden Pfropfen mit den Zähnen heraus und süffelte sie, erst zögernd und mißtrauisch, dann aber befriedigt grunzend aus.

Ich stürzte aus dem Wagen, schrie nach James und Bob, die sich eben wieder neugierig hinter den Bäumen zeigten, stieß den Stein fort, der das linke Vorderrad blockierte, stieg rasch ein, und versuchte, während ich immerfort »Einsteigen! Einsteigen!« schrie, den Motor in Gang zu bringen.

Der streikte natürlich. Als Bob und James jedoch in einem verzweifelten Entschluß zu mir in den Wagen hereinsprangen, lösten sich die Bremsen, wir rollten los, und nun sprang auch der Motor an.

Wir fuhren.

Ich konnte mich nicht umsehen; aber James gab ständig Bericht:

»Er trinkt noch. Er hat sich beruhigt. Er legt sich lang. Er richtet sich wieder auf! Er sinkt wieder um. Er muß betrunken sein. Der Hund!« schrie er plötzlich, »er macht unter sich!«

»Laß ihn machen«, sprach Bob, »das ist ein gutes Zeichen.«

Und er hatte recht. Der Bär streckte sich erleichtert auf dem verschlissenen Polster aus und schlief ein.

»Wohin fährst du?« fragte James.

»Nach Lewistown«, sagte ich.

»Ja, laß ihn nach Lewistown fahren«, pflichtete Bob bei, »es wird einen Heidenspaß geben!«

Und so wendete ich bei der nächsten Abzweigung, und wir fuhren den Weg zurück, vorbei an unserem Frühstücksplatz, talwärts, Richtung Lewistown.

Einmal standen zwei Bären am Weg und hoben bettelnd die Tatzen. James warf ein paar Bonbons hinaus. »Sorry«, schrie er, »wir sind sehr eilig, Gentlemen!«

Aber da wir fast zwei Stunden zu fahren hatten und nicht wußten, ob der Bär so lange ruhig bleiben würde, hielten wir an der nächsten Kneipe, James holte Whisky und Cherry, und nachdem wir die Cherryflasche, fast entkorkt, vorsichtig neben den schlafenden Bären bugsiert hatten, fuhren wir weiter.

Unsere Überlegung war goldrichtig. Eine halbe Stunde vor Lewistown erwachte der Bär, entdeckte die Flasche, suckelte sie gierig aus und schlief wieder ein.

Und so fuhren wir – es war gegen ein Uhr mittags – in Lewistown ein, hielten vor dem Rathaus und gaben das Erlebte zu Protokoll. Der Sheriff kam heraus mit sechs Polizisten, Stricken, einem Satz Maschinenpistolen, und das halbe Städtchen stand dabei, als er die Wagentür öffnete.

Es dauerte eine Weile, bis sie den Bären wachkriegten. Schließlich kroch er auf allen vieren heraus, blickte mit trüben Augen in die Menge und setzte sich dann schwankend auf seine Hinterbeine.

»Ihr könnt mich aufbinden, wem ihr wollt«, lallte er gutmütig. »Ich bin völlig betrunken.«

Dann kippte er langsam um und wurde auf einer Tragbahre in ein Sanitätsauto geschoben, das ihn zurückbrachte, selbigen Tages, zurück in die Wälder und Schluchten des Yosemitetals, in ein geregeltes Bärenleben.

Friedrich Dürrenmatt

Die Notoperation

Wir waren, etwa fünf Mediziner, vom Kiental aus ins Blümlisalpmassiv gestiegen; wo wir hin wollten, weiß ich nicht mehr, ich bin nie ein großer Bergsteiger gewesen und ein noch schlechterer Geograph. Ich schätze, es war so um das Jahr 1908 herum im Juli, und es war ein heißer Sommer, das ist mir noch deutlich. Übernachtet haben wir auf einer Alp in einer Hütte. Es ist merkwürdig, daß mir vor allem diese Hütte geblieben ist. Ja, manchmal träume ich noch von ihr und schrecke dann schweißgebadet auf; aber eigentlich, ohne dabei an das zu denken, was sich in ihr abspielte. Sicher wird sie nicht anders gewesen sein, als nun eben die Alphütten sind, die den Winter über leer stehen, und das Schreckliche ist allein in meiner Phantasie. Daß dies der Fall sein muß, glaube ich daran zu erkennen, weil ich sie immer mit feuchtem Moos überwachsen vor mir sehe, und das sieht man doch an Alphütten nicht, scheint mir. Man liest oft von Schinderhütten, ohne recht zu wissen, was dies eigentlich sein soll. Nun, unter einer Schinderhütte stelle ich mir so etwas wie diese Alphütte vor. Föhren standen um sie herum und ein Brunnen nicht weit von ihrer Türe. Auch war das Holz dieser Hütte nicht schwarz, sondern weißlich und faulig, und überall in den Ritzen waren Schwämme, doch kann auch das nur eine nachträgliche Einbildung sein; die Jahre liegen in einer so großen Anzahl zwischen heute und diesem Vorfall, daß Traum und Wirklichkeit unentwirrbar ineinander verwoben sind. An eine unerklärliche Furcht erinnere ich mich jedoch bestimmt. Sie befiel mich, als wir uns der Hütte über eine mit Felstrümmern übersäte Alp her näherten, die jenen Sommer nicht benutzt wurde und in deren Mulde das Gebäude lag. Ich bin überzeugt, daß diese Furcht alle überfiel, Emmenberger vielleicht ausgenommen. Die Gespräche hörten auf, und jeder schwieg. Der Abend, der hereinbrach, bevor wir noch die Hütte erreichten, war um so schauerlicher, als eine, wie es schien, unerträgliche Zeitspanne lang ein seltsames tiefrotes Licht über dieser menschenleeren Welt von Eis und Stein lag; eine tödliche, außerirdische Beleuchtung, die unsere Gesichter und Hände verfärbte, wie sie auf einem Planeten herrschen muß, der sich weiter von der Sonne entfernt bewegt als der unsrige. So waren wir denn wie gehetzt ins Innere der Hütte gedrungen. Dies war leicht; denn die Türe war unverschlossen. Schon im Kiental hatte man uns gesagt, daß man in dieser Hütte übernachten könne. Der Innenraum war erbärmlich und nichts vorhanden als einige Pritschen. Doch bemerkten wir im schwachen Licht oben unter dem Dach Stroh. Eine schwarze, verbogene Leiter führte hinauf, an der noch Mist und Dreck vom vorigen Jahr klebte. Emmenberger holte draußen vom Brunnen Wasser, mit einer seltsamen Hast, als wüßte er, was nun geschehen sollte. Das ist natürlich unmöglich. Dann machten wir auf dem primitiven Herd Feuer. Ein Kessel war vorhanden. Und da ist denn, in dieser merkwürdigen Stimmung von Grauen und Müdigkeit, die uns gefangenhielt, einer von uns lebensgefährlich verunglückt. Ein dicker Luzerner, Sohn eines Wirts, der wie wir Medizin studierte – wieso wußte eigentlich niemand – und der auch ein Jahr darauf das Studium aufgab, um doch die Wirtschaft zu übernehmen. Dieser etwas linkische Bursche also fiel, da die Leiter zusammenbrach, die er bestiegen hatte, um unter dem Dach das Stroh zu holen, so unglücklich mit der Kehle auf einen vorspringenden Balken in der Mauer, daß er stöhnend liegenblieb. Der Sturz war heftig. Wir glaubten zuerst, er habe etwas gebrochen, doch fing er nach kurzem an, nach Atem zu ringen. Wir hatten ihn hinaus auf eine Bank getragen, und nun lag er da in diesem fürchterlichen Licht der schon untergegangenen Sonne, das von übereinander geschichteten Wolkenbänken sandigrot niederstrahlte. Der Anblick, den der Verunglückte bot, war beängstigend. Der blutig geschürfte Hals war dick angeschwollen, den Kopf hielt er, während sich der Kehlkopf heftig und ruckweise bewegte, nach hinten. Entsetzt bemerkten wir, daß sein Gesicht immer dunkler wurde, fast schwarz in diesem infernalischen Glühen der Horizonte, und seine weitaufgerissenen Augen glänzten wie zwei weiße, nasse Kiesel in seinem Antlitz. Wir bemühten uns verzweifelt mit feuchten Umschlägen. Vergeblich. Der Hals schwoll immer mehr nach innen, und er drohte zu ersticken. War der Verunglückte zuerst von einer fieberhaften Unruhe erfüllt gewesen, so fiel er jetzt zusehends in Apathie. Sein Atem ging pfeifend, reden konnte er nicht mehr. So viel wußten wir, daß er sich in äußerster Lebensgefahr befand; wir waren ratlos. Es fehlte uns jede Erfahrung und wohl auch die Kenntnis. Wir wußten zwar, daß es eine Notoperation gab, die Hilfe schaffen konnte, aber keiner wagte, daran zu denken.

Nur Emmenberger begriff und zögerte auch nicht zu handeln. Er untersuchte eingehend den Luzerner, desinfizierte im kochenden Wasser über dem Herd sein Taschenmesser und führte dann einen Schnitt aus, den wir als Coniotomie bezeichnen, der in Notfällen manchmal angewandt werden muß und bei dem man über dem Kehlkopf, zwischen dem Adamsapfel und dem Ringknorpel mit quergestelltem Messer einsticht, um Luft zu schaffen. Nicht dieser Eingriff war entsetzlich, der mußte nun wohl mit dem Taschenmesser gemacht werden; sondern das Grauenhafte war etwas anderes, es spielte sich gleichsam zwischen den beiden in ihren Gesichtern ab. Wohl war der Verunglückte schon fast betäubt vor Atemnot, aber noch waren seine Augen offen, ja weit aufgerissen, und so mußte er noch alles bemerken, was geschah, wenn auch vielleicht wie im Traum; und als Emmenberger diesen Schnitt ausführte, hatte er die Augen ebenfalls weit aufgerissen, sein Gesicht verzerrte sich; es war plötzlich, als breche aus diesen Augen etwas Teuflisches, eine Art übermäßiger Freude, zu quälen, oder wie man dies sonst nennen soll, daß ich eine menschliche Angst empfand, wenn auch nur für eine Sekunde; denn schon war alles vorbei. Doch glaube ich, das hat niemand außer mir empfunden; denn die andern wagten nicht hinzusehen. Ich glaube auch, daß dies zum großen Teil Einbildung ist, was ich erlebte, daß die finstere Hütte und das unheimliche Licht an diesem Abend das ihre zu dieser Täuschung beigetragen haben; merkwürdig am Vorfall ist nur, daß später der Luzerner, dem Emmenberger durch die Coniotomie das Leben rettete, niemals mehr mit diesem gesprochen hat, ja ihm kaum dankte, was ihm von vielen übelgenommen wurde.

Friedrich Torberg
Die Tante Jolesch persönlich

Was nun die Tante Jolesch selbst betrifft, so verdanke ich die Kenntnis ihrer Existenz – und vieler der von ihr überlieferten Aussprüche – meiner Freundschaft mit ihrem Neffen Franz, dem lieben, allseits verhätschelten Sprößling einer ursprünglich aus Ungarn stammenden Industriellenfamilie, die seit langem in einer der deutschen Sprachinseln Mährens ansässig und zu beträchtlichem Wohlstand gelangt war. Franz, bildhübsch und mit einer starken Begabung zum Nichtstun ausgestattet (das er nur dem Bridgespiel und der Jagd zuliebe aufgab), muß um mindestens zwölf Jahre älter gewesen sein als ich, denn er hatte bereits am Ersten Weltkrieg teilgenommen und wurde von seinen gleichaltrigen Freunden auch späterhin noch scherzhaft als »Seiner Majestät schönster Leutnant« bezeichnet. Ich war wiederholt auf dem mährischen Besitz seiner Familie zu Gast – »Ein Narr, wer kein Gut in Mähren hat«, hieß es damals in einem zynisch-selbstironischen Diktum jener Kreise – und blieb ihm bis zu seinem arg verfrühten Tod herzlich verbunden. Die einrückenden Deutschen hatten ihn 1939 als Juden eingesperrt, die befreiten Tschechen hatten ihn 1945 als Deutschen ausgewiesen. Man könnte sagen, daß sich auf seinem Rücken die übergangslose Umwandlung des Davidsterns in ein Hakenkreuz vollzog. Er verbrachte dann noch einige Zeit in Wien und übersiedelte schließlich nach Chile, wo er bald darauf an den Folgen seiner KZ-Haft gestorben ist. Die Tante Jolesch hat das alles nicht mehr erlebt.

Franz war ihr Lieblingsneffe, und es fügt sich gut, daß einer ihrer markantesten Aussprüche mit ihm zusammenhängt – mit ihm und mit zwei unter Juden tief verwurzelten Gewohnheiten. Die eine besteht in der Anrufung des göttlichen Wohlwollens für einen demnächst auszuführenden Plan, etwa für eine Reise, die man »so Gott will« morgen antreten und von der man nächste Woche »mit Gottes Hilfe« zurückkehren wird, außer es käme »Gott behüte« etwas dazwischen, vielleicht gar ein Unglück, und »Gott soll einen davor schützen«, daß dies geschehe. Nicht minder tief sitzt, wenngleich ohne religiöse Verankerung, das jüdische Bedürfnis, einem schon geschehenen Mißgeschick hinterher eine gute Seite abzugewinnen. Die hier zur Anwendung gelangende Floskel lautet: »Noch ein Glück, daß ...« und kann sich beispielsweise auf eine plötzliche Erkrankung beziehen, die nur dank rascher ärztlicher Hilfe zu keiner Katastrophe geführt hat: »Noch ein Glück, daß der Arzt sofort gekommen ist«; oder es kann »noch ein Glück« sein, daß bei dieser Gelegenheit ein andrer gefährlicher Krankheitskeim entdeckt und entschärft wurde.

Nun hatte Neffe Franz, als er einmal von einer Autoreise heimkehrte, unterwegs einen Unfall erlitten, bei dem er zwar mit dem Schrecken und gelinden Blechschäden davongekommen war, der aber dennoch am Familientisch ausgiebigen Gesprächsstoff abgab, teils weil sowohl Autobesitz wie Autounfälle damals erst im Anfangsstadium standen, also Seltenheitswert besaßen, teils weil man noch nachträglich um Franzens heile Knochen bangte. Immer wieder wollte man hören, wie er die drohende Gefahr – sein Wagen war auf einer regennassen Brücke ins Schleudern geraten – von sich abgewendet hatte, immer wieder hob Franz zu erzählen an, schmückte die Erzählung mit neuen Details und erging sich in neuen Analysen.

»Noch ein Glück«, schloß er einen seiner Berichte ab, »daß ich mit dem Wagen nicht auf die Gegenfahrbahn gerutscht bin, sondern ans Brückengeländer.«

An dieser Stelle mischte sich die Tante Jolesch erstmals ins Gespräch. Sie hatte bis dahin nur stumm und eher desinteressiert zugehört (denn ihrem Franz war nichts geschehen und das war die Hauptsache). Jetzt hob sie mahnend den Finger und sagte mit großem Nachdruck:

»Gott soll einen hüten vor allem, was noch ein Glück ist.«

Sie hat in ihrem Leben viel Zitierens- und Beherzigenswertes gesagt, die Tante Jolesch, aber nie wieder etwas so Tiefgründiges.

Vom gleichnamigen Onkel weiß die Fama nur wenig zu melden, und selbst dies Wenige verdankt er seiner Frau, der Tante. Er war das, was man in Österreich – um den hoch- und reichsdeutschen Ausdruck »Geck« zu vermeiden – ein »Gigerl« nannte, legte noch in hohem Alter Wert auf modische, nach Maß angefertigte Kleidung und bestand darauf, daß der Schneider zu diesem Behuf »ins Haus« käme. Als das zwecks Anfertigung eines Überziehers wieder einmal der Fall war, fuhr die Tante Jolesch mit nicht just gefühlsbetonter Entschiedenheit dazwischen:

»Ein Siebzigjähriger *läßt* sich keinen Überzieher machen«, erklärte sie. »Und wenn, soll ihn Franzl gleich mitprobieren.«

Der historischen Übersicht wegen sei vermerkt, daß es zu den sozusagen feudalen, vom Adel übernommenen Usancen des reichgewordenen Bürgertums gehörte, bestimmte Dienstleistungen »im Haus« vollziehen zu lassen, statt den Vollzugsort aufzusuchen. Nicht nur Schneider und Modistin, nicht nur Hut- und Schuhmacher ließ man zu sich ins Haus kommen, sondern – und das sogar täglich inklusive Sonntag – auch den Raseur. Er wurde dementsprechend gut bezahlt und dementsprechend schlecht behandelt. Besonders arg trieb es in dieser Hinsicht der wohlbestallte Pardubitzer Fabrikant Thorsch, Vater des in Berlin und nachmals in Hollywood erfolgreichen Filmschriftstellers Robert Thoeren. Er setzte seinem (obendrein jüdischen) Raseur namens Langer jahrelang mit allen erdenklichen Launen und Mucken zu, und Langer ließ sich das jahrelang gefallen – bis es ihm eines Tages zu dumm wurde. Mitten im Einseifen hörte er plötzlich auf, packte wortlos sein Zeug zusammen und verschwand. Der prompt engagierte Nachfolger nahm zwar die Schikanen seines neuen Kunden willig und ohne Widerspruch hin, aber er rasierte ihn schlecht und wurde alsbald entlassen. Der nächste wiederum beherrschte zwar sein Fach, nicht aber sich selbst: er reagierte gleich auf die erste Beschimpfung so heftig, daß es zur sofortigen Lösung des Dienstverhältnisses kam. Der Vierte, mit dem Herr Thorsch es versuchte, entsprach sowohl als Raseur wie als Beschimpfungsobjekt allen Anforderungen, nur entsprach er ihnen nicht mit der nötigen Regelmäßigkeit, erschien manchmal zu spät, manchmal gar nicht und verfiel desgleichen der Kündigung. Herr Thorsch sah sich immer unausweichlicher von der Einsicht bedrängt, daß es für Langer keinen brauchbaren Ersatz gab.

Um diese Zeit kam mein Freund Thoeren, was er von Berlin aus gelegentlich tat, zu kurzem Aufenthalt ins Elternhaus und staunte nicht wenig, als ihm auf der Treppe sein Vater begegnete, in formeller Besuchskleidung, mit Cut, Melone, Stock und Handschuhen.

»Wohin gehst du, Papa?« fragte er verdutzt.

Die Antwort erfolgte in gewichtigem, beinahe feierlichem Tonfall:

»Mein Sohn – im Leben eines jeden Mannes kommt einmal

der Tag, an dem er entweder um Entschuldigung bitten oder sich selbst rasieren muß. *Ich* geh mich entschuldigen.«

Es ist kein Zufall, daß beide Formulierungen, sowohl die des Herrn Thorsch wie jene der Tante Jolesch, aus einer durchaus persönlichen Situation eine allgemeine Lebensregel ableiten. Beide, sowohl der warnende Hinweis auf den schicksalsschweren Tag, der im Leben eines jeden Mannes einmal kommt, wie die nüchterne Feststellung, daß sich ein Siebzigjähriger keinen Überzieher machen läßt, stellen Schlüsse dar, die unabhängig von ihren spezifischen Voraussetzungen zu Recht bestehen wollen. (Darin liegt ja auch ihre wenn schon nicht beabsichtigte, so doch keineswegs unfreiwillige Komik.)

Dieses Streben nach Allgemeingültigkeit situationsbedingter Erkenntnisse trat überhaupt gern zutage, wie etwa in dem lapidaren Ausspruch der Tante Jolesch:

»Ein lediger Mensch kann auch am Kanapee schlafen.«

Es handelte sich hier natürlich nicht um die Fähigkeit eines Unverheirateten, auf wenig bequemer Lagerstatt des Schlafs zu genießen, sondern um die Frage, ob man ihm das zumuten darf. Nach Ansicht der Tante Jolesch durfte man. Das Problem entstand, als zu einem der häufigen Familientage im Hause Jolesch so viele Gäste angesagt waren, daß Not an Unterkunft drohte und daß jedes halbwegs geeignete Möbelstück als Bett herhalten mußte. Und die Tante Jolesch entschied, daß diese Notbetten eher für Alleinstehende geeignet wären als für den männlichen oder gar weiblichen Teil von Ehepaaren. Ein lediger Mensch kann auch am Kanapee schlafen, ein verheirateter offenbar nicht.

Wenn nach solchen Gastereien, nach opulenten Mahlzeiten und ausgedehnten Plauderstunden im weiträumigen »Salon«, die letzten Besucher endlich verabschiedet waren, streifte die Tante Jolesch noch lange umher, rückte Fauteuils zurecht, zupfte an Tischtüchern, säuberte sie von unziemlich abgelagerten Speiseresten, von achtlos verstreuter Asche, die es auch vom Teppich wegzukehren galt, schüttelte den Kopf über die von verschüttetem Wein oder Kaffee hervorgerufenen Flecke, sammelte Zigarren- und Zigarettenstummel ein, die in manches Häkeldeckchen ein Loch gesengt hatten, und murmelte mißbilligend immer wieder:

»Ein Gast ist ein Tier.«

Sie sprach das allerdings nicht hochdeutsch aus. Sie sagte: »E Gast is e Tier.« Sie bediente sich jenes lässigen, anheimelnden, regional gefärbten Jargons, der (vom richtigen »Jiddisch« weit entfernt) noch Reste des einstmals im Ghetto gesprochenen »Judendeutsch« aufbewahrte und eben darum in den nunmehr besseren Kreisen streng verpönt war oder gerade noch innerhalb der häuslichen vier Wände toleriert wurde. Seine öffentliche Pflege beschränkte sich auf die in Budapest und Wien florierenden Jargonbühnen, die noch bis 1938 über ganz hervorragende Komiker verfügten. In widerwärtig verstümmelter Form grassierte dieser Jargon in antisemitischen Witzen und tut das wohl auch heute noch. Als Verständigungsmittel ist er ausgestorben, weshalb er im folgenden ab und zu eines Kommentars bedürfen wird. Auch möchte ich gleich an dieser Stelle anmerken, daß ich bei der Wiedergabe bestimmter Redewendungen, Ausdrucksweisen und Tonfälle in hohem Maß auf das sprachliche, ja sprachmusikalische Verständnis des Lesers angewiesen bin. Ich kann hier nur die Partitur liefern; der Klang will ergänzt sein.

Verstöße gegen das Hochdeutsche und dessen Grammatik wurden übrigens nicht nur von der Tante Jolesch und ihresgleichen begangen. Wenn sie »am Kanapee« sagte statt korrekt »auf dem Kanapee«, so war das eine in vielen deutschen Dialekten übliche Sprachverschleifung, die sich zumal in Österreich eingebürgert hat und von so ernstzunehmenden Autoren wie Heimito von Doderer und seinem Schüler Herbert Eisenreich sogar im Druck beibehalten wird. Die Tante Jolesch sagte ja auch nicht »auf dem Land«, sondern »am Land«:

»Am Land kann man nicht übernachten«, lautete eine von ihr geprägte Sentenz, die mit »Land« ungefähr alles meinte, was nicht »Stadt« war, und wo es infolge zurückgebliebener Wohnkultur keine akzeptablen Nächtigungsmöglichkeiten gab. Der Begriff »Land« wäre hier sinngemäß durch »flach« zu ergänzen, bezog sich also nicht auf die vorwiegend gebirgigen Sommerfrischen (siehe diese), obwohl auch für sie die Wendung galt, daß man »aufs Land« ging – hier jedoch in positivem, durch gute Luft und Gottes freie Natur gekennzeichnetem Unterschied zur Stadt.

Das verweist uns auf eine weitere Eigenheit der Tante Jolesch, nämlich auf ihre höchst reservierte Einstellung nicht nur zum »Land« in beiderlei Sinn, sondern auch zu Städten jeglicher Art, Größe, Schönheit und Berühmtheit, ja zum Ortswechsel schlechthin. Schon die Reisevorbereitungen, mit denen man doch niemals rechtzeitig fertig wurde, widerstrebten ihr:

»Abreisen sind immer überstürzt«, sagte sie.

Und mit den Reisen als solchen wußte sie erst recht nichts anzufangen. Zwar gehörte es – ähnlich wie die Gepflogenheit, Schneider und Raseur »ins Haus« kommen zu lassen – fast unerläßlich zum guten Ton und zur gehobenen Lebenshaltung, möglichst weite und kostspielige Reisen zu unternehmen, sich mit dem Besuch möglichst vieler attraktiver Städte ausweisen zu können und durch die Berichte darüber im Bekanntenkreis möglichst viel Neid zu erwecken – aber für die Tante Jolesch hatte das alles keinen Reiz. Auch an den diesbezüglichen Gesprächen, am genießerischen Austausch von Erfahrungen und Vergleichen pflegte sie sich nicht zu beteiligen. Ein einzigesmal griff sie mit einer abschließenden Feststellung ein:

»Alle Städte sind gleich, nur Venedig is e bissele anders.«

Rein äußerlich erinnert das an eine Formulierung ungesicherten Ursprungs, als deren Schöpfer abwechselnd irgendjemandes Tante, Onkel oder Großvater auftritt und die in der Emigration häufig zitiert wurde: »Ich bin überall e bissele ungern.« Aber die Ähnlichkeit kommt übers Phonetische nicht hinaus. Wenn die beiden Aussprüche überhaupt etwas gemeinsam haben, dann höchstens einen gewissen Mangel an Fernweh. Er ist nicht entscheidend. Entscheidend, und zwar zugunsten der Tante Jolesch, ist die tiefe Skepsis allem Unbekannten gegenüber, ist die Abneigung, sich für Fremdes nur der Fremdheit halber zu begeistern, ist das gesunde Vertrauen in die eigene Wahrnehmung und das eigene Urteil, das sich von keiner Kulisse und keinem Klischee blenden läßt. (Die englische Sprache kennzeichnet diese Haltung ebenso unnachahmlich wie unübersetzbar mit »down to earth«.)

Gern würde ich der Tante Jolesch einen Ausspruch zuschreiben, den sie aus zeitlichen Gründen leider nicht getan haben kann. Es tat ihn die alte Frau Zwicker, die 1938 mit ihrer Familie nach New York emigrierte und in Riverdale, einer weit außerhalb der Stadt gelegenen Wohnsiedlung, bescheidene Unterkunft im ersten Stock eines Reihenhauses fand. Dort saß Frau Zwicker stundenlang am Fenster, sah in der Ferne die undeutlichen, dunstverhangenen Konturen der Skyline (die sie vielleicht für eine Fata Morgana oder für sonst etwas Irreales hielt), sah in der Nähe den träg und schmutzig dahinfließenden Hudson, sah zum Bersten gefüllte Abfallkübel und streunende Katzen, hörte das Lärmen spielender Kinder und dachte an vergangene Zeiten.

Ein gleichfalls emigrierter Freund der Familie kam vorbeigeschlendert:

»Na, wie gefällt's Ihnen in New York, Frau Zwicker?« fragte er zum Fenster hinauf. Und bekam von Frau Zwicker eine Antwort, in der unmutige Verwunderung über die dumme Frage mitschwang:

»Wie soll es mir gefallen am Balkan?«

Das könnte wahrlich auch die Tante Jolesch gesagt haben. Aber sie hat um diese Zeit nicht mehr gelebt.

Sie ist 1932 gestorben, friedlich und schmerzlos, von Ärzten betreut, von der Familie umsorgt, zu Hause und im Bett – wie damals noch gestorben wurde (und wie es bald darauf so manchem ihrer Angehörigen nicht mehr vergönnt war).

Kurz vor dem Ende offenbarte sich ihr Charakter und ihre Lebensweisheit in einem letzten Ausspruch, mit dem sie das Geheimnis ihrer weithin berühmten Kochkunst preisgab – und zu dem eine in jeder Hinsicht passende Vor-Geschichte gehört.

Gleich allen wahren Köchinnen, die ihre Kunst im häuslichen Gehege ausübten – es wird von ihnen noch die Rede sein –, war auch die Tante Jolesch ausschließlich auf die Genußfreude und das Wohlbehagen derer bedacht, denen sie ihre makellos erlesenen Gerichte auftischte. Es sollte den anderen munden, nicht ihr. Sie selbst begnügte sich damit, ihren Hunger zu stillen. Als man sie einmal nach ihrer Lieblingsspeise fragte, wußte sie keine Antwort. »Aber du mußt doch schon draufgekommen sein, was dir am besten schmeckt«, beharrte der Frager.

Nein, um solche Sachen kümmere sie sich nicht, replizierte ebenso beharrlich die Tante Jolesch (wobei sie in Wahrheit nicht »Sachen« sagte, sondern »Narreteien« und genau genommen »Narrischkaten«).

Der Wißbegierige ließ nicht locker und spitzte nach einigem Hin und Her seine Frage vermeintlich unentrinnbar zu:

»Also stell dir einmal vor, Tante – Gott behüte, daß es passiert – aber nehmen wir an: du sitzt im Gasthaus und weißt, daß du nur noch eine halbe Stunde zu leben hast. Was bestellst du dir?«

»Etwas Fertiges«, sagte die Tante Jolesch.

Wäre es nach den Verehrern ihrer Kochkunst gegangen, dann hätte sie sich als Abschiedsmahl ihre eigenen »Krautfleckerln« zubereiten müssen, jene köstliche, aus kleingeschnittenen Teigbändern und kleingehacktem Kraut zurechtgebackene »Mehlspeis«, die je nachdem zum Süßlichen oder Pikanten hin nuanciert werden konnte: in der ungarischen Reichshälfte bestreute man sie mit Staubzucker, in der österreichischen mit Pfeffer und Salz. Krautfleckerln waren die berühmteste unter den Meisterkreationen der Tante Jolesch. Wenn es ruchbar wurde, daß die Tante Jolesch für nächsten Sonntag Krautfleckerln plante – und es wurde unweigerlich ruchbar, es sprach sich unter der ganzen Verwandtschaft, wo immer sie hausen mochte, auf geheimnisvollen Wegen herum, nach Brünn und Prag und Wien und Budapest und (vielleicht mittels Buschtrommel) bis in die entlegensten Winkel der Puszta –, dann setzte aus allen Himmelsrichtungen ein Strom von Krautfleckerl-Liebhabern ein, die unterwegs nicht Speise noch Trank zu sich nahmen, denn ihren Hunger sparten sie sich für die Krautfleckerln auf und den Durst löschte ihnen das Wasser, das ihnen in Vorahnung des kommenden Genusses im Mund zusammenlief. Und ein Genuß war's jedesmal aufs neue, ein noch nie dagewesener Genuß.

Jahrelang versuchte man der Tante Jolesch unter allen möglichen Listen und Tücken das Rezept ihrer unvergleichlichen Schöpfung herauszulocken. Umsonst. Sie gab's nicht her. Und da sie mit der Zeit sogar recht ungehalten wurde, wenn man auf sie eindrang, ließ man es bleiben.

Und dann also nahte für die Tante Jolesch das Ende heran, ihre Uhr war abgelaufen, die Familie hatte sich um das Sterbelager versammelt, in die gedrückte Stille klangen murmelnde Gebete und verhaltenes Schluchzen, sonst nichts. Die Tante Jolesch lag reglos in den Kissen. Noch atmete sie.

Da faßte sich ihre Lieblingsnichte Louise ein Herz und trat vor. Aus verschnürter Kehle, aber darum nicht minder dringlich kamen ihre Worte:

»Tante – ins Grab kannst du das Rezept ja doch nicht mitnehmen. Willst du es uns nicht hinterlassen? Willst du uns nicht endlich sagen, wieso deine Krautfleckerln immer so gut waren?«

Die Tante Jolesch richtete sich mit letzter Kraft ein wenig auf:

»Weil ich nie genug gemacht hab ...«

Sprach's, lächelte und verschied.

Damit glaube ich alles berichtet zu haben, was ich zur Ehre ihres Andenkens zu berichten weiß.

Ein kleiner Nachtrag noch, der diesem Andenken keinen

Abbruch tun wird: die Tante Jolesch war nicht schön. Zwar drückten sich Güte, Wärme und Klugheit in ihrem Gesicht zu deutlich aus, als daß sie häßlich gewirkt hätte, aber schön war sie nicht. Tanten ihrer Art waren überhaupt nicht schön. Ein Onkel meines Freundes Robert Pick hatte etwas so Häßliches zur Frau genommen, daß sein Neffe ihn eines Tages geradeheraus fragte: »Onkel, warum hast du die Tante Mathilde eigentlich geheiratet?« Der Onkel dachte eine Weile nach, dann zuckte er die Achseln: »Sie war *da*«, sagte er entschuldigend.

Von solch exzessiver Häßlichkeit konnte bei der Tante Jolesch nun freilich keine Rede sein, und sie ihrerseits hat nach »schön« oder »häßlich« erst gar nicht gefragt, für sie fiel das unter den gleichen Begriff von »Narrischkeiten« wie die Frage nach ihrer Lieblingsspeise. Sie war davon durchdrungen, daß man derlei Äußerlichkeiten nicht wichtig zu nehmen hatte, und wer das dennoch tat, setzte sich ihrem Tadel, wo nicht gar ihrer Verachtung aus. Als einer ihrer Neffen auf Freiersfüßen ging und zum Lob seiner Auserwählten nichts weiter vorzubringen hatte als deren Schönheit, bedachte ihn die Tante Jolesch mit einer galligen Zurechtweisung: »Schön ist sie? No und? Schönheit kann man mit *einer* Hand zudecken!«

Nein, sie hielt nicht viel von Schönheit, bei Frauen nicht und schon gar nicht bei Männern. Und so schließe denn dieses Kapitel mit einem Ausspruch, der die Tante Jolesch nicht nur in sprachlicher Hinsicht auf dem Höhepunkt ihrer Formulierungskraft zeigt:

»Was ein Mann schöner is wie ein Aff, is ein Luxus.«

Damit kommen wir zu einem wichtigen sprachtheoretischen Exkurs.

Gabriele Wohmann
Im Irrgarten

Es war ein Tag, den niemand von uns je vergessen wird – kein Wunder! Und zwar nicht, weil Robert eine Wespe verschluckte, das hielt ihn erfreulicherweise eine Weile davon ab, in Terrys Ausschnitt zu starren; und nicht wegen der Modellbootregatta oder weil Schobs die Schafe mit Papierschnitzeln fütterte, um sie zu necken, und nicht wegen all der vielen andern kleinen Sonntagsdinge, selbstverständlich nicht. Den, der die Geschichte kennt, wird es nicht erstaunen, weshalb für uns alle, für Robert und mich und für Elsa und sogar für die leichtlebige Terry, dieser Sonntag damals im Spätsommer herausfällt aus der Kette aller Tage und Wochen und Monate, nein, es kann keinen wundern, keinen, den wir eingeweiht haben. Die Polizei hat übrigens nicht das Geringste ausrichten können, alle Nachforschungen ergaben nur, daß die Verantwortlichkeit für das Geschehnis außerhalb der Wirklichkeit und des menschlichen Vermögens gesucht werden müsse. Doch wer kann da suchen?

Und das Komische, ja das Hinterhältige war, daß nichts uns warnte, kein Zeichen, keine Andeutung, nicht einmal der Himmel war grau oder sonstwie gefärbt, keine vielleicht merkwürdige Wolke machte uns aufmerksam, kein Geräusch im Wind, nichts. Alles war wie immer bis zu dem Augenblick, in dem wir hintereinander uns durch den schmalen Eingang des Irrgartens drängten, nein, auch da war alles noch wie immer und es hörte erst dann auf, wie immer zu sein, als es geschah, das heißt, als wir merkten, daß es geschehen war.

Denn Elsas Picknick schmeckte wie immer und Schobs trottete gutmütig daher wie immer und bezahlte all die Eintrittsgebühren – ja, Schobs! Sein Gesicht trug, wie gewöhnlich, einen Ausdruck nachdenklicher, angespannter Langeweile: man konnte ihn, mit seinen dicken, tiefeingekerbten Falten in der fleischigen Stirn und so lang er schwieg – das tat er meistens – für einen in Probleme vertieften Mann halten. Es sollte ein schöner Sonntag für ihn werden, darüber waren wir alle uns einig und deshalb hatten wir beschlossen, nicht in die Heidehügel zu gehen, wo es nichts zu sehen gibt außer der Silberbirkenschonung, wenig Spaziergänger und darum wenig Hunde, deren Rasse man im Wettbewerb so schnell wie möglich ausrufen kann, und nur noch selten Segelflieger und nur, wenn das Wetter günstig ist, die Verkehrsflugzeuge der großen Linien. Ich habe Schobs immer die Sonntage gegönnt, an denen wir nach Beauregard-Park gingen und am Fluß zurück, ich gönnte ihm jedes einzelne Boot auf dem Fluß und freute mich über jede einzelne der vielen Buden, die Orangensaft und Eisstangen feilboten.

Ein Tag, den wir nicht vergessen können, der immer wieder auftauchen wird aus diesem Strom heißer Feriensonntage, und leider nicht, weil etwas geschehen wäre, das wir mit einem Namen benennen könnten. Robert besteht darauf, daß wir endlich aufhören sollen, noch länger darüber nachzugrübeln; ich glaube, er hält den Fall eigentlich für verabredet, fürchte, er verdächtigt Elsa. Oft genug bekam sie die Frage zu hören: War Ihre Ehe glücklich? Und ihre Art, ja zu sagen, war, soweit ich überhaupt irgend etwas beurteilen kann, ehrlich, ganz uneitel, ganz nackt. Glücklich nicht, wie Terry und Robert und wahrscheinlich auch ich das verstehen. Glücklich war sie, weil sie Schobs voll Mitleid gern hatte; aber Leute wie wir, die eine unerbittliche Hoffnung haben nach etwas Verstiegenem, Hochfliegendem, würden uns von so einem Gefühl nicht zufriedenstellen lassen.

Der Tag fing harmlos an wie alle andern. Elsa machte Robert und mir – wir waren aus dem gleichen Bus gekommen – die Tür auf: frisch und hell im Sommerkleid und sogar geschminkt, das krause Haar mit Puder aufgebauscht. Durch den immer abendlich dunklen Flur, in den bloß ein bißchen grünes Licht von der schmalen Scheibe in der Haustür fällt, durch den langen dunklen Flur, der leicht ansteigt nach der Haustür hin, kam Schobs; ich sehe das noch oft vor mir, wie er da aus seiner geliebten Küche heraufkam in das matte grüne Licht aus der Eingangstür: hätte er die doch nie aufgemacht für diesen Sonntag. Ja, er hatte sein Lieblingshemd an. Das wurde nachher alles genau festgelegt: das beige Hemd, das mit dem Gummizug im Bund, das er über der Hose tragen konnte, und darunter Hosenträger. Dickgefüttert, sauber, die Eintrittsmünzen klimperten in den Taschen. Wir saßen im Zimmer nach der Straße zu, in den weinroten Sonntagsmöbeln, um auf Terry zu warten; deswegen fällt mir auch so wenig oder nichts ein, wenn ich mich darauf zu besinnen versuche, ob an Schobs oder auch an Elsa etwas Besonderes schon auf das Ereignis hinwies, deswegen, weil ich schon wieder einmal darauf hoffte, Terry würde nicht kommen, würde absagen und ich hätte Robert für mich, ja und dann war es natürlich Robert selbst, der mich ablenkte: wenn ein Mann wie Robert im Zimmer ist, kann mit hundert Schobsen das Ungewöhnlichste geschehen und man merkt es nicht. Aber selbstverständlich kam Terry und selbstverständlich war sie wieder hübscher, als man vom letzten Mal her behalten hatte, und selbstverständlich mit tiefem beutelndem Ausschnitt und umweht von ihrem rauhen Parfum, das sie so überlegen macht, wenn sie unsere schläfrige Unterhaltung aufstört.

Robert und Schobs übernahmen die Picknicksäcke und wir sagten dem Vogel Tino Lebwohl, stumm hockte er zwischen seinen Spielsachen hinter den Stäben des Käfigs, dessen Tür wie immer offenstand; ich erinnere mich sogar noch daran, daß Schobs ihm seinen feisten Zeigefinger gekrümmt hinhielt, um ihn zum Kußgeben aufzufordern, und zu den knackenden knipsenden Monologen, die nur Elsa und Schobs verstehen können; er hielt den gekrallten Finger hin, aber Tino bewegte sich nicht, sein eingedrückter beleidigter Kopf blieb starr. Hatte das eine Bedeutung? Jetzt, da es mir wieder einfällt, da ich Schobs so stehen sehe mit dem Finger für den Vogel ausgestreckt, da ich das leise lockende Schmatzen seiner breiten Lippen wieder höre, könnte es mir fast so vorkommen, als hätte der Vogel mit seinem ungewohnten Trotz sich uns zum Zeichen machen wollen.

Elsa schloß die Fenster, dann die Haustür. Natürlich gelang es Robert, im Bus den Platz neben Terry zu erwischen und dazu noch sich zu gebärden, als handele es sich um eine Geste der Höflichkeit, aber ich konnte gut sehen, daß er nur darauf erpicht war, Terrys hüpfende Bluse zu betrachten. Ich kann es nicht anständig von ihm finden, daß er immer nur auf Vergnügen aus ist, und immer ließ er schon Schobs alle Fahrkarten und Eintrittsgelder bezahlen, ohne sich wenigstens dafür ein bißchen um Elsa zu kümmern – doch wer kann einem Mann wie Robert böse sein, wenn er sich nicht selbst schaden will?

Beauregard-Park buntgescheckt von Sommerkleidern, hellen Hemden, den Segeln der Modellboote. Wir fanden eine Bank im Schatten von zwei ineinandergewachsenen Eichen, und Robert passierte das Unglück mit der Wespe, die auf seinem Käse gesessen hatte. Schobs hockte am Bach, hielt die Seile, an denen die Bierflaschenhälse festgebunden waren; jetzt bin ich zufrieden bei dem Gedanken, daß ich mich einen Augenblick neben ihn setzte, und damals tat ich es nur aus Ärger über Robert und Terry; ich bin heute froh, daß der Ärger es mich tun ließ, froh, daß ich neben Schobs saß und mit ihm in das schleimige braune Wasser starrte, das träg dem Teich zufloß und mit seinen Moosschwänzen die Bierflaschen umwedelte. Elsa packte die Picknickreste ein, legte sich ins Gras; und Terry kümmerte sich sehr um Robert, er sperrte den Mund auf, um ihr die Stelle, die von der Wespe gestochen wurde, zu zeigen, sie machte sich viel mit ihm zu schaffen, viel Hin und Her und Vorbeugen, damit er ihren weißen fetten kleinen Busen sehen konnte. Später biß Elsas Ingwertorte uns in die Gaumen und wir mußten uns nochmal übers Bier hermachen, dunkles schwerfälliges Bier, warm aus dem warmen Bach, bitter genug, so daß der starke Malzgeschmack nicht störte. Schobs qualmte seine zahllosen Zigaretten, um die Langeweile zu vertreiben; ich weiß noch: sein feistes wulstiges Gesicht schwitzend rot, aber gewiß nicht verändert, gewiß unbefleckt von jeder Vorbedeutung. Elsa mit dem Ausdruck erster Verdrossenheit, denn eigentlich hat nach dem Picknick schon jeder genug, jeder spürt seine Nerven; borstige Grasschöpfe und die Erde runzlig, das Licht zu hell, und man soll unaufhörlich miteinander reden und lachen – es ist zu viel, zu Hause und ohne die andern wäre alles bequemer und sinnvoller.

Doch taten wir es ja hauptsächlich Schobs zuliebe, was konnten ihm schon die kurzen Ausflüge in die Heidehügel bedeuten. Wir glaubten wirklich, ihm eine Freude zu machen mit diesen Sonntagen im Beauregard-Park – waren wir also blind? Konnten wir nicht sehen, daß er sich langweilte? Doch. Aber er schien diese Langeweile zu schätzen, die Langeweile des Beauregard-Parks, nicht die der Heidehügel, deren verblichene öde Weite ihn wahrscheinlich erschreckte. Es schien ihm Spaß zu machen, am trödelnden Bach seine Zigaretten zu rauchen und ab und zu ein bißchen einzuschlafen und wieder aufzuwachen, wenn zum Beispiel ein Rudel Enten ans Ufer patschte und zu ihm hinwackelte: dann warf er Brotbröckel ins Geschnatter, zwang uns alle hinzusehen und es sehr komisch zu finden. Terry lag auf dem Bauch, buchtete ihre Bluse, aber jetzt nach dem Picknick roch man schon nichts mehr von dem Parfum, und ihr Haar glänzte in seinem derben fettigen Gelb.

An jenem Sonntag sahen wir dem Wettrennen der Modellsegelboote zu; in kniehohen Gummistiefeln wateten die Bastler neben ihren Schiffen her, wir blieben wirklich nur stehen, um Schobs den Spaß zu machen. Es kam vielleicht überhaupt von dieser Langeweile und weil wir es gut mit Schobs meinten, daß wir auf den kleinen Spaß verfielen, denn wir alle empfanden – vielleicht täuschten wir uns auch – die Langeweile müsse für Schobs am schlimmsten sein: einfach nur so im Gras zu liegen und in der Sonne. Daß gerade Elsa, die ihn nach zwölf Jahren Ehe hätte kennen müssen, den Spaß als erste anregte – nachdem es heraus war, kam es uns vor, als wäre es unser eigener Gedanke gewesen – daß auch Elsa es war, die den genaueren Plan entwarf, hat Robert noch mißtrauischer gegen sie werden lassen. Er redet manchmal von Absicht, spricht das Wort »Spaß« merkwürdig aus.

Ins Gewächshaus konnte Schobs wegen seines Asthmas nicht mitkommen, und obwohl wir die Pflanzen längst kannten, gingen wir zu viert hinein nach wortlosem Einverständnis; das war, bevor der Scherz überhaupt erwähnt wurde, und folglich mußte er unser aller Gedanke gewesen sein und es ist ungerecht, ihn Elsa, die nur als erste den Mund aufmachte, allein zuzuschieben. Denn nichts war verabredet, als wir plötzlich und stumm übereinkamen, Schobs draußen auf der Bank zu lassen und uns drin in der dampfenden Schwüle der Glashaustropen zusammenzutun, ohne Schobs, und sogar, als wären wir noch nicht frei genug von ihm, die weiße Wendeltreppe hinaufzusteigen, so anstrengend das auch für uns war. Nur um uns weiter von ihm zu entfernen. Und warum wollten wir das denn?

Das Schwitzen leckte über unsere Körper und die Kleider klebten an der Haut. Ich weiß noch, daß wir längere Zeit einfach stumm in dem grünen feuchten Blattdickicht gestanden hatten, plötzlich verbündet. Wir wußten Schobs draußen allein mit seiner geduldigen lähmenden Langeweile, wußten ihn von uns verlassen. Nur unsere Gnade hatte ihn bei uns geduldet, er gehörte nicht dazu. Er gehörte auch nicht zu Elsa. Es mag uns wohl damals im Gewächshaus klargeworden sein, daß jenes schamvolle Mitleid, das wir immer wie einen Schutzschleier um Schobs gehüllt hatten, gerechterweise Elsa zukam: denn hatte er nicht mit seiner deftigen gutmütigen Dummheit ihr Leben verdorben? Verdarb er nicht nun auch uns dreien die Sonntage, indem er uns Schuld und Erbarmen empfinden ließ? Als wir da oben standen in dem erdigen sickernden Blattschweigen, lag der Gedanke an Schobs wie ein Gewicht auf uns. Und so wird uns wohl der kleine Spaß eingefallen sein – noch immer nennen wir es so – von diesem Druck aus uns herausgepreßt, und wirklich: Elsa war es nur, die es zuerst aussprach.

Er zeigte sich, wie wir es erwartet hatten, sehr erfreut über unsern Vorschlag. Er liebte den Irrgarten. Er war traurig, als vor ein paar Wochen auf dem Heimweg von Beauregard-Park Elsa verkündet hatte, da der Irrgarten außer Schobs niemandem mehr Spaß zu machen scheine, könne man in Zukunft auf ihn verzichten. Robert und Terry drückten sich nur noch auf den leichten Wegen, die von niedrigen Hecken abgegrenzt waren, in der Nähe des Ausgangs herum, und Schobs würde sich schön blamieren, wenn er als der Älteste sich an die kindischsten Vergnügungen klammern wolle. Selten wurde und wird in unserm Kreis auf Schobs' geistige Anspruchslosigkeit angespielt, Elsa mußte sich also heftig über Robert und Terry geärgert haben, mehr über Robert, denn von einem Mädchen wie Terry kann man unmöglich Takt erwarten.

Und wie immer ging Schobs auf dem schmalen Pfad zwischen Buchsbaummauern voraus, das ergab sich so, weil er an der Kasse neben dem eisernen Schwinggitter des Einlasses für uns alle bezahlte, und damals drängte sich auch keiner vor ihn, um anzuführen; eine Zeitlang hatten wir darin gewetteifert, wer von uns am schnellsten zum Ausgang fände – aber das war sowieso lang her. Denn natürlich mußte diesmal Schobs vorangehen. Wir trugen ihm auf, einen besonders komplizierten und langwierigen Weg zu beschreiten – es ist jetzt, hinterher, wahrhaftig eine Beruhigung für uns alle, daß er noch so viel Spaß gehabt hat durch unseren Vorschlag. Wir können ihn noch sehen, wie er eifrig, breit, wichtigtuend den Pfad entlangging, immer tiefer hinein, stolz und gutgelaunt der Speckfurchennacken und der stramme Rücken in der beige leuchtenden Hemdbluse: gut, daß wir uns an dieses Bild noch erinnern. Aber daß wir uns leider vorstellen können, wie er seinen munteren Marsch fortsetzte, ohne davon zu wissen, wie wir, einer nach dem andern, uns zurückstahlen – er hörte ja schwer, vermißte unsere Schritte nicht – daß wir ihn immer weiter so eindringen sehen müssen in den grünen Schacht, das ist keineswegs tröstlich. Oft wurde Elsa gefragt, von Verwaltern, Polizisten, Nachbarn: Hatten Sie Ihren Mann auch früher schon vorausgehen lassen und war er imstande, den Ausgang zu finden? Wir alle vier wissen darauf keine rechte Antwort, können uns nicht genau entsinnen: gewiß, Schobs ging oft an der Spitze unseres Trupps, doch lösten wir ihn später nicht immer ab? Das wissen wir noch ganz genau: jeder von uns vieren hat einmal angeführt und den Ausgang gefunden. Und Elsa glaubt sich daran erinnern zu können, daß wir auch Schobs schon nach einem geschickt gefundenen Rückweg gelobt hatten. Fest steht bedauerlicherweise, daß wir nicht recht sicher sind. Das hätten wir jedoch sein müssen, bevor wir den Scherz ausführten. Es war ein langes, zuerst gelangweiltes, dann besorgtes, endlich verzweifeltes Warten vor dem Schwinggitter, als es kühler zu werden anfing, als der Park sich leerte, als Stimmen sich verloren – so daß wir wenigstens Aussicht hatten, Schobs mit unseren Rufen zu erreichen – als der Mann sich aus seinem Kassenkäfig klappte und ein bißchen mit uns wartete, als er schließlich, weil der Park geschlossen werden mußte, die Verwaltung herbeiholte und als dann auch noch die Polizei eintraf und ein Sachverständiger für Irrgärten. Sie alle drangen ein, durchkämmten die schmalen Pfade, auf die der Buchsbaum die Schatten der Nacht breitete, so daß die Suchaktion bis zum andern Morgen eingestellt werden mußte. Doch über die Suchenden stiegen unsere Rufe, über die grünvermauerten Windungen seines Verlieses – er hätte sie doch hören müssen, und wir die seinen, oder rief er nicht, ja, warum rief er denn nicht?

Von unserer Seite aus blieb wirklich nichts unversucht: sie legten einen Papierschnitzelweg an; doch wo sollten sie ihn enden lassen? So waren am Schluß alle Wege mit Schnitzeln bestreut und nichts hatte sich damit verbessern lassen. Dann machten sie sich zu zwölft auf, jeder bekam seinen Posten, von dem aus er seinen Pfad von der einen bis zur andern Windung im Auge haben konnte. Und schließlich wurde beschlossen, den Irrgarten zu zerstören, die Hecken niederzureißen. Doch da erhob Elsa Einspruch – daß sie das tat, verschärft übrigens den Argwohn gegen sie, den Robert als erster lautwerden ließ – wenn man ihn jetzt noch fände, das brachte sie vor, wäre er doch tot, verhungert oder von der Verzweiflung umgebracht, warum ihn nicht ruhen lassen? In Wahrheit aber glaubte niemand, der von der ganzen Sache wußte, man könne Schobs noch finden, auch seine Leiche nicht. Zum Beispiel konnte der Mann an der Kasse seine Behauptung, Schobs habe den Irrgarten nicht verlassen, vor der Polizei nicht aufrechterhalten: er hatte zu viel zu tun an jenem Nachmittag, um jeden Besucher zu bemerken. Und außerdem ist der Irrgarten von Beauregard-

Park nicht so verwickelt angelegt, selbst ein Mann wie Schobs hätte sich wenigstens am Abend des nächsten Tages herausfinden müssen. Schobs war nicht mehr da. Wäre er dagewesen, so hätte er rufen können. Oder er hätte mit seinen Streichhölzern ein Feuer machen, hätte sich quer durch die Hecken schlagen können. Er war nicht mehr da. Ob wir das gewollt hatten. Keiner von uns hatte ihn je gehaßt. Es lag nichts gegen ihn vor, nichts gegen uns. Es war alles wie immer, als wir ihn allein auf der Bank ließen; den kleinen Spaß überlegten.

Vielleicht bringt der Winter uns Schobs zurück. Ihn im nächsten Sommer wieder bei uns zu haben: das wäre nett und beruhigend. Ich glaube, wir wünschen es uns. Wenn wir es nur ganz genau wüßten.

Siegfried Lenz

Der heimliche Wahlsieger

Keiner, Nachbarn, war in Bollerup so beliebt wie der Waldarbeiter Fiete Feddersen. Das steht fest, auch wenn niemand bei uns in der Lage war, alle Gründe für diese Beliebtheit zu nennen. War es seine hartnäckige Bescheidenheit? Vielleicht die sanfte, unbeirrbare Höflichkeit, die von jedem Wetter unabhängig war? Oder lag es daran, daß er, tief in den Wäldern tätig, die meiste Zeit der Woche unsichtbar blieb? Nicht zuletzt aber kann seine Beliebtheit auch dadurch erklärt werden, daß er, wenn er sich überhaupt äußerte, dies auf so unerhört einsilbige Weise tat, daß kaum etwas übrigblieb, was man ihm hätte übelnehmen können.

Wer die Gründe erfahren zu müssen glaubt, kann ihnen nachgehen; für die Geschichte braucht lediglich festgestellt zu werden, daß Fiete Feddersen, der seiner eigenen Kraft so mißtraute, daß er es nicht einmal wagte, ein Vogelei zwischen die Finger zu nehmen, ohne das geringste Bemühen zum beliebtesten Einwohner von Bollerup geworden war. Doch wenn er sich schon nicht darum bemühte, zu werden, was er war, so bemühten sich doch andere darum, seine außerordentliche Beliebtheit für ein sozusagen hohes Ziel nutzbar zu machen: für die Politik nämlich.

Ich darf hier nicht schweigen: Kurz vor den letzten Wahlen durchstreifte eine kleine Kommission die Fichtenschonung, lauschte, streifte durch den Mischwald, lauschte und wandte sich, den rhythmischen Schlägen eines schweren Hammers folgend, zum Kiefernwald hinüber, wo gerade das Bruchholz aus der vergangenen Sturmnacht zerlegt wurde. Dort arbeitete Fiete Feddersen. Zwischen gestürzten, geknickten, verdrehten Stämmen arbeitete er, fleißig auch ohne Aufsicht, auf dem Kopf die sonderbare Mütze mit den extra langen, nun aber hochgebundenen Ohrenschützern, die ihm das Aussehen eines bedröppelten Hasen gaben. Die Kommission – sie bestand aus meinem Großonkel Franz Jesper Feddersen und aus Arnim Daase, einem Vertreter für Landmaschinen – grüßte freundlich; man setzte sich auf leuchtendes Stubbenholz, bot einander Tabak an, rauchte aber nur kalt, um nicht die Schilder ins Unrecht zu setzen, die auf Brandgefahr aufmerksam machten. Und dann kam die Kommission zur Sache. Sie bot Fiete Feddersen an, für die Grüne Union zu kandidieren, für die Partei des Fortschritts und der zähen Reformen. »Ein Mann wie du«, sagte die Kommission, »kann seine politische Heimat nur in der Grünen Union haben.« Und sie sagte: »Mit deiner Hilfe, Fiete, wird es uns gelingen, den feinen Eduard Kallesen und seine feine Schwarze Union eindrucksvoll zu schlagen.«

Der Waldarbeiter lächelte bekümmert und schüttelte den Kopf. »Nein«, sagte er, und mehrmals hintereinander: »Nein, nein.« Zu helfen, dazu sei er immer gern bereit, aber er könne nur dort helfen, wo es ihm gegeben sei, sagte er. Und er wies darauf hin, daß es ihm nicht nur an den einschlägigen politischen Kenntnissen fehle, sondern auch an der Gabe, ohne die kein Politiker auskommt: Reden zu halten.

Das war der Kommission bekannt. Sie wußte auch, daß sich niemand in Bollerup mehr durch Einsilbigkeit hervorgetan hatte als ihr neuer Kandidat; dennoch blieb sie bei ihrer Wahl. »Wir haben«, sagte die Kommission, »alles berücksichtigt: Was wir brauchen, ist der Mann Fiete Feddersen, und der kann so schweigsam bleiben, wie er war; was erforderlich ist, wird Arnim Daase für dich übernehmen; er wird für dich die Fragen beantworten, wo es sein muß; er wird Erklärungen in deinem Namen abgeben, und falls man ihn dazu zwingt, wird er für dich reden. Es genügt, wenn du zu seinen Worten nickst.«

Fiete Feddersen zuckte die Achseln, wollte und wollte nicht, war einerseits bereit, zu helfen, und andererseits unsicher, ob er selbst dem verminderten Anspruch genügen würde; doch schließlich – nachdem die Kommission förmlich an ihn appelliert hatte – erhob er sich, stand einen Augenblick in redlicher Verlegenheit da, und dann nickte er, sachte, aber erkennbar: Die Grüne Union in Bollerup hatte den beliebtesten Einwohner für sich gewonnen.

Die Kommission gratulierte und verabschiedete sich, und als sie sich in die Fichtenschonung zwängte, erschrak der Waldarbeiter nachträglich – gerade so, als ob er sich selbst verkauft hätte. Vor Unruhe gelang ihm nichts mehr, kein Schlag und kein Hieb, er mußte an das gegebene Wort denken und an sein erstes öffentliches Auftreten, und am liebsten wäre er der Kommission nachgelaufen, um sich sein Versprechen zurückgeben zu lassen. Blieb ihm vielleicht etwas anderes, als sich auf einen Stamm zu setzen und zu grübeln? Eben, und darum setzte er sich und begann, nicht ohne ein schmerzhaftes Ziehen in der Brust, zu grübeln.

Von der Grünen Union wußte er immerhin, daß sie sich selbst die Partei des Fortschritts nannte. Ihre Mitglieder – Kleinbauern, Vertreter, Arbeiter wie er selbst – trugen fast ausnahmslos Taschenuhren. Sie wollten um jeden Preis mehr Gerechtigkeit. Doch wenn er sich nicht irrte, strengte sich eben dafür auch die Schwarze Union an, deren Mitglieder fast ausnahmslos Armbanduhren trugen. Sie nannte sich die Partei der Bewahrer und hatte in Eduard Kallesen einen Vorsitzenden, der jederzeit ohne eine einzige schriftliche Notiz vier Stunden reden konnte, und das auch noch mit erkennbarer Begeisterung. Nicht einmal Arnim Daase konnte es mit ihm aufnehmen, obwohl der mitunter redete, daß die Milch zu Butter wurde. Ließ sich der leichtsinnige Entschluß nicht doch noch rückgängig machen?

Früher als sonst machte Fiete Feddersen an diesem Tag Feierabend und ging nicht allein bedrückt, sondern auch auf Umwegen nach Hause. Seine Frau wußte bereits alles: Franz Jesper Feddersen war mit einem Stapel von Broschüren, von Merkzetteln und Programmen vorbeigekommen und hatte ihr von der Kandidatur erzählt. Für seine Niedergeschlagenheit hatte sie nichts anderes übrig als ihren Lieblingsausspruch, mit dem sie sich über alles hinweghalf: »Ach, Fiete, dat löpt sech allns trecht.« Danach rührte sie Eier in die Bratkartoffeln, während Fiete seufzend den Stapel mit den Wahlschriften umkreiste, plötzlich stehenblieb, sich ein Heftchen schnappte und zu lesen begann. Er las; und wie ich ermittelt habe, las er beim Abendbrot und die halbe Nacht durch, ohne damit fertig zu werden. Aber wer denkt, daß Fiete schon am nächsten Abend weitergelesen hätte, der täuscht sich: Mit einem Gesichtsausdruck, der schwer zu deuten war, trug er die Papiere in den Schuppen, Abteilung Brennbares. Hielt er das Material für überflüssig? Oder hatte er, noch vor der drohenden Auseinandersetzung mit Eduard Kallesen, sanglos aufgegeben? Einiges spricht dafür; denn fortan kümmerte Fiete Feddersen durch die Tage, ließ in seiner aufmerksamen Höflichkeit nach, unterbrach öfter seine Arbeit und saß in schwermütiger Versunkenheit auf einem Stubben. Niemand wird erstaunt darüber sein, daß er am Tag der großen Auseinandersetzung nicht in der Lage war, Nahrung zu sich zu nehmen.

Danach fragten allerdings nicht seine Freunde von der Grünen Union. Sie holten ihn frühzeitig ab, scherzten, munterten ihn auf, versuchten, ihm etwas von ihrer Zuversicht abzugeben. Sie nahmen ihn in ihre Mitte und zogen gemütlich, um von möglichst vielen bemerkt zu werden, die Straße zum Mühlenkrug hinab, Parolen rufend, ein Siegeszeichen in die Luft schreibend.

Am Eingang zum Mühlenkrug, vor den beiden Linden, erschrak Fiete auf einmal so sehr, daß er wie betäubt dastand: Er hatte sein Bild auf dem Plakat entdeckt. Es war ein altes Bild, das ihn mit geschulterter Axt zeigte, vergnügt, wie ihn jeder kannte, auf dem Kopf die sonderbare Mütze mit herabgelassenen Ohrenschützern; im Hintergrund bogen sich Tannenäste unter der Last des Schnees. Er las die Bildunterschrift – Auf ihn ist Verlaß! – und äugte zum Nachbarplakat hinüber, auf dem Eduard Kallesen abgebildet war, hoch zu Pferd, seine Mütze ziehend, und unter dem Bild der Satz: Mit ihm über jede Hürde! Instinktiv wollte Fiete sich abwenden, umkehren, doch seine Freunde schoben ihn unerbittlich vorwärts durch Rauch und Lärm erst einmal in ein Hinterzimmer. Hier drückten sie ihn auf einen Stuhl, steckten ihm eine Plakette an den Rockaufschlag, verbesserten den Sitz der ungeliebten Krawatte. Und Arnim Daase wiederholte noch einmal die Strategie, die zum Sieg führen sollte: »Schweigen, Fiete, du mußt schweigen, auch wenn sie dich provozieren. Dasitzen mußt du. Beifällig nicken mußt du. Und immer wieder: schweigen. Was zu reden ist, übernehme ich.«

Fiete Feddersen zeigte matt an, daß er alles verstanden hatte, man trocknete ihm den Schweiß ab, zog ihn vom Stuhl und drängte ihn hinaus, einen zugigen Gang entlang und dann zum Podium. Es war verabredet worden, daß beide Parteien gleichzeitig durch den Vorhang schlüpfen sollten, die Grüne Union von links, die Schwarze von rechts; das gelang. Gleichzeitig traten die Wahlkämpfer an den Tisch heran, gleichzeitig nahmen sie Platz, begleitet von Beifall, Pfiffen und Hochrufen. Das dröhnte, das gellte und frohlockte, Biergläser reckten sich ihnen entgegen, glimmende Zigarren schrieben rotierende Feuerräder in die Luft, Flaschen begannen auf wackligen Tischen zu hüpfen – jeder kennt ähnliche Bilder der Leidenschaft. Fiete Feddersen zwang sich, in den Saal zu blicken, wanderte blickweis die Tische ab, die zu schwimmen schienen in Qualm und Dunst. All diese Zeichen und Gesten, die begeisterten Zurufe – galten sie tatsächlich ihm? Sie mußten ihm gelten, denn schon jetzt, bevor die Vorstellung begann, bildeten sich einige, wenn auch dünne Sprechchöre, die »Fie-te, Fie-te!« riefen. Und daß er gewisse Hoffnungen trug, zeigte sich dann auch bei der Vorstellung, denn es war unüberhörbar, daß der Beifall, den er verbuchen konnte, ein wenig stärker war als der, den Eduard Kallesen einheimsen durfte.

Sodann wurden beide Parteien aufgefordert, eine Grundsatzerklärung abzugeben; das Los hatte entschieden, daß Kallesen als erster sprechen durfte, und wer ihm noch nie als Redner begegnet ist, dem darf ich versichern, daß der ebenso energische wie elastische Mann, der das Mikrophon lässig wie eine Zigarre vor dem Mund hielt, der sowohl überlegen wie dauerhaft lächelte, einen starken Eindruck hervorrief. Jedenfalls hätte Arnim Daase, der nach ihm für die Grüne Union sprach, den Eindruck von sich aus nicht wettmachen können, wenn nicht Fiete Feddersen so heftig genickt hätte, daß viele, einfach dem Zwang des Beispiels folgend, mitnicken mußten. Damit blieb einstweilen alles unentschieden; auch der Anfang der scharf geführten Diskussion änderte nichts an der Ausgeglichenheit der Stimmung im Saal.

Wie herablassend und dabei unerbittlich dieser Eduard Kallesen die Diskussion bestritt! Es machte ihm augenscheinlich ein diebisches Vergnügen, sich fortgesetzt an Fiete Feddersen zu wenden, obwohl dieser ihm nicht antwortete. »Würde mir«, so fragte er etwa, »mein verehrter Gegenspieler, Herr Fiete Feddersen, ein wenig seine Preispolitik erläutern, falls das private Land in kommunalen Besitz übergeführt werden sollte?« Arnim Daase erhob sich sogleich und leitete seine Antworten mit Wendungen ein wie: »Unser Kandidat ist der Ansicht ...« oder: »Meine Freunde und ich stimmen darin überein ...« oder aber: »Fiete Feddersens Meinung zu diesem Problem lautet ...« – wobei Fiete oft schon Zustimmung nickte, bevor seine angebliche Meinung ausgesprochen wurde.

Hin und her ging es zwischen Kallesen und Daase; sie setzten sich über Schlachtprämien auseinander, über Milchsubvention, über Rentenversicherung für Landwirte und, in schärferer Tonart, über Verteidigungspolitik. Zwischen ihnen saß nachdenklich, die gefalteten Hände im Schoß, Fiete Feddersen mit schweißglänzendem Gesicht. Manchmal zuckte er; das war, wenn ihm saurer Schweiß in die schlechtbewimperten Augen tropfte. Folgte er überhaupt der Diskussion? Bemerkte er, daß, am Beifall aus dem Saal gemessen, die Auseinandersetzung immer noch unentschieden war? Er mußte es bemerken, denn auf einmal hob er die Hände auf den Tisch und musterte Kallesen mit unergründlichem Blick. Der hatte sich gerade, und zwar nahezu höhnisch, nach der Schulpolitik der Grünen Union erkundigt, und wollte jetzt wissen, ob Fiete Feddersen tatsächlich mit dem Gedanken umging, alle Zeugnisse abzuschaffen. Und die Prüfungen. Und den sogenannten »Hokuspokus mit den Zensuren«. Wörtlich fragte er: »Müssen wir fürchten, daß mein verehrter Gegner, dessen persönliche Leistungen wir alle schätzen, über Nacht ein Feind aller Leistung geworden ist? Soll auch in Bollerup eine trübe Gleichmacherei triumphieren?« Der Beifall, den Kallesen darauf erhielt, war so frenetisch, daß Arnim Daase Mühe hatte, ihm zu entgegnen. Vielleicht war er in der Schulpolitik nicht so bewandert, vielleicht aber war er Kallesen tatsächlich nicht gewachsen, jedenfalls gelang es Arnim Daase diesmal nicht, den Vorsprung an Sympathie aufzuholen.

Kallesen wäre nicht Eduard Kallesen gewesen, wenn er nicht sofort seine Chance erkannt hätte, den ausgepunkteten Gegner vollends auf die Bretter zu schicken. Er schnellte hoch. Getragen von Beifall, setzte er zu neuer Rede an und wollte von Fiete wissen, wie er zum Bau der Sport- und Reithalle stehe – mit anderen Worten, wie groß Fiete die Gesundheitspolitik schreibe. »Mit einer Reithalle könnte Bollerup ein Mittelpunkt werden«, rief er. Man hätte Nordische Meisterschaften in den Mauern. Bei Spiel und Sport könnten die Kinder gesund heranwachsen – und so weiter. Nun?

Herausfordernd sah er Fiete Feddersen an, und natürlich in der Erwartung, daß Arnim Daase für ihn antworten werde, doch da geschah etwas, was niemand bei uns vergessen wird. Fiete Feddersen erhob sich und straffte den Oberkörper. Das Murmeln im Saal hörte auf. Man stieß sich an, vertrieb die Rauchwölkchen. Verblüfft blickte Kallesen, verstört mancher Freund von der Grünen Union, und Arnim Daase versuchte, nachdem er sich von seinem Schrecken erholt hatte, Fiete durch ein Zeichen aufzufordern, bei der Strategie des Schweigens zu bleiben. Umsonst! Ich persönlich dachte nur: So nimm denn, Unglück, deinen Lauf.

Fiete Feddersen schluckte, pochte mit kräftigem Fingerknöchel auf die Tischplatte und trank erst einmal ein ganzes Glas Mineralwasser leer. Dann sagte er mit sehr leiser Stimme: »Vierzig Jahre war ich im Wald, in der Natur. Dachs und Wiesel wurden meine Freunde, die Krähe kam zum Frühstück, mit dem Eichhörnchen stand ich auf du und du. Wenn ihr mich fragt, wo die größte Fröhlichkeit anzutreffen ist, dann sage ich euch: unter den jungen Dachsen. Sie haben nur sich selbst; ein Tannenzapfen genügt ihnen zum Spiel für einen ganzen Vormittag. Wer jung ist, will sich balgen und sich beißen, dabei schärft er seine Sinne. Auf die Dauer freut man sich an bescheidenen Spielen. Und so möchte ich sagen: Wozu eine Reithalle? Zeigt den Kindern den Wald und laßt sie dort spielen wie die Dachse. Sie werden es euch danken mit Fröhlichkeit.«

Nicht nur üblicher Beifall, sondern ein Beifallssturm dankte dem Redner, der betreten abwinkte, sich faßte und sagte: »Die Waldtaube ist eines der wenigen Tiere, das sich um die Alten kümmert. Statt eine Reithalle zu bauen, sollten vielleicht einige Gemeindeschwestern angestellt werden, die könnten tun, was die Waldtaube tut.«

Ich sah einmal schnell zu Kallesen hinüber; der schüttelte den Kopf, seufzte, verzog geringschätzig sein Gesicht – vermutlich, weil er mit solcher Rede nichts anfangen konnte. Aber was ihn seufzen ließ und mutlos machte, das gefiel unten im Saal, das wurde mit Beifall und Bravo aufgenommen. Jetzt wollte man nur noch Fiete Feddersen hören, und Fiete sprach, fortgetragen von brausender Zustimmung und Begeisterung. Was er ihnen anzubieten hatte, war immer nur dies: Waldworte, Walderfahrung, dunkles Waldgleichnis; die setzte er auf jedes politische Problem. Er sagte etwa: »Der Jäger stellt dem Fuchs ein Zeugnis aus«, oder »Der Häher warnt auch seinen Feind«, und auf einen freundlichen Zwischenruf ließ er sich zur Eigentumspolitik so vernehmen: »Wenn ihr mich fragt, wo der schönste Sinn für Eigentum anzutreffen ist, dann sage ich euch: unter verwilderten Hauskatzen. Wenn das Waldrevier zu klein ist, einigen sie sich, wer zu welcher Zeit jagen darf. So gehört der Wald jedem und keinem. Denn was einer hat, ist alles nur geliehen. Aus dem Teilen kommt erst die Zufriedenheit. Das zeigt die verwilderte Hauskatze.«

Ich wunderte mich nicht, daß die Grüne Union nach anfänglichem Befremden auf einer Welle der Hoffnung schwamm, aber plötzlich wurde es ihr mulmig. Fiete Feddersen begann nicht nur, von den »natürlichen Herrschern des Waldes« zu sprechen, er verteidigte auch auf seine Art das Leistungsprinzip, indem er sachkundig auf das Beispiel der winzigen Haselmaus hinwies. Jetzt hellte sich sogar Kallesens Gesicht auf, und ob er es wollte oder nicht, er und seine Schwarze Union mußten einfach klatschen. Das geschah nun öfter – einmal jubelten die Grünen bei Fietes Rede, einmal die Schwarzen, und mitunter klatschten auch alle. Niemand in Bollerup kann sagen, wie lange Fiete eigentlich sprach, da niemand es wagte, auf die Uhr zu sehen. Unvermutet rief er aus: »Die Elster kann vieles, dennoch kann sie aus einem silbernen Löffel kein Junges ausbrüten.« Er machte eine Pause, wir sahen uns bestürzt an, und dann bat Fiete alle Anwesenden, seine Kandidatur zurückziehen zu dürfen. »Es ist«, sagte er, »wegen der fehlenden politischen Kenntnisse«, und damit setzte er sich.

Auch wer gar keine Phantasie hat, wird sich vorstellen können, was im Saal passierte: Die Leute stürzten zum Podium, bedrängten und bestürmten Fiete, ließen ihn hochleben, doch Fiete ließ sich nicht umstimmen. Er begründete seinen Verzicht mit den Worten: »Manche fragen sich, warum der Dachs nur ein einziges Mal in seinem Leben ins Wasser geht. Darum, weil er schon beim ersten Mal einsieht, daß es ihm zu naß ist.«

Übrigens haben die Grünen die letzten Wahlen mit knappem Vorsprung gewonnen, und natürlich wissen sie, wem sie es zu verdanken haben. Der heimliche Sieger der Wahl aber war unbestritten Fiete Feddersen.

Udo Steinke
Ich kannte Talmann

Ein erfreulicher Umweg – ich durfte gleich in den allerersten Semesterferien zur Urlaubsvertretung antreten.

Als Heizer auf einer riesigen Güterzuglokomotive.

Umweg heißt eigentlich Beziehungen, und Beziehungen nur deshalb – weil ich vorher, noch in den Schulferien, mit friedlichen Brauereipferden Bier in die Kneipen gefahren und dann geschleppt hatte. Beziehungen sind noch heute für mich abgekürzte Umwege.

Der gemütliche Stall von Klaus und Paul (die beiden Rappen) war an der Hinterwand der Lokschuppen angebaut. Eine angrenzende Mauer verhinderte nicht den Kontakt. Einige von den Schwarzverschmierten aus diesen unendlichen Schuppen tranken gerne mein liebevoll angebotenes Bier – Haustrunk, drei Liter pro Tag.

Noch heute für mich eine anstrengende Menge.

Ein trinkfester Lokomotivenmensch schlug mir dann auch vor, nach meiner Volljährigkeit doch eine Lok zu heizen in den großen Ferien. Der war nicht nur trinkfest, sondern auch berechnend. Das hat meine Einfältigkeit aber erst viel später begriffen ...

Und ich war viel zu wild nach so einer Riesenlok.

Dabei aber auch faul, denn es war abgemacht mit mir selbst, daß ich nur vom reichlichen Stipendium lebe und nie wieder körperlich arbeite in den Ferien als Student – doch das Lokangebot ...

Der Trinkfeste machte das Angebot und linste dabei auf einen Grauhaarriesen. Dieser gab nur eine Ja-Nein-Reaktion in die gespannte Runde ab. (Erst viel später ging mir auf, daß besagte Runde *äußerst* gespannt war.) Der Riese mit dem Silberkopf erklomm bärig sein Lokmonstrum, wurde von oben mit eilfertiger Hilfe seines Heizers reingezerrt, bedampfte sichtbar sein Heiligtum und pufferte aus den rußverdunkelten Schuppen.

Volljährig war ich schon seit drei Monaten, und ich meldete mich gleich am nächsten Tag bei der Brauerei ab, und dann trug ich meinen ölverschmierten Zettel, den hatte der Trinkfeste für mich als eine Art Ausweis geschrieben, in die Reichsbahndirektion. Der simple Zettel machte dort Eindruck, und ich wurde nach einer Stunde Wartezeit meinem neuen Boß vorgestellt – ob der mich auch will, meinten die Büromenschen der Reichsbahn.

In dieser Stunde fiel mir noch ein, daß die Brauerei vielleicht gar nicht grollte wegen meiner vorzeitigen Überwechslung zur Kohle.

Paul hatte mit seinem unzerstörbaren Pferdegebiß in aller Herrgottsfrühe den Lademeister gebissen. Dem Paul reichte halt (genau wie mir) die dauernde Morgenmaulerei des stinkfaulen Lademeisters. Der faule Kerl war zu der Zeit noch nie in seinen fünfzig Jahren von einem Pferd gebissen worden und ging deshalb mit einem leeren Holzbierkasten (die waren da noch wirklich aus Holz mit Eisengriffen, nicht so wie diese neumodischen Dinger heute) auf den wehrlosen, von mir liebevoll eingeschirrten Paul los. Pauls Biß und mein Bierfahrerpeitschenschlag nahmen der Brauerei für längere Zeit den Lademeister. Der schleppte sich zwar noch am nächsten Morgen in den Ladehof – aber nur, um meine Ladung so zu laden, daß ... Am gefürchteten Stadtberg ruckten Paul und Klaus (seit Jahren ohne Kommando) in alter Frische an – und die ganze Ladung donnerte hinten runter – vor den lebhaften Berufsverkehr. Blamiert war ich.

Genau nach einer Stunde stand mein Boß vor mir – der Riese mit dem Silberkopf. Sah mich unbeschreiblich an (gar nicht überrascht), nickte fast unmerklich und ging. Kaum war der weg, flüsterten die Büromenschen (damals wurden politische Witze auch so geflüstert) mir zu, daß der Kerl komisch, wenn nicht gar unheimlich ist.

Ich fand ihn zwar ganz großartig, doch weil noch nie jemand seine Stimme gehört hatte, brauchte er für mich nicht unheimlich zu sein. Und als ich, nachdem ich meine Sondermarken für Fleisch und Butter erhalten hatte, auch noch fragte, warum denn die Reichsbahn 15 Jahre nach dem Zweiten Weltkrieg immer noch Reichsbahn hieß, ließen die mich antwortlos gehen. Doch mit der bissigen Bemerkung: »Sogar den echten Heizern grault's bei Talmann.« Erst dann las ich auf dem Arbeitszettel – Talmann, Lokführer.

Vier Uhr in der Nacht trat ich an bei Talmann. Der Wortlose, der bei den jährlichen Hör-Testen die Antwort auf einen Zettel schrieb – doch seit Jahren las der immer gleiche, behandelnde Testarzt nie die Antwort, sondern genoß das einzige jährliche Lächeln Talmanns – wie ich viel, viel später erfuhr . . .

Ohne Übergang begriff ich die wortlosen Kommandos. Und heizte die einzige Lok der Republik, die mit Steinkohle fuhr. Talmanns, nur Talmanns Steinkohlenprivileg. Alle anderen durften Briketts verheizen.

Der Fachmann trauert mit mir der Vergangenheit nach – unzählige Kohletonnen in eine nimmersatte Gluthölle nur von simpler Muskelkraft befördert.

Heute sitzen die Kollegen an solch neumodischen Knöpfen und drücken. Doch damals war Talmann Kaiser auf einer Arbeiter-und-Bauernlok. Und für ihn war dieses Stahlmonstrum ein eigener Himmel, war Liebe und Lebensinhalt. Seine würdevolle Sprachlosigkeit, sein beabsichtigtes Schweigen allen Menschen gegenüber war nur ein kleiner Ausdruck seiner äußerst konzentrierten Liebe zu seiner tonnenschweren Stahlfrau. Niemand durfte es wagen, seinen rollenden Stahltempel anzurühren, anzuheizen oder vielleicht mal gar aus dem Schuppen zu fahren.

Und niemand konnte begreifen, wieso er solch unglaublich enorme Zugkräfte aus einer ganz simplen Lok rausholte – freilich, er feuerte mit Steinkohle, die anderen durften das nicht. Doch das war nicht allein und am wenigsten ausschlaggebend. Die unerklärliche Bindung kroch jedem Fachmann unter die Haut, und ich glaube, daß auch Unbeteiligte das immer gespürt haben. Seine Lok hatte einen ganz eigenen Glanz, einen anderen Geruch, wurde immer erkannt und von jedem Streckenposten und aus jedem Bahnwärterhäuschen im Vorbeisausen gegrüßt. Talmann mochte keine Erfindungen, und der »Westen« mit seinen vielen Neuigkeiten war ihm suspekt. »Die Menschen verlieren sich dort in lauter Neuigkeiten«, schrieb er mir auf einen Zettel.

»Und in unserer Republik?« schrie ich ihm zu in den Fahrtlärm. »Die werden sich einmauern«, schrieb er auf eine Salemschachtel kurz vor der Wasserstation. Und das ein Jahr vor dem Mauerbau.

Eine Minute später die Wasserstation. Er mühte sich ab mit dem Wassereinlaß. Da durfte ich nicht ran. In der Wartezeit schrieb ich mir seine Krakelschrift in mein Arbeitsbuch ab – um im Kämmerlein nachdenken zu können. Ich wartete auf Talmann, der zerrte sich selbst rauf, noch von der Wasserei erschöpft, ich half ihm nie – das schien ihm zu gefallen. Plötzlich nahm er die Salemschachtel mir ab und warf seine Gedanken ins Feuer.

Nach der Wasserstation fiel mir ein – sechs Wochen bei Talmann sind um, in zwölf Stunden muß ich frisch geschniegelt in der Uni antanzen.

Das Jahr dann bis zu den nächsten Ferien war auch eine Art Vorfreude auf Talmann. Ich machte in dem Jahr den Führerschein und kaufte vom Reichsbahngeld eine 350er »Java«. – Der Sohn des Lademeisters soff immer Vaters Haustrunk, und deshalb kam ich zu seiner 350er.

Der Sohn war mir sogar noch dankbar – weil Talmann irgendwie verhindert hatte, daß »Lademeisters Sohn« zu arg bestraft wurde, wie – das weiß ich heute noch nicht genau. Ich hab's Talmann nur erzählt (ich traf ihn zufällig auf der Straße), daß der Lademeistersohn besoffen, und jetzt keinen Führerschein, und ich scharf auf seine Maschine usw. usw . . . In einer Kleinstadt spricht sich ja alles so schnell rum.

Zwei Semester, pflichterfüllt abgedient, und ich war wieder bei Talmann in der Früh um vier. Der gab keine Begrüßungszeichen von sich – gerade so, als wäre ich nur mal schnell ein Bier für ihn holen gegangen.

Die ganzen sechs Wochen keine Philosophiezettel. Doch unfreundlich erschien er mir nicht, und weil ich nicht maulte bei den Kollegen über ihn, schüttelten die (vorwurfsvoll über mein »Dulden«) ihre verschmierten Schädel.

Außerdem saugte sich die insgeheime Bewunderung aller für Talmann auch in mir fest – doch ich gab's ehrlich zu, nur ihm zeigte ich sie nicht (eigentlich ungewollt).

Auch war ich gar nicht begierig, ihm seine Wünsche von den Augen zu lesen – wie seine jeweiligen Vollheizer.

Instinktiv freute es mich recht, wenn er vor sich hin buddelte und ich nur meine Hunderte Tonnen Steinkohle in die Gluthölle schaufelte. Talmann sprach nicht, lächelte nicht (außer der Sache beim Arzt) und gab niemandem eine schmierigschwarze

Grußhand. Die Linke war immer schmutziger – trotzdem schrieb er doch seine Pflichtantworten linkshändig.

Daß ich keinen Versuch machte, ihn zu ergründen (wie halt jeder), sondern ihn einfach wurschteln ließ – das schien ihm zu gefallen.

Die zweiten sechs Wochen waren um im zweiten Jahr, und mein einziger Ehrgeiz – Talmann wenigstens ein Lächeln abzuringen – wurde nicht befriedigt.

Draußen in der »Zivilisation« konnte ich niemandem von Talmann erzählen.

Der Lademeistersohn hatte seinen Führerschein wieder und wollte die 350er dazu. Er gab mir ein paar Hunderter weniger (Abnutzung und so) wieder als ich ihm gezahlt hatte und ich gab ihm seine Geliebte zurück. Ohne Fußraste, die war in einer Kurve abgerissen, und ich habe noch heute zwei Narben in meiner rechten Arschbacke.

Ich bekam wieder eine Menge Reichsbahngeld und spendete alles für irgendeinen Befreiungskampf – um nicht an den militärischen Zeltlagern der Universität teilnehmen zu müssen, ein wenig Erholung braucht der Mensch. Mein Studienjahr wurde stolz in allen Zeitungen genannt (der übliche Kram – »...spendeten die Studenten des zweiten Studienj...« usw.).

Und schon waren wir alle als Hundertprozentige abgestempelt.

Wir wurden irgendwie gemieden. Weil das gerade nach dem 13. August 1961 war. Talmann und ich erfuhren davon in Warschau. Talmann sah mich an und nickte deutlich mit seinem Marmorkopfe (für Kenner: »Mit seinem Marmorkopfe hat deutlich er genickt« – singt Leporello in ›Don Giovanni‹). Dann schrieb er wieder auf seine Salemschachtel: »Prophezeit!« Linkshändig.

Meine »Heldentat« (die Spende) begleitete mich natürlich positiv in meinen Personalakten. Meine Beziehungslosigkeit zu Geld, mein Wunsch nach Ruhe haben mir genützt. Leider habe ich diese Beziehungslosigkeit und den Ruhewunsch bis jetzt behalten. Manchmal schafft dieses starre Behalten Verdruß bei meinen Nächsten (Familie und so meine ich). Der Endeffekt ist also ohne Nutzen.

Deshalb bin ich ein ausgemachter störrischer Esel, der viel arbeitet, noch nie in einer Firma wegen Krankheit fehlte oder blaumachte, und trotzdem komme ich zu nichts. Und die Talmanngeschichte schleppe ich nun schon sieben Jahre rum –.

Die sechs Wochen im Sommer 1962 brachten das erste Lächeln Talmanns. Ich spielte nämlich zur Privatgaudi Studententheater und bin nach einer Premiere im geliehenen Smoking (meine Rolle) zum Saufen geschleppt worden, und nach der Sauferei mußte ich – wieder um vier – bei Talmann antreten.

Todernst schritt ich im todschicken Smoking durch staunende Schmiergesichter und hangelte mich – betont elegant – auf Talmanns Lok. Talmann drückte mir die zentnerschwere Schaufel in meine Hornhauthändchen – und lächelte. Er wich auch lächelnd vor meinem Wodkagestank zurück und lächelte – deutlich für alle aus dem Fenster. Und dann sah er mich zwölf Stunden überhaupt nicht an. Das war dann auch mein erster völlig selbständiger Zwölfstundentag. Talmann konnte sich einfach nicht umdrehen. Und ich bin zwölf Stunden gefahren (und einundvierzig Minuten) ohne Talmanns Zeichensprache. Von da ab brauchte ich nie wieder seine erregenden Zeichen. Der Smoking blieb dann mein Lokkostüm.

1963 spendete ich wieder eine Menge (wegen der Personalakten und wegen der Ruhe) für ein Aufbauwerk und wußte immer noch nicht, was der Talmann so in seiner Freizeit erledigte.

Sein eigener Urlaub galt seiner Lok. Eigenhändig, mit unglaublicher Liebe und Hingabe, verwandelte er seine Lok in eine strahlende Schönheit. Und keiner wagte sich dann in seine Nähe – nur sein Vollheizer, für ein paar Handreichungen.

Kurz vor meinen »Sechs Wochen« bei Talmann wurde ich wieder mal als Meister gefeiert – ich gewann ein Springen (Fallschirm) und schleppte mein Zeug stolz über den Landeplatz – wer steht plötzlich vor mir wie auf der Lok? – Er.

Natürlich ohne Gruß und so, er befingerte nur die Fallschirmseide und trabte ohne Regung wieder ab.

Ein paar Tage später stand dann auf seiner Salemschachtel: »Prima Sprung«. Dabei hatte ich geglaubt, daß er mich in meiner Montur gar nicht erkannt hatte. Und daß ich ihm auch wie einem völlig Fremden begegnete, schien ihm gefallen zu haben.

Ich hockte schon auf der Lok, als er sich hochächzte, und drehte mich gar nicht um, die Salemschachtel reichte er mir nur über die Schulter, das war alles.

Talmann war einer der wenigen, der auch Weststrecken fahren durfte. Und meine hohen Spenden brachten mir Vertrauen. Daß Talmann darauf bestand, mit mir zu fahren, ahnte ich nicht. Talmann und meine Spenden waren also ausschlaggebend.

Kurz nach der Grenze krabbelte ein versteckter Eisenbahner (Reichsbahn) hinter den Kohlen vor. Talmann reagierte überhaupt nicht. Ich auch nicht. Der Flüchtige war ganz fertig und begriff das nicht. In Braunschweig gab Talmann von seinen Westspesen dem Kollegen einen Fünfzigerschein und ich auch. Der Kollege wurde immer kaputter. Er schien von Talmann noch nie gehört zu haben. (Und von mir auch nicht.) Wie alltäglich brachten wir den Armen zu der Bahnhofsmission.

Die Missionsmenschen und ein Polizist, der seinen Morgenkaffee dort gerade trank, begriffen überhaupt nichts, und wir dampften vier Minuten später gen Hamburg. Zwölf Stunden später wusch uns das Republikwasser wieder rein, ich blieb immer eine Stunde im Duschraum. Auch schon vor der Braunschweiger Geschichte.

Mein positives Verhalten – ich bin aus dem Feindesland zurückgekehrt – rechtfertigte das Vertrauen zu mir, meine Personalakte wurde immer besser. Ich hatte (wir hatten) noch drei Westfahrten. Ohne Zwischenfälle.

Nur eine Menge Bananen aus dem Feindesland schleppte ich ins gelobte Land. Im offenen Netz. Als ich damit ahnungslos in die volle Straßenbahn stieg, lösten meine Bananen wilde Aggressionen aus. Es war früh, und die Bevölkerung fuhr an den Arbeitsplatz, war ausgeschlafen, und ich sah müde aus – die Volksgenossen deuteten das sicherlich falsch –. »Das Bonzenschwein kommt sicher von so einer Bonzenparty noch halb besoffen und hat da die Bananen abgeschleppt, mein Kind hat noch nie eine gesehen«, schrie eine schon etwas ältere Mutter.

Ich hängte das Riesennetz an einen Gepäckhaken, sagte: »Bitte –«, gleichzeitig hielt die Bahn an einer Haltestelle, und ich stieg aus, um auf die nächste zu warten. »Jetzt hat er auch noch ein schlechtes Gewissen!« schrie noch einer mir nach, und noch »Bonzenschwein!« Dann sah ich, trotz der anfahrenden Straßenbahn, wie die sich alle auf das Netz warfen, ein

Taschenmesser sah ich blitzen, sicher hat das dann das Netz aufgeschlitzt.

Nach der Statistik ist jeder sechste Bürger Parteigenosse. In der Straßenbahn waren aber bestimmt vierzig Leute, also müssen da mindestens sechs Genossen beschämt worden sein. Dieser Gedanke ließ mich dann doch noch ruhig schlafen. Das hat sich 1963 abgespielt, und ich möchte betonen, daß heute keiner mehr von Bananen Notiz nimmt in der Republik.

Daß Talmann ganz hinten saß, hatte ich nicht bemerkt. Er reichte mir dann nur am nächsten Tag wieder seine Salemschachtel über die Schulter: »Bonzenschwein, ha, ha, ha«, war linkshändig draufgekrakelt.

Ich drehte mich natürlich nicht um und wunderte mich nur, daß Talmann soviel rauchte. Denn die Schachteln waren immer leer.

Das war auch das Jahr (1963), in dem ich mit meinen großen Fleischfreßparties auffiel – mittendrin kam die Polizei, und ich mußte beweisen, woher ich die vielen Fleischberge hatte. (Dabei waren es doch nur Sonderrationen von der Reichsbahn.) Irgendein wachsamer Bürger hat das gemeldet – oder war es einer der eingeladenen Mitstudenten? Es muß sich jedenfalls jemand gewundert haben, woher ich denn das viele Fleisch bekam – und da ich ja nie etwas erzählte, was ich in den sechs Wochen Ferien tat, hatte auch niemand eine Erklärung. Die Westgetränke wurden ebenfalls sichergestellt – und als alles rauskam – reell erschuftet, reell aus dem Westen mitgebracht –, wurde ich vom 100%igen (wegen der Spenden) zu einem 1000%igen (wegen der Westfahrten) hochbefördert. Und daß ich nicht in der Partei war, machte mich vollends suspekt. Und als dann noch ein ganz Schlauer rumerzählte, daß meine eigene Mutter von »meinen Taten« nichts wußte – die wußte wirklich nichts, weil ich ja meine eigene Studentenbude hatte und nur alle paar Monate heimradelte –, lief das Maß über. Alle schnitten mich. Nur ein paar Mädchen (nicht so uninteressant) zeigten *mir* mehr als meinen »Mitbrüdern«. Aber das sind ja alles Themen für sich (und ein paar andere).

1964, mein vorletztes Jahr bei Talmann, brachte nochmals eine Westreise, Sauferei der mitgebrachten Getränke (das wurde dann doch von mir erwartet), und Talmann war zwischendurch mal wieder plötzlich auf dem Flugplatz.

Wie üblich kannten wir uns nicht, er befingerte nur wieder die Seide und verschwand.

Dann wieder die Salemschachtel mit: »Ich würde aufhören mit dem dämlichen Springen«. Wie gehabt, sah er nur meinen Rücken und wie ich die Salemschachtel einsteckte. Ich habe sie alle gesammelt.

Bis 1965 verlief dann alles fünfjahresplanmäßig, außer ein paar nicht uninteressanten Nebengeschichten, die natürlich nicht hierher gehören.

Talmann wurde übrigens auch 65 und wie ein Fürst geehrt. Mit Tribüne und so. Niemand gab ihm (wagte es nicht) die Hand. Er wurde reich (öffentlich) beschenkt.

Ich ging dann auch zu ihm vor an die Tribüne und schenkte ihm öffentlich – ein wunderschönes Stück Steinkohle.

Er gab mir die Hand und ging. Die Menge und ich waren vom Donner gerührt.

Ich ging dann einen heben. Mit ein paar lustigen Mädchen.

Zwei Wochen nach Talmanns Geburtstagsehrung begannen dann meine letzten »Sechs Wochen« bei Talmann. (Ach so, ich hatte im Juli mein Examen bestanden und für den 15. September eine richtige Stelle mit Gehalt und so bekommen.) Bei Talmann war ich dann bis zum 13. 9. 1965.

Doch mein erster Tag im »fünften Talmann-Jahr« begann gleich mit einem Schock; in aller Herrgottsfrühe verstand ich Talmanns Zeichen nicht sofort. Dabei war es doch ganz klar – ich sollte sein Heiligtum aus dem Schuppen fahren. Da ich ja nie mich wunderte bei Talmann, dampfte ich also vorsichtig aus der Halle. (Ein Herzklopfen hatte ich – schlimmer als beim Examen.) Die vielen Zuschauer, die immer Talmanns Lok beäugten, jammerten auch sofort los: »Bist du denn verrückt, dem Alten seine Karre zu fahren«, usw. usw. »Mensch«, brüllte ich zurück, »schaut doch richtig hin, er kommandiert mich ja!« Das war zuviel für alle – sie sahen es mit eigenen Vieruhrfrühaugen.

Ab da wurden sämtliche Wörter, die ich zu ihm sprach, nach der Dusche usw., genau registriert. Und jeder begrüßte mich freundlich schon aus mindestens zwanzig Meter Entfernung. Doch ich hatte mich immer mehr mit Talmanns Sprachlosigkeit angefreundet und blies denen den fast gleichen (sprachlosen) Wind in die Gesichter.

Und die letzten vierzehn Tage durfte ich Talmanns Glaskasten immer aus dem Schuppen fahren.

Nach der allerletzten Nachtschicht schleppte ich mich nach der Dusche, mit Handtuch um die erschlagenen Hüften, zu Talmanns Spind und sagte ihm, dem Talmann, der nun am Spind stand (wir hatten ja ein lauschendes, stilles Publikum), daß ja das nun mein letzter Tag war bei ihm und daß ich doch nun übermorgen dann mein Studium anbringen müßte bei der neuen Arbeit und bedankte mich für die gute, lehrreiche Zeit und lauter solch ehrlich gemeinten Schmus. Als ich dann meinen ganzen gestotterten Kram los hatte – er hat sich dabei immer mit seinen frischen Socken beschäftigt, die nicht so recht über die lange Unterhose wollten –, winkt er mir zu – tritt näher. Ich näher ran, Talmann dreht sich wie eine Schildkröte so langsam um, fingert ewig in seinem Spind, alles still wie im Leichenhaus, und bringt endlich eine Brieftasche raus, mährt umständlich in der Brieftasche rum und grapscht fünf Hundertmarkscheine raus. Blickt mich (seit Jahren wieder mal) an, lächelt wie damals bei meiner Smokingeinlage und hält mir furchtbar umständlich die fünf Lappen hin. Ich greife, schon halb kaputt im Kopf, die Papiere und rühre mich überhaupt nicht.

Talmann grinst unverschämt, und plötzlich redet sein 65jähriges Maul mit einer ganz erträglichen Stimme in die Leichenhausstimmung: »Hast prima gearbeitet, wünsche Dir Hals- und Beinbruch, servus!«

Und das im fast akzentfreien Deutsch, ich meine Hochdeutsch. Dann drehte er sich um und befaßte sich weiter mit seiner Anzieherei. Daß da mein Handtuch nicht mehr mitmachte, war klar, es ließ von mir ab, und ein paar alte Knackärsche, die da noch in der Gegend herumstanden, hatten wohl auch mit sich und ihren schon längst vertrockneten Gefühlen genug zu tun.

Talmanns Stimme lebte nur ein paar Sekunden in allen frisch gewaschenen Ohren, dann wurde sie gleich wieder zu Grabe getragen, eher schnell verscharrt. Zügig verließ die ganze Mannschaft das stille Leichenhaus.

Meine Vollbeschäftigung erlaubte mir auch weiterhin Westreisen. Jedes Jahr zu einer Westmesse. Vertrauenskapital dafür hatte ich gebucht und genug. Talmann hatte ich nie wieder gesehen. Doch nach vier Jahren klingelte mein Telefon, ich war gerade bei einer Westreisevorbereitung.

»Talmann«, hörte ich – und, »wenn du mich noch mal beglotzen (er sagte so) willst, kommst halt vorbei.« Dann hatte er schon aufgelegt. Es dauerte eine (die übliche) Weile, bis ich begriff und dann Talmanns Adresse rausbekam.

Hin, geklingelt. Eine Dame, ungefähr Talmanns Jahrgang, reißt mir die Tür auf.

»Sind Sie der Arzt?« Mein Nein warf sie fast um.

»Sind Sie der Angerufene, der, den er angerufen hat?« Mein Ja brachte sie fast um.

»Herrgott«, jammerte sein Weib, »ich habe seit 1933 (sie sagte seit 33) seine Stimme nicht gehört, und jetzt geht er ans Telefon und ruft einen Wildfremden an.«

Was 33 war, wollte ich wissen.

»Sie haben ihn abgeholt, direkt von seiner Lok runter, ich brachte ihm gerade Brote. Er aber tröstete mich und meinte, daß er bald zurück sein würde – aber erst 45 brachte man mir ein Skelett aus Dachau, ein lebendes, das war er dann«, jammerte sie weiter.

»Und jetzt liegt er da drinnen, ist wohlgenährt und macht alle«, so – »macht alle« – war ihr Ausdruck. (»Alle machen« – ist in der Gegend ein Jargon für »abkratzen«.)

Ich rein. Er lächelt wieder so unverschämt und bestätigt, daß er wirklich alle macht. »Du spinnst, Alter«, schreie ich ihn an. Er gibt mir seine saubere Linke, lächelt und macht ganz würdevoll alle. Ich bin vollends kaputt im Kopf.

Jedenfalls kannte ich Talmann.

Ruth Rehmann
Paare

Um die gleiche Zeit, als Herr Sevendick am Ostersamstag früh seinen Mercedes auf die Autofähre manövrierte – es gab nicht viel Platz, weil die Fähre schon fünf Lastwagen geladen hatte, und trotz Frau Sevendicks minutiöser Anweisungen kam er in die Lücke nicht hinein, bis die Fährenbesatzung zupackte und das Hinterteil des Mercedes auf- und seitlich einhob – als Herr Sevendick beim Manövrieren dem Gesicht der am Land stehenden Frau Sevendick ansah, daß sie glaubte, es besser zu können, und ihr über die heruntergekurbelte Scheibe zurief: »Dann mach du es doch!«, was sie wegen des Windes nicht verstand, wahrscheinlich auch nicht getan hätte, nicht etwa um sein Selbstgefühl zu schonen, sondern um den für Ehepaare vorgeschriebenen Schein zu wahren, als Junior aus dem Fond des Wagens krähte: »Du hättest von Anfang an schärfer einschlagen sollen!« –

Genau um diese Zeit zog am südlichen Ende der Insel, auf deren Nordspitze die Fähre nun Kurs nahm, Gospodin Habalijah Tomo, der Schneider, das Transistorradio unter dem Kopfkissen des Ehebettes hervor und hörte den auf Wisperstärke eingestellten Wetterbericht. Leise hob er sich aus der warmen Mittelkule, aber Gospoda Josephina spürte es doch, streckte den frisch dauergewellten Kopf aus der Kissenhöhle und sagte, auf serbo-kroatisch: »Ich kann doch das Hemd bügeln.« – »Schlaf du!« sagte Gospodin. »Ich mache es selbst.«

»Weißt du auch, daß das ›Istria‹ geschlossen ist?« fragte Josephina, während sie, die Rheumatismusschulter reibend, nach der Brille auf dem Nachttisch angelte.

»Deine Kusine Mira arbeitet dort, sie muß es wissen«, sagte Gospodin, ehe er die Tür des Waschraums hinter sich schloß.

Gospoda Josephina trat in die Pantoffeln und wankte schlaftrunken zum Schrank. Sie hob Gospodins guten Anzug heraus, Jacke und Hose in dezentem Mausgrau, befreite ihn von der Plastikhülle, legte ihn behutsam auf den gewinkelten Arm, strich Falten aus und trug ihn die Stiege hinab, durch den Vorraum zur Haustür. Durch die Scheibe sah sie das dunkelblaue Hafenwasser unterhalb der in Stufen aufsteigenden Gasse. Die Fischerboote tanzten, und das Einkaufsschiff aus Susak hatte

Schwierigkeiten beim Anlegen. Es war Ostwind – Gutwetterwind. Sie stieß die Tür auf und hängte Gospodins guten Anzug in den Luftzug. Noch einmal strich sie über die Jackenaufschläge. Unter der rauhen Innenseite ihrer Hände knisterte der Stoff. Mit seitlich geneigtem Kopf lauschte sie in das Innere des Hauses. Im Waschraum lief kein Wasser mehr. Sie ließ den Anzug mit einem zärtlichen Schulterklaps und schlurfte in die Küche. Im Halbdunkel tastete sie nach den Streichhölzern und entzündete das Gas im Backrohr des Propanofens. Die Klappe ließ sie offen, damit die Wärme herauskonnte. »Komm in die Küche, Tomo!« rief sie, als sie die Tür des Waschraums hörte. »Wärm dich auf!« Er war bereits dabei, auf dem Tisch im Vorraum die Bügeldecke auszubreiten. Das eingefeuchtete, zusammengerollte Hemd hatte er unter dem Arm.

»Erst der Kaffee«, sagte sie und schob ihn Richtung Küche. Er war noch in Alltagshose und Strickjacke – ein großer hagerer Mann mit großem braunen Gesicht unter grauen Haaren, großer gebogener Nase, großen Händen mit sauberen großen Nägeln. Sie sah ihm wohlgefällig zu, wie er sich auf dem Küchenkanapee niederließ, auf seine würdige gemessene Art, die ihr gefiel wie alles an ihm. Plötzlich schlug sie sich mit der flachen Hand vor die Stirn, griff den Kaffeetopf vom Bord und lief, immer noch in Schlappen, mit zipfligem Morgenrock, die Dauerkrause vom Schlafen verwüstet, zum Wasserhahn, um Kaffeewasser zu holen.

Während Herr Sevendick vor der winzigen Kombüse der Autofähre im Ostwind stand und auf heißes Wasser wartete – Frau Sevendick hatte vorsorglich Nescafé Gold, Büchsenmilch, Würfelzucker und Becher eingepackt, falls der Hotelkaffee wie üblich ungenießbar sein sollte –, während Herr Sevendick Reisemütze herab- und Mantelkragen heraufzog, um sein empfindliches linkes Ohr gegen die Böen zu schützen, die in unregelmäßigen Abständen um die Ecke fuhren und ihn an die Wand drückten, und Junior im Auto sagte: »Soll *ich* mal gehen und Wasser holen, Mama?« – saßen Gospodin Habalijah und Gospoda Josephina unter dem nachträglich getönten Hochzeitsbild, das Gospodin und Gospoda in jüngeren Jahren zeigte, sie anderthalb Kopf kleiner als er, mit dem Ausdruck ehrfurchtsvollen Staunens zu ihm aufblickend, als könne sie nicht fassen, daß das Schicksal ihr einen so großen und schönen Gatten beschert hatte. Es war dämmrig in der Küche, deren einziges vergittertes Fenster zum Berg hinausging. Der Gasofen verströmte Wärme. Sie tranken aus winzigen Tassen, die zur Hälfte mit Kaffeemehl gefüllt waren. Gospodin trank ein Gläschen Slibowitz dazu, um die Verdauung in Gang zu bringen, und als sie sich zurücklehnten, sanken ihnen die Lider schwer über die Augäpfel. Im Verschlag hinter dem Fenster lärmten die Hühner.

»Sie wollen hinaus!« sagte Gospodin gähnend. Josephina fuhr hoch. Den ganzen Weg durch den Vorraum zur Haustür und um die Hauswand herum zum Verschlag redete sie in gurrenden Schmeicheltönen zu den Hühnern, begrüßte sie mit Namen, als sie durch das geöffnete Kläppchen ins Freie schlüpften, ging ihnen mit ausgebreiteten Armen und flatternden Händen nach, die Stufen aufwärts zwischen lose geschichteten Steinmauern, vorüber an terrassenförmig angelegten Salat- und Gurkenbeeten, bis auf den winzigen Platz mit Tisch und Bank, die Gospodin selbst gezimmert hatte. Unverzüglich begannen die Hühner zu picken, obwohl kein Hälmchen zu sehen war. Gospoda kletterte über die Mauer ins Salatbeet, bückte sich über die Pflanzen und las Schnecken von den Blättern. In dem rosafarbenen Haus oberhalb des Gartens wurde ein Radio aufgedreht. »Bist du schon auf, Mira?« schrie Josephina. Am Fenster erschien Miras toupierte Frisur und ein Stück braunen Busens zwischen giftgrünen Volants.

»Stimmt es wirklich, daß das ›Istria‹ geschlossen ist?« fragte Josephina. »Wir haben nicht genug Vorbestellungen«, rief Mira mit ihrer schlafheiseren Stimme; »wenn Gäste kommen, werden sie nach Mali ins ›Bellevue‹ umgeleitet.«

Hand im Rücken, stemmte Josephina sich hoch und trat dicht an die Hauswand unter Miras Fenster. »Glaubst du, daß Gäste kommen?« flüsterte sie, argwöhnische Blicke um sich werfend. »Tomo will nachschauen gehen; glaubst du, daß er eine Chance hat, einen Gast mitzubringen?« Aus dem grauen Haus neben dem grünen des Schneiders trat die Serbin in Morgenrock und Schlafhaube und schnüffelte in die Luft. Mira zündete sich eine Zigarette an. Sie beugte sich tief über die Fensterbank herunter und sagte mit Blick auf die Serbin: »Schade, daß ihr keinen Boiler habt. Sie wollen alle heißes Wasser.«

»Die hat einen«, sagte Josephina, ebenfalls mit Blick auf die Serbin. »Diese Leute haben alles!«

»Guten Morgen«, rief die Serbin und schwenkte ihre runzlige Hand zu Josephina hinauf. »Die Schnecken sind eine Pest.«

Josephina winkte zurück. »Komm zum Kaffee«, sagte sie leise zu Mira. »Hier kann man ja nicht reden.«

Gospodin stand über den Tisch gebeugt und bügelte das Hemd.

»Das ›Istria‹ hat zu wenig Vorbestellungen«, sagte Josephina und legte die mitgebrachten Eier in die Schüssel. Ein übergroßes hielt sie zurück und zeigte es Gospodin. »Später!« sagte er.

»Wenn Gäste kommen, werden sie ins ›Bellevue‹ geschleust. Als gäbe es keine Privatquartiere.«

»Du mußt dich kämmen«, sagte Gospodin streng. »Wenn du so aussiehst ...«

»Ich geh' ja nicht, sondern du«, sagte Josephina. »Wenn sie dich sehen, mit dem neuen Anzug ...«

»Du mußt die Betten beziehen.«

»Wenn sie mit der Fähre kommen, können sie vor elf nicht da sein«, sagte Josephina. Sie holte den Kamm aus der Schublade und riß mit verzerrtem Gesicht an ihrer Dauerkrause. Neben dem Anzug in der Türöffnung erschien Miras üppige Gestalt. »Komm herein!« schrie Josephina, »setz dich hin!« Sie ließ den Kamm im Haar stecken und rannte nach dem Kaffeetopf. Gospodin stellte das Bügeleisen auf der Asbestplatte ab, holte die Slibowitzflasche vom Bord und goß ein Glas für Mira ein. Sie nahm es und spreizte in zierlichem Bogen den kleinen Finger ab, als sie es zu Munde führte. Sie hatte den Morgenrock enggegürtet. Die Volants stauten sich unter dem Doppelkinn. Ihr Mann war auf Arbeit in Deutschland. Sie vermied es, Gospodin anzusehen. Josephina war nicht nur ihre Kusine, sondern auch ihre beste Freundin.

»Ich hoffe, daß ich einen Gast mitbringe«, sagte Gospodin, während er das Hemd über die Stuhllehne hängte.

»Du kannst es ja versuchen«, sagte Mira vorsichtig.

»Die Betten sind erstklassig – unsere Ehebetten«, sagte Gospodin.

»Ich ziehe die gestickte Wäsche auf«, schrie Josephina aus der Küche.

»Den Waschraum können sie allein benutzen. Wir waschen uns unten.«

»Sie wollen alle warmes Wasser«, sagte Mira.

»Ich kann ihnen Wasser auf dem Herd warm machen«, sagte Josephina.

»So viel Wasser, wie die brauchen, kannst du gar nicht warm machen«, sagte Mira. »Ihr hättet einen Boiler kaufen sollen.«

Wortlos nahm Gospodin das Hemd vom Stuhl, den Anzug aus der Tür und verschwand in der Kammer neben der Küche. Josephina in der Küchentür winkte Mira zu sich hinein. »Er hört das nicht gern«, flüsterte sie. »Es ist nicht seine Schuld, daß wir keinen Boiler haben. Wer läßt sich hier schon einen Anzug schneidern? Alle kaufen sie von der Stange. Er kriegt nur Flickarbeit, die nichts einbringt.

Tomo ist ein erstklassiger Schneider«, sagte sie laut. »Du mußt den Anzug sehen, den er sich im Winter geschneidert hat. Keiner auf der Insel trägt einen Anzug wie diesen, was sage ich, auch in Rijeka wird man lange suchen müssen, bis man einen solchen Anzug findet.«

Während Mira breitbeinig auf dem Kanapee saß, ihre Zigarette qualmte und sachliche Bemerkungen von sich gab, wuselte Josephina rastlos durch die Küche, wischte und räumte, ohne viel auszurichten, wollte alles auf einmal gut und besser und Gospodin zu Gefallen machen und kam nicht einmal dazu, den Kamm aus der Krause zu ziehen. Sie kam erst zur Ruhe, als die Tür sich öffnete und Gospodin eintrat. Da verstummte sie mitten im Satz, sah ihn an, wie er die deutsche Grammatik vom Tisch nahm und stehend darin blätterte, und ein Lächeln breitete sich auf ihrem Gesicht aus. Sie wandte Mira den Rücken zu, damit sie es nicht sähe. Es war schon schlimm genug, daß die Freundin monatelang ohne Mann auskommen mußte. Mira zog den Morgenrock über ihre molligen Knie. Ihre blanken Augen liefen Gospodins Gestalt hinauf und hinab, verweilten an kritischen Stellen – Rücken, Schulternähte, Gesäß – »Wie angegossen«, sagte sie, »ein Meisterstück!«

Gospodin tat, als höre er nicht. Er wirkte groß und erhaben, zu groß für die winzige Küche. Aus dem schneeweißen Hemdkragen hob sich sein langes dunkles Gesicht. Der graue Anzug, der locker und faltenlos seine Glieder umgab, war ihm in jeder Hinsicht angemessen. Er stand ihm zu. Man hätte ihn in diesem Anzug malen müssen, um ihn darzustellen wie er vor Josephinas Augen stand: ein Mann, ein Meister, ein geachteter Bürger – fast ein Herr!

Josephina kramte nach einer Bürste, kauerte sich vor seinen Schuhen nieder und begann, mit fahrigen Bewegungen das Leder zu bearbeiten. Zwischendurch warf sie heimliche Blicke auf Mira, ob sie ihn auch richtig sähe und zu würdigen wisse. Über den Rand der Grammatik niederblickend, gewahrte Gospodin den Kamm, bückte sich und löste ihn behutsam aus der

Krause. »Nun mußt du dich aber wirklich anziehen«, sagte er im Ton freundlicher Autorität.

Während Gospodin Habalijah Tomo den Kai entlangschritt, Grüße erwiderte, mit den Leuten aus Susak Bemerkungen über Wetter und Fischfang tauschte, ohne sich aufhalten zu lassen, und Gospoda ihm von der untersten Treppenstufe aus nachsah, bis die Häuser an der Kurve seine Gestalt aus ihrem Blickfeld nahmen, steuerte Herr Sevendick seinen Mercedes durch die Windungen der einzigen Straße, die die Insel in Nord-Süd-Richtung durchzieht. Wenn die Kurven es gestatteten, warf er dankbare Blicke zum Himmel, der nach Süden hin tatsächlich blau war, wie der freundliche Mann im Reisebüro »Dalmatia« versprochen hatte: Das Wetter auf den Inseln ist anders, meist freundlicher, als auf dem Festland. Frau Sevendick hatte es nicht glauben wollen. Sie hielt es für ein gutes Werk der Aufrichtigkeit, Herrn Sevendick über Leute wie diesen Mann im Reisebüro, den sie doch gar nicht kannte, ein Licht aufzustekken. Vielleicht, weil sie gemerkt hatte, daß Herr Sevendick eine Sympathie für diesen dunklen, dicklichen, nicht Dynamik, sondern Behaglichkeit ausströmenden Zeitgenossen gefaßt hatte und sich öfter und länger in seinem Büro mit den bunten Landschaftsplakaten aufhielt, als es die Vorbereitung der Reise erfordert hätte. Obwohl diese Fahrt ursprünglich ihr eigener Plan gewesen war, hatten sich im Verlauf der Präliminarien seltsame Umschichtungen ergeben. Wie es dazu kam, begriff Herr Sevendick nicht, es half nichts, auch darüber nachzudenken; so etwas passierte laufend ohne faßbare Ursache. Jedenfalls hatte sich die Sache so eingespielt, daß Frau Sevendick und Junior sich in der Rolle der Zweifler, Spötter und Infragesteller vereinten, wodurch sie ihm, allein durch das Gewicht kritischer Sachlichkeit, die Rolle eines gutgläubigen Naivlings zuschoben: Du und dein Freund – mit dem unaussprechlichen Namen – ihr und eure Insel! – Was macht dein veilchenfarbenes Meer? – Es half ihm gar nichts, daß er sich während der stürmischen Überfahrt immer wieder versicherte, er sei hier genauso fremd wie die beiden anderen; das Wetter, die fleckigen Klobrillen im Hotel, der miese Kaffee im unaufgeräumten Frühstücksraum – das alles habe er nicht gemacht. Sie hatten nun einmal beschlossen, diese Reise sei *seine* Reise, die Insel *seine* Insel, dieses Wetter *sein* Wetter, und für alles, einfach alles, trage er – auf einmal doch Chef und Pater familiae – die Alleinverantwortung. Herr Sevendick fühlte sich schuldig. Schon beim ersten Blick, heute morgen aus dem Fenster des weniger als mittelmäßigen Festlandhotels auf die treibende Wolkendekke hatte sich an der bekannten Stelle seines Magens jener Knoten geschürzt, der irgendwann später, wenn seine Widerstandskraft aufgebraucht war, als Magenschleimhautentzündung oder Magengeschwür manifest sein würde, und dann, spätestens dann, würde Frau Sevendick nicht umhin können, ihn, den magenkranken Herrn Sevendick, ernst zu nehmen.

Vorläufig war es nur psychisch. Der Anblick der hoffnungsvollen Himmelsbläue bewirkte ein wenig Erleichterung. Wirklich besser fühlte Herr Sevendick sich erst, als er das Steuer unter den Händen, das Gaspedal unter dem Fuß hatte und nach Überholung der Lastwagen als Erster und bald ganz allein südwärts brauste, auf dieser schmalen, gewundenen Straße, die einem schon bei 60 Avusgefühle vermittelte. Zwar war von dem versprochenen Grün, den Olivenhainen und Nadelwäldern noch keine Spur zu erblicken, nur Karst und spärliche Macchia, aber da es mit dem Wetter geklappt hatte, durfte man auch diesbezüglich hoffen. Herr Sevendick warf alle Ängste über Bord und gab sich dem Vergnügen sportlichen Fahrens hin. Dies war schließlich keine Autobahn! Unübersichtliche, nicht überhöhte Kurven, jähes Gefälle, gewundene Steigungen mit vereinzeltem Gegenverkehr forderten Reaktionsvermögen und Geschicklichkeit. Schalten sei sportlicher als Bremsen, erklärte er Frau Sevendick, deren Reaktion hinter der blauen Sonnenbrille verborgen blieb, außerdem würden dabei die Bremsbeläge geschont. Der Widerhall des Motorgeräusches von Felswänden lief als dröhnende Anerkennung der überdurchschnittlichen Leistung nebenher. So wird sie niemals fahren können, dachte er. Sie fummelt zu viel, will alles richtig machen. Zuviel Bemühung, zuwenig Gefühl für den Wagen – Frauen! Ich fahre einfach aus dem Hintern heraus. Die Formulierung machte ihm Spaß: aus dem Hintern! Vital nämlich – ein vitales Verhältnis zum Motor! Zentrum nicht im Kopf, sondern im Hintern! – Er setzte sich breiter, drückte die Kurven mit Schwung aus dem Gesäß heraus, und wieder links herum und beschleunigen, präzis herunterschalten vor der nächsten Kehre und Gas!

Blitze von Veilchenfarben aus der Tiefe, ein Boot mit Schaumspur – Herr Sevendick fing an zu pfeifen und wußte, daß er falsch pfiff, und genoß auch das: Ein Mann pfeift falsch! Ein Mann fährt aus dem Hintern! Ein Mann zieht gelassen das

Steuer herum! Ausläufer von männlicher Behaarung auf dem Handrücken. Wenn er fester zugreift, wirken sie breiter, männlicher. Er griff fester zu. Breite, ruhige Männerhände auf dem Steuerrad. Da kann ich so besoffen sein, wie ich will, fahren kann ich immer, das hat man im Blut! Und Rechtskurve, elegantes Übergreifen und wieder Gas, eine lange, leicht abschüssige Gerade – nun eine Zigarette, Augen zusammengekniffen über dem Rauch. Ein Mann läßt die Zigarette lässig im Mundwinkel hängen, legt lässig den Dritten ein, und hinein in die Linkskurve. Müde? Keine Spur! Beim Fahren nie! Plötzlich war auch Grün da, das mußte ja kommen: eine bewaldete Landzunge tief unten, wahrscheinlich Nadelholz, in Veilchenfarben gebettet. Herr Sevendick schluckte ein Auge voll Grün, dann schob sich wieder Karst vor den Ausblick, und er hatte es ihr nicht einmal gezeigt! Seine Rechte ließ das Steuer los und packte mit kräftigem Griff ihr Knie unter der Hose, aus keinem bestimmten Grund, einfach, weil er sich großartig fühlte mit soviel PS unter dem Hintern. Sie stieß ein Kreischen aus, das ziemlich ordinär klang, so als käme es von ganz unten, jedenfalls nicht aus ihrer zarten weißen Kehle. Juniors »Was ist denn los?« von hinten klang entrüstet. Sie da vorne antworteten nicht, und ihr Schweigen war das erste Gemeinsame, das sie seit Ewigkeiten hervorgebracht hatten. Herr Sevendick warf einen Blick seitwärts auf den nackten Fuß seiner Gattin, der schlank, gepflegt und offenbar schweißfrei in der hochhackigen Sandale stand. Beim Anblick der rosa lackierten Zehennägel empfand er Rührung. Sie lagen friedlich nebeneinander wie eine Familie kleiner blanker Käfer. Plötzlich hielt er es für möglich, mit Frau Sevendick zu schlafen, vorausgesetzt natürlich, daß es ihm gelang, Junior in ein Einzelzimmer abzuschieben.

Als Herr Sevendick in den Parkplatz des »Istria« einfuhr, stand Gospodin Habalijah Tomo abgewandt an einem Baum neben der Einfahrt und blickte unter der beschirmenden Hand aufs Meer hinaus, als erwarte er die Ankunft eines Schiffes. Herr Sevendick, der während der letzten 20 Kilometer seiner Fahrt soviel Sonne, am Ende sogar Grün und Blüten gesehen hatte, daß die Voraussagen »seines Freundes vom Reisebüro« auf das glänzendste erfüllt schienen, buchte die würdige Gestalt in Grau spontan auf der Habenseite seines Kontos. Wahrscheinlich der Empfangschef! Am liebsten wäre er gleich nach dem Aussteigen auf ihn zugegangen und hätte sich von ihm empfangen lassen, aber Frau Sevendick, frisch, kühl und unzerknautscht, steuerte bereits auf das Portal des Hotels zu, mit einer gespitzten Miene, die Herrn Sevendick plötzlich bedrohlich erschien, so als stünde ein Wetterumschlag bevor, ein Angriff aus unbekannter Richtung. Erst jetzt fiel ihm auf, daß der Hotelparkplatz leer war bis auf seinen Mercedes und daß sich nichts rührte hinter der terrassenumzogenen Glasfront des klotzigen Fertigbaus, kein Kellner, kein Zimmermädchen, kein Gast.

»Das kann doch nicht sein! Wir sind angemeldet!« murmelte Herr Sevendick. »Das darf nicht wahr sein!«

Er bemühte sich, seiner Frau zuvorzukommen, aber sie war doch die erste, die die Hand an die Glastür des Entrees legte und stieß und zog und es aufgab. »Geschlossen!« sagte Junior.

Frau Sevendick fügte dem nichts hinzu, warf nur einen kurzen Blick unter hochgezogenen Brauen auf Herrn Sevendick.

»Das kann nicht sein!« wiederholte er matt, wandte sich auf dem Absatz um und fing an, die Fassade entlang zu gehen auf der Suche nach anderen Eingängen, nach Menschen, Personal, Information. Erst als er die Ecke des Karrees erreicht hatte und sich umsah, bemerkte er, daß sie ihm nicht folgte, sondern mit Junior in entgegengesetzter Richtung an der Wand entlangging, nun ebenfalls an der Ecke angelangt war; aber sie sah sich nicht nach ihm um.

Das Hotel war wirklich super-super. Durch die Glaswände erblickte Herr Sevendick ein Schwimmbad, sah in den riesigen Speisesaal mit unabsehbaren Tischreihen. Terrassen fielen zum Meer hin ab. Unterhalb führten Spazierwege mit Ruhebänken zu Klippen und Strand.

Der Wind brauste in Föhrenkronen. Nun erblickte er Frau Sevendick fern und winzig am Geländer einer Terrasse über dem Meer. Auch er fühlte sich winzig und fern. Bis auf den Unbekannten an der Einfahrt waren sie die einzigen Menschen weit und breit.

Noch vorgestern, als Herr Sevendick an seinem Schreibtisch im 7. Stock des Verwaltungsgebäudes saß, hatte er sich Alleinsein gewünscht, hatte Alleinsein seiner Sekretärin gegenüber als wichtigsten Faktor seiner Erholung proklamiert, und nun stand er vor dem leeren Kasten mit den leeren Glaswänden, mit den leeren Promenaden, den leeren Terrassen, dem leeren Parkplatz und war auf eine Weise vereinzelt, daß der Atem ihm stockte, der Magen sich erneut verkrampfte, obwohl doch die Sonne schien, das Meer veilchenfarben, die Luft einfach unvergleichlich war: Kombination aus Meerluft und Waldduft – das Beste für Asthma und Bronchial-Leiden.

Ein Auto näherte sich auf der höhergelegenen Straße. Herr Sevendick folgte ihm mit den Augen in der Hoffnung, es werde in die Einfahrt zum Parkplatz einbiegen, aber es fuhr vorbei, und der Parkplatz blieb leer bis auf den großen grauen Mann, der immer noch am Rand der Einfahrt stand und jetzt, eben jetzt, zu Herrn Sevendick hinüberblickte. Dieser absolvierte die letzte Tür, die ebenfalls geschlossen war, dann eilte er den Weg zum Parkplatz hinauf, wobei er sich mehrmals nach Frau Sevendick umblickte, die mit Junior auf der fernen Terrasse stand.

Als Herr Sevendick den Parkplatz betrat, setzte der Mann sich in Bewegung und kam ihm mit langen, gemessenen Schritten entgegen. Beim letzten Schritt streckte er die Hand aus, und Herr Sevendick nahm sie, fühlte sie warm und trokken in seiner Rechten, die im Schatten der Glaswand kalt geworden war.

»Ich habe hier vorbestellt«, sagte er, »nun ist alles zu. Was soll das heißen?« Der Mann hob die Schultern und lächelte, wobei große gelbe Zähne sichtbar wurden. An der Hand, die er nicht losgelassen hatte, führte er Herrn Sevendick zu dem Baum am Rand der Einfahrt, an der er vorher gestanden hatte, und wies auf ein mit Schreibmaschine beschriebenes Blatt Papier, das mit Reißnägeln am Stamm befestigt war. Herr Sevendick kramte nach seiner Lesebrille und las, daß das Hotel »Istria« aus organisatorischen Gründen geschlossen sei und die Gäste gebeten seien, das der gleichen Klasse angehörige Hotel »Bellevue« 8 km von hier aufzusuchen. Um die Mittagszeit werde ein Hoteltaxi vorbeikommen und den Weg weisen.

»Wo?« fragte Herr Sevendick, wies mit dem Kinn die Straße auf und ab. »Wo Hotel? Welche Richtung?« Sie gingen ein paar Schritte zur Straße hinauf, die, wie Herr Sevendick jetzt erst sah, in einer langen, abschüssigen Kurve zu einem schmalen Hafen mit Booten führte, in dem die Sonne sanfter lag als auf den Betonklötzen des Hotels. Ehe Gospodin antworten konnte oder wollte, hatte sich das Bild dieses Hafens im Hufeisen kleiner bunter, bergaufkletternder Häuser und Gärten in Herrn Sevendicks Kopf festgesetzt, hatte sich als erwünschtes, erträumtes, endgültiges Reiseziel vor die Hotelprospekte und Landschaftsplakate des Reisebüros geschoben, stand da, füllte alles aus, leuchtete in einem stillen, nachmittäglich gemilderten

Glanz. Nichts Bedeutendes freilich, nichts Außergewöhnliches, kein Snob-Appeal, möglicherweise etwas kitschig, aber das war es! Da wollte Herr Sevendick hin! Neben den drei Café-Tischchen am Ende des Hafens wollte er seinen Mercedes parken und ihn nicht mehr ansehen, bis die 10 Tage vorüber waren – formlose, vergammelte Sonnentage zum Schmatzen des Hafenwassers an der Kaimauer.

»Dort nicht Hotel ›Bellevue‹«, sagte Gospodin, »dort ich wohnen. Haus. Sobe für Tourist. Zimmer, verstehen? Sie mitkommen. Schauen. Bitteschön!« Herr Sevendick spürte einen Stich Mißtrauen, nicht sein eigenes, sondern das seiner Gattin. So gut waren sie verheiratet, daß er über 100 Meter hinweg ihr Mißtrauen bekam wie einen Schnupfen. Er hörte sie sagen: Hast du schon wieder einen Freund gefunden? – und trat einen Schritt zurück, blickte den grauen Mann an, wobei er das Kinn heben mußte, denn Gospodin war einen ganzen Kopf größer als er, musterte ihn mit dem Vorsatz, Menschenkenntnis zu beweisen, und es kam gar nichts anderes dabei heraus als beim ersten Mal, nämlich eine starke, schwer zu benennende Anziehung, ein Wunsch, heftig und unüberlegt wie Kinderwünsche, sich von diesem Mann empfangen und führen zu lassen.

»Bitteschön«, wiederholte Gospodin und beschrieb eine große Geste zum Hafen hin, als sei dieser samt Häusern, Gärten, Wasser und Sonne soeben auf sein Geheiß herbeigeschafft worden. Herr Sevendick blickte sich nach Frau Sevendick um. Die Terrasse war leer. Er trat einen Schritt zur Seite und sah ihre schlanke elegante Silhouette mit flatterndem Seidenschal zwischen den Klippen. Ein Stück weiter unten saß Junior und zog sich die Schuhe aus. Herr Sevendick legte die Hände um den Mund und rief: »Wartet auf mich. Ich bin gleich zurück!« Sie sah sich um, dann kletterte sie weiter abwärts. Später würde er sagen können: »Ich dachte, du hättest mich rufen gehört.«

Er nickte Gospodin zu und ging rasch zum Auto. Dieser folgte ihm langsam und stieg erst ein, als Herr Sevendick durch den geöffneten Schlag mit einer Handbewegung zum Sitzen einlud. Mit wenig Gas rollte der Wagen auf die Straße und langsam abwärts durch die flache Kurve, die ganz unten in den Hafenkai überging. Keine Anstrengung mehr! Kein Soll und Haben! Herr Sevendick lehnte sich zurück, ließ das Steuer zwischen den Fingerspitzen spielen, ließ einfach rollen ...

Die Besichtigung des Eheschlafzimmers und der Kammer nebenan verlief rasch und befriedigend. Josephina hatte Paradekissen, gestickte Überschlaglaken und die neuen Bettvorleger aufgelegt, den schäbigen Sessel mit geblümtem Stoff abgedeckt und einen Strauß Osterglocken im Einmachglas auf den Schrank gestellt. Herr Sevendick prüfte nur flüchtig die Sauberkeit von Bettwäsche und Waschraum, auch das nicht um seinetwillen, sondern um seiner Frau keinen Anlaß zu Vorbehalten zu geben, warf einen Blick aus dem Fenster auf das Handtuch Veilchenfarben zwischen Häusergeschachtel und fand es gut und richtig, wie er alles gut und richtig gefunden hatte, seit er vom Hotelparkplatz aus Hafen und Häuser im Bergschoß gesehen und als sein Ziel erkannt hatte, und immer weiter gut und richtig, bei der Fahrt um den Hafen herum, beim Parken neben den drei roten Café-Tischchen, beim Ersteigen der Treppe zwischen rosa und grünen und weißen Häuserwänden, beim Eintritt in die Dämmerung des Vorraums, der ihn aufnahm wie einen lange erwarteten Gast.

Während Gospoda Josephina in den Schmeicheltönen ihrer Hühnersprache auf ihn einredete, stieg er gemächlich die Stiege hinab. Schon wurde die Reise nebelhaft vor der Wirklichkeit des Angekommenseins, und beim Anblick von Gospodin Habalijah Tomo, der in der offenen Haustür vor der Nähmaschine saß, rührte sich seine sentimentale Ader und brachte unversehens das Wort Vater hervor, das er außer in Nachlaßangelegenheiten seit Jahren nicht ausgesprochen hatte. Überrascht nahm er es auf die Zunge und dachte, daß er vielleicht einsam gewesen sei – ein einsamer Mann im harten Berufskampf. Die Augen wurden ihm feucht vor Selbstmitleid. Er genoß auch das. Gospodin Habalijah Tomo ließ das Füßchen seiner Nähmaschine hochschnappen und zog etwas Blaues darunter hervor. Herr Sevendick erkannte sein Freizeitjackett im Marinestil, das er beim Eintritt über den Tisch geworfen hatte. Gospodin hatte sich des seit Wochen zerrissenen Futters angenommen. Auf dem Tisch lagen sauber sortiert Brieftasche, Geldbeutel und Autoschlüssel.

»Das sollten Sie doch nicht tun!« sagte Herr Sevendick. Gospodin war aufgestanden und überreichte ihm das Jackett. Herr Sevendick fuhr in die Ärmel. Er dankte Gott, daß Frau Sevendick nicht dabei war. Unweigerlich hätte sie die Brieftasche geöffnet und hineingeschaut. Man muß Vertrauen haben, dachte Herr Sevendick.

Gospodin war ins Freie getreten und winkte Herrn Sevendick mit einer Flasche ohne Etikett, ihm zu folgen. »Garten«, sagte er, »bitteschön.« Er hatte die Grammatik unter den Arm geklemmt. Hinter seinem Rücken stieg Herr Sevendick weitere Stufen empor. Der Platz mit Bank und Tisch lag im lockeren Schatten der beiden Obstbäume – Pfirsich und Feigen –, die auf der Terrasse oberhalb wuchsen. Eidechsen huschten zwischen den warmen Mauersteinen. Gospodin stellte die Flasche auf den Tisch und lud Herrn Sevendick zum Sitzen ein. Vom Haus herauf mühte sich Josephina mit Gläsern und Brotteller. Die trockene Wärme der Bretter drang angenehm durch den Stoff von Herrn Sevendicks Hose. Hier würde er sitzen und die Krimis lesen, die er gegen Frau Sevendicks Protest in den Koffer gepackt hatte, ein wenig einnicken zwischendurch, ein Gläschen hiesigen Wein trinken, blinzelnd wie ein Kater die Schatten verfolgen, bis am Abend die Sonne in den Feigenbaum rutschte. Wenn Gospodin es sich gefallen ließ, würde er ihn zu einem Kaffee an einem der drei roten Tischchen am Hafen einladen. Mit Hilfe der Grammatik würden sie sich über einfache Dinge unterhalten – über das Wetter, über die Leute hier, über Fischfang und Weinbau. Keinesfalls würde er etwas unternehmen, was immer Frau Sevendick vorschlug. »Nimm den Wagen«, würde er sagen, »ich brauche ihn nicht. Ich bleibe hier.« Sie würde mit Junior Bootsfahrten zu anderen Inseln unternehmen. Vielleicht gab es kunsthistorisch bemerkenswerte Gemäuer zu besichtigen. Griechen oder Römer oder Kreuzfahrer – irgendsowas würde sie schon auftreiben und für sich allein haben. Dafür würde er Gospodins Gartenbank für sich allein haben und Gospodin selbst, sein großes braunes eindeutiges Gesicht, seine gelassene Sicherheit und Ordnung ausströmende Gestalt. »Dein Freund!« würde Frau Sevendick sagen. »Bleib du ruhig bei deinem Freund, dem Schneider!«

Während Gospoda Josephina die Hennen in den Verschlag komplimentierte, damit sie den Gast in spe nicht störten, trank er mit dem Hausvater den ersten Slibowitz und dann den zweiten. Sein leerer Magen füllte sich mit Wärme, ein Gefühl wohliger Schwäche wuchs durch die Beine aufwärts. Ich habe einen Schwips, dachte er zufrieden und nahm das dritte Glas, kurz erwägend, ob er versuchen sollte, zu bezahlen, dann den Gedanken weit hinter sich werfend. Gospodin würde das nicht zulassen. Herr Sevendick würde es auf andere Weise gutmachen, auf eine generöse, taktvolle Weise, unter Freunden.

Gospodin saß auf dem einzigen Gartenstuhl ihm gegenüber, neben ihm auf dem Schemel Gospoda Josephina, die leise zu ihm hinaufsprach, und obwohl sie nicht gerade attraktiv aussah mit ihren schon wieder zerrupften Haaren und der vom Bükken verkorksten Figur, faßte Herr Sevendick auch zu ihr Zuneigung. Er mochte die Art, wie sie zu Gospodin aufsah und eine Fliege von seinem Ärmel entfernte, ohne ihn zu berühren. Sie sprach immer noch, erzählte etwas, was er nicht verstehen konnte. Ihre Stimme entfernte sich, während das Bienengesumm mächtig anschwoll, und plötzlich saß Gospodin allein ihm gegenüber und nickte ihm lächelnd zu. Offenbar hatte Herr Sevendick ein Weilchen geschlafen, warum auch nicht? Seine Augen waren voll Schlafwasser. Er nahm die Arme auseinander und gähnte. Dann leerte er das Glas, das wiederum gefüllt vor ihm stand, erhob sich und sagte: »Danke, mein Lieber. Ich danke Ihnen. In einer Stunde bin ich mit der Familie zurück. Ich komme wieder.« Was heißt »Wiederkommen«? Gospodin blätterte in seiner Grammatik und nickte. Dann nahm er Herrn Sevendicks Arm und leitete ihn die Treppe hinunter.

Erst als die Autotür zuschlug, bemerkte Herr Sevendick, daß sein unfehlbarer Zeitsinn, die Uhr, die er für gewöhnlich im Kopf hatte und deshalb am Handgelenk nicht vermißte, wenn er sie im Bad vergessen oder, wie jetzt, beim Uhrmacher daheim gelassen hatte, daß sein von allen, sogar von Frau Sevendick bewunderter Zeitsinn nicht mehr funktionierte, Gott weiß, wie lange schon nicht. Während er zurücksetzte, begann er nachzurechnen: Die Spanne von der Ausschiffung um 9 Uhr morgens bis zur Ankunft beim »Istria« ließ sich rekonstruieren – 80 km, bei den gegebenen Straßenverhältnissen etwa 1½ Stunden. Was danach kam, verlor sich im Dunst, die Zeit, nicht die Bilder! Die wurden immer klarer, immer leuchtender, je weiter er sich entfernte: Gospodin neben ihm im Wagen; die roten Tischchen am Hafen; die Treppe; der Vorraum mit Nähmaschine; der Garten, ja, vor allem der Garten mit dem warmen Holz der Bank, mit den fleckigen Schatten, dem Hühnergurren aus dem Verschlag. Das war alles da, nur die Zeit fehlte, sie fiel einfach aus, so daß die Bilder unverändert, unverdeckt durch Späteres stehen bleiben konnten, und das, dachte Herr Sevendick, während der Fahrtwind seine Schläfe kühlte, das jedenfalls würde sie ihm nicht wegnehmen können.

Die Schatten schienen ihm erheblich länger als auf der Hinfahrt. Dämmerung umhüllte die aufsteigende Straße wie Abend, aber so spät konnte es doch noch nicht sein. Beim

»Istria« waren sie jedenfalls nicht mehr. Nach einer Runde um das immer noch geschlossene Hotel kehrte er zum Auto zurück, hupte und saß noch eine Weile bei laufendem Motor hinter dem Steuer, während im Magen langsam der bekannte Knoten sich knüpfte, und diesmal gab es keine wartende Gestalt neben der Einfahrt. Er war allein.

Er zog den Wagen in einer scharfen, staubhochtreibenden Wendung auf die Straße zurück und nach rechts, den Weg vom Morgen zurück.

Er brauchte einige Zeit – inzwischen hatte er sich an einer Kirchenuhr orientiert und sein Zeitsinn tickte wieder –, bis er mit Hilfe von Schildern und Auskünften die Parkanlagen erreichte, hinter denen das »Bellevue«, dem Inselalltag entrückt, seine Glaswände und Terrassen dem Meer zuwandte, das Herrn Sevendick an dieser Seite der Insel weniger blau erschien, nicht veilchenfarben jedenfalls, mit einem Stich ins Graue, der wahrscheinlich von dem Dunst herrührte, der Himmel und Sonne überzogen hatte. Er parkte den Wagen am Ende einer langen Reihe vertrauter Typen und Nummern. Das schlechte Gewissen hatte sich inzwischen allen Teilen seines Körpers mitgeteilt und machte ihm das Atmen schwer, das Gehen mühsam. Gegen alle Vernunft, aus purem Trotz, nahm er an der Bar gegenüber dem Empfang noch einen Slibowitz, ehe er sich bei der Dolmetscherin nach einer Frau Sevendick und Sohn erkundigte. – Ja, heute mittag angekommen, Zimmer 469, der Schlüssel ist nicht hier, die Dame ist auf ihrem Zimmer.

Die ganze Zeit, während er Treppen hinaufstieg, Gänge entlangging, hatte er auf der Zunge, was er ihr sagen würde: Bloß raus aus diesem Touristengetto, fort von den Kollegengesichtern. Ich habe etwas gefunden, das Richtige, das Einzige, laß uns gleich wieder packen und fahren. Wir werden erwartet . . .! Und er hätte es gesagt, je vorwurfsvoller sie ihm entgegengeschaut hätte, um so lauter, wenn er sie gleich beim Eintritt gesehen hätte. Aber als er die Tür von 469 zurückstieß, war das Zimmer leer: ein wirklich erstklassiges, komfortables Doppelzimmer mit einer bereits als Bett hergerichteten Couch für Junior, mit Wandschränken, Sesselgarnitur und Extrabad mit Extraklo, alles schon in Besitz genommen, er roch es beim ersten Atemzug: ihre Seife, ihr Lavendelwasser. Sie hatte offenbar ein Bad genommen, sich frisch gemacht, obwohl sie nie schwitzte, nie nach etwas anderem als nach Lavendel roch. Ihre

Toilettensachen standen sauber getrennt von den seinen auf der Glasplatte über dem Waschbecken – seine rote Zahnbürste, ihre weiße, Juniors gelbe in den Gläsern, die Bademäntel, sein blauer, ihr weißer, Juniors rot-weiß-gestreifter am Türhaken, und auch die Betten waren bereits verteilt und auf die vertraute Art gerichtet. Das war immer das erste – Keil heraus, Decken ums Fußteil einschlagen. Wie zuhause war sie rechts, er links, erkennbar an der Anordnung von Reisewecker und Aschenbecher, an den Pantoffeln auf dem Bettvorleger. Auf dem Tisch lagen die Bücher, die sie sich als Ferienlektüre ausgesucht hatte, und ein paar Merian-Hefte über Inseln und Ufer, die vermutlich für ihn bestimmt waren. Die Krimis hatte sie in seine Nachttischschublade versenkt – als könnte jemand von unseren Bekannten hereinschauen und das Niveau unserer Ferienlektüre prüfen, dachte er, ohne das komisch zu finden. Verstohlen wie ein Dieb bewegte er sich über den flauschigen Bodenbelag, nahm Stück für Stück ihre Ordnung wahr mitsamt dem Raum, der darin für ihn vorgesehen war, durchaus nach Maß, wenn er sich so und so benahm, eben so, wie er sich immer benahm, heute aber eine kurze Weile sich nicht benommen hatte. Nun war es wieder da. Er zögerte, wich zurück, stemmte sich gegen den Sog, der mit jedem Atemzug stärker wurde, und lockender – ja, das auch.

Endlich sah er sie, ihren schmalen, über einen Tisch gebeugten Rücken seitlich hinter der Balkontür. Sie schrieb. Er ließ sie nicht aus den Augen, während er sich auf dem Bett niederließ und die Schuhe aufband, die im Lauf des Tages heiß und eng geworden waren. Schon jetzt empfand er, wie anstrengend es war, anders zu sein, als sie sich ihn vorstellte. Womöglich kam gar nichts dabei heraus, weil er ja selbst keine Vorstellung von diesem Anderssein finden konnte, nicht hier, nicht beim Anblick ihres vertrauten, in naturfarbene Rohseide gehüllten Rükkens, nicht einmal ein echtes Bedürfnis, wie man so sagt. Er wußte zu gut, daß gelegentliche Versuche in dieser Richtung nach Spiegelfechterei aussahen, nicht nur in ihren Augen, sondern, das war das Beklemmende, auch in den seinigen: Lappalien, kindisches Aufmucken, Albernheiten, die sie so lange nicht zur Kenntnis nahm, bis sie sich von selbst totgelaufen hatten.

Eben lehnte sie sich zurück, reckte beide Arme mit geballten Fäusten hoch und zur Seite. Bis ins Zimmer hinein konnte er ihr Gähnen hören. Soweit ließ sie sich nie gehen in seiner Gegenwart. Er wunderte sich: ein winziger Stich Beunruhigung. Sie fühlte sich offenbar wohl ohne ihn. Sie schien sich um ihn keine Sorgen zu machen. Junior war vermutlich bereits im Schwimmbad. Sie war die Familie los. Sie erholte sich – ohne ihn.

Statt hinter ihrem Rücken einen kleinen unbemerkten Schlaf zu tun, wie ihm eingefallen war, als er sich aufs Bett setzte, stand er auf, ging auf Socken zur Balkontür und legte von hinten die Hand auf ihre Schulter. Sie wandte sich um, und wenn sie jetzt gefragt hätte: wo warst du so lange? was hast du gemacht? was machst du für ein Gesicht? wenn sie irgend etwas bemerkt hätte, was anders war an ihm, dann hätte er es vielleicht doch noch gesagt, nicht aggressiv und befehlend, wie er es auf dem Weg hierher vorgehabt hatte, nur einfach erzählt, wie es gewesen war und – du kannst es dir ja mal ansehen. Ich finde es wunderbar. Wir werden erwartet. – Sie fragte aber nicht, bemerkte nur, über einen kleinen Seufzer hinweg, daß Junior im Schwimmbad sei, daß er bereits einen Freund gefunden habe, einen 13jährigen Oberschüler aus Hannover, und daß zwischen sieben und acht gegessen werde. »Es ist doch schön hier«, sagte sie, ohne eine Antwort zu erwarten, »vielleicht willst du dich ein bißchen frisch machen. Dann gehen wir runter und nehmen einen Drink an der Bar.«

So richtig in Ferienstimmung war sie, heiter, verträglich, unternehmungslustig – hatte ihr rohseidenes Sommerkostüm an, nicht viel drunter. Sie brauchte keine Stützen und Futterale – eine Figur wie ein junges Mädchen durch – wie sie sagte – nur ein bißchen Disziplin beim Essen, bei der Körperpflege, bei der Frühgymnastik, die Herr Sevendick schon seit Jahren verschlief.

Während er das Bad einlaufen ließ, fragte er sich, ob es in Tomos grünem Haus warmes Wasser gäbe, einen Boiler – hatte er einen Boiler gesehen? Er erinnerte sich nicht.

»Das Badesalz ist in meinem Toilettenkoffer«, rief sie hinter der Tür. Alles lief glatt: Junior aus dem Schwimmbad holen, Drink an der Bar. Es gelang ihm sogar, die Kollegengesichter in der Halle erträglich zu finden. Als sie zum Speisesaal gingen, legte er den Arm um Frau Sevendicks Schulter und fand, sie seien eigentlich ein gutes Paar, sie hell, leicht, grazil, er dunkel und eine Spur massig, aber nicht so sehr, beide durch Tennis und Schwimmen leicht auf den Füßen, gingen gut miteinander, kein Nachschleppen, kein Vorauseilen, kein alberner

Fußwechsel. Das hatte sich nicht übel eingelaufen in all den Jahren.

An dem durch Zimmernummern bezeichneten Tisch im Speisesaal saß bereits das Arztehepaar aus Hannover mit Sohn, grüßte freundlich zurückhaltend, beugte sich wieder über die Teller. Es war alles nicht so unrecht. Er fand keine Argumente dagegen. Nicht sein Kopf revoltierte, sondern der Magen, sein seit 12 Stunden leerer, von Slibowitz angeheizter Magen, daran hatte Gospodin nicht gedacht.

Später schob er es auf den Sperrkreis kauender Kollegengesichter, auf das zuckende Neonlicht, auf den Essensdunst, der zwischen den Glaswänden stand wie in einem Dampfkochtopf. Aber was ihm akut den Magen umdrehte, war eigentlich die Vorspeise – diese Unverschämtheit von einem Horsd'œuvre in Gestalt eines Paars Wiener Würstchen mit Senfklacks. Als der Kellner den Teller zwischen die Bestecke schob, schoß Herrn Sevendick Säure die Speiseröhre hoch und der Schweiß brach ihm aus. Er wagte nicht, den Mund für eine Erklärung zu öffnen, sprang auf und flüchtete. Hinter ihm fiel ein Stuhl, und er hörte Frau Sevendick zu Junior sagen: »Kümmere dich um dein Essen, Jonathan!«

Er rannte dunkle Parkwege entlang, bis sein Magen sich beruhigt hatte, dann ging er zum Wagen, schloß auf und setzte sich hinter das Steuer. Sie hatten an der Bar einen Whisky genommen, weil Frau Sevendick Slibowitz barbarisch fand, und nun fühlte er sich auf einmal schwer betrunken, leider nicht auf die gelöste, unbekümmerte Weise, die einen vorübergehend über Widrigkeiten hinweghebt, sondern lästig und häßlich und ungeschickt betrunken. Beschämend lang hatte er gebraucht, bis er mit dem Autoschlüssel ins Loch traf, hatte sich dabei zugesehen, mit ihren mißbilligenden Augen sich zugesehen, wie er täppisch herumfummelte und sich zwischendurch an den Kotflügel lehnte, um nicht das Gleichgewicht zu verlieren. Nun saß er ganz still bei heruntergekurbeltem Fenster, den Kopf an den hinteren Rand der Öffnung gelehnt und horchte der Übelkeit nach, die in der Tiefe des Magens weitergrollte.

»Ich fahre«, murmelte er, »jetzt fahre ich, jetzt«, und wunderte sich, daß er darauf nicht gekommen war: natürlich war es das beste, allein hinzufahren und allein dortzubleiben. Sie konnte ja mit Junior im Hotel bleiben, beim Schwimmbad und dem 13jährigen Oberschüler aus Hannover. Die Leute hatten ganz passabel ausgesehen. Überdurchschnittlich kultiviert, fand sie. Sie und Junior konnten ihn ab und zu besuchen. Den Wagen sollten sie ruhig haben, er brauchte ihn nicht. Er würde ihr alles zeigen: unser Garten, unsere Bank, mein Freund Gospodin Habalijah Tomo. – Zum Essen würde sie ins Hotel zurückfahren wegen der Vollpension. Vielleicht war es ihr auch lieber so. Vielleicht wünschte sie sich sowas schon lange, hatte es ihm nur nicht antun wollen. Vielleicht hatte sie schon lange genug von ihm. Wie sie sich ungeniert geräkelt hatte auf dem Balkon – ihr glattes, entspanntes, arglos zum Himmel gewandtes Gesicht. Vielleicht beklemmte er sie ebenso wie sie ihn. Vielleicht war sie überhaupt ganz anders. Man kann es nicht wissen, dachte er traurig.

Der Himmel zwischen den Föhrenzweigen hatte sich aufgehellt. Irgendwo mußte der Mond aufgegangen sein, wahrscheinlich dort, über dem Hafen, über dem Garten zwischen langsam auskühlenden Mauern. Von unten kam der Anschlag von Wellen ans Felsenufer, das Klickern, mit dem sich das Wasser vom Kies des Strandes zurückzog. Es kam Herrn Sevendick wahrhaftig so vor, als drehe er den Schlüssel im Zündschloß, als fahre er schon, langsam, lautlos, dorthin, schöbe Scheinwerferkeile vor sich her, die Küste entlang, dann aufwärts zwischen Mauern, dann Wald, links das schwarze Karree des »Istria«, sanftes Abwärtsrollen und Auslaufen. Da saß Gospodin Habalijah Tomo in der offenen Tür seines Hauses und nähte bei Mondlicht. Er stand auf, als Herr Sevendick die Treppe hinaufkam, ging ihm entgegen, ergriff ihn am Arm. »Ich warten. Sie kommen«, sagte er. »Ich allein«, sagte Herr Sevendick, »ich bleiben.«

Während Herr Sevendick in seinem Mercedes auf dem Parkplatz des »Bellevue« vom Wunsch in den Traum sank und dazu leise Schnarchtöne blies, stand am Ort seines Traumes Gospodin Habalijah Tomo auf der untersten Stufe der Treppe, die von seinem Haus zum Kai hinunterführte, und beobachtete die Einmündung der Autostraße auf der gegenüberliegenden Seite des Hafenbeckens.

Der Korso der jungen Mädchen und Burschen hatte sich verlaufen. Im Café wurden die Lichter gelöscht. Nur die Männer in dem Schiff aus Susak tranken noch unter der Laterne und sangen mehrstimmige Lieder mit ungeradem Rhythmus in Moll. Einer von ihnen, ein Neffe Gospodins, der auf Susak verheiratet war, rief etwas zu seinem Onkel hinüber und hielt die Flasche hoch. Gospodin winkte zurück, ohne der Einladung zu folgen. Wenn Autoscheinwerfer die Straße hinabfingerten, richtete er sich höher auf und folgte mit Blicken dem Wagen, durch die abschüssige Kurve und an den Fassaden der gegenüberliegenden Seite entlang. Es kamen nur noch wenige, und keiner hielt auf dem unteren Parkplatz, wo Gospodin seit Nachmittag einen günstigen Platz freigehalten hatte.

»Geh schlafen, Tomo!« rief Mira, die mit Gospoda Josephina auf dem winzigen Vorplatz des Hauses oberhalb der Treppe saß. Sie hatten sich zwei Stühle vor die offene Haustür gestellt und plauderten leise im Dunkeln. »Laß ihn!« sagte Josephina. »Er wartet auf den Fremden. Die Serbin braucht nichts davon zu wissen.« Wie eine Antwort gingen im Haus der Serbin die Sonnenläden auf. Auch sie hatte Fremdenzimmer und wartete auf den Nachtwind, um sie zu lüften.

»Man muß sie immer gleich zum Tourist-Büro führen«, sagte Mira. »Buchen oder vorauszahlen! Auf Anstand kann man sich bei denen nicht verlassen.«

»Du kennst doch Tomo«, sagte Josephina, »wenn er jemanden mag – eine ganze Flasche Slibowitz hat er ausgegeben, einfach verschenkt. So ist er!«

»Er hält sie für Menschen, das ist sein Fehler.« Mira spuckte mit Nachdruck in den Palmenkübel neben der Haustür. »Melken, das ist das einzige, was man mit ihnen anfangen kann, sagt mein Mann.«

Sie seufzte wie immer, wenn die Rede auf ihren abwesenden Mann kam, und Josephina seufzte auch. Sie lauschten auf den schwankenden Gesang der Männer, der mit Fäulnisgerüchen vom Hafen heraufquoll, und wiegten sich leise im gleichen Rhythmus, ohne es zu wissen. Die Steinwände strahlten immer noch Wärme aus. Es war stickig hier oben wie in einem geschlossenen Raum.

»Er hat den ganzen Nachmittag mit der Grammatik im Garten gesessen und Deutsch gelernt«, sagte Josephina. »Er hat mit dem Bootsvermieter gesprochen und Extrapreise ausgemacht.«

»Tomo ist ein guter Mann, aber altmodisch«, sagte Mira. »Er wird nie zu was kommen.«

»Ich finde ihn gut, wie er ist«, sagte Josephina scharf. Diesmal war ihr Schweigen gespannt, fast feindselig, bis Mira sich zu Josephina hinüberbeugte und sie auf die Wange küßte. »Geh schlafen, Kusine!« sagte sie. »Er wird schon kommen, wenn es kühl wird.«

Sie standen auf und trugen die Stühle ins Haus. Mira nahm eine Schüssel mit Eiern. »Geh wirklich schlafen!« rief sie von der Treppe zurück, so daß Gospodin es hören mußte. »Morgen ist ein anderer Tag – und andere Fremde kommen.« Josephina horchte dem Schlappen ihrer Pantoffeln nach, bis oben in Miras Haus die Tür ins Schloß fiel; dann holte sie sich ein großes schwarzes Umschlagtuch aus der Küche, legte ein Sofakissen auf die Türschwelle und setzte sich so darauf, daß sie Gospodins Gestalt vor dem Licht der Schiffslaterne sehen konnte. Der Gesang im Schiff war dünner geworden. Als endlich der Nachtwind vom Meer hereinkam, verstummte er ganz.

Der Wind fuhr Herrn Sevendick durch das offene Autofenster übers Gesicht. Als wenig später Gospoda Josephina die Treppe zum Schlafzimmer hinaufhuschte, nachdem sie für ihren heimkehrenden Gatten das Küchenlicht angeknipst hatte, drückte Herr Sevendick im »Bellevue« die Klinke des Zimmers Nr. 469 und trat leise ein.

Sie schlief noch nicht. Die Nachttischlampe war mit einem bräunlichen Tuch verhüllt. Eine warme erdige Dämmerung erfüllte den Raum. Von Junior war nur ein Haarbüschel zu sehen.

»Ist dir jetzt besser?« flüsterte sie.

Er antwortete nicht, ließ die Schuhe fallen und zog sich, zur Balkontür gewandt, aus.

»Ich dachte, du seist weggefahren«, sagte sie, als er ins Bett stieg.

»Das dachte ich auch«, sagte er.

Vielleicht hätte er jetzt reden können. Es war etwas in dem Licht, in ihrer Stimme, in der Art, wie sie sich ihm zudrehte, als er sich hinlegte, das es möglich gemacht hätte, alles zu sagen. Aber was? Es fiel ihm nichts ein, was mit Worten gesagt werden konnte.

Sie knipste das Licht aus, und während Mondlicht, Wellenanschlag und Baumrauschen durch die Vorhänge drang, machten Herr und Frau Sevendick sich zum Beischlaf fertig.

Das ist es, dachte Herr Sevendick, als er sie mühelos fand, und die Bilder erloschen wie ausgeknipst. Das muß es doch sein.

Was denn sonst?

Mascha Kaléko
Zärtliche Epistel

Der blaue Himmel ist nur halb so blau,
Weil du nicht da bist, Liebster. Deine Nähe
Macht, daß ich alles Schöne schöner sehe.
Ich bin doch eine unmoderne Frau!

Ich liebe dich trotz Ehering und Sorgen.
Und Heimat ist nur, wo mit dir ich bin.
Fühl ich mich doch noch heimlich Königin,
Auch wenn uns Wirt und Bäcker nicht mehr borgen.

Musik ist, wo du bist. Dein Stirb und Werde.
Ja, selbst der Kummer trägt ein schönes Kleid.
Viel lieber noch ist mir der Träumer Leid
Als sattes Glück der wohlversorgten Herde.

Der Wald hier, mein Lieb, ist ein richtiger Wald!
Und die Bäume . . . Die Bäume, sie rauschen.
Und »le lac« ist ein See. Ein richtiger See.
Und die steigenden Hügel – kein Traum.
Oh, wie gut ist's, dem Schweigen zu lauschen
Und dem Vogelgezwitscher im Baum.

Du wirst bestimmt zum Wochenende kommen?
Gesegnet sei das gute Telefon!
Es gibt hier Rehe. – (Unser kleiner Sohn
Und meine Sehnsucht haben zugenommen.)

Kein Wiedersehen ohne Abschiedsschmerz,
Das gilt noch immer. Aber, liebes Herz,
Man muß sich nicht so schrecklich weit entfernen,
Um diese alte Weisheit neu zu lernen . . .

Horst Krüger

Camping

Ein deutsches Sommermärchen

1

Erst gegen neun war er erwacht. Es war Oktober, Montagmorgen. Die Wiesen waren naß, die Schotterwege waren naß; große gelbliche Pfützen hatte die Nacht hinterlassen. Regenwolken hingen noch immer am Himmel, drohend tief. Er schlurfte über den Platz, der ihn jetzt an die graue und müde Verlassenheit alter Männer erinnerte. Rentnerschicksal, Endstation, dachte er, so nähert man sich immer mehr der Erde. Oktober auf einer Wiese, Montagmorgen auf einem Campingplatz im Oktober: Reste, Abfall vom Sommer, verblichene Zelte, verlorene Zeit, verwaschene Farben. Er ging an überfüllten Mülleimern, an leeren Flaschen, an vielen gelblichen Regenpfützen vorbei.

Verschlossene Wohnwagen, Strippen, die abgerissenen Zelte: Man erkannte die Stellen noch Wochen später an dem verblichenen, gelblichen Gras. Man sah auf der Erde die Stelle, wo ihre Luftmatratzen gelegen hatten. Es gab da kleine Vertiefungen, Mulden im Boden, Ausbuchtungen, in denen sich jetzt Wasser gesammelt hatte. Da hatten sie gelegen, geschlafen, geliebt. Nichts als ein gelber Fleck zum Schluß, dachte er, und etwas Wasser. Er ging an Hütten, Buden, geschlossenen Kiosken vorbei: tot. An einer Betonwand die Lagerordnung: Es wird gebeten, es ist nicht erlaubt, unverheiratete Paare, die Polizei, die verehrlichen Gäste. Jetzt war das alles außer Kraft gesetzt. War er allein auf dem Platz? Eine Ratte huschte über den Weg, verschwand unter Balken. Sie sind eigentlich ganz zierlich, dachte er. Er spürte an dem scharfen Karbolgeruch, daß er sich der Toilette näherte. Er spürte das Ende, das Sterben der Saison, die große Tristesse des Novembers, der nun kommen würde. Er sehnte sich nach der Stadt. Den letzten beißen immer die Hunde, dachte er. Er stieß den nassen Eisenriegel zurück. Ein scharfer, beizender Geruch schlug ihm jetzt entgegen. Er stellte sich an die Mauer. Er begann zu urinieren.

Frage: *Wie kamen Sie eigentlich auf diesen Platz?*

Ja, wie? Dieser Sommer war anders gewesen. Er hatte sich in

einem Anfall von Neugier, von Leichtsinn, von froher Ahnungslosigkeit mit diesen Dingern eingelassen. Neugier, Leichtsinn, Ahnungslosigkeit, war da nicht noch mehr im Spiel? Ein Hunger nach mehr, saß ihm das Geld zu locker? Er hatte bemerkt, wie diese weißen Wagen, die über die Autobahn rollten, die auf Wiesen standen, auf ihn eine fremdartige Faszination ausübten. Er hatte sie einen Sommer am Fluß beobachtet, wie sie ankamen aus Mailand, Paris, Kopenhagen, wie die Leute hineinsprangen, heraussprangen, baden gingen, des Abends die Lichter entzündeten, die Speisen richteten. Feriengefühle, er fand das lustig. Ferne und Nähe, Fremdheit und Geborgenheit, Bequemlichkeit und sanfte Strapazen – was fuhr da mit? Welch eine bizarre Versuchung, das Fremde mit dem Vertrauten neu zu vermischen: zu Hause auf Rädern. Immer in seinen vier Wänden und doch anderswo – welch ein verspielter und perverser Reiz der Urbanität, die Natur neu zu erfahren. Letztes Zigeunertum – war es das? Er hatte sich dieses weiße Traumding gekauft und war in eine neue Welt eingebrochen. Zum erstenmal erfuhr er die Subkultur unserer Campingplätze.

Frage: *Was ist denn so schön daran?*

Er erinnerte sich an Abende, an die Dämmerung, an den langsamen Einfall der Nacht; das hatte er nicht gekannt in der Stadt. Man saß draußen in Gartenstühlen, die Whiskyflasche, die Eiswürfel, Radiomusik: eine richtige kleine Kitschromanze im Grünen. Man saß auf einer Wiese und sah dem Untergang der Sonne, dem Versacken des Lichts, dem Aufziehen der Nacht entgegen. Freuden des Nichtstuns, des Absinkens, Verdämmerns, der großen Entspannung, na und? Der Gartengrill muß aufgestellt werden. Hast du die Kohlen schon aufgelegt? Werden die Hähnchen mit Paprika oder Thymian eingerieben? Petroleum auf Kohlen: Einen Augenblick schlagen Flammen empor, einen Augenblick leuchtet das Vorzelt feuergelb auf, dann beruhigt sich der Grill. Die Batterie ist eingeschaltet, der winzige Elektromotor schnurrt; jetzt wird sich das Hähnchen gut eine Stunde drehen. Ab und zu muß Fett nachgegossen werden, einmal müssen Kohlen neu aufgelegt werden. Große Entspannung, großes Verdämmern im Nichts. Drehen am Transistorenknopf: Nachrichten, Schlager, eine Stimme aus Leipzig; Ferne und Nähe, Reiz der Distanz. Es ist gar nichts wichtig. Es ist plötzlich dunkel geworden. Schwarze Nacht steht vor dem Zelt. Im Wohnwagen brennen die elektrischen Birnen, der Eisschrank arbeitet, es brummt manchmal die Gasheizung, das Wasser gluckert. Es ist alles wie zu Hause und doch anders: winzig, praktisch und umständlich zugleich. Das Hähnchen dreht sich und wird immer knuspriger. Ab und zu muß man die Taschenlampe grell aufstrahlen lassen, um den Grad der Bräune zu ermitteln. Die Wasserpumpe gluckert. Der Kanister ist wieder leer. Geh doch mal neues Wasser holen. Man schlurft durch die taufeuchten Wiesen, steht vor einem Wasserhahn, holt zehn Liter Wasser, baut den Kanister vor der Wagendeichsel ein, zieht die Pumpenverschlüsse an, klappt den Blechdeckel zu, setzt sich wieder. Das Hähnchen glänzt schon im Widerschein der glühenden Kohle. Gleich wird der Schmaus beginnen.

Frage: *Ist das denn alles?*

Er erinnert sich an Morgende. Morgende waren hier draußen heller, frischer, fröhlicher. Er erinnerte sich an Sommermorgende, deren leuchtende Freundlichkeit alle Prospekte übertraf. Frühstück im Grünen, von Renoir oder Cézanne, das Frühstück bei Tiffany: So etwas gab es auch. Der Gartentisch wird herausgerückt, unter dem Apfelbaum werden Stühle gerichtet. Es ist warm, es ist hell, es ist ein strahlend blauer Maitag; es ist wieder wie ein Kinderidyll, wie ein Sommermärchen, eine Romanze aus dem 19. Jahrhundert, nur bequemer. Man sitzt in der Badehose beim Frühstück, schmiert sich ein Geleebrötchen, sein Butterbrot, klopft an den Eiern herum, nimmt den Abwehrkampf mit den Wespen auf, möchte noch etwas Kaffee, etwas Saft, etwas Milch nachgeschenkt haben. Orgelmusik aus dem Radio, jemand redet über das Christentum. Muß das jetzt sein? Man kann auch auf Luxemburg übergehen: Schlagerparade. Man rekelt sich, raucht, bläst blaue Ringe vor sich hin. Ein kleiner grüner Kosmos. Morgens um neun ist die Welt hier in Ordnung.

Frage: *Was ist denn so schrecklich daran?*

Er sagte: Die anderen. Es sind immer die anderen, wie in Kindergeschichten. Ich will eine schreckliche Geschichte erzählen: Maisfelden zum Beispiel. Maisfelden gibt es nicht mehr. Ich habe es ausgestrichen, ausradiert. Maisfelden soll nichts mehr sein als eine schreckliche Erinnerung an Deutschland – in mir. Von außen sieht es sehr ernst und grün, fast wie ein festlicher Friedhof aus. Ein Camposanto schwarzgrüner Sonntagsruhe.

Friede deiner Freizeit. Tannen, Zypressen, Weiden, viele Birken. Wege wie Friedhofswege: gelbgrauer Kies, Buchsbaumbepflanzung. Ein alter Mann weist als Platzwart ein, Feldwebelgesicht, das Blinzeln von Unteroffizieren auf Plätzen: Sie, Reihe vier, Grab acht, ganz hinten. Der Weg ist auf eine unheimliche Weise geordnet. Weiße Ketten, rote Ketten, grüne Ketten, Blumenrabatten als Abwehr; jeder hat seinen Platz eingezäunt. Hier stehen sie, die Besitzer, Verfestiger, die Dauercamper, und haben aus ihren Plätzchen eine feste Blechburg ihrer Innerlichkeit gemacht: außen niedlich, innen böse. Die Standplätze gleichen in ihrer rabiaten Buntheit Zwergenvillen mit Zwergengärtchen und Gartenzwergen: kurzgeschorener Rasen, Springbrunnen, eine grünumwachsene Eingangslaube, Raben aus Plastik auf allen Dächern, den Schnabel zum Hacken geöffnet. Es steigen dicke Männer aus großen Wagen, dicke Frauen ziehen ächzend Körbe, Flaschen, Taschen, Gartenschläuche hinter sich her. Es sitzen alte Frauen hinter Wohnwagenfenstern und stricken. Man zieht sich aus. Es liegen kolossale Männer in Liegestühlen und lesen ›Bild‹ und ›Bild am Sonntag‹. So gegen elf Uhr vormittags bricht am Sonntag eine ungeheure Arbeitswut aus. Woher kommt das? Die kolossalen Männer, die halbnackt und schwabbelig sind, beginnen plötzlich zu hämmern, zu schlagen. Es ist immer etwas da, auf das man einschlagen kann – Gott sei Dank. Neue Ketten werden gehämmert, noch stabilere Zäune in die Erde getrieben, einer montiert ein Eisenschild an: Eintritt verboten! Man gräbt, man wühlt, buddelt ein oder aus, neue Bäume, andere Sträucher, Fernsehantennen, Wassergräben, Müllgruben. Man trägt Steine, Eisen, Hämmer. Es riecht überall nach Braten, nach Soße und Kraut. Die lange Grabreihe ist jetzt ein einziger großer Schweinebraten, den man gleich verschlingen wird mit glänzenden, glasigen Augen, mit rosaschmatzendem Mündchen. Fett will immer zu Fett. Dann sinkt allmählich Stille über den Platz: Mittagsruhe. Erschöpfung und Müdigkeit. Es tritt Friedhofsstille ein über dem Platz. Sie liegen auf ihren blauen Liegestühlen, werfen sich manchmal, atmen schwer, ringen nach Luft. Die dicke Frau mit dem kolossalen Busen hat sich jetzt ›Bild‹ über den Kopf gedeckt. Sie verdaut. Eine ungeheure Bosheit träumt vor sich hin und verdaut. Gleich wird sie ausbrechen. Also, geh leise, bewege dich nicht, sei still. Es träumt die deutsche Kleinbürgerseele ihren wilden, bösen Traum der Innerlichkeit.

Frage: *Ist Maisfelden typisch?*

An solchen Wochenenden fuhr er entsetzt nach Hause. Sonderbar: mal widerwärtig, mal schön, welch eine ambivalente Kinderwelt. Zu Hause besah er sich die Prospekte, die bunte Werbung, die die Caravan-Industrie auf den Markt warf. Er besah sie noch einmal. Alle täuschten den großen Robinson-Crusoe-Traum vor, diese herrliche Phantasmagorie aller Jungen: allein auf einer Insel, allein in der Natur, höchstens noch Freitag, später. Immer stand das weiße Ding an einem Strand, an einem Gebirgsbach, mitten im Walde. Ein Mädchen winkte fröhlich heraus – bitte zu Tisch! Welch eine bunte und unverschämte Lüge. Es gab keine Werbung, die die Wirklichkeit dieser Pläne zeigte. Maisfelden war ein Extremfall, das wußte er, aber auf jedem Platz gab es diesen merkwürdigen Hang dazu, gab es eine winzige Ecke Maisfelden, diesen absurden Versuch, aus dem Blechding auf Rädern ein stabiles Wohnheim zu machen. Nicht ganz ohne Staunen hatte er beobachtet, wie in solchen Ecken alle technischen Teile, die an den Wagencharakter des Wagens erinnerten, sorgfältig abgedeckt wurden. Die Räder wurden mit Plastik verkleidet, die Zugdeichsel wurde mit einer Kommode umbaut, vor den Eingang wurden komplette Veranden aus Plexiglas installiert. Einige hätten den Wagen am liebsten eingegraben, fest unterkellert: Haben, besitzen, festhalten, nie wieder hergeben – das war es. Wie die Großen, die Mächtigen haben, besitzen, festhalten, wie die Großen nie wieder hergeben, das war viel beherrschender auf den Plätzen als der Wunsch, unterwegs zu sein. Eine große Zahl dieser neuen Nomaden waren einfach verhinderte Bürger, Hausbesitzer in Plastik und Blech. Kleinbürgertum.

Letzte Frage: *Leiden Sie unter einem KZ-Syndrom?*

Er erinnerte sich an Augenblicke, in denen ihm seine Jugend wieder zugefallen war – blitzschnell. Er sah einen alten, ausgemergelten Mann in Holzpantinen dem Waschraum zuschlürfen. Muselmänner, dachte er. Er roch wieder den Geruch von Karbol und Urin, das kannte er. Er erinnerte sich an all die Eingangstore, die Stacheldrahtzäune, die Ketten, die Verbotsschilder. Er hatte Schaftstiefel auf Zement und Schäferhunde über Gräben springen gesehen. Manchmal, des Abends, sang man zusammen Lieder, selten. Dies war eine bizarre und doppelbödige Welt; intim und kollektiv, privat und ganz öffentlich, schön und zwanghaft zugleich. Eines Nachts war er aufgewacht. Es regnete. Es regnete oft in der Nacht; hier merkte man es. Er hörte eine Weile den Regen auf das Dach trommeln. Der Wind schlug gegen das Zelt, blähte eine Wand auf, schlug sie klatschend um. Eine Weile hörte er es rauschen und stöhnen. Die Nächte sind hier anders als in der Stadt, hatte er gedacht, unheimlicher, tiefer, schwärzer. Zu Hause in der Stadt war man auf wunderbare Weise warm und geborgen. Beton macht so warm, dachte er. Die Wände hier waren hauchdünn. Er spürte eine kühle Feuchtigkeit aufsteigen. Er spürte die Nacht und alle Vorgänge der Nacht draußen, wie das Wasser niederklatschte, wie der Wind in den Weidenbaum griff und die schwere Krone schüttelte, ächzen machte. Er fühlte, wie sich die Regenwolken draußen über die Hügel schoben. In der Ferne manchmal das leise Schnurren der Autobahn. Wie das liebe Vieh, hatte er damals gedacht, wie Rind und Pferd. Und plötzlich war ihm seine Jugend zugefallen – blitzschnell. Cherbourg, sagte er. Er lag ganz still, hatte in dem breiten Bett die Arme wie Antennen neben sich ausgebreitet, lag mit der krankhaften Sensibilität der Schläfer, die zu schnell erwachen, in der schwarzen Nachtwiese und sagte: Das war doch schon einmal da? Gefangenschaft.

2

Heute sind wir bis Baume-les-Dames gekommen. Die Sache geht einfacher, als man denkt. Das Ding läuft nämlich mit, es ist ein Mitläufer, ein Nachläufer, den man schon nach vier Stunden beinah vergessen hat. Man gewöhnt sich schnell daran. Das Ding halbiert dir den Motor und halbiert dir die Bremsen. Statt vier Bremsen hat man nur noch das Gefühl von zweien, statt achtzig PS hast du noch ein Gefühl von vierzig. Es geht alles etwas langsamer, aber man kommt doch voran. In Frankreich sind wir fast immer hundert gefahren; ein bißchen halsbrecherisch ist jede Aktion des Überholens. Manchmal schiebt das Ding etwas; manchmal hebt es den Wagen von hinten etwas an. Die bequeme, weiche Federung des Peugeot ist weg. Das ganze Gespann schwingt jetzt mehr, ungefähr wie ein Opel Rekord: Kinderwagengefühle.

Das erste Mittagessen war amüsant. Man fährt an den Straßenrand, hält auf einem Parkplatz, schraubt die vier Stützen herunter, schließt auf, steigt ein, das Streichholz an den Gasherd – die Suppe kocht, während man sich auf dem Bett ausstreckt, sich rekelt und sagt: Na also, endlich mal was Neues.

Draußen rauschen Autos vorbei, Radfahrer huschen an den Gardinen vorüber. Der Blick aus dem Fenster erfüllt schönste Werbeträume: ein Bach, ein Waldsaum. Siehst du da hinten die Vogesen? Nur auf den Boden des Parkplatzes darf man nicht blicken: Rasthaus im Freien, zwei Stunden lang, Tausende haben das hier schon getan. Man sieht es liegen: Blechbüchsen, Bierflaschen, Papiertüten, Schutzmittel. Wirf doch die Eierschalen nicht zum Fenster raus, sage ich. Die Eier, die rohen Eier im Eisschrank, sie waren bei diesem Tempo zu Bruch gegangen.

Abends erste Übernachtung auf französischem Boden. Uralter, vergammelter Platz an einem Nebenarm des Doubs, eigentlich eine kleine Insel. Das muß einmal eine alte Mühle gewesen sein; über eine knarrende Ziehbrücke fährt man an windschiefen Bauernhäusern, verfallenen Scheunen vorbei, an denen noch mächtige Mühlsteine lehnen. Wie lange schon? Drei Farbige spielen auf dem Schotterweg Boule. Ein junger Bursche weist uns gleichmütig ein: Nietenhosen, rotes Unterhemd, Baskenmütze, den kalten Zigarettenstummel auf die Unterlippe geklebt.

Ach, niederknien müßte man jetzt, müßte sagen: Danke, daß es dich gibt, Land der verschimmelnden Menschlichkeit. Du bist schön, La France, alt und schön. Es verändert sich nichts bei dir in Jahrhunderten. Es fault alles auf eine so sinnliche und appetitanregende Weise weiter und wird richtig reif, zum Reinbeißen. Es riecht nach Weinkellern, nach alten Fässern mit Rotwein. Man wird Käse, Obst, die langen Weißbrotstangen holen: das alte Lied, das neue Lied, La France, hier laß uns leben.

Zum erstenmal beginnen wir Gewinn und Verlust zu verbuchen. Es ist zum erstenmal eine Reise ohne Koffer, ohne Herauszerren, Herumtragen, Hochschleppen, Öffnen – natürlich alles zerknittert. Man braucht sich nicht anziehen, umziehen, sich schön machen. Man hat alles dabei in schmalen Schränken, in winzigen Schüben und praktisch verschlossenen Fächern, aber das meiste braucht man gar nicht. Man braucht einen Trainingsanzug, seine Badehose, Schlafanzug, Schlafsack, ein Paar alte Sandalen. Man hat sein Bett, das weich und vertraut mitgefahren ist, seine Küche; Gasherd, Eisschrank, Spülanlage, sogar ein winziger Toilettenraum ist tatsächlich mitgefahren, ist immer noch dran: Zwergenkomfort. Es ist alles sehr klein, zu eng, jeder Zentimeter ist ausgenützt und so verflucht praktisch durchkalkuliert. Ein Brett verbarrikadiert immer das andere. Man stößt sich, weicht zurück, holt sich Schrammen am Kopf, am Schienbein, kann dieses Türchen nicht öffnen, weil jenes schon aufsteht. Man schimpft erbost, während man sich das Schienbein reibt: Diese Kiste, diese elende Blechbüchse. Jetzt weiß man einmal, wie es den Sardinen in ihren Ölbüchsen zumute ist – ungefähr so. Man sollte eine Abhandlung schreiben: Über das Leben in Konservenbüchsen – rollend.

Aber dann beginnt wieder der Abend, der Ritus zivilisierten und gefräßigen Zigeunertums: Strom anschließen, Gasflasche auf, Wasser holen, Grill aufklappen, Holzkohle aufwerfen, Benzin darüber. Wieder dieses jähe Hochschießen der weißgelben Flammen, die schnell fallen, bläulich werden und sich langsam grasgrün reinfressen in die schwarzen Kohlen, sie später zum Glühen bringen. Abendtau liegt schon auf den Wiesen, nasses Gras. Man übt sich in kunstvollem, trockenem Gehen: Storchengang, die Beine hoch; beim Schlurfen gibt es nasse Füße. Und während man das im Dunkeln übt, fragt man sich plötzlich: Warum machst du das eigentlich? Die Beine hoch? Zu Hause wäre alles so bequem, so geräumig und vornehm. Es gibt richtige Teppiche zu Hause. Man braucht ja nicht Wasser zu schleppen. Zu Hause springt es aus allen Wänden, heiß und kalt. Warum legst du jeden Abend neue Stromleitungen? Warum fächelst du schwarzer Kohle zu? Ja, warum eigentlich?

3. September. In Lyon und Valence sind wir an gewaltigen neuen Wohnstädten vorbeigefahren: Suburbia, Trabantenstädte, Mondstädte in Beton und Stahl. Sie sind von beklemmender Häßlichkeit: entsetzliche Insektentürme, tot. Ich sagte nur: Sowjetisch, schlimmer als in Moskau. Warum bauen die Franzosen eigentlich so phantasielos? Aber dann verfärbt sich das Bild langsam, der Süden sickert ein. Montélimar kündigt sein Nougat festlich an. Eine große, süße Stadt zum Schlecken, zum Erbrechen. Dieser Umschlag der Kulturen, der mich immer wieder entzückt, breit und still von der Rhone begleitet. Die Landschaft wird mediterran: Zypressen, Kakteen, Feigenbäume, ein Hauch von Thymian in der Luft, eine Ahnung von Mittelmeer. Es ist heiß und hell geworden, die Sonne brennt auf der Haut, die Sonnenbrille heraus, dann Orange, das Römertor. Überall Wegweiser zu antiken Monumenten: die Römer, die Kelten, die Griechen – Provence, wer zog hier nicht durch? Ich sage: Die Kirchen von Arles und Saint-Gilles – ob die wohl noch stehen? Das Ding hinter uns läuft immer noch mit. Es ist ein Mitläufer, ein Nachläufer.

4. September. In Avignon Zwischenstation. Der Campingplatz La Bagatelle liegt direkt an der Rhone mit Blick auf die Stadtmauer, die alte Brücke, den Papstpalast. Die Aussicht muß jedes Grand-Hotel neidisch machen; sie ist klassisch, der Rest ist ein kolossaler Massenbetrieb, aber französisch: locker, planlos, jeder macht, was er will. La Bagatelle ist eine einzige, gewaltige Drehscheibe Europas für Caravans. Sie kommen von Spanien und wollen nach Holland zurück, sie kommen aus der Schweiz und wollen nach Saint-Raphaël. Leute aus dem Ruhrgebiet, aus Berlin, aus dem Elsaß, Jugend aus München, Kopenhagen, Hamburg: lichthungrig, badesüchtig.

Der Platz gleicht einem großen, fröhlichen Flüchtlingslager, das Urlaub sagt, Europa unterwegs auf Rädern, Europa auf der Flucht vor sich selbst. Ich sage so zum Spaß: Also, wenn die Russen einmal wieder kommen, der nächste Treck gen Westen sieht anders aus. So etwas soll man nicht sagen, ich weiß es. Es ist etwas frivol, es hängt zuviel Vergangenheit daran. Denn plötzlich erinnere ich mich wieder; wieder dieses ekelhafte Hochklappen von Vergangenheit. Wo kommt es nur her?

Es ist November 1944. Ich stehe an meinem Schreibstubenfenster. Deutschland ist geschlagen, aber noch nicht ganz. Eine Kaserne in Brandenburg. Draußen zieht ein endloser Strom von Flüchtlingen vorbei: Pferdewagen, Handwagen, Panjewagen, grau, müde, novembernaß. Der Strom reißt Tag und Nacht nicht ab. Schon seit Wochen ziehen sie diese Straße entlang. Die Wagen sind mit Hausrat, mit Möbeln, Geschirr, mit Teppichen beladen. Alte Frauen mit Kopftüchern, alte Männer mit Pelzmützen und Peitschen daneben – sind sie wirklich alt? Es sieht alles etwas wie Mutter Courage und ihre Kinder aus. Sie fliehen vor der Front, die irgendwo zwischen Breslau und Frankfurt/Oder eben zusammenbricht – Gott sei Dank. Mutter Courage, da hast du deinen Krieg, deinen Sieg, deinen Tod im Osten. Also das nächstemal, sage ich, während ich meine Gabel hilflos in den Spaghettis drehe und zum Fenster hinaussehe, wird es doch etwas komfortabler aussehen. Wir spannen alle unsere Wohnwagen an, von Hamburg bis Bern, und ziehen über die Pyrenäen. Ein endloser, weißer, fröhlicher Treck, der eingerichtet ist. Europa auf Rädern.

6. September. War es töricht, so vornehm und festlich auszugehen? Es fehlte mir etwas, es war nicht das Ganze. Frankreich, ist das nur Baum und Wiese? Die Rhone, Zelte und Caravans und viele Stromanschlüsse dazwischen? Es trieb mich heraus,

es drängte mich weg. Laß uns doch einmal richtig essen gehen, sagte ich. Sieh, drüben die Stadt hinter dem Strom, eine andere Welt. Wer es sagt, ist schon verloren, steht schon vor dem Spiegel, bindet sich eine Krawatte, zieht sich einen sauberen Jackettanzug an, fusselt an Staubkörnchen herum. Man ist plötzlich wieder wie früher: Tourist erster Klasse. Man geht strenger, steifer: ein Herr. Die Stadt nimmt einen auf. So viele neue Geschäfte, so elegant und verspielt zugleich. Cafés, Restaurants, Bistros. Die leuchtenden Auslagen überall. Kultur? Das ist hier Reichtum hinter Ruinen. Die Innenstadt ist erfüllt von lautem, buntem Leben. Es ziehen Scharen von jungen Menschen durch die Straßen, sitzen in Bars, hocken draußen auf Bänken herum. Es liegt ein Glanz, ein Wohlstand, ein Hauch von Gold über den Straßen, den ich früher nie sah.

Das Restaurant gegenüber dem Rathaus wirkt von außen alt, aber innen strahlt es in einem gedämpften, roten Licht. Stille Vornehmheit, tiefe Teppiche, roter Samt an den Wänden. Der Ober trägt einen Smoking, entzündet umständlich eine hohe Kerze, legt große Karten vor. Aus welcher Welt komme ich? Es wirkt alles wie ein Fest, wie ein kleines, sehr delikates Bankett. Diese Fülle von Gläsern, von Silber, von weißem Damast. Oder ist es nur Leinen? Der Ritus, zu dienen, zu fragen, umständlich zu überlegen, begrenzte und kluge Ratschläge zu geben, umständlich aufzutragen, Wein einzuschenken, abzuwarten, ob er mundet oder nicht. Welch eine schöne Verschwendung um nichts. Ich denke: Der Ober wird mich doch nicht nach meinem Hotel fragen? Monsieur, Ihre Residenz bitte, wir dürfen die Rechnung dort hinterlegen? Ich komme mir fast wie ein kleiner Schwindler, ein Hochstapler vor. Ich müßte dann sagen: Ach, Monsieur, ich komme vom Campingplatz drüben – La Bagatelle. Ich komme aus einer kleinen und schäbigen Welt, arm und sauber, immer ehrlich geblieben. Ich wollte nur einmal nippen bei Ihnen. Was – hundertdreißig Francs der Abend? Also wissen Sie: Davon leben wir gut eine Woche!

7. September. Wer in Richtung Saintes-Maries-de-la-Mer fährt, muß natürlich immer mit ihnen rechnen. Jeder weiß das, aber dann steht man plötzlich auf einem anderen Platz in der Camargue ihnen gegenüber und ist indigniert. Die alten Zigeuner, die neuen Zigeuner – es gibt immer noch eindeutige Klassenfronten. Zwei ältere Männer, drei ältere Frauen. Woran erkennt man eigentlich, daß Zigeuner Zigeuner sind? Es ist fast wie mit den Juden: Kleinigkeiten. Es steht seit gestern abend

ein Wohnwagen mit Zigeunern neben uns, und wir reagieren, wie die Leute eben früher auf Juden reagierten: Irgendwie sind sie anders. Sie haben auch einen Wohnwagen, aber er sieht eben anders aus: älter, fremdartiger, heruntergekommener. Sie hängen viele Strippen auf, um Wäsche zu trocknen. Die Frauen haben ihre Küche vor die Tür verlegt. Sie machen alles draußen. Wir alles drinnen. Sie schälen ungeheure Berge von Kartoffeln, sie schneiden an fremdartigen, merkwürdigen Gemüsen herum. Siehst du denn nicht, daß Zigeuner anders aussehen? Sie haben so etwas Bräunliches und Schlitziges im Gesicht. Sie sind so glatt, so verschlagen. Die Männer wollen ausgehen. Sie stehen schon draußen vor dem Wagen. Die Frauen werfen sich mit ihren bunten Kopftüchern wie Sklavinnen vor den Männern nieder und beginnen plötzlich liegend deren kräftige Lederschuhe wie besessen zu putzen. Die Frauen liegen auf dem nackten Beton und reiben und wienern mit Tüchern, mit Lappen und zum Schluß mit ihren Schürzen auf den Schuhen der Männer herum. Sie küssen die Schuhe der Männer, sie umschließen die Füße mit ihren Armen. Was ist das? Siehst du, sage ich, so sind Zigeuner. So. Schließ das Ding ab, wenn wir weggehen. Nimm die Badehose, das Handtuch herein. Die Zigeuner sind da.

8. September. Wir haben versucht, in Saintes-Maries einen Platz zu finden. Der Ort ist schön, der Platz ein Alptraum. Der Campingplatz am Meer ist überfüllt, verstopft, total blockiert. Eine einzige Orgie in Blech und Stoff, Zelte, Wohnwagen, Kochgeschirr – dicht an dicht. Wenn man über die Kaimauer geht, öffnet sich einem ein verwirrender und peinlicher Einblick in Intimstes. Die Wagen stehen hier ohne jeden Abstand auf Zentimeternähe nebeneinander. Blau, weiß, rot, gelb. Es ist, als wenn ganz Westeuropa eine schiefe Ebene wäre: Nun ist hier unten am Meer alles zusammengekippt, durcheinandergewürfelt, hockt aufeinander. Man sieht in Kochtöpfe, in Plastikeimer, in alle Zelte hinein: Eine Frau rührt in einer Suppe, ein alter Mann kratzt sich am Rücken, ein junges Paar liegt aufeinander, ein Kind hopst über eine Strippe, ein Junge versucht, im Sand zu zeichnen. Eine dicke Frau sitzt hinter dem Fenster, liest ›Bild‹.

9. September. Flach, weit, still. Man fährt über leere Straßen, sieht weit in der Ferne Pferde stehen. Merkwürdig, wie der Massenbetrieb plötzlich abbricht. Masse – was ist das? Es hockt alles zusammen auf einem Klumpen, eng ineinander verkeilt; fährt man drei Kilometer weiter, ist vollkommene Leere, Ein-

samkeit. Weideland, Schwemmland, manchmal Hornissenschwärme – die Camargue ist wie am ersten Tag, ein weites, flaches Fest der Einsamkeit. Man kommt an einen Fluß, eine Autofähre. Um 14 Uhr, steht geschrieben, gehe die nächste. Es ist 13.30 Uhr. Schläfrigkeit, eine Katze liegt in der Sonne, ein Hund daneben, ein paar Leute liegen im Gras: bukolischer Mittagsfrieden. Frankreichgefühle werden wieder wach: Es hat Zeit, es hat viel Zeit, erst einmal essen, gut essen, lange essen und trinken, dann etwas schlafen, es ist immer noch Zeit. Um 14.10 Uhr kommt ein junger Mann, den ich für einen Touristen hielt. Er zieht sich das Hemd über den Bauch, steckt sich sehr behaglich eine Zigarette an, wirft den Motor an, der laut zu tuckern beginnt, sagt: Voilà, Monsieur. Die Fähre gleitet wie ein breites Floß langsam über den Fluß, der gelb und lehmig ist.

19. September. Seit zehn Tagen stehen wir hier in Le Grau-du-Roi am Strand, der weiß und sandig ist, mit richtigen Dünen und Seegras dazwischen. Wir haben das Ding ganz nahe an das Wasser gerückt, in eine Mulde zwischen zwei Dünen geschoben, vielleicht zwanzig Schritte vom Meer entfernt. Des Nachts hört man die Brandung, die manchmal anschwillt, sich dann wieder verliert und plötzlich zurückkommt. Ist das also der Traum, die kleine Verlockung, die große Phantasmagorie aller Werbeprospekte? Nur Wasser, Sonne, Sand und seine eigene, winzige Einzimmerwohnung dazwischen? Es ist eine andere Art der Erholung, das ist sicher. Sie geht tiefer, weil man dauernd draußen ist im Badeanzug, dauernd barfuß lebt mit Sand zwischen den Zehen und Fingern. Man geht nicht ans Meer, sondern wohnt jetzt dort. Man geht mit dem Meer schlafen und wacht mit ihm wieder auf. Die Zeitrhythmen verschieben sich, alles rutscht etwas nach vorne. Oder soll man sagen: zurück, zurück zur Natur? Um sechs Uhr abends kündigt sich schon die Dämmerung an, das Licht wird fahl, glasig, kraftlos. Um sieben Uhr ist später Abend mit letztem Abendrot. Um acht Uhr ist es stockdunkel: Der Himmel ist eine große schwarze Kuppel, die langsam zu flimmern anfängt. Um zehn Uhr ist tiefe Nacht und Schlafenszeit. Um Mitternacht ist der Himmel schon wieder blasser, grauer geworden, an den Rändern scheint sich schon Helligkeit anzudeuten. Um zwei Uhr beginnt man zum erstenmal zu erwachen und spürt den Morgen heraufziehen. Der Mond hat einen großen, milchigen Hof.

Der Campingplatz hier ist leerer, aber total verwahrlost.

Müll, Unrat hinter allen Büschen. Der Platz liegt herrlich in einer großen Meeresbucht und könnte mit seinem endlosen Sand ein Paradies für Fremde sein, aber er gleicht eher einem verkommenen Feldquartier, das von gefräßigen Truppen eilig geräumt werden mußte. Schachteln, Holzkisten, Konservenbüchsen, Küchenreste sind hinter den Dünen gehäuft. Niemanden stört das hier. Ach, Südfrankreich, sagt einer, Provence, also daran müssen Sie sich gewöhnen, das ist hier nun mal so, wissen Sie, die Provenzalen, und dann die vielen Algerier hier; das ist schon ein Hauch von Afrika.

Ja, was ist Schmutz, was Sauberkeit? Wo beginnt die Schönheit, und wie schlägt sie ins Häßliche um? Kontraste des Südens – man muß sie erlernen. Zunächst wirkt das Ganze abscheulich, unfaßbar und ein bißchen zum Speien. Man sagt entrüstet: Also hier bleiben wir nicht – um keinen Preis. Aber dann ist man doch geblieben. Später, nach drei oder vier Tagen, verliert sich langsam die Kraft der Provokation, merkwürdig. Man hat auch Müll weggeworfen, man hat es sich selber bequem und faul gemacht. Man übersieht nun den Schmutz. Er ist da, aber plötzlich nicht mehr so wichtig. Na laß doch, sagt man, das gehört nun einmal dazu. Was ist? Man ist langsam eingesunken in diese Welt, sagt: So ist das eben hier, sagt: Anderswo ist es eben anders. Nach einer Woche sieht man das Häßliche nicht mehr.

Außerdem gibt es reizvolle Kontraste. Die Menschen zum Beispiel, sie sind hier so schön wie auf keinem Campingplatz Deutschlands. Sieh doch die Menschen an, die Mädchen, die Jungen, die Männer, die Frauen, Franzosen, Spanier, Italiener, Algerier, Zigeuner – jeder Körper trägt seine eigene Anmut und Grazie mit sich, ist schlank und schmiegsam, ist ein Stück naiver Natur, ist Körper, nur braun und mit sich selbst identisch. Warum sind wir Deutschen eigentlich so häßlich? Es liegt Jugend am Strand, geht an Zelten vorbei, schlurft durch den Sand, biegsame und schöne Jugend. Woher kommt sie? Sie kommt hinter Müllhaufen und zerbrochenen Betonquadern vor, aus dem Abfall, den Resten, dem Schaum von gestern geboren. Sie stelzen und schreiten wie Göttergestalten aus dem Dreck hervor und sind nichts als vollkommene Leiber, Statuen der Aphrodite, Statuen des Eros – im Sand. Mythos des Südens, mediterrane Verwirrung: So wächst die Schönheit aus Schatten, so steigt die Anmut aus Armut empor. Und wieder die Frage: Warum ist unsere Sauberkeit eigentlich so häßlich?

20. September. Ich will noch ein Wort über den Kleinbürger sagen, den Stammkunden aller Campingplätze. Er ist auch hier zu Hause, aber anders. Seit gestern wohnen Monsieur und Madame Dubois uns gegenüber. Sie kamen mit einem alten Citroën, mit einem alten Zelt und mit Saphir, ihrer dicken Katze, die sie an einer langen Leine führen. Ein älteres Ehepaar, wohl Mitte Fünfzig, kinderlos – Saphir ist auf eine unverkennbare und komische Weise ihr Kinderersatz. Saphir bekommt zunächst ihre Milch, ihr Stück Fisch und beurteilt danach die Lage. Saphir schnuppert herum und entscheidet dann: Hier ist es schmutzig, hier ist es schön, wir bleiben. Die Leute tragen Hausrat aus ihrem Wagen, schleppen Stangen, Stühle, Klappbetten an, reinigen ihren Platz, bauen das Zelt auf. Madame Dubois beginnt draußen den Abendbrottisch zu richten, trägt Weißbrot, Butter, Käse, eine ganze Batterie Flaschen auf. Es ist wie in einem Theaterstück: Le petit bourgeois, das kleine Glück der kleinen Leute, eine Vorstadt von Paris, begrenzt, idyllisch, durchaus unpolitisch – und doch anders als in Deutschland. Der Mann steht manchmal auf, zieht an einer Strippe, spannt das Zelt nach, steckt sich eine Zigarette an, blickt auf das Meer, das lasch und still daliegt. Er spricht mit seiner Frau, die mit dem abendlichen Freiheitsdrang von Saphir ernst beschäftigt ist. Saphir möchte ausgehen, aber darf das nur in begrenzten Räumen. Die lange Leine wird um eine weitere Schnur verlängert. Die beiden verfolgen eine Weile die Wege Saphirs. Still, friedlich, etwas versponnen sitzen sie da, die beiden sind ganz allein auf der Welt mit all ihren Skurrilitäten, fühlen sich wohl im Sand, im Schmutz am Strand, reden jetzt wieder leise. Madame beginnt Saphir einzuholen. Was ist das? Da ist keine Herrschsucht, keine Arbeitswut, keine Spur von unterdrückter Aggressivität. Sie sind einfach zufrieden mit sich und der Welt. Jetzt gehen sie schlafen. Sie haben die Gaslampe ins Zelt getragen. Eine Weile hört man sie drinnen reden, rumoren, dann verlöscht das Licht. Ende.

3

Den Tag über hatte die Sonne geschienen. Es war noch einmal ein schöner Sonntag geworden mit einer schrägen, milchigen, etwas gebrochenen Sonne: Oktoberlicht in Hessen. Das Zelt war sehr groß. Tiefblau und orange hatte es den ganzen Sommer auf der Wiese gestanden, eine bunte Verheißung von Ferienfreuden. Jetzt kommen sie. Sie kommen mit einem grauen VW aus Darmstadt, sie beginnen es abzubrechen. Sie sagen: Ach, es ist aus, es hat keinen Sinn mehr, diese kalten Nächte, mein Mann hat sich schon eine Grippe geholt. Der Mann ist groß, blond, dicklich, vielleicht Anfang Dreißig. Er hat die bemühten und etwas zu höflichen Gebärden kleiner Leute, die sich nach oben strecken müssen: eifrig, immer zur Stelle, etwas unterwürfig. Die Frau wirkt älter, härter, ein wettererprobter Muttertyp mit dunklem, männlichem Einschlag. Zwei Kinder jagen umher, aufgeregt, planlos wie Hunde.

Es ist plötzlich aus mit den Freuden des Sommers. Camping braucht Wärme, also Luftrauslassen. Camping ist auch eine Welt zum Zusammenlegen, Zusammenklappen, Zusammenwickeln und in große Beutel stecken, ins Auto stopfen. Freuden rascher Vergänglichkeit – nun wird alles abgebrochen. Sie tragen die Stühle und Tische heraus, sie lockern Strippen, lassen plötzlich ganze Wände fallen. Die breite, stramme Zeltwand sackt zusammen, rutscht runter und liegt plötzlich wie Packpapier etwas zerknittert am Boden. Aus. Jetzt stehen die Stangen auf eine bizarre und melancholische Weise allein in die Luft, entlaubter Baum. Sie markieren noch einmal den Raum der Familie, der jetzt winzig und luftig anmutet, alles zum Durchgreifen. War es das? Sie rollen Decken und Luftmatratzen zusammen, schlagen die Stangen ab, bündeln sie, stecken alles in lange, graue Säcke. VW schluckt alles. Der Mann ist in Schweiß geraten. Sein rosa-glänzendes Gesicht wirkt jetzt jungenhaft, hat sich verändert. Sein ordentlicher Scheitel ist zerzaust, die Haare stehen ihm wild zu Berge. Er sieht plötzlich wie ein großer, dicker, zwölfjähriger Junge aus, der Lust am Ballspiel, Lust am Abenteuer und an kleinen Kämpfen hat. Er ist wieder ein Kind, das schön und fröhlich geworden ist, aber das dauert nicht lange. Der Mann hat noch ein Bier getrunken, dann sitzt er am Steuer und hat schon beinah wieder sein altes, braves Kleineleutegesicht, das sich strecken muß. Sie sind total überladen. Sie stoßen zurück, sie winken, rufen: »Also, nächstes Jahr wieder!« Sie geben Gas, rollen hinaus, und plötzlich ist nichts mehr da, gar nichts.

Nur dieses kleine Quadrat gelbgrauer Grasnarbe ist geblieben. Papierzeug flattert herum. Ein alter Campingausweis, verschmiert, zerknittert. Ich lese: Steller, Heinrich, geboren 1935, wohnhaft Darmstadt, Beruf: Arbeiter. Der Mann mußte es selber ausgefüllt haben. Er hatte nicht Arbeiter geschrieben. Er schrieb: Abeiter.

Frage: *Was ist Camping nun – soziologisch?*

Der Platzwart kommt, harkt die Reste zusammen, sagt: Wir kriegen jetzt neue Wagen. Elf Stück sind schon für November gemeldet. Winter-Camping – das wird jetzt Mode bei uns. Wissen Sie, wir nehmen nur gute Leute hier, klar, keine Zigeuner, kein Kroppzeug. Wissen Sie, manche Leute glauben ja wirklich, Camping heißt Saufen. Schrecklich, was hier so im Rhein-Main-Zentrum herumhockt. Also, es kommt ein Schlossermeister aus Hanau, sehr ordentliche Familie, ein Herr, dem eine Tankstelle gehört in Niederrad. Dort drüben kommt eine Gastwirtsfamilie hin vom Lokalbahnhof und hierher Offenbacher, ältere Herrschaften, der Mann ist wohl bei der Bahn. – Das war es: Handwerkerfreuden, Arbeiterfreuden, Träume des kleinen, unteren Mittelstandes, Leute von der Post, von der Bahn, von den städtischen Wasserwerken. Es gab eine ganz einfache Rechnung für diese Soziologie. Es kostete den Preis, den sich der kleine Mittelstand, wenn er aus dem Gröbsten zu Hause heraus war, gerade leisten konnte.

Frage: *Und psychologisch, was ist Camping psychologisch?*

Einmal war er des Abends über den Platz gelaufen. Er liebte die Abende, weil sie den grotesken Wirrwarr dieser Wochenend-Wohnstätten milderten, zudeckten, wegwischten. Der Platz war jetzt dunkel. Die Nacht kam von den Feldern herein, Feuchtigkeit zog wieder auf. Manchmal huschte eine Gestalt vorbei, schattenhaft, nach wenigen Schritten verschluckt vom Dunkel.

Die Leute saßen in ihren Wagen und sahen fern. Überall schimmerte aus den Fenstern dieses mattblaue Flimmerlicht heraus. Sie saßen auf Wiesen, unter Bäumen, mitten im freien Feld – den Fernseher vor sich. Es lief ein Programm für die Leute, ein Abend mit Vico Torriani. Spaßmacher waren am Werk für die Leute. Er stand ganz allein im Dunkel und hörte es plötzlich aufkichern in vielen bunten Blechbüchsen. Er verstand das nicht, er wußte nichts von dem Grund ihrer Heiterkeit, die Wagen schlossen akustisch nicht schlecht. Er hörte nur, wie in unregelmäßigen Wellen eine Heiterkeit, ein vielfaches Gelächter durch die Nachtwiese ging. Es kam stoßartig, brüllte einen Augenblick auf, versackte dann wieder. Eine Weile war es ganz still; man hörte nur den Wind und die Bäume und das Surren der fernen Autobahn, dann ging wieder ein helles Gelächter durch die Nacht. Die Büchsen kicherten, vibrierten, zitterten einen Augenblick vor Heiterkeit. Man hörte Applaus aufrauschen, einen Tusch, den Fetzen einer Melodie, dann wieder Stille, Dunkelheit, Nacht. Er ging an den Wagen vorbei. Er sah in die Fenster. Welch eine verrückte Welt, dachte er. Träume der Massen im technischen Zeitalter. Alles noch einmal präzis wie zu Hause, aber draußen, winzig. Eine zweite Stadt, auf das Land gerückt. Spielzeug für Millionen, eine skurrile, etwas schäbige Kinderwelt.

Frage: *Aber des Nachts – was geschieht da?*

Manchmal in der Stadt hatte er diese Klagen gehört, Camping, das Leben draußen sei pure Sinnlichkeit, Unordnung, Libertinage und Promiskuität am Wochenende. Jeder Platz eine grüne Wiese für wilde Sitten. Er mußte lachen. Wenn es doch wäre. Wie wenig die Leute draußen von der Welt drinnen wußten. Dies war eine merkwürdig brave, lustlose und rechtwinklige Welt für große, dicke Kinder. Die Leute kamen in Familien, blieben in Familien, gingen als Familien; es war alles festgelegt. Camping war Familiensport: Großmutter, Mutter und Kind; ein kleiner, stabiler Kosmos unter vielem Zwang und hinter Stacheldraht. Dies war keine erotische, es war eine orale Welt: Trieb zur Seßhaftigkeit und zum Essen, Futtertrieb. Die Leute kochten den ganzen Tag, rührten in Töpfen, schleckten Schüsseln aus, wuschen ab, setzten Kaffeewasser auf, tranken sehr ausführlich draußen im Vorzelt Kaffee, hieben dabei in mächtige Tortenberge, rührten in den Tassen, gingen später zu Bier über, zu vielen Bierflaschen; manche hatten kleine, festlich lackierte Bierfässer installiert, die eine besondere, ausschweifende Art von Wohlstand repräsentieren sollten. Dann begann man das Abendbrot langsam zu richten. Es schien ihm, als röche es immer etwas nach Milch in den Wagen, nach Milch, die übergekocht, die angebrannt war. Jetzt mußte also gescheuert werden: Mutterwelt. Manchmal dachte er: Camping ist wie Fernsehen – es macht impotent.

Frage: *Und wie soll das weitergehen?*

So, sagte er, genau so. Das ist gar nicht aufzuhalten. Die Leute werden immer mehr Freizeit, immer mehr Langeweile und immer mehr Kleingeld in ihren Taschen haben. Die Industrie wird sie versorgen; sie wird immer schönere Zelte, noch größere, noch komfortablere Wohnwagen zu noch günstigeren Preisen anbieten. Die Warenhäuser werden noch ein Stockwerk mehr ausräumen für ihre großen Camping-Abteilungen: noch leuchtender, noch günstiger und freundlicher die Verführung. Die Leute, die ihre Stellung, ihre Mietwohnung, ihr Auto und zwei Kinder haben, werden sich darauf stürzen, weil alles so vorteilhaft ist. Die Plätze werden noch drangvoller und überfüllter werden, aber dann wird es andere Plätze geben, die geräumiger, komfortabler sind, auch etwas teurer natürlich. Das läßt sich einrichten. Die weißen Wagen werden sich auf den Straßen noch mehr stauen, aber dann, später, wird es auch neue Straßen geben, die einen flüssigen Verkehr erlauben, zeitweise. Das läßt sich alles machen. Es ist schon soweit – in Amerika. Und wenn die Sowjetgesellschaft einmal ihren Konsum entwickelt hat, so wird ihre schönste humanistische Errungenschaft im Sozialismus Campingplatz heißen. Darin gleichen sich alle großen und perfekten Industrienationen, die Freizeit produzieren. Dies ist, mit deutlichen nationalen Unterschieden, ein kleiner Vorgeschmack einer kommenden Welt. Mythen von morgen: Camping heißt Freizeit in der mobilen Gesellschaft. Seßhaft auf Rädern.

Letzte Frage: *Und was ist mit Herrn Fischbein?*

Herr Fischbein war glücklich. Er kam jetzt jeden Samstagmittag auf den Platz. Er kam mit seinem Volkswagen, mit seiner Frau, mit zwei Kindern und dem Pudel Ali auf den Campingplatz. Er packte das Essen, das Bier, die Strippen, die neuen Batterien aus; er hatte Holzkohle, Dieselöl und Sonnencreme mitgebracht. Er schraubte und bastelte, schaffte, trank Bier, hörte Radio, sah des Abends fern in seinem neuen Wohnwagen, der glänzte und strahlte. Er sagte zu seiner Frau: Also, wenn das Wetter morgen besser wird, gehen wir schwimmen mit den Kindern. Herr Fischbein dachte beim Einschlafen: Jetzt haben wir es geschafft. Er dachte: Endlich. Er dachte: Endlich das Leben, das sich lohnt.

Wolf Wondratschek
Postkarten

Auf der Sonnenterrasse oder direkt auf der weichen Wolldecke, entweder einen Strohhalm zwischen den Zähnen oder die Filterzigarette, tagsüber mit Brille und vorerst trotz Sonnenöl ein leichter Sonnenbrand im Genick. Solange das keine Bläschen gibt, sagt sie und lächelt radikal. Man muß schon sehr alt sein, um hier nicht wesentlich jünger auszusehen.

Die Männer sprechen von Routine und Sommerreifen und davon, daß es die Rückfahrt nach Deutschland doch ziemlich erleichtert. Abends noch ein Bier. Die Mädchen wirken dieses Jahr schlanker oder das täuscht. Auf jedem Tisch liegt Möwendreck. Die Frauen sprechen lange von Coca-Cola und anderen Frauen.

Venezia. Venedig. Venice. Basilica della Salute. Es ist kalt hier. Daheim ist es auch schön. Viele Grüße.

Postkarten aus Österreich nimmt keiner mehr ernst. Wandern ist sehr gesund. Die Norddeutschen haben wieder den roten Gummiball dabei.

Der Sonnenschirm neben den Handtüchern und den Taschen macht die Hitze erst richtig komplett. Die Kinder nennen diese Hitze einfach idiotisch.

Sie geht am Strand entlang und sagt, das Meer ist über Nacht größer geworden.

Wenn Du im nächsten Jahr nicht mitkommst, schreibt er, bist Du selbst daran schuld. Er hätte auch schreiben können, der August ist kein Monat und kein Vergnügen, sondern eine Tortur plus Familie. Gestern traf ich einen aus dem Büro, stell Dir vor. Ich bin völlig erledigt.

Die Ebbe macht Spaß. Die Flut macht auch Spaß. Ferien sind ganz einfach. Am Strand entstehen Freundschaften. Die Mädchen liegen da und machen den Sand absolut. Sie hypnotisieren mit ausgestreckten Beinen. Auf dem Bauch brütet die Sonne. Die Männer geben sich fachmännisch.

Der einheimische Bademeister sagt, die Deutschen haben wirklich Talent zum Ertrinken, auf einen Engländer kommen ganz bestimmt sieben Deutsche.

Peter bevorzugt Spanien, weil Spanien an Mexiko erinnert und Mexiko zu weit abseits liegt. Paß auf, sagen die Eltern, paß auf, komm heil zurück und laß von Dir hören. Mal sehen, was sich machen läßt, antwortet Peter. Mexiko ist Mexiko, eigentlich müßte ich ja nach Mexiko fahren. Die Eltern schlagen die Hände über dem Kopf zusammen. Sie wissen, daß eine Postkarte gar nichts beweist.

Weihnachten läßt sich ausdehnen. Die Berge werden fett. Postkarten machen den Leuten etwas weiß. Ein Satz genügt. *Mir geht es gut* genügt sowohl im März wie im August.

Tageszeitungen bekommt man selten am Urlaubsort. Gegen Postkarten muß man sich wehren.

Plötzlich wollen sie alle mit Kirchen, Bauern und Tulpen etwas zu tun haben. Plötzlich schwimmen sie. Plötzlich verlieben sie sich. Ferien dauern meistens drei Wochen.

Ich schreibe über Postkarten und schreibe, daß ich Frauen und Männer habe schwimmen, skifahren, daliegen, trinken, ballspielen und essen sehen; daß sie die Sonne vertragen und ein Auto mit Schneeketten besitzen, daß jeder das Gebirge kennt und daß sie nächstes Jahr bestimmt wieder herkommen wollen, wundert mich nicht. Ich werde schreiben, daß ich nicht verstehe, weshalb es Ärzte gibt.

Postkarten sind praktisch und blau. Wenn es regnet, vergißt man Postkarten schnell.

AMBROSE BIERCE

Eine Begebenheit an der Owl-Creek-Brücke

I

Auf einer Eisenbahnbrücke im nördlichen Alabama stand ein Mann und blickte hinunter in das zwanzig Fuß unter ihm schnell dahinschießende Wasser. Die Hände dieses Mannes lagen auf dem Rücken und waren an den Handgelenken mit einem Strick zusammengebunden. Eine Seilschlinge lag eng um seinen Hals. Dieses Seil war an einem dicken Querbalken über seinem Kopf befestigt, und das freie Tauende fiel bis zu seinen Knien herab. Einige Bretter hatte man lose über die Schwellen gelegt, auf denen die Schienen der Bahnlinie ruhten, und bildeten ein Podest für ihn und seine Henker – zwei Soldaten der Nordstaaten-Armee. Diese befehligte ein Sergeant, der im Zivilleben vielleicht Hilfssheriff gewesen sein mochte. Ein Stück weiter, aber noch auf derselben behelfsmäßigen Plattform, wartete ein Offizier mit umgeschnalltem Degen und in der Uniform seines Ranges. Er war Hauptmann. An jedem Ende der Brücke stand ein Posten und hielt sein Gewehr präsentiert, das heißt, es wurde senkrecht vor der linken Schulter gehalten, wobei der Hahn auf dem steif vor die Brust gelegten Unterarm ruhte. Dies ist eine förmliche und unnatürliche Stellung, die dazu zwingt, den Körper starr aufrecht zu halten. Zur Pflicht dieser Männer schien es nicht zu gehören, sich um das zu kümmern, was auf der Mitte der Brücke vor sich ging. Sie bewachten die Endpunkte des Plankensteges, der über die Brücke gelegt war.

Jenseits des ersten Wachtpostens war kein Mensch weiter zu sehen. Die Eisenbahnlinie lief dahinter noch etwa hundert Yards weit in einen Wald hinein, beschrieb dann eine Kurve und entschwand dem Blick. Zweifellos stand weiter draußen noch ein Vorposten. Am hiesigen Ufer des Flusses erstreckte sich offenes Land. Hier stieg eine sanfte Böschung an, die von einer Palisade aus senkrecht eingerammten Baumstämmen gekrönt wurde. In ihr befanden sich Schießscharten für Gewehre und eine Luke; aus dieser ragte die Mündung einer ehernen Kanone, die offenbar die Brücke beherrschte. Halbwegs auf dem Abhang zwischen Brücke und Palisade standen die Zuschauer der Zeremonie, eine Kompanie Infanterie in Rührteuch-Stellung. Sie hatten die Gewehrkolben auf den Erdboden gesetzt, die Läufe leicht rückwärts an die rechte Schulter gelehnt und die Hände über den Schäften gekreuzt. Rechts neben der Truppe stand ein Leutnant. Die Spitze des Degens hatte er aufgestützt, und seine linke Hand ruhte auf der rechten. Mit Ausnahme der vier Männer auf der Brückenmitte bewegte sich niemand. Steinern und bewegungslos starrte die Kompanie zur Brücke.

Der Hauptmann stand schweigend mit übereinandergeschlagenen Armen und beobachtete das Werk seiner Untergebenen, doch rührte er sich nicht. Der Tod ist eben eine Respektsperson, die, ist sie einmal angekündigt, mit förmlichen Achtungserweisen empfangen werden will, selbst von denen, die äußerst vertraut mit ihm sind. Im Kodex der militärischen Etikette aber sind die Formen der Ehrerbietung nur Schweigen und Starre.

Der Mann, der hier gehängt werden sollte, schien etwa fünfunddreißig Jahre alt und ein Zivilist zu sein, seiner Kleidung nach zu urteilen, die jene eines Pflanzers war. Seine Gesichtszüge wirkten angenehm. Er hatte eine gerade Nase, einen festen Mund, eine breite Stirn, über der sein langes, dunkles Haar glatt zurückgekämmt war und hinter den Ohren bis auf den Kragen seines gutsitzenden Überrocks fiel. Er trug ferner Schnurrbart und Kinnbart, aber keinen Backenbart. Seine Augen waren groß und dunkelgrau und zeigten einen freundlichen Ausdruck, den man bei einem Mann, dessen Hals in einer Hanfschlinge steckte, kaum erwartet hätte. Offensichtlich war das kein gewöhnlicher Mörder. Das liberale Militärgesetz hat nämlich Vorsorge getroffen, daß sehr viele Arten von Personen gehängt werden können, und auch Ehrenmänner sind da keineswegs ausgeschlossen.

Alle Vorbereitungen waren nun getroffen. Die beiden Soldaten traten zur Seite, und jeder zog das Brett fort, auf dem er gestanden hatte. Der Sergeant wandte sich zum Hauptmann, grüßte und trat unmittelbar neben jenen Offizier, der seinerseits einen Schritt zur Seite trat. Durch diese Vorgänge standen nun der verurteilte Mann und der Sergeant auf den jeweiligen Enden desselben Brettes, das auf drei Querträgern der Brücke ruhte. Jenes Brettende, auf dem der Zivilist stand, erreichte fast, jedoch nicht ganz, einen vierten Querträger. Bisher war das Brett durch das Gewicht des Hauptmanns auf seinem Platz gehalten worden; jetzt hielt es das Gewicht des Sergeanten in seiner Lage. Auf ein Zeichen des Hauptmanns hin würde der Sergeant zur Seite treten, das Brett würde abkippen und der verurteilte Mann zwischen zwei Trägern in die Tiefe stürzen. Diese Anordnung empfahl sich der Einsicht des Verurteilten als einfach und wirkungsvoll. Sein Gesicht hatte man nicht bedeckt und die Augen nicht verbunden. Einen Moment blickte er auf seinen unsicheren Standort hinab, dann ließ er seinen Blick zu den quirlenden Wassern des Flusses wandern, die unter seinen Füßen rasend schnell dahinschossen. Ein Stück tanzenden Treibholzes erregte seine Aufmerksamkeit. Seine Blikke folgten ihm den Strom entlang. Wie langsam schien er sich zu bewegen! Was war das für ein träger Strom!

Er schloß die Augen und versuchte, seine Gedanken auf Frau und Kinder zu konzentrieren. Das Wasser, das von der aufgehenden Sonne in Gold verwandelt wurde, die wallenden Nebel an den Ufern ein Stück flußabwärts, die Palisadenanlage, die Soldaten und das Treibholz – alles hatte ihn abgelenkt. Und jetzt drang eine neue Störung in sein Bewußtsein. Durch die Gedanken an seine Lieben klang ein Ton, den er weder überhören noch begreifen konnte. Es war ein scharfer, deutlicher, metallischer Schlag, wie der Streich eines Schmiedehammers auf den Amboß; genauso klang es. Der Verurteilte fragte sich, was das sei, und ob der Klang aus unmeßbarer Weite oder aus der Nähe käme – es schien beides zu sein. Der Rhythmus dieser Schläge war regelmäßig, aber so langsam wie das Läuten einer Totenglocke. Mit Ungeduld und – er wußte nicht weshalb – auch mit gespannter Angst erwartete Farquhar jeden Schlag. Die Pausen des Schweigens schienen ihm immer länger; und die Verzögerungen machten ihn fast toll. Je seltener die Schläge aber erklangen, desto mehr nahmen sie an Stärke und Grelle zu. Sie verletzten sein Ohr wie ein Messerstoß; er fürchtete, er würde schreien müssen. Was er hörte, war das Ticken seiner Uhr.

Er öffnete die Augen und sah wieder das Wasser unter sich. »Wenn ich meine Hände befreien könnte«, dachte er, »würde ich auch die Schlinge abwerfen und in den Strom springen können. Durch Tauchen würde ich ihren Kugeln entgehen, und wenn ich kräftig schwämme, könnte ich das jenseitige Ufer erreichen. Dann entkäme ich in den Wald und würde mein Heim erreichen. Mein Haus liegt Gott sei Dank noch vor ihren Linien; meine Frau und meine Kinder leben noch jenseits der Vorposten dieser Eindringlinge.«

Während diese Gedanken, die hier in Worten ausgedrückt

werden mußten, im Gehirn des verurteilten Mannes wie ein Blitz aufzuckten und kaum gedacht wurden, nickte der Hauptmann dem Sergeanten zu. Der Sergeant trat zur Seite.

2

Peyton Farquhar war ein wohlhabender Pflanzer aus einer alten und geachteten Familie in Alabama. Da er selbst Sklaven besaß und wie die anderen Sklavenhalter auch Politik betrieb, war er natürlich ein geborener Sezessionist und der Sache des Südens glühend ergeben. Gewisse Umstände dringlicher Art, die hier aber nicht dargelegt zu werden brauchen, hatten ihn abgehalten, Soldat zu werden und Dienst bei der tapferen Südstaaten-Armee zu nehmen, die den unglücklichen, mit dem Fall von Corinth endenden Feldzug führte. Farquhar litt sehr unter dem unrühmlichen Zwang. Er sehnte sich so sehr danach, seine Kräfte einzusetzen, das bedeutungsvollere Leben eines Soldaten zu führen und Gelegenheit zu finden, sich auszuzeichnen. Diese Gelegenheit, das fühlte er, würde kommen, wie sie für alle im Krieg einmal kommt. In der Zwischenzeit tat er, was er konnte. Kein Dienst war ihm zu bescheiden, wenn es galt, der Sache des Südens zu dienen; kein Abenteuer wurde ihm zu gefährlich, wenn es nur vereinbar blieb mit dem Charakter eines Zivilisten, der im Herzen Soldat war und in gutem Glauben und ohne allzu viele Fähigkeiten in gewissem Grad dem unbemäntelten und schandbaren Machtanspruch zustimmte, wonach sowohl in der Liebe wie auch im Krieg alles erlaubt sei.

Eines Abends, als Farquhar und seine Frau auf einer einfachen Bank vor dem Tor zu ihrer Besitzung saßen, ritt ein grau gekleideter Soldat heran und bat um einen Schluck Wasser. Mrs. Farquhar war nur zu glücklich darüber, ihn persönlich mit ihren eigenen zarten, weißen Händen bedienen zu dürfen. Während sie das Wasser holte, trat ihr Mann an den staubbedeckten Reiter heran und fragte eifrig nach Neuigkeiten von der Front.

»Die Yankees setzen die Eisenbahnlinie wieder instand«, antwortete der Mann, »und sie bereiten sich auf weiteren Vormarsch vor. Sie haben schon die Owl-Creek-Brücke erreicht und sie wieder in Ordnung gebracht, und auf dem Nordufer haben sie eine Palisade gebaut. Der Kommandant erließ auch einen Befehl, der überall angeschlagen ist. Darin wird erklärt, daß jeder Zivilist, den man dabei faßt, wie er sich an den Schienen, den Brücken, Tunnels oder Zügen zu schaffen macht, kurzerhand gehängt wird. Ich habe den Befehl selbst gesehen.«

»Wie weit ist es bis zur Owl-Creek-Brücke?« fragte Farquhar.

»Etwa dreißig Meilen.«

»Und auf dieser Seite des Flusses stehen keine Truppen?«

»Nur eine Feldwache. Sie ist eine halbe Meile auf den Schienen vorgeschoben. Und ein einzelner Posten steht am diesseitigen Ende der Brücke.«

»Angenommen, ein Mann – ein Zivilist, der begierig aufs Hängen ist – würde die Feldwache umgehen und vielleicht den Posten überwinden«, fragte Farquhar lächelnd, »was könnte der ausrichten?«

Der Soldat dachte nach. »Als ich vor einem Monat dort vorbeikam«, entgegnete er dann, »bemerkte ich, daß die Flut vom letzten Winter eine große Menge Treibholz gegen den hölzernen Pfeiler an der hiesigen Seite der Brücke angetrieben hat. Das Holz muß jetzt trocken sein und würde brennen wie Zunder.«

Die Lady brachte nun das Wasser. Der Soldat trank, dankte ihr förmlich, verneigte sich vor ihrem Mann und ritt dann davon. Eine Stunde später, nach Anbruch der Nacht, kam er noch einmal an der Farm vorbei und ritt nordwärts in die Richtung, aus der er gekommen war. Es handelte sich um einen Kundschafter der Nordstaaten-Armee.

3

Als Peyton Farquhar zwischen den Brückenträgern hinunterstürzte, verlor er sofort das Bewußtsein und ähnelte einem bereits toten Mann. Aus diesem Zustand wurde er – und zwar Ewigkeiten später, wie ihm schien – durch die Qual eines starken Drucks um seine Kehle gerissen. Diesem folgte das Gefühl des Erstickens. Heftige, scharfe Krämpfe schienen von seinem Hals abwärts durch jede Faser seines Körpers und seiner Glieder zu schießen. Diese Schmerzen zuckten wie auf festgelegten Bahnen mit vielen Verzweigungen entlang und schienen in ununterscheidbar schneller Regelmäßigkeit einander zu folgen. Sie waren wie Ströme pulsierenden Feuers, das den Mann auf eine unerträgliche Temperatur erhitzte. Lediglich in seinem Kopf empfand er nichts weiter als das Gefühl von Völle und Blutandrang. Doch alle diese Empfindungen wurden nicht von Gedanken begleitet. Der intellektuelle Teil seiner Natur war bereits ausgelöscht; er hatte nur noch Kraft zu fühlen, und dieses Fühlen bedeutete Qual. Doch gleich darauf wurde er sich einer Bewegung bewußt. Eingehüllt in eine leuchtende Wolke, deren feuriges Herz er war, ohne materielle Substanz, so schwang er durch unvorstellbare Schwingungsbögen wie ein ungeheures Pendel.

Und dann schoß das Licht über ihm mit schrecklicher Plötzlichkeit und mit lautem Klatschen nach oben davon. Ein fürchterliches Brüllen dröhnte in seinen Ohren auf, und alles wurde kalt und dunkel. Die Kraft zu denken kam wieder; und er erkannte, daß das Seil gerissen und er in den Fluß gestürzt war. Er verspürte dabei keine zusätzliche Atemnot; die Schlinge um seinen Hals würgte ihn ohnehin bereits und hielt das Wasser seinen Lungen fern. Am Grund eines Flusses den Tod durch Erwürgen zu sterben, diese Vorstellung erschien ihm lächerlich. Er öffnete die Augen in der Finsternis und entdeckte über sich einen Lichtschein, aber wie fern, wie unerreichbar schimmerte er! Und Farquhar sank noch immer, denn das Licht wurde schwächer und schwächer, bis es nur noch ein Fünkchen war. Aber dann begann es zu wachsen, wurde wieder heller, und er erkannte, daß er zur Oberfläche emporstieg. Er erkannte es widerwillig, denn er fühlte sich jetzt sehr wohl. »Gehängt und ertränkt zu werden«, dachte er, »ist nicht so schlimm; aber ich möchte nicht erschossen werden, das wäre ungerecht.«

Er wurde sich keiner Anstrengung bewußt, aber ein scharfer Schmerz in seinem Handgelenk zeigte ihm, daß er instinktiv versuchte, seine Hände freizubekommen. Diesem Kampf widmete er die gleiche Aufmerksamkeit, mit der ein Müßiggänger die Kunststücke eines Taschenspielers beobachten mochte; nämlich ohne Interesse an dem Ergebnis. Was für eine herrliche Anstrengung war das! Was für eine großartige, übermenschliche Kraft zeigte sich da! Ah, das war eine schöne Bemühung! Bravo! Und jetzt fiel das Seil ab; seine Arme teilten sich und griffen nach oben, er erkannte seine Hände im wachsenden Licht undeutlich zu beiden Seiten. Mit neuem Interesse beobachtete er, wie sich zuerst die eine und dann die andere Hand auf die Schlinge um seinen Hals stürzte. Sie rissen sie los und schleuderten sie machtvoll beiseite. Die wellenförmigen Bewegungen des Seils ähnelten denen einer Wasserschlange. »Legt sie mir doch wieder um, legt sie wieder um!« Diese Worte glaubte er seinen Händen zuzuschreien, denn der

Lockerung der Schlinge folgte die gräßlichste Qual, die er je empfunden hatte. Sein Hals schmerzte fürchterlich, sein Gehirn stand wie in Flammen, und sein Herz, das nur noch schwach gezuckt hatte, tat einen großen Satz und versuchte, ihm aus dem Mund herauszuspringen. Sein ganzer Körper wurde von einer unerträglichen Pein gemartert und gequält. Seine ungehorsamen Hände aber schenkten dem Befehl keine Beachtung. Sie zerteilten machtvoll das Wasser, mit schnellen, abwärtsgerichteten Bewegungen, und zwangen ihn zur Oberfläche. Er fühlte, wie sein Kopf auftauchte; seine Augen wurden vom Sonnenlicht geblendet. Seine Brust dehnte sich krampfhaft aus, und in der letzten Steigerung seiner Qual zum schlimmsten Schmerz sogen seine Lungen einen großen Schluck Luft ein, den er gleich darauf wieder in einem Schrei ausstieß.

Er befand sich jetzt im vollen Besitz seiner physischen Sinne, ja diese Sinne schienen sogar übernatürlich wach und geschärft. Irgend etwas in dem schrecklichen Aufruhr seines organischen Systems hatte sie so geschärft und verfeinert, daß sie jetzt Dinge wahrnahmen, die er nie zuvor bemerkt hatte. Er spürte jetzt die kleinsten Wellen an seinem Gesicht und hörte dabei die verschiedenen Laute, wenn sie ihn trafen. Er blickte zum Wald am Flußufer hinüber und erkannte dort die einzelnen Bäume, die Blätter und sogar die Äderung jedes Blattes; ja er sah selbst die Insekten darauf; die Heuschrecken, die glänzenden Fliegen und die grauen Spinnen, die ihre Netze von Zweig zu Zweig spannten. Er bemerkte die Regenbogenfarben in all den Tautropfen von einer Million Grashalmen. Das Summen der Mükken, die über den Wirbeln des Flusses tanzten, das Flirren der Libellenflügel, die Ruderschläge der Wasserspinnen, deren Beine wie Ruder waren, die das Boot angehoben hatten – all das wurde ihm zu hörbarer Musik. Und als ein Fisch unter seinen Augen vorbeiglitt, hörte er das Rauschen seines Körpers, wie er das Wasser zerteilte.

Nachdem Farquhar zur Oberfläche gekommen war, hatte er stromabwärts geblickt; im nächsten Augenblick aber schien sich die sichtbare Welt langsam um ihn zu drehen, und er war der Angelpunkt dieser Bewegung. Er erblickte jetzt die Brükke, die Befestigung, die Soldaten auf der Brücke, den Hauptmann, den Sergeanten und die beiden Soldaten, seine Henker. Sie standen als Silhouetten vor dem blauen Himmel, und sie riefen, gestikulierten und zeigten auf ihn. Der Hauptmann hatte seine Pistole gezogen, schoß aber nicht; die anderen waren unbewaffnet. Ihre Bewegungen wirkten grotesk und gräßlich, ihre Gestalten riesig.

Plötzlich jedoch hörte Farquhar einen scharfen Knall, und etwas peitschte kaum ein paar Zoll von seinem Kopf entfernt ins Wasser und übersprühte sein Gesicht mit Spritzern. Dann hörte er einen zweiten Knall, und jetzt sah er, daß einer der Posten das Gewehr angelegt hatte. Eine leichte Wolke blauen Rauches stieg aus der Mündung. Der Mann im Wasser sah in das Auge des Mannes auf der Brücke, der über das Visier am Gewehr in sein eigenes starrte. Farquhar erkannte, daß jener Posten graue Augen hatte, und erinnerte sich gelesen zu haben, daß graue Augen die schärfsten seien und daß alle berühmten Scharfschützen diese Augenfarbe aufwiesen. Trotzdem hatte dieser ihn verfehlt.

Ein Gegenwirbel packte Farquhar und drehte ihn weiter herum; er blickte jetzt wieder in den Wald auf dem jenseitigen Ufer, der Befestigung gegenüber. Der Klang einer klaren, hohen Stimme stieg jetzt in einem monotonen Singsang hinter ihm auf und drang mit einer Deutlichkeit zu ihm herüber, die alle anderen Töne verdrängte, selbst das Schlagen der kleinen Wellen in seinen Ohren. Obwohl Farquhar kein Soldat war, hatte er doch oft genug Feldlager aufgesucht, um die schreckliche Bedeutung dieser entschlossenen, langgedehnten, ausklingenden Melodie zu kennen. Der Leutnant am Ufer wollte jetzt an der Morgenarbeit teilnehmen. Kalt und erbarmungslos, mit einer gleichmäßigen, ruhigen Intonation, die auch in den Männern völlige Ruhe voraussetzte und erzwang, und in genau bemessenen Zeitabständen fielen diese grausamen Worte:

»Kompanie Achtung! ... Legt an! ... Faßt Ziel! ... Fertig! ... Feuer!«

Doch Farquhar tauchte. Er tauchte so tief er konnte. Das Wasser dröhnte in seinen Ohren wie der Donner der Niagarafälle, und doch hörte er darüber noch den gedämpften Donner der Salve. Als er dann wieder zur Oberfläche emporstieg, traf er auf leuchtende Metallstücke, die eigenartig abgeplattet waren und langsam zu Boden schaukelten. Einige von ihnen sanken ihm auf Gesicht und Hände, rutschten dann ab und sanken weiter. Eines blieb ihm zwischen Hals und Kragen stecken; es war unangenehm warm, und er holte es heraus.

Als er wieder zur Oberfläche auftauchte und nach Atem rang, bemerkte er, daß er offenbar lange unter Wasser geblieben war. Er befand sich jetzt bedeutend weiter stromabwärts und damit der Sicherheit näher. Die Soldaten waren allerdings mit dem Nachladen fast fertig; ihre metallenen Ladestöcke blitzten alle zusammen im Sonnenschein auf, als sie aus den Läufen gezogen, in der Luft umgedreht und in ihre Hüllen zurückgestoßen wurden. Die beiden Posten feuerten wieder unabhängig von der Kompanie und ohne Wirkung.

Der gejagte Mann sah all dies über seine Schulter. Er schwamm jetzt kräftig mit dem Strom. Sein Gehirn arbeitete ebenso kraftvoll wie seine Arme und Beine; er dachte mit der Geschwindigkeit des Blitzes.

»Der Offizier«, überlegte er, »wird diesen Fehler eines Zuchtmeisters nicht ein zweites Mal begehen. Einer Salve auszuweichen ist ebenso leicht wie einem einzelnen Schuß. Aber wahrscheinlich hat er ihnen jetzt schon den Befehl erteilt, nach eigenem Ermessen zu feuern. Gott steh mir bei, ihnen allen kann ich nicht entgehen!«

Einem entsetzlichen Aufklatschen etwa zwei Yards von ihm entfernt folgte ein lauter, dahinrollender und ersterbender Laut, der durch die Luft zur Befestigungsanlage zurückzuhallen schien und in einer Explosion endete, die selbst den Fluß bis in seine Tiefen aufwühlte. Eine aufsteigende Wassersäule stand über Farquhar, stürzte auf ihn herab, blendete und erstickte ihn fast. Die Kanone hatte jetzt in das Spiel eingegriffen. Als er den Kopf von der Erschütterung durch das aufgewühlte Wasser frei geschüttelt hatte, hörte er, wie das abgeprallte Geschoß durch die Luft weiterzischte, und einen Augenblick später zerschlug und zerschmetterte es die Äste im jenseitigen Wald.

»Das werden sie nicht wiederholen«, dachte er. »Das nächstemal werden sie eine Schrapnelladung benutzen. Ich muß die Kanone im Auge behalten; ihr Mündungsrauch wird mich rechtzeitig warnen. Der Schall kommt zu spät an, er hinkt hinter dem Geschoß her. Das ist mir eine gute Kanone!«

Plötzlich fühlte er sich um und umgedreht; er wirbelte wie ein Kreisel herum. Das Wasser, die Ufer, der Wald, die nun so ferne Brücke, die Befestigungsanlage und die Männer – alles war ineinander gemischt und zerflossen. Die Gegenstände wurden nur noch durch ihre Farben bezeichnet. Kreisförmige horizontale Farbstreifen, das war alles, was er noch sah. Er war in einem Strudel gefangen und wurde mit einer Geschwindigkeit stromabwärts und im Kreis herumgewirbelt, die ihn schwindlig und krank machte. Doch wenige Augenblicke später schleuderte ihn der Strudel auf den Kies am Fuß des linken

Ufers, also des südlichen Ufers, und zwar hinter einer vorspringenden Landzunge, die ihn vor seinen Feinden verbarg. Die plötzlich zum Stillstand gekommene Bewegung und die Tatsache, daß er sich eine Hand am Kies aufschlug, brachten ihn wieder zu sich, und er weinte vor Freude. Er grub seine Finger in den Sand, warf Händevoll davon hinter sich und segnete ihn laut. Der Sand erschien ihm wie Diamanten, wie Rubine und Smaragde; er konnte sich nichts Schöneres vorstellen, dem der Sand nicht ähnelte. Die Bäume am Ufer waren wie riesige Gartenpflanzen; er bemerkte eine bestimmte Regelmäßigkeit in ihrer Anordnung und sog tief den Duft ihrer Blüten ein. Ein seltsames, rosiges Licht leuchtete zwischen ihren Stämmen auf, und der Wind rief in ihren Zweigen eine Musik hervor wie von Äolsharfen. Farquhar hegte nicht mehr den Wunsch, seine Flucht zu vollenden. Er war es zufrieden, an diesem entzückenden Ort bleiben zu dürfen, bis man ihn wieder griffe.

Das Zischen und Prasseln eines Schrapnellschusses in den Zweigen hoch über seinem Kopf riß ihn aus seinem Traum. Der enttäuschte Kanonier hatte ihm blindlings noch ein Lebewohl nachgefeuert. Farquhar sprang auf, stürmte die ansteigende Uferböschung hinan und rannte in den Wald hinein.

Den ganzen Tag lang marschierte er und bestimmte seine Richtung dabei nach dem Sonnenstand. Der Wald schien ihm endlos zu sein; nirgends entdeckte Farquhar eine Lichtung darinnen, ja nicht einmal einen Holzfällerweg. Er hatte nie gewußt, daß er in einer so wilden Gegend lebte. Und in dieser Entdeckung lag etwas Unheimliches.

Bei Anbruch der Nacht war er müde, hatte wunde Füße, und ihn hungerte. Doch der Gedanke an Frau und Kinder trieb ihn voran. Endlich stieß er auf eine Straße, die ihn, wie er wußte, in seine gewünschte Richtung führte. Sie war so breit und gerade wie eine Straße in der Stadt, und doch schien sie nicht befahren zu werden. Keine Felder lagen neben dieser Straße, und nirgends traf er auf Siedlungen. Nicht einmal ein Hundebellen verriet menschliche Behausungen. Die schwarzen Baumstämme bildeten zu beiden Seiten gerade Mauern, die am Horizont in einem Punkt zusammenliefen, wie ein Diagramm in einer Unterrichtsstunde für Perspektive. Als er durch diese Waldesschlucht aufwärtsblickte, leuchteten über ihm große goldene Sterne, die fremdartig aussahen und zu unbekannten Sternbildern gruppiert waren. Und Farquhar wußte, daß diese

Anordnung eine geheime und bösartige Bedeutung besaß. Der Wald zu beiden Seiten war voller merkwürdiger Laute, unter denen er – einmal, zweimal, und dann wieder – deutlich ein Flüstern in unbekannter Sprache vernehmen konnte.

Sein Hals schmerzte, und als er die Hand dahin führte, fand er, daß sein Hals schrecklich angeschwollen war. Er begriff, daß er dort, wo ihn das Seil gequetscht hatte, einen schwarzen Ring aufwies. Auch seine Augen fühlten sich angeschwollen an; er konnte sie nicht mehr schließen. Seine Zunge aber war vor Durst aufgequollen. Er kühlte ihre Fieberhitze, indem er sie zwischen den Zähnen hindurch in die frische Luft streckte. Die unbenutzte Straße hatte bereits sanfter Rasen überzogen – Farquhar konnte den Weg nicht mehr unter seinen Füßen spüren!

Zweifellos war er trotz seiner Qualen während des Marschierens eingeschlafen, denn jetzt sieht er plötzlich eine andere Szene vor sich – vielleicht ist er auch nur aus einem Fieberwahn erwacht. Er steht am Tor seines Anwesens. Alles ist so, wie er es verlassen hat; alles liegt hell und schön in der Morgensonne. Er muß also die ganze Nacht marschiert sein. Als er das Tor aufstößt und den breiten weißen Weg hinaufgeht, sieht er Frauenkleider ihm entgegenflattern; es ist seine Frau, die frisch und kühl und süß aussieht; sie kommt von der Veranda herunter und fliegt ihm entgegen. Am Fuß der Treppe bleibt sie wartend stehen, mit einem Lächeln unaussprechlicher Freude und in einer Haltung von unvergleichlicher Grazie und Würde. Ah, wie schön sie ist! Mit ausgestreckten Armen springt er vorwärts. Doch gerade, als er sie umarmen will, spürt er einen betäubenden Schlag hinten im Nacken. Ein blendendes weißes Licht löscht alles um ihn herum aus, von einem Donner wie von einem Kanonenschuß begleitet – und dann ist alles dunkel und still.

Peyton Farquhar war tot. Sein Körper schwang leise mit gebrochenem Hals unter den Balken der Owl-Creek-Brücke hin und her.

JACK LONDON
Ein Sohn der Sonne

Die »Willi-Waw« lag in der Durchfahrt zwischen Küstenriff und Außenriff, wo das leise Murmeln der trägen Brandung erklang; aber die Wasserfläche, die keine hundert Schritt weit bis zu dem weißen Strande aus feingemahlenem Korallensand reichte, war glatt wie ein Spiegel. In der engen Durchfahrt lag das Schiff an einer Stelle verankert, die ihm kaum erlaubte zu schwojen, und seine Ankerkette lag auf einer Strecke von hundert Fuß in Windungen auf dem aus lebenden Korallen bestehenden Grunde. Wie eine riesige Schlange wand sich die rostige Kette über den Boden des Ozeans, ging mehrmals über ihre eigenen Glieder hinweg, um schließlich in einem nutzlosen Anker zu enden.

Große dunkle, gesprenkelte Schellfische spielten vorsichtig Verstecken zwischen den Korallenzweigen. Andere Fische von grotesken Formen und Farben zeigten kecke Gleichgültigkeit, selbst wenn ein großer Fischhai langsam vorbeiglitt und die Schellfische in wilder Flucht in ihre Schlupfwinkel jagte.

Vorn an Deck waren ein Dutzend Schwarze eifrig beschäftigt, die Teakholzreling abzuschrubben. Sie benahmen sich dabei so ungeschickt wie Affen. Tatsächlich erinnerten sie stark an Affen von irgendeiner riesigen prähistorischen Art. In ihren Augen lag die jammervolle Kläglichkeit des Affen, ihre Gesichter waren sogar noch unsymmetrischer, und mit ihren unbehaarten Körpern wirkten sie noch nackter als Affen, denn sie waren gänzlich unbekleidet. Dafür waren sie aber geputzt, wie kein Affe es je gewesen. In den durchlöcherten Ohren trugen sie kurze Tonpfeifen, Schildpattringe, riesige Holzpflöcke, rostige Nägel und alte Patronenhülsen. Die kleinsten Löcher, die ein Ohr aufwies, hatten das Kaliber einer Winchester-Büchse, einige der größern einen Durchmesser von einem Zoll, und jedes einzelne Ohr war durchschnittlich mit drei bis sechs Löchern versehen. Durch ihre Nasen waren lange Nägel und Pfriemen aus polierten Knochen oder Muschelschalen gesteckt. Einem hing ein weißer Türknauf auf der Brust, einem andern der Henkel einer Porzellantasse und einem dritten das kupferne Zahnrad eines Weckers. Sie schwatzten mit sonderbaren Fistelstimmen, und alle zusammen leisteten nicht mehr als ein einziger weißer Matrose.

Achtern, unter einem Zeltdach, saßen zwei Weiße. Sie trugen

jeder ein Sechs-Penny-Hemd und einen schmalen Lendenschurz. Um den Leib hatten sie einen Riemen mit einem Revolver und einem Tabaksbeutel geschnallt. Der Schweiß stand ihnen in Myriaden von Kügelchen auf der Haut. Hier und dort flossen die Kügelchen zu winzigen Strömen zusammen, die auf das erhitzte Deck tropften und fast sofort verdampften.

Dem mageren, dunkeläugigen Mann wurden vom Abwischen der Stirn die Finger naß, und er schleuderte die Tropfen mit einem Fluch von sich. Er ließ den Blick matt und hoffnungslos über das Außenriff bis zu den Kronen der Palmen am Strande gleiten.

»Acht Uhr«, klagte er, »und dabei wird es erst mittags richtig warm. Ich bitte Gott um ein bißchen Wind. Sollen wir denn nie von hier wegkommen?«

Der andere, ein schlanker, fünfundzwanzigjähriger Deutscher mit der breiten Stirn eines Gelehrten und dem weichenden Kinn eines Degenerierten, gab sich nicht die Mühe, zu antworten. Er war damit beschäftigt, Chininpulver in ein Stück Zigarettenpapier zu schütten. Als er etwa fünfzig Gramm genommen hatte, rollte er das Papier zu einem Kügelchen zusammen, schob es in den Mund und verschluckte es ohne Wasser.

»Wenn ich nur etwas Whisky hätte«, keuchte der erste Mann nach einer Pause von einer Viertelstunde.

Es verging etwa dieselbe Zeit, bis der Deutsche ohne besonderen Anlaß äußerte: »Ich verbrenne vor Fieber. Sobald wir nach Sydney kommen, werde ich Sie verlassen, Griffiths. Ich habe genug von den Tropen. Ich hätte klüger sein und mich nicht heuern lassen sollen.«

»Ein guter Seemann sind Sie gerade nicht«, erwiderte Griffiths, dem es selbst zu warm war, als daß er sich ereifert hätte. »Als es am Strande von Guvutu bekannt wurde, daß ich Sie an Bord genommen hätte, wurde allgemein gelacht. ›Was? Jacobsen?‹ sagten sie. ›Du kannst keinen Fingerhut voll Brennsprit oder Schwefelsäure an Bord verstecken, ohne daß er es wittert!‹ Und den Ruf haben Sie wahrhaftig nicht zuschanden gemacht! Ich habe selbst seit vierzehn Tagen keinen Tropfen mehr geschmeckt, weil Sie meinen ganzen Vorrat ausgesoffen haben.«

»Wenn Ihnen das Fieber ebenso schlimm zugesetzt hätte wie mir, würden Sie es besser verstehen«, klagte der Steuermann.
»Ich mache Ihnen ja gar keinen Vorwurf«, antwortete Griffiths. »Ich wünschte nur, der Himmel schickte mir etwas zu

trinken oder ein bißchen Wind. Morgen habe ich meinen Fieberanfall, das kann ich merken.«

Der Steuermann bot ihm von seinem Chinin an und rollte ihm eine Dosis von fünfzig Gramm, die Griffiths trocken verschluckte. »Herrgott«, stöhnte der. »Ich möchte in irgendeinem Lande sein, wo es kein Chinin gibt. Verdammtes Zeug! Ich glaube, ich habe es schon tonnenweise gefressen.«

Wieder spähte er suchend über das Meer nach irgendeinem Anzeichen von Wind. Die gewöhnlichen Passatwolken waren fort, und die Sonne, die ihre Mittagshöhe noch nicht erreicht hatte, verwandelte den ganzen Himmel in glühendes Erz. Man schien die Hitze ebensosehr zu sehen wie zu fühlen, und Griffiths wandte vergebens den Blick nach dem Lande, um Trost zu finden. Der weiße Sand bereitete seinen Augen stechende Schmerzen. Die völlig unbeweglichen Palmen wirkten vor dem Hintergrunde des Dschungels mit seinem unfrischen Grün fast wie eine Ansichtskartenlandschaft.

Die kleinen schwarzen Kinder, die nackt in dem blendenden Weiß von Sand und Sonne spielten, erschienen dem sonnenkranken Manne als ein schmerzender Hohn. Er fühlte etwas wie Erleichterung, als eins von ihnen beim Laufen strauchelte und auf allen vieren in das laue Wasser fiel.

Ein Ausruf der Schwarzen ließ die beiden Männer plötzlich seewärts blicken. Um die nahe Landspitze, kaum eine Viertelmeile entfernt, kam ein Kanu gepaddelt.

»Gooma-Leute von der nächsten Bucht«, meinte der Steuermann.

Einer der Schwarzen kam nach achtern; ruhig trat er auf das heiße Deck, er spürte offenbar die Hitze nicht. Auch das verursachte Griffiths Schmerz, und er schloß die Augen; aber im nächsten Augenblick waren sie weit geöffnet.

»Weiß fella Herr steuern mit Gooma-Jungens«, hatte der Schwarze gesagt.

Beide Männer sprangen auf und blickten auf das Kanu. Im Stern konnte man den unverkennbaren Sombrero eines Weißen sehen.

Eine plötzliche Bestürzung spiegelte sich auf dem Gesicht des Steuermanns.

»Das ist Grief«, sagte er.

Griffiths überzeugte sich durch einen Blick, daß der andere recht hatte, und stieß einen zornigen Fluch aus.

»Was hat der hier zu suchen?« fragte er, indem er sich an den

Steuermann, das schmerzende Meer, den erbarmungslosen Glanz der Sonne und das ganze überhitzte Universum wandte, mit dem sein Geschick verknüpft war.

Der Steuermann begann zu glucksen.

»Ich sagte Ihnen ja, daß Sie ihm nicht entgehen könnten.«

Aber Griffiths hörte ihn nicht.

»Kommt hier an mit all seinem Gelde wie ein Steuereinnehmer«, platzte er in einem Wutanfall zornig heraus. »Er ist mit Geld vollgepfropft, strotzt geradezu von Geld. Ich weiß mit Sicherheit, daß er die Yringa-Plantage für dreihunderttausend Pfund verkauft hat. Bell hat es mir selbst erzählt, als wir uns das letztemal in Guvutu betranken. Er ist Millionen über Millionen schwer, und da ist er wie ein Shylock hinter mir her wegen einer Bagatelle, die für ihn nicht mehr wert ist als eine Pfeife Tabak.«

Er wandte sich zu dem bestürzten Steuermann: »Gewiß, Sie haben es gesagt. Sagen Sie es nur noch einmal und so oft, wie Sie wollen. Was haben Sie doch gesagt?«

»Ich sagte, Sie kannten ihn nicht, wenn Sie meinten, von den Salomon-Inseln wegzukommen, ohne ihn zu bezahlen. Dieser Grief ist der reine Teufel, aber er ist reell. Ich kenne ihn. Ich sagte Ihnen, er würde Tausende aus reinem Vergnügen zum Fenster 'rausschmeißen, aber gleichzeitig um ein Sechs-Pence-Stück kämpfen wie ein Hai um eine rostige Blechdose. Ich sage Ihnen, ich kenne ihn. Hat er nicht seine ›Balakula‹ der Queensland-Mission geschenkt, als sie die ›Evening Star‹ bei San Christobal verloren hatte?

Und die ›Balakula‹ war ihre dreitausend Pfund wert, mindestens. Und hat er nicht Strothers verprügelt, daß er vierzehn Tage zu Bett liegen mußte, nur weil er ihm zwei Pfund zehn zuviel auf die Rechnung schrieb und noch dumm dazu tat?«

»Ich will blind werden – !« schrie Griffiths in ohnmächtiger Wut.

Der Steuermann fuhr fort:

»Ich sage Ihnen, nur ein anständiger Mensch kann mit einem anständigen Menschen wie ihm fertig werden, und die Salomon-Inseln hat noch keiner passiert, der es konnte. Männer wie Sie und ich können ihm nicht beikommen. Wir sind zu morsch, zu faul von innen und außen. Sie haben mehr als zwölfhundert Sovereigns unten liegen. Bezahlen Sie und versuchen Sie, darüber hinwegzukommen.«

Aber Griffiths knirschte mit den Zähnen und preßte die dünnen Lippen fest zusammen.

»Ich will schon mit ihm fertig werden«, murmelte er – mehr für sich und zu dem funkelnden Sonnenball als zu dem Steuermann.

Dann wandte er sich um und schickte sich an, nach unten zu gehen, besann sich aber und kam wieder zurück.

»Hören Sie, Jacobsen, er kann erst in einer Viertelstunde hier sein. Halten Sie zu mir? Kann ich mich auf Sie verlassen?«

»Selbstverständlich halte ich zu Ihnen. Habe ich nicht all Ihren Whisky ausgetrunken? Was wollen Sie tun?«

»Totschlagen werde ich ihn nicht, wenn ich es vermeiden kann. Aber bezahlen will ich auch nicht. Darauf können Sie Gift nehmen!«

Jacobsen zuckte die Achseln und ergab sich in sein Schicksal, während Griffiths in die Kajüte hinunterstieg.

Jacobsen beobachtete das Kanu, das um das Riff herumkam und sich dem Eingang der Durchfahrt näherte. Mit Tintenflekken an Daumen und Zeigefinger erschien Griffiths wieder an Deck. Eine Viertelstunde später lag das Kanu längsseits. Der Mann mit dem Sombrero stand auf.

»Hallo, Griffiths!« rief er. »Hallo, Jacobsen!« Die Hände auf der Reling, wandte er sich an seine dunkelfarbige Mannschaft. »Ihr fella Jungens bleiben im Kanu allzusammen.«

Mit katzenartiger Geschwindigkeit schwang er seinen scheinbar schweren Körper über die Reling an Deck. Gleich den beiden andern Weißen war er nur spärlich bekleidet. Das billige Hemd und der Lendenschurz konnten den wohlgebauten Körper nicht verbergen. Seine Muskeln waren gut entwikkelt, ohne doch massig und knotig hervorzuspringen. Sie spielten sanft gerundet unter der weichen, gebräunten Haut. Sonnenglut hatte sein Gesicht gebräunt, bis es dunkel wie das eines Spaniers war. In diesem dunklen Gesicht wirkte der blonde Bart seltsam, während die blauen Augen etwas Schreckeinflößendes hatten. Man konnte sich schwer vorstellen, daß die Haut dieses Mannes einmal weiß gewesen war.

»Wo hat der Wind Sie hingetrieben?« fragte Griffiths, als sie sich die Hände schüttelten. »Ich glaubte, Sie seien bei Santa Cruz.«

»Da waren wir auch«, antwortete der andere. »Aber wir kamen schnell vorwärts, und jetzt liegt die ›Wonder‹ eben hier in der Gooma-Bucht und wartet auf Wind. Ein paar Buschleute erzählten mir, daß ein Kutter hier läge, und da kam ich, um nachzusehen. Nun, wie steht's?«

»Mäßig. Die Kopraschuppen sind beinahe leer, und es ist kein halbes Dutzend Tonnen Elfenbeinnüsse aufzutreiben. Alle Frauen hatten Fieber und rückten aus, und die Männer können sie nicht in die Sümpfe zurücktreiben. Es ist das reine Elend. Ich würde Sie bitten, ein Gläschen mit mir zu trinken, aber der Steuermann hat meine letzte Flasche ausgeleert. Ich flehe zum Himmel um ein bißchen Wind.«

Grief blickte mit großem Gleichmut vom einen zum andern und lachte.

»Ich freue mich«, sagte er, »daß die Windstille so lange anhielt. Das hat es mir ermöglicht, Sie zu besuchen. Mein Superkargo hatte noch eine kleine Rechnung für Sie, und ich habe sie mitgebracht.«

Der Steuermann blickte diskret zur Seite und überließ es seinem Schiffer, wie er sich herausbeißen wollte.

»Es tut mir leid, Grief, tut mir verdammt leid«, sagte Griffiths, »aber ich kann nicht; Sie müssen mir noch etwas Zeit lassen.« Grief lehnte sich gegen das Treppengeländer; unangenehme Überraschung malte sich auf seinen Zügen.

»Es ist doch wirklich toll«, meinte er, »wie die Leute auf den Salomons das Lügen lernen. Man kann ihnen aber auch nichts mehr glauben. Sie kennen doch Kapitän Jensen. Ich hätte auf seine Wahrheitsliebe geschworen. Und da erzählte er mir – es ist erst fünf Tage her – soll ich Ihnen sagen, was er mir erzählte?«

Griffiths fuhr sich mit der Zunge über die Lippen.

»Lassen Sie hören.«

»Nun, er erzählte mir, daß Sie ausverkauft hätten – alles ausverkauft, aufgeräumt, und daß Sie jetzt unterwegs nach den Neuen Hebriden wären.«

»Er ist ein verdammter Lügner!« rief Griffiths wütend.

Grief nickte: »Ja, das scheint mir auch. Er hatte sogar die Stirn, mir zu erzählen, daß er zwei Ihrer Stationen – Mauri und Kahula – von Ihnen gekauft hätte. Sagte, er habe Ihnen siebzehnhundert Sovereigns in Gold bezahlt für Lagerschuppen und Fässer, Waren, Kredit und Kopra.« Griffiths Augen zogen sich blitzschnell zusammen. Er wußte es selber nicht, aber Grief beobachtete ihn. »Und Parsons, Ihr Aufkäufer in Hickimavi, erzählte, daß die Fulcrum-Kompanie diese Station von Ihnen gekauft hätte. Wieso lügt der nun auch?«

Überreizt von Sonne und Krankheit, brach Griffiths jetzt los. Die ganze Bitterkeit seines Herzens trat in sein Gesicht und verzog seinen Mund zu einem Knurren.

»Sagen Sie, Grief, was für einen Sinn hat es, mir so zuzusetzen? Sie wissen ebensogut Bescheid wie ich, was sollen wir uns weiter vormachen? Ich habe ausverkauft und gehe fort, und Sie können mich nicht daran hindern.«

Grief zuckte die Achseln, und auf seinen Zügen zeigte sich auch nicht der Schatten eines Entschlusses. Er sah eher aus wie ein Mann, der sich in Verlegenheit befindet.

»Hier gilt kein Gesetz«, bemerkte Griffiths, um sein Übergewicht zu betonen. »Tulagi ist hundertfünfzig Meilen entfernt. Ich habe meine Zollscheine in Ordnung, bin hier auf meinem eignen Schiff. Nichts kann mich hindern, abzufahren. Sie haben kein Recht, mich zurückzuhalten, nur weil ich Ihnen ein bißchen Geld schulde. Und bei Gott, Sie können mich gar nicht halten! Machen Sie sich das mal klar!«

Der Ausdruck schmerzlicher Überraschung auf Griefs Gesicht vertiefte sich: »Also, Sie wollen mich um die zwölfhundert bringen, Griffiths?«

»Ja, soviel macht es wohl gerade, Alter. Und schimpfen hat gar keinen Zweck. Jetzt kommt der Wind auf. Es ist am besten, wenn Sie machen, daß Sie von Bord kommen, sonst könnte Ihr Kanu leicht kentern.«

»Wirklich, ich muß Ihnen recht geben, Griffiths. Ich kann Sie nicht halten.«

Grief suchte in der Tasche, die über seinem Revolvergurt hing, und zog ein zerknittertes Papier heraus.

»Aber das kann Sie vielleicht halten. Jetzt können Sie sich das mal klarmachen. Bitte!«

»Was heißt das?«

»Ein Vollstreckungsbefehl der Admiralität. Eine Flucht nach den Neuen Hebriden würde Sie nicht retten. Dies hat überall Gültigkeit.«

Griffiths zauderte. Er prüfte das Dokument und schluckte seine Wut hinunter. Mit hochgezogenen Brauen erwog er die neue Phase der Situation. Dann hob er plötzlich den Kopf, und jetzt drückte sein Gesicht volle Offenheit aus.

»Sie sind klüger, als ich dachte, Alter«, sagte er. »Sie haben mich fest am Kragen. Ich hätte Sie besser kennen sollen, ehe ich den Versuch machte, Sie zu prellen. Jacobsen sagte gleich, daß ich es nicht könnte, aber ich wollte nicht hören. Er hat recht behalten – und Sie auch. Ich habe das Geld unten. Kommen Sie mit, dann bringen wir's in Ordnung.«

Er schickte sich an, hinunterzugehen, und trat beiseite, um seinem Besucher den Vortritt zu lassen. Gleichzeitig blickte er über das Wasser nach einer dunklen Wolke, wo das Meer jetzt in Bewegung kam.

»Holen Sie ein!« sagte er zum Steuermann. »Setzen Sie die Segel, und machen Sie alles klar.«

Als Grief sich auf die Kante der Koje des Steuermanns ganz dicht vor den winzigen Tisch setzte, bemerkte er einen Revolver, dessen Kolben unter dem Kissen hervorlugte.

Auf der Tischplatte, die an Scharnieren von der Decke herabhing, befanden sich Tinte, Feder und ein abgenutztes Logbuch. »Wissen Sie, ich nehme es nicht so genau mit einem schmutzigen Streich«, begann Griffiths verächtlich. »Ich bin zu lange in den Tropen gewesen. Ich bin ein kranker, ein verdammt kranker Mann. Und Whisky, Sonne und Fieber haben mich auch moralisch krank gemacht. Nichts ist zu gemein und zu niedrig für mich. Ich kann gut begreifen, wenn die Nigger sich gegenseitig auffressen, die Köpfe rauben und dergleichen mehr. Ich könnte es auch. Und wenn ich Sie um den kleinen Betrag gebracht hätte, so würde ich es als einen hübschen Trick angesehen haben. Es tut mir leid, daß ich Ihnen nichts zu trinken anbieten kann.«

Grief antwortete nicht, und der andre machte sich geschäftig daran, eine große, verbeulte Schatulle aufzuschließen. Von Deck erklangen das Geschrei von Fistelstimmen und das Knarren und Rasseln der Blöcke, da die schwarze Mannschaft jetzt Großsegel und Besan setzte. Grief beobachtete eine große Küchenschabe, die über die gestrichene Holzbekleidung lief.

Mit einem gereizten Fluch trug Griffiths die Schatulle zur Treppe, um besser sehen zu können. Er neigte sich, seinem Besucher den Rücken zukehrend, über die Schatulle. Plötzlich streckte er die Hand nach der an die Treppe gelehnten Büchse aus und drehte sich schnell um.

»Rühren Sie sich nicht vom Fleck!« kommandierte er.

Grief lächelte, hob spöttisch die Augenbrauen und gehorchte. Seine Linke ruhte auf der Koje neben ihm, während seine Rechte auf dem Tisch lag. Sein Revolver hing offen an der rechten Hüfte. Aber seine Gedanken flogen zu dem andern Revolver unter dem Kissen.

»Huh!« höhnte Griffiths. »Jeden auf den Salomons haben Sie

hypnotisiert, aber mich haben Sie doch nicht gekriegt. Jetzt werde ich Sie samt Ihrem Vollstreckungsbefehl von meinem Schiff herunterwerfen – das heißt, sobald Sie getan haben, was ich von Ihnen verlange. Heben Sie das Logbuch auf ... Ich habe Ihnen gesagt, Grief, daß ich ein kranker Mann bin; ich würde Sie niederschießen, wie ich eine Schabe zerquetsche. Heben Sie das Logbuch auf, sage ich.«

Krank sah er wirklich aus; sein mageres Gesicht arbeitete nervös, so groß war die Wut, die ihn beherrschte.

Grief hob das Buch auf und legte es beiseite. Es lag das beschriebene Blatt eines Briefblocks darunter.

»Lesen Sie«, befahl Griffiths. »Lesen Sie laut.«

Grief gehorchte; während er las, begannen sich jedoch die Finger seiner Linken unendlich langsam und geduldig nach dem Revolverkolben unter dem Kissen zu bewegen. Er las:

»An Bord des Kutters ›Willi-Waw‹, Bombi-Bucht, Anna-Insel, Salomon-Archipel. Hiermit erkläre ich, mein volles Guthaben, welcher Art es immer sei, von Harrison J. Griffiths mit zwölfhundert Pfund Sterling heute erhalten zu haben.«

»Wenn ich diesen Wisch in der Hand habe«, grinste Griffiths, »ist Ihr Vollstreckungsbefehl von der Admiralität nicht einmal das Papier wert, worauf er geschrieben ist. Unterschreiben Sie.«

»Das hat gar keinen Zweck, Griffiths«, sagte Grief. »Ein unter Zwang unterschriebenes Dokument hat keine gesetzliche Gültigkeit.«

»Dann haben Sie ja auch wohl nichts dagegen einzuwenden, es zu unterschreiben.«

»Allerdings nicht; ich möchte Ihnen nur eine Menge Ärger ersparen, indem ich es nicht tue.«

Unterdessen hatten Griefs Finger den Revolver erreicht, und während er sprach, spielte seine Rechte mit dem Federhalter, und die Linke begann langsam und unauffällig die Waffe hervorzuziehen. Als seine Hand sich endlich um den Kolben schloß, und er den Mittelfinger auf den Drücker und den Zeigefinger auf den Zylinder gelegt hatte, überlegte er, wie er es machen sollte, schnell und ohne zu zielen mit der Linken zu schießen.

»Zerbrechen Sie sich meinetwegen nur nicht den Kopf«, stichelte Griffiths. »Und vergessen Sie nicht: Jacobsen wird bezeugen, daß ich Ihnen das Geld gegeben habe. Jetzt unterschreiben Sie, unterschreiben Sie Ihren vollen Namen David Grief und das Datum.«

Vom Deck erklang das Rasseln der Blöcke und das Knattern

der Seisinge gegen die Leinwand. In der Kajüte merkten sie, wie die »Willi-Waw« sich auf die Seite legte und sich dann in den Wind schwang und wieder aufrichtete. Noch zögerte David Grief. Von vorn kam das ruckweise Stoßen der Vorsegelfalle in den Scheibengatts. Das kleine Fahrzeug krengte wieder und man hörte das Glucksen und Schlagen der Wellen gegen die Kajütwände. »Los, beeilen Sie sich jetzt«, rief Griffiths. »Der Anker ist schon drin.«

Die Büchsenmündung war aus einer Entfernung von vier Fuß gerade auf ihn gerichtet, als Grief sich entschloß, zu handeln. Griffiths mußte bei einem plötzlichen Windstoß um sein Gleichgewicht kämpfen, und die Büchse schwankte.

Diesen Augenblick benutzte Grief. Er tat, als wolle er unterzeichnen, und gleichzeitig vollführte er mit katzenartiger Gewandtheit und Schnelligkeit etwas sehr Schwieriges. Er duckte sich tief, warf seinen Körper vorwärts, und zugleich tauchte seine Linke über dem Tisch auf. So genau war der Stoß berechnet, daß der Schuß in derselben Sekunde abging. Aber Griffiths war nicht weniger schnell. Er senkte, als der andre sich duckte, den Büchsenlauf und schoß, ohne zu zielen. Büchse und Revolver knallten gleichzeitig. Grief fühlte das brennende Stechen einer Kugel, die ihm die Schulter streifte, und war sich klar, daß er selbst nicht getroffen hatte.

Sein Vorstürzen brachte ihn Griffiths auf den Leib, bevor er einen zweiten Schuß abfeuern konnte, und ehe sein Gegner noch die Büchse losgelassen hatte, umklammerte er ihn schon mit beiden Armen und rannte ihm den Revolver in den Bauch. Zorn und Schmerz übermannten Grief, er wollte schon zum zweiten Male abdrücken, als er sich jedoch plötzlich faßte. Über die Treppe herunter konnte man das empörte Rufen seiner Gooma-Leute im Kanu hören.

Dies alles hatte nur Sekunden gedauert, und die Ereignisse folgten einander Schlag auf Schlag; er packte und umklammerte Griffiths und trug ihn mit rasender Schnelligkeit die steilen Stufen hinauf in den blendenden Sonnenschein. Ein Schwarzer stand grinsend am Steuer, und die »Willi-Waw« krengte im Winde und durchschnitt schäumend die Wellen. Das Gooma-Kanu fiel schnell ab.

Grief wandte den Kopf. Mittschiffs sah er den Steuermann, der, den Revolver in der Hand, auf ihn zusprang. Mit zwei Sprüngen – immer noch den hilflosen Griffiths umklammert – war Grief an der Reling und über Bord.

Eng umklammert versanken die beiden Männer, aber Grief machte sich mit einem Stoß seines Knies gegen die Brust des andern frei und zwang ihn tiefer hinunter, während er selbst an die Oberfläche kam. Kaum hatte sich sein Kopf im Sonnenschein gezeigt, als zwei Spritzer in rascher Folge und keine zwei Fuß entfernt ihn belehrten, daß Jacobsen mit einem Revolver umzugehen verstand.

Zu einem dritten Schuß fand er keine Gelegenheit mehr, denn Grief füllte seine Lunge mit Luft und tauchte erneut ab. Unter Wasser schwamm er rasch fort und kam erst wieder hoch, als er das Kanu mit seinen plätschernden Paddeln über sich sah. Als er hineinkletterte, sah er, wie die »Willi-Waw« in den Wind ging, um den Versuch zu machen, ihn vom Strande abzuschneiden. »Washee-washee!« rief Grief seinen Leuten zu. »Ihr fella machen schnell an Strand kommen. Schnell, ihr fella!«

Ohne sich zu schämen gab er den Kampf auf und ergriff das Hasenpanier. Da die »Willi-Waw« beidrehen mußte, um ihren Kapitän aufzufischen, erhielt Grief einen Vorsprung. Von allen Paddeln mit voller Kraft getrieben, schoß das Kanu hoch auf den Strand. Sie sprangen heraus und liefen schutzsuchend hinter Bäume. Ehe sie die Deckung jedoch erreichten, sahen sie dreimal den Sand vor ihren Füßen von den Kugeln des Feindes aufstieben. Dann hatte der grüne Dschungel sie aufgenommen. Grief beobachtete, wie die »Willi-Waw« jetzt ihren Kurs änderte, durch die Durchfahrt hinausfuhr und dann, da sie den Wind jetzt dwars hatte, Leinwand einholte. Als das Schiff die Landspitze passierte, konnte er noch sehen, wie das Großsegel überschwang, dann war es seinem Blick entschwunden.

Einer der Gooma-Leute, ein fast fünfzigjähriger, durch Hautkrankheiten und Narben abscheulich entstellter Schwarzer, blickte ihm grinsend ins Gesicht:

»Mein Wort, das fella Kapitän zu böse auf dich.«

Grief lachte und führte seine Leute zum Kanu zurück.

Wie viele Millionen David Grief schwer war, wußte keiner auf den Salomon-Inseln, denn in der ganzen Südsee konnte man seine Plantagen und Schiffe treffen. Von Samoa bis Neuguinea, ja, bis nördlich vom Äquator lagen seine Besitzungen verstreut. Er besaß die Konzession für Perlenfischerei auf den Paumotus, und obgleich sein Name nicht genannt wurde, war er doch in Wirklichkeit identisch mit der deutschen Gesellschaft, die auf den französischen Marquesas Handel trieb. Seine Handelsstationen lagen wie auf Schnüren aufgereiht auf allen Inselgruppen, und er besaß unzählige Schiffe, die die Verbindung zwischen ihnen unterhielten. Ihm gehörten Atolle, die so entlegen und klein waren, daß seine kleinsten Schoner und Kutter die einsamen Verwalter nur einmal jährlich besuchten. Seine Büros nahmen drei Stockwerke in der Castlereagh Street in Sydney ein. Aber nur selten war er hier zu treffen. Er zog es vor, stets von einer Insel nach der andern zu fahren, neue Möglichkeiten aufzuspüren, zu inspizieren und aufzurütteln, immer dort zu sein, wo das Leben am abenteuerlichsten war.

Er kaufte das Wrack der »Gavonne«, eines großen Dampfers, für ein Ei und ein Butterbrot. Mit ihrer Bergung vollbrachte er fast Unmögliches, steckte aber einen Reinverdienst von einer Viertelmillion in die Tasche.

Auf den Louisiaden pflanzte er die ersten Gummibäume, und in Bora-Bora rottete er die Südsee-Baumwolle aus und ließ die fröhlichen Insulaner statt dessen Kakao pflanzen. Er war es auch, der von der öden Insel Lallu-Ka Besitz ergriff und sie mit Polynesiern vom Ontong-Java-Atoll bevölkerte, die er viertausend Morgen mit Kokospalmen bepflanzen ließ.

Und er war es ebenfalls, der die streitsüchtigen Häuptlinge von Tahiti miteinander versöhnte und der den Handel auf der Phosphatinsel Hikiku in Schwung brachte.

Seine eigenen Schiffe warben Arbeiter für seine Plantagen. Sie brachten Leute von Santa Cruz nach den Neuen Hebriden, Neu-Hebriden-Leute nach den Banks-Inseln und Kopfjäger von Malaita nach Neugeorgien. Von Tonga bis zu den Gilbert-Inseln, ja bis zu den Louisiaden, versorgte er die Inseln mit Arbeitskräften. Kiele seiner Schiffe pflügten alle Meere. Er besaß drei Dampfer, die regelmäßig die Inseln anliefen, aber er selbst fuhr selten mit ihnen, da er die primitiveren Segler vorzog.

Obgleich mindestens vierzig Jahre alt, wirkte er doch wie ein Dreißigjähriger. Alte Küstenbewohner erinnerten sich noch seiner Ankunft vor gut zwanzig Jahren, und damals schon hatte der blonde Bart seidenweich seine Lippen umspielt. Im Gegensatz zu den meisten andern Weißen liebte er die Tropen. Seine Haut mußte ein glänzendes Schutzpigment enthalten. Er war geboren, um unter der Sonne zu leben. Nicht einer von Zehntausenden war so widerstandsfähig gegen die Sonnenstrahlen wie er. Es war, als ob die unsichtbaren, unendlich schnellen Lichtstrahlen nicht die Macht hatten, sich in ihn einzubohren wie in andre weiße Männer. Denen durchdrangen sie die Haut und zerrissen und zermürbten ihnen Gewebe und Nerven, bis sie, krank an Körper und Seele, die meisten der zehn Gebote über Bord warfen und zum Tier herabsanken, sich früh ins Grab tranken oder so verwilderten, daß man zuweilen Kriegsschiffe schicken mußte, um sie zu zähmen.

David Grief aber war ein wahrer Sohn der Sonne, er gedieh in jeder Beziehung. Er wurde kaum brauner mit den Jahren, aber seine Haut erhielt den Hauch eines goldenen Schimmers, wie er den Polynesiern eigen ist. Die blauen Augen jedoch behielten ihre Farbe, sein Bart blieb blond, und seine Züge waren unverkennbar die, welche seit Jahrhunderten die englische Rasse kennzeichnen. Englisches Blut strömte durch seine Adern, obwohl Leute, die genau Bescheid wissen wollten, behaupteten, daß er von Geburt Amerikaner sei. Nicht wie andre war er nach der Südsee gekommen, um sich ein Heim zu gründen. Er war überall zu Hause. Zuerst war er auf den Paumotus aufgetaucht, und zwar auf einer winzigen Schonerjacht, deren Besitzer er war, ein junger Mann auf der Jagd nach Romantik und Abenteuern an den sonnigen Tropenküsten.

Seine Ankunft fand in einem Orkan statt, der ihn mit seiner Jacht und allem, was darinnen war, durch eine riesige Woge dreihundert Schritt landeinwärts mitten in ein Kokospalmenwäldchen setzte.

Sechs Monate später wurde er durch einen Perlenfischer gerettet, aber da war ihm die Sonne schon ins Blut gedrungen. Statt mit einem Dampfer heimzufahren, kaufte er sich in Tahiti einen Schoner, befrachtete ihn mit Waren und begab sich auf einen Zug durch den gefährlichen Archipel.

Und das Gold, das sich ihm ins Gesicht brannte, floß ihm geschmolzen zu den Händen wieder heraus. Es war, als ob das Gold an ihm hängenbliebe, aber er spielte das Spiel nicht um des Goldes, sondern um des Spieles selbst willen. Es war Männerspiel, dieser rauhe Verkehr mit Abenteurern vom selben Schlage wie er, Menschen aller Rassen, und es war ein gutes Spiel. Aber mehr noch bedeutete ihm alles übrige, was das Leben eines Südseevagabunden ausmacht – der Geruch der Riffe; das endlos wimmelnde Leben der Korallen unter dem blanken Spiegel der Lagunen; die schreienden Farben des Sonnenaufgangs, die sich mit gesetzloser Willkür über den Himmel ausbreiteten; die palmenbekränzten, ins tiefste Türkisblau gestreuten Inselchen; die befeuernde Trunkenheit des Passats, das regelmäßige Auf und Nieder der schaumgekrönten Wogen, das sich wiegende Deck unter seinen Füßen, die straffgespannten Segel über seinem Haupte; die blumengeschmückten, goldhäutigen Männer und Frauen Polynesiens, halb Kinder und halb Götter; und selbst die heulenden Wilden Melanesiens, die Kopfjäger und Menschenfresser, halb Teufel und ganz wilde Tiere.

Und dieser Lieblingssohn der Sonne, dieser vielfache Millionär ließ sich aus reinem Überfluß an Energie und Lebensfreude auf seinen weiten Fahrten aufhalten, um sich mit Harrison J. Griffiths um einer elenden Summe Geldes willen zu messen. Es war dies eine seiner Launen, ein Einfall, der Ausdruck seines Ichs und der ihn durchströmenden Sonnenwärme. Es war ein Scherz, ein Witz, eine Aufgabe, ein bißchen Spielerei, aber er setzte aus reinem Vergnügen das Leben dabei aufs Spiel.

Der frühe Morgen fand die »Wonder« dicht unter der Küste von Guadalcanar. Vor dem ersterbenden Hauch des Landwindes glitt sie ganz träge durchs Wasser. Im Osten versprachen schwere Wolkenmassen die Auferstehung des Passats mit heftigen Windstößen und Regenböen. Vor ihr segelte in derselben Richtung ein kleiner Kutter, den die »Wonder« langsam überholte. Es war jedoch nicht die »Willi-Waw«, und Kapitän Ward von der »Wonder« meldete, als er das Glas vom Auge sinken ließ, daß das Fahrzeug »Kauri« hieße.

Grief, der gerade an Deck gekommen war, seufzte bedauernd. »Schade, daß es nicht die ›Willi-Waw‹ ist«, sagte er.

»Sie lassen sich auch nicht gern schlagen«, bemerkte Denby, sein Superkargo, mitfühlend.

»Nein, weiß Gott!« Grief lachte fröhlich. »Es ist meine feste Überzeugung, daß Griffiths ein Lump ist und daß er mich gestern niederträchtig behandelt hat. ›Unterschreiben Sie‹, sagte er, ›unterschreiben Sie Ihren vollen Namen David Grief und das Datum.‹ Und Jacobsen, diese kleine Ratte, war mit ihm im Bunde. Es war glatte Seeräuberei, ganz wie in den Tagen von Bully Hays.«

»Wenn Sie nicht mein Brotherr wären, Herr Grief, würde ich Ihnen mal meine Meinung sagen«, fuhr es aus Kapitän Ward heraus.

»Genieren Sie sich nicht und legen Sie los«, ermunterte ihn Grief.

»Na schön –« Der Kapitän zögerte und räusperte sich.

»Wenn man so viel Geld hat wie Sie, muß man ein Narr sein, um sich so in Gefahr zu begeben, wie Sie es bei diesen beiden Halunken getan haben. Weshalb taten Sie es eigentlich?«

»Offen gestanden, Kapitän, weiß ich es selber nicht. Ich glaube, ich mußte es tun. Haben Sie einen andern Grund, wenn Sie etwas tun?«

»Er wird Ihnen noch eines schönen Tages eine Kugel durch den Kopf jagen«, brummte Kapitän Ward zur Antwort, dann ging er ins Kompaßhäuschen, um ein Vorgebirge zu peilen, das soeben sein Haupt durch die Wolken steckte, die Guadalcanar bisher eingehüllt hatten.

Der Landwind machte noch eine letzte Anstrengung, und die »Wonder« glitt durchs Wasser und legte sich neben die »Kauri«.

Grüße wurden gewechselt, dann rief David Grief:

»Habt Ihr was von der ›Willi-Waw‹ gesehen?«

Der Kapitän, mit Schlapphut und barfüßig, zog den Strick fester, der ihm den blauen Lendenschurz zusammenhielt, und spuckte den Tabaksaft über Bord. »Aber sicher«, antwortete er. »Griffiths lag letzte Nacht vor Savo, nahm Schweine, Jams und frisches Wasser über. Es sah aus, als hätte er eine lange Fahrt vor, aber er sagte nein. Warum meinen Sie? Wollen Sie ihn sprechen?«

»Ja – wenn Sie ihn aber früher sehen sollten als ich, dann sagen Sie ihm nichts davon.«

Der Kapitän nickte und dachte ein wenig nach, dann ging er schnell nach vorn, um möglichst neben dem andern zu bleiben, dessen Schiff schneller fuhr.

»Halt!« rief er plötzlich. »Jacobsen sagte mir, daß sie heut nachmittag nach Gabera kommen würden, sagte, sie würden über Nacht dort liegenbleiben, um Bataten zu laden.«

»Gabera hat doch das einzige Leuchtfeuer im Salomon-Archipel, nicht wahr?« sagte Grief, während der Kutter immer mehr abfiel. »Stimmt das nicht, Kapitän Ward?«

Der Kapitän nickte.

»Und die kleine Bucht hinter dem Vorgebirge hier ist doch ein schlechter Ankerplatz?«

»Überhaupt keiner, nur Korallenklippen und Sandbänke. Die ›Molly‹ wurde dort vor drei Jahren vollkommen erledigt.«

Grief starrte eine ganze Minute mit glanzlosen Augen vor sich hin, dann umspielten Fältchen seine Augen, und seine blonden Schnurrbartspitzen hoben sich mit einem Lächeln.

»Wir ankern vor Gabera«, sagte er. »Aber laufen Sie erst die kleine Bucht an, ich möchte gern mit dem Boot an Land, wenn wir das Vorgebirge passieren. Geben Sie mir sechs Mann mit Gewehren mit. Morgen früh werde ich wieder an Bord sein.« Das Gesicht des Kapitäns nahm zuerst einen mißtrauischen, dann einen vorwurfsvollen Ausdruck an.

»Ach, nur ein kleiner Scherz, Kapitän«, entschuldigte sich Grief wie ein Schuljunge, der bei einem Streich ertappt wird.

Kapitän Ward grunzte, Denby aber war sichtlich belebt.

»Ich möchte gern mitkommen, Herr Grief«, sagte er. Grief nickte zustimmend.

»Holen Sie ein paar Beile und Messer«, sagte er. »Ja, halt, auch ein paar helle Laternen. Und sorgen Sie dafür, daß sie genügend mit Öl versehen sind.«

Eine Stunde vor Sonnenaufgang zog die »Wonder« an der kleinen Bucht vorbei. Der Wind hatte aufgefrischt, und die See wurde bewegt. Die Sandbänke dicht vor der Küste waren schon weiß vor Schaum, die draußen liegenden zeichneten sich durch die Färbung des Wassers ab. Während der Schoner in den Wind ging und Klüver und Stag braßte, wurde das Walboot ausgeschwungen. Sechs fast nackte Santa-Cruz-Leute sprangen hinein, jeder mit einer Büchse bewaffnet. Denby ließ sich mit den Laternen auf dem Achtersitz nieder. Grief folgte ihm, blieb aber einen Augenblick auf der Reling sitzen. »Jetzt beten Sie, daß wir eine dunkle Nacht kriegen, Kapitän«, sagte er.

»Die kriegen wir«, erwiderte Kapitän Ward. »Der Mond scheint nicht, so daß die Wolken am Himmel nicht zu sehen sind. Übrigens müssen wir auf stürmisches Wetter gefaßt sein.«

Die Prophezeiung ließ Griefs Gesicht aufleuchten, so daß der Goldschimmer seiner sonnengebräunten Haut noch deutlicher wurde. Mit einem Sprung stand er neben dem Superkargo.

»Loswerfen!« befahl Kapitän Ward. »Rad über! So! Los!«

Die »Wonder« braßte mit prallen Segeln und lief weiter um das Vorgebirge herum nach Gabera, während das Walboot unter dem Druck von sechs Riemen von Grief nach der Küste gesteuert wurde. Mit fabelhafter Geschicklichkeit durchfuhr er den engen, gewundenen Kanal, der für kein größeres Fahrzeug als ein Walboot schiffbar gewesen wäre, bis sie die Sandbänke hinter sich hatten und auf den stillen, wellenbespülten Strand auffuhren.

Die nächsten Stunden hatten sie alle Hände voll zu tun. Grief ging zwischen den Kokospalmen und dem Buschholz von Baum zu Baum.

»Fällt dies fella Baum. Fällt das fella Baum«, sagte er zu seinen Schwarzen. »Nicht fällen dies fella Baum«, meinte er kopfschüttelnd.

Schließlich war ein keilförmiger Ausschnitt im Busch gelichtet. Unten am Strande stand noch eine einzige Palme, am oberen Ende der Rodung eine zweite. Die Dunkelheit senkte sich herab, als die Laternen angezündet und in den Wipfeln der beiden Bäume befestigt wurden.

»Die äußere Laterne hängt zu hoch«, meinte Grief nach einem kritischen Blick. »Hängen Sie sie zehn Fuß tiefer, Denby.«

Die »Willi-Waw« schoß unter dem starken Druck der vorbeiziehenden Bö durchs Wasser. Dann setzten die Schwarzen das Großsegel, das man gestrichen hatte, weil der Wind zu stark gewesen war. Jacobsen, der das Manöver überwachte, befahl, die Falle festzumachen, dann ging er nach vorn und trat neben Griffiths. Beide starrten gespannt in die Dunkelheit, die wie eine blasse Wand vor ihnen stand und auf die sie geradewegs lossteuerten. Angestrengt lauschten sie, um das Brechen der Wellen an dem unsichtbaren Strande zu vernehmen. Nur nach diesem Geräusch konnten sie jetzt steuern.

Der Wind legte sich, die Wolken lichteten sich, die Sterne schimmerten trübe hindurch, und bei ihrem Schein sahen sie die schwachen Umrisse einer buschbekleideten Küste. Gerade voraus erschienen die zackigen Konturen eines felsigen Vorgebirges, auf das beide Männer jetzt den Blick richteten.

»Kap Amboy«, verkündete Griffiths. »Tiefes Wasser bis an die Küste. Nehmen Sie das Ruder, Jacobsen, bis wir den Kurs haben.«

Der Steuermann rannte barfuß und von Regen triefend nach achtern und schob den Schwarzen vom Rade fort.

»Welcher Kurs?« rief Griffiths.

»Süd, einen Strich West!«

»Gehen Sie Süd zu West. Stimmt es?«

»Süd zu West stimmt.«

Griffiths beobachtete die scheinbar veränderte Lage von Kap Amboy. Er mußte glauben, daß sie falsch steuerten.

»Und ein halb West!« rief er.

»Und ein halb West!« lautete die Antwort.

»Recht so! Genug!«

Jacobsen ließ den Schwarzen wieder ans Rad. »Du steuern gut fella, du wissen«, warnte er. »Kein gut fella, ich schlagen dir deinen verdammten schwarzen Schädel ein.«

Dann begab er sich wieder nach vorn zu Griffiths.

Die Wolken zogen sich von neuem zusammen und verbargen die Sterne. Der Wind wuchs wieder und fuhr heulend durch die Takelung.

»Nehmen Sie die Großschot«, schrie Griffiths dem Steuermann ins Ohr und beobachtete scharf die Bewegungen des Kutters.

Das Schiff krengte so stark, daß die Reling ganz unter Wasser geriet, und der Kapitän suchte Stärke und Stetigkeit des Windes zu berechnen. Das laue Wasser, das von winzigen, phosphoreszierenden Kügelchen schimmerte, umspülte ihm die Knöchel. Der Wind pfiff in einem höheren Ton, und jede Wante, jedes Stag kreischte mit, während die »Willi-Waw« sich vorwärts krengte.

»Großsegel nieder!« schrie Griffiths, sprang ans Gaffelnockfall, stieß den Schwarzen beiseite und warf los.

Jacobsen tat dasselbe am Klaufall. Das schwere Segel rasselte herunter, und schreiend und heulend stürzten sich die Schwarzen über die wogende Leinwand. Im Dunkeln stieß der Steuermann auf einen, der sich versteckt hatte, aber ein Faustschlag ins Gesicht trieb ihn an die Arbeit.

Die Bö hatte jetzt ihren Höhepunkt erreicht, und die »Willi-Waw« jagte schäumend unter verminderten Segeln dahin. Wieder standen die beiden Männer vorn und suchten vergebens mit ihren Blicken den waagerecht peitschenden Regen zu durchdringen.

»Es wird schon gehen«, meinte Griffiths. »Der Regen wird nicht lange dauern. Wir halten den Kurs, bis wir die Feuer sehen. Wir haben dreizehn Faden Wasser. Sie können das Großsegel beschlagen. Wir brauchen es heute nicht mehr.«

Eine halbe Stunde später wurden seine müden Augen durch den Anblick zweier Lichter belohnt.

»Da sind sie, Jacobsen. Ich nehme selbst das Ruder. Halten Sie das Stagsegel fertig zum Fallen. Lassen Sie die Nigger springen.«

Griffiths begab sich ans Rad und setzte den Kurs so, daß er die beiden Feuer in einer Linie hatte; dann legte er plötzlich um und fuhr direkt auf sie zu. Er hörte das Brechen und Brüllen der Brandung, glaubte aber nicht, daß sie so nahe wäre. Es mußte ja Gabera sein.

Er hörte den Schreckensschrei des Steuermanns und drehte mit aller Gewalt das Rad, als die »Willi-Waw« auch schon auflief. Im selben Augenblick stürzte der Großmast zersplittert über Bord. Fünf wahnsinnige Minuten folgten. Alle klammerten sich fest, der Schiffsrumpf hob sich und krachte dann wieder auf die spröden Korallen, während die warmen Wellen über ihn hinwegspülten. Knirschend drehte sich die »Willi-Waw«, arbeitete sich los und lag schließlich in einem verhältnismäßig ruhigen Kanal.

Griffiths setzte sich auf den Rand der Kajüte, er hatte den Kopf auf die Brust gesenkt und war stumm vor Zorn und Verzweiflung. Einmal hob er den Kopf, um in die beiden Lichter zu starren, die – eines höher als das andere – in gerader Linie hintereinanderlagen.

»Das sind sie«, sagte er. »Aber das ist doch nicht Gabera. Zum Teufel, was ist denn?«

Während die Brandung noch brüllend ihren Sprühregen über die Sandbänke spritzte, erstarb der Wind, und die Sterne kamen wieder zum Vorschein. Von der Landseite her ertönten Ruderschläge.

»Was ist los? – Habt Ihr Erdbeben gehabt?« rief Griffiths. »Das Fahrwasser ist ja ganz verändert. Hundertmal habe ich hier in dreizehn Faden Tiefe Anker geworfen. Sind Sie's, Wilson?«

Ein Walboot kam längsseits, und ein Mann kletterte über die Reling. In dem schwachen Licht sah Griffiths, wie sich eine automatische Pistole gegen sein Gesicht richtete, und als er aufblickte, erkannte er David Grief.

»Nein, hier haben Sie nie geankert«, lachte Grief. »Gabera liegt hinter dem Vorgebirge, und ich fahre dorthin, sobald ich mein kleines Guthaben von zwölfhundert Pfund einkassiert habe. Über die Quittung werden wir uns nicht streiten, ich gebe Ihnen einfach meine Rechnung.«

»Das habe ich also Ihnen zu verdanken«, schrie Griffiths und sprang in einem plötzlichen Wutanfall auf die Füße. »Sie haben diese Irrlichter angezündet und mich auf Grund gesetzt, und ich –«

»Immer ruhig!« Griefs Stimme klang hart und drohend. »Darf ich Sie ersuchen, herauszurücken mit den zwölfhundert.«

Griffiths überkam eine grenzenlose Ohnmacht. Tiefer Abscheu überwältigte ihn, Ekel vor dem Sonnenlande und vor der Sonnenkrankheit, vor der Nutzlosigkeit aller seiner Anstrengungen, vor diesem blauäugigen, goldhäutigen Manne, der ihm so überlegen war und ihm diese Niederlage zugefügt hatte.

»Jacobsen«, sagte er, »wollen Sie die Kasse öffnen und diesem Blutsauger zwölfhundert Pfund auszahlen.«

P. G. Wodehouse
Ukridges Hunde-Akademie

»Jungchen«, sagte Stanley Featherstonehaugh Ukridge, ein vom Schicksal vielgeprüfter Mann, bediente sich reichlich aus meinem Tabaksbeutel und ließ ihn dann in seiner Tasche verschwinden, »paß auf, du Schlawiner.«

»Was ist?« fragte ich und holte mir meinen Beutel wieder.

»Hättest du Lust, ein immenses Vermögen zu verdienen?«

»Immer.«

»Dann schreib meine Biografie. Greif in die Tasten deiner Schreibmaschine und bring sie zu Papier, und dann teilen wir uns das Honorar. Vor kurzem hab' ich nochmal deine bisherigen Produkte durchgelesen, altes Roß, und ich finde, du stellst es falsch an. Dein Fehler ist, daß du nicht ins volle Menschenleben hineingreifst. Du denkst dir irgendeine x-beliebige Story aus und hackst sie aufs Papier. Aber wenn du dich an meine Lebensgeschichte machen würdest, dann hättest du was wirklich Lohnendes. Damit läßt sich eine Stange Geld machen, mein Alter – Vorabdruckrechte für England und Amerika, Buchrechte, Bühnenrechte, Filmrechte –, also glaub mir, vorsichtig geschätzt könnten wir pro Nase mindestens fünfzigtausend Pfund abkassieren.«

»So viel?«

»Ohne weiteres. Und noch was, Jungchen, hör zu. Du bist ein feiner Kerl, und wir sind alte Freunde. Deshalb überlasse ich dir meinen Anteil an den englischen Vorabdruckrechten für hundert Pfund in bar.«

»Und was glaubst du, woher ich hundert Pfund nehmen soll?«

»Na schön, sagen wir die englischen und amerikanischen Vorabdruckrechte für fünfzig.«

»Du hast deinen Kragenknopf verloren.«

»Wie wär's mit meinem Anteil an sämtlichen Rechten für lumpige fünfundzwanzig?«

»Ohne mich.«

»Weißt du was, altes Roß?« sagte Ukridge strahlend. »Gib mir fürs erste mal drei Schilling, und dann sehen wir weiter.«

Wenn nun also die wichtigsten Ereignisse in Stanley Featherstonehaugh Ukridges unrühmlicher Laufbahn ans Licht der

Öffentlichkeit gelangen sollen anstatt, wie manche wohl wünschen mögen, schamhaft totgeschwiegen zu werden, dann bin ich vermutlich am ehesten berufen, sie aufzuzeichnen. Ukridge und ich sind seit unserer gemeinsamen Schulzeit unzertrennlich. Schulter an Schulter haben wir auf dem Cricketfeld gestanden, und als er von der Schule flog, hat niemand das mehr beklagt als ich. Dieser Rausschmiß war eine höchst widrige Angelegenheit. Mit Schulordnungen mußte ja ein unkonventioneller Kopf wie Ukridge immer wieder in Konflikt geraten, und schließlich verstieß er gegen die strengste aller Regeln, indem er sich eines Nachts ins Dorf schlich, wo gerade Jahrmarkt war, um an der Schießbude sein Geschick zu erproben. Er hatte sich bei dieser Expedition umsichtigerweise einen roten Bart und eine Pappnase angeklebt, jedoch wurde diese perfekte Tarnung leider dadurch wirkungslos, daß er während der ganzen Zeit seine Schulmütze trug. Er verließ uns am nächsten Morgen zum Leidwesen aller.

Danach verloren wir uns für einige Zeit aus den Augen. Ich ging nach Cambridge, um ein gebildeter Mensch zu werden, und Ukridge, soweit ich das seinen spärlichen Briefen und den Berichten gemeinsamer Bekannter entnehmen konnte, sauste währenddessen in der Weltgeschichte umher. Einer sah ihn in New York von Bord eines Viehfrachters kommen, ein anderer begegnete ihm in Buenos Aires. Wieder ein anderer berichtete mit Bedauern, wie er in Monte Carlo von Ukridge angequasselt und um fünf Pfund erleichtert worden war. Erst als ich mich in London niederließ, kehrte er in mein Leben zurück. Wir trafen uns eines Tages am Piccadilly Circus und nahmen unsere Verbindung da wieder auf, wo sie abgerissen war. Alte Schulfreundschaften sind ohnehin haltbar, und die Tatsache, daß er ungefähr meine Größe hatte und deshalb meine Socken und Hemden tragen konnte, machte ihn noch anhänglicher.

Dann verschwand er wieder, und es vergingen zwei, drei Wochen, bis ich wieder von ihm hörte.

Es war George Tupper, der Nachrichten brachte. George war während meines letzten Schuljahres unser Primus gewesen, und er hat die großen Hoffnungen, zu denen er damals berechtigte, nicht enttäuscht. Er bekleidet heute einen hohen Posten im Außenministerium. Er hat ein mildtätiges, butterweiches Herz und nimmt die Sorgen anderer Leute sehr ernst. Schon oft hatte er bei mir bewegte Klage über Ukridges verschlungenen Lebensweg geführt, und während er jetzt sprach, schien ihn die Genugtuung eines Vaters über die Heimkehr des verlorenen Sohns zu erfüllen.

»Hast du schon gehört?« fragte George Tupper. »Ukridge ist endlich seßhaft geworden. Wohnt jetzt bei einer Tante, die eine dieser Prachtvillen in Wimbledon besitzt. Sehr reiche Dame. Ich freue mich für ihn. Jetzt ist für den Jungen die Zukunft gesichert.«

Vielleicht hatte er recht, aber mir erschien dieses zahme Abgleiten in die Gesellschaft einer reichen Tante in Wimbledon als ein unpassendes, fast tragisches Ende einer so abwechslungsreichen Karriere wie der Ukridges. Und als ich dem Mann eine Woche später begegnete, wurde mir das Herz noch schwerer.

Es war in der Oxford Street zu der Stunde, wenn die Damen aus den Villenvororten zum Einkaufen hereinkommen; und er stand inmitten der Hunde und Chauffeure vor Selfridge's. Er war beladen mit Päckchen, sein Gesicht starr und bleich vor Unbehagen, und er war so adrett angezogen, daß ich ihn erst gar nicht erkannte. Er war mit allem ausstaffiert, was der elegante Herr so trägt, vom Bowlerhut bis zu den Lacklederschuhen; und er litt, wie er mir schon in der ersten Minute anvertraute, die Qualen der Verdammten. Die Schuhe waren ihm zu eng, der Hut drückte, und der Kragen war schlimmer als beides zusammen.

»Ich muß die Klamotten ihretwegen tragen«, sagte er mißmutig, nickte in Richtung auf das Kaufhausinnere und japste, weil ihm der Kragen bei dieser Bewegung den Hals zuschnürte.

»Trotzdem«, sagte ich, um ihn auf andere Gedanken zu bringen, »geht es dir doch bestimmt glänzend. George Tupper sagt, daß deine Tante steinreich ist. Wahrscheinlich lebst du wie die Made im Speck.«

»Speis und Trank sind ja auch in Ordnung«, gab Ukridge zu. »Aber dieses Leben macht einen fertig, Jungchen. Fix und fertig, alter Knabe.«

»Warum kommst du mich nicht mal besuchen?«

»Ich darf abends nicht raus.«

»Soll ich dann mal zu dir kommen?«

Blankes Entsetzen leuchtete aus den Augen unter dem Bowlerhut.

»Um Gotteswillen, Jungchen, bloß nicht«, sagte Ukridge eindringlich. »Bloß nicht. Du bist ja ein netter Kerl – mein bester Freund und so – aber weißt du, meine Position in ihrem Haus ist alles andere als gefestigt, und wenn du dort aufkreuzt, würde mein Prestige auf den Nullpunkt sinken. Tante Julia würde dich ungepflegt finden.«

»Ich bin aber nicht ungepflegt!«

»Du wirkst aber ungepflegt. Du trägst eine Schlägermütze und ein Sporthemd. Und nimm's mir nicht übel, alter Freund, aber ich glaube, es ist besser, wenn du dich jetzt trollst, bevor sie herauskommt. Mach's gut, Jungchen.«

»Armer Kerl«, murmelte ich traurig, während ich die Oxford Street hinunterging. »Vom Wohlstand verdorben.«

Ich hätte meinen Ukridge besser kennen und mehr Vertrauen haben sollen. Ich hätte wissen müssen, daß ein Londoner Vorort für ihn genauso wenig ein Dauerdomizil sein konnte wie Elba für Napoleon.

Eines Nachmittags, als ich das Haus in der Ebury Street betrat, in dem ich zu dieser Zeit eine Zwei-Zimmer-Wohnung im ersten Stock gemietet hatte, entdeckte ich meinen Hauswirt Bowles in lauschender Haltung am Fuß der Treppe.

»Guten Tag, Sir«, sagte Bowles. »Oben wartet ein Gentleman auf Sie. Ich dachte eben, ich hätte ihn rufen gehört.«

»Wie heißt er denn?«

»Ein Mr. Ukridge, Sir. Er ...«

Eine kräftige Stimme kam dröhnend von oben.

»Bowles, alter Knabe!«

Bowles war, wie alle Vermieter möblierter Wohnungen in den südwestlichen Bezirken Londons, ein ehemaliger Butler, und wie alle ehemaligen Butler umgab ihn eine Aura würdevoller Überlegenheit, die mir stets das Gefühl vermittelte, klein und häßlich zu sein. Er war ein korpulenter Mann mit Glatze und grünlichen, leicht hervorstehenden Augen – Augen, die mich immer, wie es schien, abwogen und zu leicht befanden, so als wollten sie sagen »Hm! Jung – noch sehr jung. Und gar nicht das, was ich aus den vornehmen Häusern gewohnt bin.« Als ich hörte, wie diese würdige Gestalt mit »alter Knabe« angeredet, ja sogar angerufen wurde, erschien mir das als genauso ein Verstoß gegen die göttliche Ordnung, wie wenn jemand dem Erzbischof von Canterbury einen Klaps auf die Schulter gegeben hätte. Es verschlug mir daher den Atem, als jener nicht nur nachsichtig, sondern geradezu beflissen reagierte.

»Ja, Sir?« flötete Bowles.

»Bringen Sie mir sechs Knochen und einen Korkenzieher.«

»Sofort, Sir.«

Bowles zog sich zurück, und ich stürmte die Treppe hinauf und riß die Tür zu meinem Wohnzimmer auf.

»Allmächtiger!« stieß ich hervor.

Der Raum war übersät mit Pekinesen. Genauere Untersuchungen ergaben, daß es sich nur um sechs handelte, aber im ersten Augenblick kam es mir wie hunderte vor. Glubschaugen, wohin ich sah. Der Boden war ein einziges Gewoge von wedelnden Schwänzen. Mit dem Rücken an den Kaminsims gelehnt und behaglich rauchend stand Ukridge.

»Tag, Jungchen«, sagte er mit einer lässigen Handbewegung, die zu besagen schien, ich solle mich hier ruhig wie zuhause fühlen. »Du kommst gerade richtig. Ich muß mich nämlich eilen, damit ich den Zug in einer Viertelstunde kriege. Kusch, ihr Tölen!« brüllte er dann, und die sechs Pekinesen, die seit meinem Eintreten unentwegt gebellt hatten, brachen mitten im Gekläff ab und waren still. Ukridge schien auf Lebewesen höherer Ordnung von Butlern bis zu Pekinesen eine magische Kraft auszustrahlen, die schon ans Unheimliche grenzte. »Ich fahre nach Sheep's Cray in Kent. Hab' mir da ein Häuschen gemietet.«

»Willst du dort hinziehen?«

»Ja.«

»Und was ist mit deiner Tante?«

»Ach, ich hab' mich von ihr getrennt. Weißt du, das Leben ist eine ernste Sache, und wenn ich zu Reichtum kommen will, muß ich mich tummeln und darf mich nicht in einem Nest wie Wimbledon vergraben.«

»Da ist was dran.«

»Außerdem hat sie mich wissen lassen, daß ihr von meinem bloßen Anblick übel werde, und sie wolle mich nie mehr wiedersehen.«

Ich hätte schon gleich, als ich ihn sah, darauf kommen müssen, daß gravierende Veränderungen stattgefunden hatten. Die aufwendige Garderobe, die ihn zu einer solchen Augenweide gemacht hatte, war nicht mehr, und er trug wieder seine prä-Wimbledonischen Sachen, die sich, wie es die Modejournale nennen, durch eine sehr individuelle Note auszeichneten. Über seinen grauen Flanellhosen, einer Golfjacke und einem braunen Pullover trug er wie eine königliche Robe einen leuchtend gelben Regenmantel. Sein Kragen hatte sich vom Kragenknopf gelöst und ließ einige Fingerbreit seines nackten Halses sehen. Sein Haar war zerzaust, und seine ausgeprägte Nase wurde von einer leicht verbogenen Nickelbrille gekrönt, deren mit Isolierband umwickelte Bügel hinter seinen abstehenden Ohren festgehakt waren. Seine ganze Erscheinung hatte etwas Rebellisches an sich.

Bowles erschien mit einem Teller Knochen.

»Danke. Werfen Sie sie einfach auf den Boden.«

»Sehr wohl, Sir.«

»Der Bursche gefällt mir«, sagte Ukridge, als die Tür sich geschlossen hatte. »Wir hatten ein hochinteressantes Gespräch, bevor du kamst. Wußtest du, daß sein Bruder im Varieté auftritt?«

»Er hat mich bisher nicht ins Vertrauen gezogen.«

»Er will mich mit ihm bekannt machen. Könnte nützlich sein, jemanden zu haben, der sich hinter den Kulissen auskennt. Weißt du, Jungchen, ich habe nämlich einen phänomenalen Plan.« Er machte eine ausladende Geste, wobei er eine Gipsbüste Lord Byrons umstieß. »Halb so wild, du kannst das Ding mit Kleister oder so was reparieren. Ist sowieso nicht schade drum. Also wie gesagt, ich habe einen phänomenalen Plan. Die Idee des Jahrhunderts.«

»Und die wäre?«

»Ich werde Hunde dressieren.«

»Hunde dressieren?«

»Für's Varieté. Hundenummern, verstehst du? Dressierte Hunde. Damit ist viel Geld zu machen. Mit diesen sechsen werde ich klein anfangen. Wenn ich ihnen ein paar Kunststückchen beigebracht habe, verscherble ich sie für ein hübsches Sümmchen an einen, der mit ihnen auf der Bühne auftritt, und kaufe mir zwölf neue. Ich bringe ihnen ein paar Kunststückchen bei, verscherble sie für ein hübsches Sümmchen und kaufe vierundzwanzig neue. Ich bringe denen auch ...«

»He, Moment mal!« Mir war schon ganz schwindlig. Vor meinem geistigen Auge sah ich ganz England gepflastert mit Pekinesen, die alle Kunststückchen vollführten. »Wie willst du die denn alle loswerden?«

»Kein Problem. Die Nachfrage ist enorm. Die Lieferanten kommen gar nicht nach. Bei vorsichtigsten Schätzungen müßte ich im ersten Jahr auf vier- bis fünftausend Pfund kommen. Und dann geht's erst richtig los.«

»Ich verstehe.«

»Wenn der Laden erst mal läuft und ich ein paar Dutzend Angestellte habe, dann werde ich die großen Gelder machen. Mein Ziel ist eine Art Hunde-Akademie irgendwo auf dem Lande. Großer Kasten mit riesigem Gelände. Regelmäßiger Unterricht nach festem Lehrplan. Großes Kollegium. Jedes Mitglied hat soundso viele Hunde zu betreuen, und ich leite und manage das alles. Nach einer Weile wird das wie von alleine gehen, und ich brauche dann nur noch dazusitzen und die Schecks einzulösen. Dabei will ich mich gar nicht auf England beschränken. In der gesamten zivilisierten Welt besteht ein Bedarf an dressierten Hunden. Amerika braucht dressierte Hunde. Australien braucht dressierte Hunde. Afrika könnte auch ein paar gebrauchen. Worauf ich zusteuere, ist eine marktbeherrschende Position auf diesem Sektor. Dann müssen alle, die einen wie auch immer beschaffenen dressierten Hund benötigen, zu mir kommen. Also weißt du, alter Freund, wenn du dich mit etwas Kapital beteiligen willst, werde ich dir günstige Bedingungen einräumen.«

»Ich danke.«

»Bitte schön, wie du willst. Aber vergiß nicht, daß es mal einen gab, der neunhundert Dollar in die Ford-Werke steckte, als sie gegründet wurden, und der später glatte vierzig Millionen einkassierte. Du lieber Himmel, es ist ja schon spät! Ich werde meinen Zug verpassen. Hilf mir doch mal, diese verdammten Köter in Marsch zu setzen.«

Fünf Minuten später, umringt von sechs Pekinesen und beladen mit einem Pfund meines Tabaks, drei Paar Socken aus meinen Beständen und einer halbvollen Flasche Whisky, fuhr Ukridge in einem Taxi zum Charing-Cross-Bahnhof, um sein Lebenswerk in Angriff zu nehmen.

Es vergingen etwa sechs Wochen, sechs ruhige, ukridgelose Wochen, bis ich eines Morgens ein erregtes Telegramm erhielt. Eigentlich war es weniger ein Telegramm als vielmehr ein Verzweiflungsschrei. Aus jedem seiner Worte sprach der gepeinigte Geist eines Mannes, der vergebens gegen eine Übermacht ankämpft. Es war die Art von Telegramm, wie sie Hiob nach einer längeren Aussprache mit Bildad dem Schuchiten aufgegeben haben könnte:

> Komm sofort her, Jungchen. Sache auf Leben und Tod, alter Freund. Verzweifelte Lage. Laß mich nicht hängen.

Es schreckte mich auf wie eine Sirene. Ich nahm den nächsten Zug.

Die White Cottage in Sheep's Cray – dazu ausersehen, dermaleinst eine historische Stätte und ein Mekka der Hundeliebhaber zu werden – war ein kleines, baufälliges Gebäude nahe der Landstraße nach London und ein wenig abseits vom Dorf. Ich fand das Haus mühelos, denn Ukridge schien in der Nachbarschaft eine gewisse Berühmtheit erlangt zu haben; schwieriger war es schon, sich Zutritt zu verschaffen. Eine geschlagene Minute klopfte ich erfolglos, dann fing ich an zu rufen; und gerade hatte ich mich damit abgefunden, daß Ukridge nicht zuhause sei, als die Tür sich plötzlich öffnete. Da ich im selben Moment meinen letzten Schlag gegen dieselbe führte, betrat ich das Haus in der Haltung eines russischen Ballettänzers, der gerade einen besonders komplizierten Schritt übt.

»Tut mir leid, altes Roß«, sagte Ukridge. »Ich hätte ja gleich aufgemacht, wenn ich gewußt hätte, daß du's bist. Aber ich dachte, es wäre Gooch, der Gemischtwarenhändler – Warenlieferungen im Wert von sechs Pfund drei Schilling noch unbezahlt.«

»Ich verstehe.«

»Dauernd ist er mir auf den Fersen wegen seinem lumpigen Geld«, sagte Ukridge verbittert, als er mich ins Wohnzimmer führte. »Das ist schon ein bißchen hart. Also wirklich, das ist ein bißchen hart. Ich komme hierher, um ein Großunternehmen zu gründen und dem Landvolk etwas Gutes zu tun, indem ich ein expandierendes Gewerbe aufziehe, und ehe man sich's versieht, beißen sie die Hand, die sie ernähren wollte. Diese Blutsauger haben mich gepiesackt und schikaniert, seit ich hier bin. Ein bißchen Vertrauen, ein bißchen Rücksicht, ein bißchen vom alten Leben-und-leben-lassen-Geist – mehr verlange ich doch gar nicht. Aber die? Wollten gleich eine Anzahlung! Ließen nicht locker wegen ihrer dämlichen Anzahlung, wo ich doch wahrhaftig meine ganze Kraft und jeden Funken Verstand auf meine schwierige und anspruchsvolle Aufgabe konzentrieren mußte. Ich konnte ihnen einfach keine Anzahlung machen. Ja, später – wenn sie bloß ein wenig Vernunft und Geduld bewiesen hätten – da hätte ich ihnen ja ihre verflixten Rechnungen doppelt und dreifach beglichen. Aber sie waren noch nicht reif dafür. Ich habe mit den Leuten diskutiert. Ich habe ihnen gesagt: ›Ich bin ein vielbeschäftigter Mann, aber während ich mich abmühe, sechs Pekinesen fürs Varieté auszubilden, kommen Sie daher und stören mich bei der Arbeit und blasen mir die Ohren voll mit Ihrem Gefasel von Anzahlungen und Rechnungen. Sowas ist doch kein Gemeinsinn‹, habe ich gesagt, ›und kein Erfolgsdenken. Mit diesem kleinlichen Bestehen auf Bargeld werden Sie's nie zu etwas bringen.‹ Aber sie wollten nicht auf mich hören. Alle Nase lang standen sie vor meiner Tür und lauerten mir auf offener Straße auf, bis das Leben für mich völlig unerträglich wurde. Und was glaubst du, was jetzt passiert ist?«

»Was denn?«

»Die Hunde.«

»Haben sie die Staupe?«

»Noch schlimmer. Der Hausbesitzer hat sie als Geiseln genommen, um von mir die Miete zu erpressen! Hat sie einfach mitgenommen und mir die Existenzgrundlage entzogen. Hat das aufblühende Geschäft im Keim erstickt. Ist dir schon jemals soviel Niedertracht begegnet? Na schön, ich habe mich verpflichtet, die Miete wöchentlich zu zahlen, und ich bin sechs Wochen im Rückstand, aber du lieber Himmel! Wenn man Großes vollbringen will und Kompliziertes leisten muß, dann kann man sich doch nicht um jeden x-beliebigen Klacks kümmern! Das hab' ich auch dem alten Nickerson gesagt, aber es war für die Katz. Darum habe ich dir telegrafiert.«

»Aha!« sagte ich, und es entstand eine bedeutungsvolle Pause. »Ich dachte mir«, sagte Ukridge nachdenklich, »daß du vielleicht jemanden wüßtest, den ich anpumpen könnte.«

Er sagte das ganz sachlich, fast beiläufig, aber in seinen Augen blitzte es vielsagend, und schuldbewußt wich ich seinem Blick aus. Meine finanziellen Verhältnisse waren angespannt wie immer – sogar eher noch mehr, nachdem sich ein Tip für das Rennen in Kempton Park am letzten Sonntag als unzutreffend erwiesen hatte. Wenn es also jemals angebracht war, den Schwarzen Peter weiterzuschieben, dann, so fand ich, diesmal. Ich dachte scharf nach. Hier mußte eine rasche Antwort gefunden werden.

»George Tupper!« rief ich. Das war die Erleuchtung.

»George Tupper?« wiederholte Ukridge strahlend. Seine trübe Stimmung verflog wie Nebel in der Sonne. »Natürlich, das ist unser Mann! Erstaunlich, daß ich nicht selber auf ihn gekommen bin. Der generöse George, unser alter Schulfreund. Er stiftet todsicher was und wird es nicht einmal entbehren. Die Jungs im Außenministerium haben immer ein paar Zehner auf der hohen Kante. Sie zweigen's von den öffentlichen Mitteln ab. Du machst dich jetzt stante pede auf den Rückweg nach London, mein Alter, schnappst dir George, spendierst ihm ein paar Drinks und leierst ihm dann zwanzig Pfund aus der Tasche. Nun kannst du mal zeigen, was in dir steckt.«

Ich war sicher gewesen, daß George uns nicht im Stich lassen würde, und ich behielt recht. Er zahlte, ohne zu murren – sogar mit einer gewissen Begeisterung. Der Verwendungszweck war ja auch ganz nach seinem Herzen. Als Halbwüchsiger schrieb George gefühlvolle Gedichte für die Schulzeitung, und heute gehört er zu denen, die immer für irgendwas Unterschriften oder Spenden sammeln. Er lauschte meiner Geschichte mit wichtiger Amtsmiene, wie sie diese Außenministerialen immer aufsetzen, wenn sie sich überlegen, ob sie der Schweiz den Krieg erklären oder San Marino eine geharnischte Protestnote schicken sollen, und noch ehe ich zwei Minuten gesprochen hatte, zog er sein Scheckheft hervor. Ukridges verzweifelte Lage hatte ihn offenbar tief bewegt.

»Dumme Sache«, sagte George. »Also er dressiert Hunde? Na, wenn er jetzt einer geregelten Arbeit nachgeht, wäre es ja unfair, ihn gleich am Finanziellen scheitern zu lassen. Wir müssen praktische Hilfe leisten. Ein Darlehen von zwanzig Pfund ist schließlich keine Dauerlösung.«

»Du bist, glaube ich, reichlich optimistisch, wenn du das als Darlehen betrachtest.«

»Was Ukridge jetzt braucht, ist Kapital.«

»Das sagt er auch – und Gooch, der Gemischtwarenhändler.«

»Kapital«, wiederholte George Tupper mit Nachdruck, als hätte er den Bevollmächtigten einer Großmacht vor sich. »Kapital ist das A und O jeden Unternehmens.« Nachdenklich runzelte er die Stirn. »Wie können wir Kapital für Ukridge auftreiben?«

»Wir könnten eine Bank überfallen.«

George Tuppers Gesicht hellte sich auf.

»Ich hab's!« rief er. »Ich werde gleich heute abend hinüber nach Wimbledon fahren und mit seiner Tante reden.«

»Du vergißt, daß sie ihn so gerne hat wie eisgekühlten Porridge.«

»Es mag da eine zeitweilige Abkühlung in den Beziehungen gegeben haben, aber wenn ich ihr die Situation schildere und vor Augen halte, daß Ukridge sich ernsthaft bemüht, seinen Lebensunterhalt . . .«

»Na, du kannst es ja versuchen. Aber wahrscheinlich wird sie ihren Papagei auf dich hetzen.«

»Ich werde es natürlich diplomatisch anfangen müssen. Vielleicht sagst du Ukridge besser nicht, was ich vorhabe. Ich möchte bei ihm keine Hoffnungen wecken, die womöglich nicht in Erfüllung gehen.«

Am nächsten Morgen signalisierte mir schon von weitem ein grelles Gelb auf dem Bahnsteig von Sheep's Cray Station, daß Ukridge gekommen war, um mich am Zug abzuholen. Die Sonne schien warm von einem wolkenlosen Himmel, aber es bedurfte mehr als gewöhnlicher Sonnenwärme, um Stanley Featherstonehaugh Ukridge zum Ablegen seines Regenmantels zu bewegen. Er sah aus wie ein lebendiger Mayonnaiseklecks.

Als der Zug einfuhr, stand er in einsamer Grandezza da und versuchte, sich eine Pfeife anzuzünden, aber als ich ausgestiegen war, bemerkte ich, daß ein traurig aussehender Mann sich zu ihm gesellt hatte, und nach dessen lebhafter Artikulation und Gestik zu urteilen, schien er ein Thema zu ventilieren, das ihm sehr am Herzen lag. Ukridge wirkte nervös und gequält, und während ich näher kam, hörte ich ihn dröhnend antworten.

»Mein lieber Herr, bester Freund, nehmen Sie doch Vernunft an, bemühen Sie sich doch mal, die Dinge nicht so eng zu sehen ...«

Er entdeckte mich und riß sich, anscheinend nicht unwillig, los, um mich am Ärmel zu packen und über den Bahnsteig wegzuziehen. Der traurig aussehende Mann folgte uns unentschlossen.

»Hast du es mitgebracht, Jungchen?« flüsterte er hastig. »Hast du es bekommen?«

»Ja, hier ist es.«

»Steck es weg, schnell!« stöhnte Ukridge entsetzt, als ich in die Tasche griff. »Weißt du, mit wem ich da gerade gesprochen habe? Mit Gooch, dem Gemischtwarenhändler!«

»Warenlieferungen im Wert von drei Pfund sechs Schilling noch unbezahlt?«

»Genau!«

»Na, das ist doch die Gelegenheit. Wirf ihm die Silberlinge hin. Da wird er ganz schön dumm gucken.«

»Mein lieber Alter, ich kann es mir nicht leisten, meine Barschaft unters Volk zu streuen, nur damit der Gemischtwarenhändler dumm guckt. Dieses Geld ist für Nickerson bestimmt, meinen Hausherrn.«

»Ach so. Du, ich glaube, der mit den drei Pfund sechs Schilling verfolgt uns.«

»Dann laß uns um Gottes willen verduften, Jungchen! Wenn der Mann herauskriegt, daß wir zwanzig Pfund bei uns haben, dann sind wir unseres Lebens nicht mehr sicher. Der fällt uns glatt an.«

Er schob mich eilig aus dem Bahnhof und bog dann in einen von Hecken gesäumten schattigen Weg ein, der sich durch die Felder schlängelte. Dabei drehte er sich immer wieder um, als säße ihm der Leibhaftige im Nacken. Unser Verfolger ließ jedoch schon nach einer kurzen Strecke von uns ab, worauf ich dann auch Ukridge gleich hinwies, denn das war nicht das richtige Wetter, um ohne Not neue Geher-Rekorde aufzustellen.

Erleichtert blieb er stehen und wischte sich die edle Stirn mit einem Taschentuch, das ich als eins aus meinen Beständen wiedererkannte.

»Ein Glück, daß wir ihn abgeschüttelt haben«, sagte er. »Auf seine Weise ist er sicherlich ein guter Kerl – ein rührender Familienvater, wie ich höre, und er singt auch im Kirchenchor. Aber ihm fehlt der Weitblick. Das ist sein Problem, alter Junge – kein Weitblick. Er kapiert einfach nicht, daß alle großen Industrieunternehmen auf der Basis von großzügigen Krediten entstanden sind. Er will nicht einsehen, daß Kredite unsere Wirtschaft am Leben erhalten. Ohne Kredite ist der Unternehmer nicht flexibel. Na, und wenn der Unternehmer nicht flexibel ist, dann kannst du ihn doch gleich vergessen, stimmt's?«

»Keine Ahnung.«

»Ich auch nicht. Aber jetzt, wo er weg ist, könntest du mir das Geld geben. Hat Tuppy es ohne Umstände herausgerückt?«

»Aufgedrängt hat er's mir fast.«

»Ich wußte es«, sagte Ukridge tief bewegt. »Ich wußte es. Ein feiner Kerl. Einer der besten. Ich hab' Tuppy schon immer gern gehabt. Auf ihn ist Verlaß. Eines Tages, wenn ich erst im Geld schwimme, werde ich es ihm hundertfach zurückzahlen. Gut, daß du kleine Scheine gebracht hast.«

»Warum?«

»Ich will sie vor den Augen von Nickerson, diesem Raffzahn, über den Tisch streuen.«

»Wohnt er hier?«

Wir hatten ein rot gedecktes Haus erreicht, das abseits der

Straße unter Bäumen stand. Ukridge bediente den Klopfer energisch.

»Sagen Sie Mr. Nickerson«, erklärte er dem Hausmädchen, »daß Mr. Ukridge hier ist und ihn zu sprechen wünscht.«

An dem Auftreten des Mannes, der kurz darauf das Zimmer betrat, in das man uns geführt hatte, war dieses gewisse unverwechselbare Etwas, an dem man jederzeit und überall den Gläubiger erkennt. Mr. Nickerson war mittelgroß und fast vollständig von einem Bart überwuchert, und aus diesem Gestrüpp starrte er Ukridge an mit eiskalten Augen, die gefährliche Strahlen aussandten. Man sah sofort, daß Ukridge ihm unsympathisch war. Alles in allem glich Mr. Nickerson einem der weniger liebenswerten Propheten des Alten Testaments, der im Begriff ist, den gefangenen König der Amalekiter in die Mangel zu nehmen.

»Also?« sagte er, und nie habe ich jemanden ein Wort drohender aussprechen hören.

»Ich komme wegen der Miete.«

»So!« sagte Mr. Nickerson abwartend.

»Um sie zu bezahlen«, sagte Ukridge.

»Um sie zu bezahlen!« rief Mr. Nickerson, baß erstaunt.

»Hier!« sagte Ukridge und ließ die Scheine mit einer großartigen Geste auf den Tisch flattern.

Jetzt verstand ich, warum dieser überlegene Kopf unbedingt kleine Scheine wollte. Die Wirkung war eindrucksvoll. Vom Fenster her kam ein leichter Luftzug, der ein so allerliebstes Rascheln hervorrief, als er mit den aufgehäuften Reichtümern spielte, daß die Schroffheit von Mr. Nickerson wich wie ein Atemhauch von der Klinge eines Rasiermessers. Für einen Augenblick wurde sein Blick glasig, und er schwankte leicht; aber als er dann das Geld zusammenraffte, sah er so wohlwollend aus wie ein Bischof, der die Pilger segnet. Für Mr. Nickerson war jetzt die Welt wieder ein schöner Ort.

»Danke, Mr. Ukridge«, sagte er. »Wirklich, vielen Dank. Und nichts für ungut, wie?«

»Schon vergessen, Herr Nachbar«, erwiderte Ukridge leutselig. »Geschäft ist Geschäft.«

»Ganz recht.«

»Am besten nehme ich die Hunde gleich mit«, sagte Ukridge, und da er gerade auf dem Kaminsims ein Kistchen erspäht hatte, grapschte er sich daraus ein paar Zigarren, die er sich auf die denkbar freundlichste Weise in die Tasche steckte.

Je eher sie wieder bei mir sind, desto besser für sie. Sie haben sowieso schon viele Trainingsstunden versäumt.«

»Aber natürlich, Mr. Ukridge, gewiß. Sie sind in der Hütte hinten im Garten. Ich hole sie Ihnen sofort.«

Und unter anbiederndem Gemurmel verschwand er aus der Tür.

»Erstaunlich, wie diese Typen hinterm Geld her sind«, seufzte Ukridge. »Kein schöner Anblick so was. Richtig abstoßend. Die Augen dieses Patrons fingen buchstäblich an zu leuchten, als er den Zaster in die Finger bekam. Gute Zigarren sind das«, fügte er hinzu und steckte sich noch drei ein.

Schlurfende Schritte näherten sich langsam, und Mr. Nikkerson trat wieder ein. Irgend etwas schien den Mann zu bedrücken. Seine Augen über dem Bart waren stumpf, und seine Mundwinkel, obwohl unter der Matratze nur schwer auszumachen, hingen kläglich nach unten. Er glich jetzt einem der weniger namhaften Propheten, und zwar einem, der mit einem stumpfen Gegenstand eins über den Schädel bekommen hat.

»Mr. Ukridge!«

»Ja?«

»Die . . . die Hundchen!«

»Was ist mit ihnen?«

»Sie sind weg!«

»Weg?«

»Fortgelaufen!«

»Fortgelaufen? Wie um alles in der Welt konnten sie denn fortlaufen?«

»Anscheinend war an der Rückseite der Hütte ein Brett lose. Die Hundchen müssen drunter durchgekrochen sein. Sie sind spurlos verschwunden.«

Ukridge breitete seine Arme zu einer Geste der Verzweiflung aus. Dann blähte er sich auf wie ein Fesselballon. Seine Nickelbrille rutschte nach vorn, sein Regenmantel flatterte drohend, und sein Kragen löste sich mit hörbarem Knall vom Kragenknopf. Donnernd schlug er mit der Faust auf den Tisch.

»Alles was recht ist!« brüllte Ukridge. »Das ist ja stark. Das ist wirklich stark. Ich komme hierher, um ein großes Geschäft aufzubauen, das im Laufe der Zeit der ganzen Gegend Arbeit und Wohlstand gebracht hätte, und erst läßt man mir kaum Zeit, mich um den Betrieb zu kümmern, sondern kaum will ich die Sache in Gang bringen, kommt dieser Mann und nimmt mir meine Hunde weg. Und nun erklärt er mir mit einem unbeschwerten Lächeln ...«

»Mr. Ukridge, ich versichere Ihnen ...«

»... mit einem unbeschwerten Lächeln, daß sie weg sind. Einfach weg! Und wohin? Irgendwo in der Weite dieser Grafschaft. Die sehen wir nie mehr wieder. Sechs hochwertige Pekinesen, praktisch schon soweit dressiert, daß man sie mit enormem Gewinn hätte verkaufen können ...«

Mr. Nickerson kramte schuldbewußt in seiner Tasche und zog nun ein Bündel zerknitterter Banknoten hervor, die er Ukridge erregt hinhielt, aber der wies sie mit einer Geste des Abscheus zurück.

»Dieser Herr«, dröhnte Ukridge, indem er mit ausladender Armbewegung auf mich wies, »ist zufällig Rechtsanwalt. Es trifft sich wirklich gut, daß er gerade heute vorbeikam, um mich zu besuchen. Haben Sie sich zu den Vorfällen eine juristische Meinung gebildet?«

Ich bestätigte ihm, daß ich mir eine juristische Meinung gebildet hätte.

»Und glauben Sie, daß die Indizien für eine Klageerhebung ausreichen?«

Ich erklärte dies für höchst wahrscheinlich, und mein Expertenurteil ließ Mr. Nickerson nun völlig zusammenbrechen. Den Tränen nahe, nötigte er Ukridge die Geldscheine auf.

»Was soll das denn?« sagte Ukridge von oben herab.

»Ich ... ich dachte nur, Mr. Ukridge, Sie könnten vielleicht so gütig sein, Ihr Geld zurückzunehmen und ... und die ganze Angelegenheit zu vergessen.«

Ukridge drehte sich mit hochgezogenen Augenbrauen zu mir um.

»Ha!« rief er. »Haha!«

»Haha!« echote ich pflichtschuldigst.

»Er glaubt, er kann das alles ungeschehen machen, indem er mir mein Geld zurückgibt. Ist das nicht ein starkes Stück?«

»Bärenstark«, stimmte ich ihm zu.

»Diese Hunde waren etliche hundert Pfund wert, und er glaubt, er kann mich mit lausigen zwanzig abspeisen. Hättest du sowas für möglich gehalten, wenn du's nicht selbst gehört hättest, alter Freund?«

»Niemals!«

»Ich mache Ihnen einen Vorschlag«, sagte Ukridge nach einigem Nachdenken. »Ich nehme das Geld.« Mr. Nickerson dankte ihm bewegt. »Und bei zwei, drei Händlern am Ort sind noch ein paar kleine Rechnungen offen. Die werden Sie begleichen ...«

»Selbstverständlich, Mr. Ukridge, selbstverständlich.«

»Und außerdem – nun, das überlege ich mir noch. Falls ich mich zu gerichtlichen Schritten entschließe, wird mein Anwalt Sie zu gegebener Zeit davon in Kenntnis setzen.«

Und wir verließen den Elenden, der sich kleinmütig hinter seinem Bart verkroch.

Während wir so den schattigen Weg zurückgingen und dann ins grelle Licht der Landstraße hinaustraten, mußte ich denken, daß Ukridge sich in dieser Stunde des Unglücks bemerkenswert tapfer gehalten hatte. Seine gesamte Handelsware, die Grundlage seines Geschäfts, war über ganz Kent verstreut und würde sicher nie zurückkehren, während er auf der Haben-Seite nichts weiter verbuchen konnte als die erlassenen Mietzahlungen von ein paar Wochen und die bezahlten Rechnungen bei Gooch, dem Gemischtwarenhändler, und seinen Kollegen. An einem Schicksalsschlag wie diesem wäre ein gewöhnlicher Sterblicher wahrscheinlich zerbrochen, aber Ukridge wirkte durchaus nicht niedergeschlagen. Eher fidel. Seine Augen strahlten hinter der Brille, und er pfiff eine muntere Weise. Als er kurz darauf auch noch anfing zu singen, fand ich es an der Zeit, ihn auf andere Gedanken zu bringen.

»Was wirst du jetzt machen?« fragte ich ihn.

»Wer, ich?« sagte Ukridge vergnügt. »Ach, ich komme mit dir im nächsten Zug nach London. Es macht dir doch nichts aus, wenn wir eine Station weiter laufen? Es sind nur fünf Meilen. Es könnte Unannehmlichkeiten geben, wenn wir in Sheep's Cray einsteigen.«

»Wieso Unannehmlichkeiten?«

»Wegen der Hunde natürlich.«

»Hunde?«

Ukridge summte fröhlich vor sich hin.

»Ach so, das weißt du noch gar nicht. Ich habe sie.«

»Wie bitte?«

»Ja. Ich bin letzte Nacht hingegangen und habe sie mir aus der Hütte geholt.« Er schmunzelte zufrieden. »Ein Kinderspiel. Man braucht dazu nur einen klaren Verstand. Ich hab' mir eine tote Katze geborgt und an eine Schnur gebunden, und dann bin ich nach Einbruch der Dunkelheit in den Garten des alten Nikkerson gestiegen, habe ein Brett an der Rückseite der Hütte gelockert und zur Seite geschoben und den Hunden gepfiffen. Die Köter kamen auch alle angewackelt, und dann bin ich abgeschwirrt mit dem Katzenkadaver im Schlepptau. Es war eine wilde, verwegene Jagd, Jungchen. Die Hunde haben gleich die Witterung aufgenommen und sind mit fünfzig Sachen abgepest, während ich mit der Katze gute fünfundfünfzig vorgelegt habe. Ich dachte schon, der alte Nickerson würde das Kläffen hören und mit Schrot auf uns ballern, aber es passierte nichts. Ich hab' die Meute zwanzig Minuten lang ungehindert querfeldein geführt und dann die Viecher in mein Wohnzimmer gesperrt und mich schlafen gelegt. Hat mich ganz schön angestrengt, weißt du. Bin auch nicht mehr der Jüngste.«

Ich schwieg eine Weile, irgendwie überwältigt. Dieser Mann war wirklich nicht engherzig. An Ukridge war schon immer etwas gewesen, das mit moralischen Maßstäben nicht mehr zu messen war.

»Na«, sagte ich schließlich, »Weitblick hast du jedenfalls.«

»Findest du?« fragte Ukridge erfreut.

»Und eng siehst du die Dinge bestimmt nicht.«

»Das darf man heutzutage auch nicht, mein Lieber. Nur so bringt man es zu etwas im Geschäftsleben.«

»Und wie soll's jetzt weitergehen?«

Wir näherten uns der White Cottage. Das Haus schmorte richtig in der Sonne, und ich hoffte, drinnen würde sich etwas Kühles zu trinken finden. Das Wohnzimmerfenster stand offen, und man hörte die Pekinesen jaulen.

»Ach, ich werde mir woanders ein Häuschen suchen«, sagte Ukridge und betrachtete sein trautes Heim mit einem schmerzlichen Lächeln. »Das dürfte nicht schwer sein. Überall gibt's Häuser zu mieten. Und dann werde ich mich ernsthaft an die Arbeit machen. Du wirst staunen, wie weit ich bereits bin. Ich führe dir gleich mal vor, was die Hunde schon können.«

»Zumindest können sie Radau machen.«

»Ja. Sie scheinen sich wegen irgendwas aufzuregen. Weißt du, alter Knabe, mir ist da eine großartige Idee gekommen. Als wir uns zuletzt in deiner Wohnung trafen, hatte ich noch den Plan, mich auf dressierte Hunde fürs Varieté zu spezialisieren – gewissermaßen auf professionelle Hunde. Aber ich hab' mir das nochmal überlegt, und ich meine, man sollte eigentlich auch die Amateurbegabungen fördern. Nehmen wir mal an, du hättest einen Hund – Fido, den Liebling der Familie – und du kämst auf den Gedanken, daß es das Heim verschönen würde, wenn der Hund von Zeit zu Zeit ein paar Kunststückchen vorführen könnte. Nun bist du aber ein vielbeschäftigter Mann und hast nicht die Zeit, ihm diese Tricks selber beizubringen. Also hängst du ihm einfach ein Adressenschildchen um und schickst ihn für einen Monat auf Ukridges Hunde-Akademie, von wo er dann als gründlich ausgebildeter Hund zurückkommt. Keine Mühe, keine Sorgen, günstige Zahlungsbedingungen. Also im Ernst, an den Amateuren ist bestimmt noch mehr zu verdienen als an den Profis. Ich könnte mir vorstellen, daß Hundebesitzer nach einer gewissen Zeit ihre vierbeinigen Lieblinge genauso selbstverständlich zu mir schicken werden, wie sie ihre Söhne nach Eton und Winchester schicken. Donnerwetter, die Idee gefällt mir! Du – wie wär's, wenn alle Hunde, die meine Akademie absolviert haben, ein spezielles Halsband verliehen bekämen? So eine Art Orden am Band. Wer einen Hund mit dem Ukridge-Halsband besitzt, könnte auf alle heruntersehen, deren Hunde keins haben. Mit der Zeit käme es dahin, daß Leute in gehobener gesellschaftlicher Stellung sich gar nicht mehr mit Hunden ohne akademische Prüfung blicken lassen würden. Die Sache würde ungeheure Ausmaße annehmen. Aus allen Gegenden würden die Hunde herbeiströmen. So viele, daß ich die Arbeit gar nicht allein bewältigen könnte. Ich müßte Zweigstellen eröffnen. Das ist ein phänomenaler Plan! Und Millionen sind damit zu machen, mein Junge. Millionen!« Er blieb stehen, die Hand auf der Türklinke. »Natürlich«, fuhr er fort, »läßt es sich nicht verschweigen, daß ich momentan aufgrund eines Mangels an liquiden Mitteln etwas gehandicapt bin und das Projekt nur in einem bescheidenen Rahmen angehen könnte. Mit anderen Worten, altes Roß, ich muß irgendwoher Kapital bekommen.«

Das schien mir der richtige Augenblick, um ihm die freudige Mitteilung zu machen.

»Ich hab' ihm zwar versprochen, nichts zu sagen«, erklärte ich, »weil er Enttäuschungen verhindern wollte, aber George Tupper bemüht sich, Kapital für dich aufzutreiben. Gestern abend wollte er sich dranmachen.«

»George Tupper!« – Eine keineswegs unmännliche Gemütsbewegung verschleierte Ukridges Blick – »George Tupper! Bei Gott, Männer wie er sind das Salz dieser Erde! Guter, treuer Freund! Ein Mann, auf den Verlaß ist. Im Ernst, wenn es mehr von seiner Sorte gäbe, würde nicht überall diese Unsicherheit und Hektik herrschen. Hatte er denn schon eine Idee, wo er Kapital für mich kriegen wollte?«

»Ja. Er ist zu deiner Tante gegangen und hat ihr erzählt, daß du hier heraus gezogen bist, um diese Pekinesen zu dressieren, und ... Was hast du denn?«

Ukridges eben noch jubilierende Züge hatten sich plötzlich gräßlich verzerrt. Seine Augen traten aus den Höhlen, sein Unterkiefer sank herab. Wenn man ihm noch ein paar Quadratmeter Putzwolle umgehängt hätte, wäre er dem alten Nikkerson zum Verwechseln ähnlich gewesen.

»Zu meiner Tante?« ächzte er und hielt sich mühsam am Türgriff.

»Ja. Was hast du denn nur? Er dachte, wenn er ihr alles erzählt, gibt sie vielleicht nach und greift dir unter die Arme.«

Das Stöhnen eines tapferen Kämpen, der am Ende seiner Kräfte angelangt ist, entrang sich Ukridges regenmantelumhülltem Busen.

»George Tupper!« stieß er hervor. »Warum muß sich dieser von allen guten Geistern verlassene Trottel in meine Angelegenheiten mischen?«

»Was soll das heißen?«

»Dieser Mann dürfte gar nicht frei herumlaufen. Sowas ist doch eine öffentliche Gefahr.«

»Aber ...«

»Diese Hunde gehören doch meiner Tante! Ich hab' sie mitgehen lassen, als sie mich vor die Tür setzte.«

Drinnen im Haus kläfften die Pekinesen immer noch aus Leibeskräften.

»Alles was recht ist«, sagte Ukridge, »aber das ist doch stark.«

Wahrscheinlich hätte er noch mehr gesagt, aber in diesem Augenblick ließ sich völlig unerwartet eine Stimme aus dem Hausinnern vernehmen. Es war eine weibliche Stimme, eiskalt und schneidend, eine Stimme, die sich in meiner Vorstellung sofort mit stechenden Augen, einer Hakennase und Haaren wie Stahlwolle verband.

»Stanley!«

Mehr sagte sie nicht, aber das genügte auch schon. Ich begegnete Ukridges Blick, in dem jetzt so etwas wie Panik lag. Er schien sich in seinen Regenmantel zu verkriechen wie eine Schnecke, die man beim Salatfressen ertappt hat.

»Stanley!«

»Ja, Tante Julia?« antwortete Ukridge mit schwankender Stimme.

»Komm sofort herein. Ich habe mit dir zu reden.«

»Ja, Tante Julia.«

Ich verdrückte mich. Das Kläffen der Pekinesen im Haus war jetzt völlig hysterisch geworden. Erst fiel ich in Trab, und dann – obwohl es sehr heiß war – rannte ich, so schnell ich konnte. Ich hätte natürlich auch bleiben können, aber das wollte ich nicht. Eine innere Stimme riet mir, diese traute Familienszene nicht zu stören.

Wie ich darauf kam, weiß ich nicht – vielleicht war es mein Weitblick oder die Fähigkeit, das alles nicht so eng zu sehen.

Selma Lagerlöf
Tale Thott

Es war einmal ein Mann, der Gift fand. Er hob es auf, steckte es ein und führte es getreulich mit sich, wohin er ging, obgleich er gar nicht daran dachte, es zu gebrauchen. Aber als er das Gift fünfzehn Jahre verborgen hatte, da traf er einen Menschen und konnte es nicht ertragen, mit ihm zusammenzuleben, und da wendete er es an. Er glaubte nachher, wenn er es damals nicht zur Hand gehabt hätte, wäre er nie zum Mörder geworden.

Eine ähnliche Bewandtnis hatte es mit Arild Urups Hund. Er schaffte ihn sich an und richtete ihn ab, lange bevor er eigentlich zur Verwendung kam.

Arild Urup war ein großer, kräftiger Mann, aber sehr träge. Er hatte starke Zähne und große, glänzende Augen. Sein Aussehen war wild, aber man wußte nichts Böses von ihm. Doch es ist nun einmal so: wer sich Gift verschafft und es bewahrt, der fühlt wohl, daß er versucht werden könnte, es zu gebrauchen, und wer einen solchen Hund behält, wie Arild Urup...

Es war in Kopenhagen, am Hofe des alten Königs Christian. Dort hörte Herr Arild eines Tages den französischen Gesandten erzählen, wie es die Rittersleute in Franken und Burgund zu machen pflegten, wenn sie Hunde zur Jagd auf Wildschützen dressierten.

Der König selbst und etliche Ratsherren befragten den Gesandten genau über diese Hunde und ihre Dressur. Sie erfuhren, daß die Tiere abgerichtet würden, den Wilddieb umzuwerfen und ihn still unter sich zu halten, bis ihr Herr käme. Sie dürften die Zähne nicht gebrauchen, solange der Dieb nicht zu fliehen versuchte.

Den dänischen Herren schien die Sache vortrefflich, aber sie glaubten nicht, daß sie sich in Dänemark einführen ließe. Der König war alt, er fand an den neuen, ausländischen Gebräuchen keinen Gefallen. Auch gab es keine Hunderasse, die als geeignet erachtet worden wäre.

Herr Arild hatte den andern beigestimmt, solange er in Kopenhagen weilte; aber kaum saß er daheim auf Ugerup, als er auch schon andern Sinnes wurde.

So erging es ihm gewöhnlich. Er mußte in seinen vier Pfählen sein, um wirklich zu wissen, was er wollte.

Er brauchte einen solchen Hund dringender als irgend jemand ahnte. Erstens hatte er kostbares und prächtiges Wild im Forstparke auf Ugerup, und zweitens konnte er es nicht schützen. Er konnte sich nicht Respekt verschaffen, wie andre Herren. Er war zu ruhig, um gefürchtet zu werden, und raffte sich nie auf, zu strafen.

Er hatte gerade damals einen ungewöhnlich großen Hund in Dressur, der gelehrt werden sollte, auf Wölfe und Bären zu gehen. Er hieß Kark und war so klug, daß Herr Arild beschloß, ihm beizubringen, wie man Wildschützen jagt. Dies gelang so gut, daß es schien, als hätte es dem Hunde im Blute gelegen.

Als der Hund im Hundehof ausgelernt hatte, nahm ihn Arild Urup in den Wildpark mit. Dort kannte Herr Arild jeden Baum und Busch, jeden Wildstand und jedes Vogelnest. Man konnte sagen, daß er seine ganze Liebe hineingelegt hatte. Aber merkte er, daß ein Tier gestohlen war, so brachte er es dennoch nicht über sich, den Dieb zu verfolgen. Sein Zorn war darum aber nicht geringer.

Als er unter die Bäume trat, erblickte er sogleich eine Falle, die nicht von ihm oder seinen Jägern gestellt war. Er ließ Kark daran schnuppern und nahm ihm dann die Koppel ab.

Der Hund schoß geradewegs in ein Dickicht, und nach ein paar Augenblicken hörte Herr Arild einen Schrei und einen schweren Fall. Der Wilddieb war eben dagewesen, seine Falle zu besichtigen, und es war ihm nicht gelungen, aus dem Forste zu entkommen.

Als Herr Arild sich einen Weg durch das Gestrüpp gebahnt hatte, sah er den Burschen umgestürzt auf der Erde liegen und den Hund über ihm stehen, die Tatzen auf seiner Brust und den Rachen an seiner Kehle, ganz wie der Franzmann gesagt hatte, daß es sein müßte.

Herr Arild griff gleich nach der Hundepeitsche und begann den Kerl zu schlagen. Er erstaunte förmlich über sich selbst, aber er fühlte, daß er dieses eine, einzige Mal seine Kraft zeigen mußte. Er kannte den Burschen überdies, und er wußte keinen Schelm, dem er lieber beigekommen wäre. Es schlug sich auch so mühelos, während der Dieb still lag, wie an den Richtblock gebunden, und nur auf die funkelnden Augen des Hundes achtete und auf die Zähne, die bei jeder Bewegung, die er versuchte, seine Kehle kitzelten.

Als Arild Urup ein paar tüchtige Hiebe geführt hatte, kam etwas Merkwürdiges über ihn. Es schien ihm, daß sein Arm sich von selbst zu heben beginne; ohne daß er daran dachte, fing er an, mit dem Peitschenstiel zu schlagen, und er lachte hell auf, als der Bursche da unter den Schlägen vor Schmerzen zusammenzuckte.

Etwas ganz Neues hatte in ihm die Oberhand gewonnen, er wurde gleichsam sich selbst fremd. Er empfand eine solche Freude bei jedem Schlage, den er dem zitternden, zuckenden Menschenleibe gab, daß er sich nicht entsinnen konnte, je vorher solche Wollust gefühlt zu haben.

Er zerpeitschte ihm die Kleider und die Haut. Er sehnte sich nach dem ersten Blutstropfen, und als er ihn hervorgepeitscht hatte, fühlte er, daß er sich danach sehnte, das Leben selbst herauszupeitschen.

Am Anfang hatte der Bursche geheult, aber mit einem Male wurde er still. Man hätte ihn für tot halten können, hätte der Körper nicht weiter unter den Schlägen gezuckt und gezittert. Seine häßlichen, alten Kleider waren auseinandergepeitscht, und der Körper schwoll blau und blutig auf.

Der Hund hatte ihn verlassen und stand neben Arild Urup. Bei jedem Schlage tat er einen Satz, als wolle er sich auf seine Beute stürzen, und stieß ein frohes Bellen aus. Als Arild Urups Blick auf ihn fiel und er sah, wie das Tier im Blutdufte witterte und alle wilden Instinkte in ihm entfesselt waren, da erfaßte ihn mit einem Male Ekel.

Das Ende war, daß Kark einen Schlag über den Rücken erhielt, der ihn zu Boden streckte, wo er sich vor Schmerz krümmte, und daß Arild Urup heimging. Der Wilddieb mochte das Weite suchen, so gut er konnte.

In den nächsten Tagen fühlte Herr Arild ein wunderliches Unbehagen. Er liebte es, in Frieden und Ruhe zu leben, und vertrug solche Erregungen nicht. Und obwohl er im Krieg und auf Turnieren gewesen war und seine Sache gar nicht übel gemacht hatte, hatte er sich doch nie wild und außer sich gefühlt. Es kam ihm in den Sinn, daß es mit dem Hunde am Ende nicht geheuer wäre. Denn die Grausamkeit war über ihn gekommen, als er Karks Augen funkeln und seine weißen Zähne die Kehle des Mannes hatte kitzeln sehen. Todsünden greifen ärger um sich als die Pest. Und so mochte es mit seinem Wildforste gehen, wie es wollte; aus seiner friedlichen Ruhe wollte er nicht gerissen werden. Darum ließ er Kark anbinden. Er mußte Jahr um Jahr in seiner Hütte stehen und wurde niemals mehr in den Wald mitgenommen.

Aber er tötete ihn nicht, er verschenkte ihn nicht, sondern der Hund stand da, und seine Gaben blieben aufgespeichert, bereit für den fernen Tag, wo Herr Arild sie brauchen würde.

Aber bis dahin, welche Kette von Ereignissen! Wie sie sich biegt und krümmt, wie sie sich vorwärts und zurück schlängelt im Gewebe der Zeiten! Sie breitet sich in Glanz und Farbe aus, sie stirbt im Schatten dahin, sie verwirrt sich und entschwindet.

Welche Kette von Ereignissen! Sie kommt, wie eine lange Reihe von Wogen, die donnern und branden, die sich verflüchtigen in Schaum und Gischt.

Welche kalte, öde Kette von Ereignissen! Wie wenig zeigt sie, soweit sie von den Alten aufgezeichnet ist, die Spuren davon, daß Menschen sie durchlebt haben. Sie ist wie ein altes, eingeschrumpftes und bleiches Heiligenbild. Einmal freilich ist es nach frischen Gliedern geschnitzt, einmal freilich nach den Farben blühender Wangen gemalt worden.

Laßt sie vorbeigleiten; denkt von ihr wie von einem Eisenbahnzuge, daß Leben und Bewegung in den geschlossenen Wagen herrsche, obgleich man keinen Menschen sieht! Laßt den Eilzug der Ereignisse vorbeigleiten, ohne bei Quellen und in Hainen zu verweilen, ohne zu Höhen emporzusteigen und den Morgen zu grüßen, ohne am Meeresstrande zu verweilen und den Sonnenuntergang zu sehen!

Hört nun, hört: Geschehnisse, nur Geschehnisse! Da ist Herr Lave, der Pfarrer. Er freit bei Frau Elsa Ulfständ auf Eriksholm, Herrn Thotts Wittib, für Herrn Arild Urups Rechnung. Er begehrt die junge Tale Thott für ihn. Und Tale will nicht, aber Frau Elsa will, und die Anverwandten wollen: Herr Arild ist reich.

Und da ist Herr Lave abermals auf Eriksholm und Herr Arild mit ihm, und da wird in Pracht die Verlobung gefeiert. Und jetzt, kannst du ein Gesicht hinter dem Fenster des Eilzugs erspähen? Kannst du Tale sehen, kannst du ein armes, verweintes Kindergesicht sehen, das in Verzweiflung erstarrt ist? Kannst du sehen, wie diese starre Verzweiflung, die sie gebunden und gelähmt hat, während sie sie für immer und allezeit Arild Urup versprechen, mit einem Gelöbnis, das gleich einer Trauung bindet, wie diese starre Verzweiflung sich in Raserei auflöst, als Herr Arild seine Brautgaben vor ihr ausbreitet! Warte, warte, hier ist mehr als ein Geschehnis, hier ist ein kräftig hervortretender Wille, hier ist ein stolzes und heftiges

Herz. Die Hochzeitsgeschenke werden zu Boden geschleudert, und der kleine Fuß setzt seine Ferse auf goldenes Geschmeide und Seidentücher. Und die Hand ballt sich gegen Freunde und Gäste, als sie den Kinderzorn mit Lachen begrüßen.

Rasch einen neuen Einschlag in das Gewebe der Zeit! Es ist Hochzeit auf Skabersjö, und dort begegnen sich Tale Thott und Anders Banner. Und wenn dies eine Erzählung von Menschen wäre, würde berichtet werden, wie sie sich trafen, und ob es Worte oder Blicke waren, die sie aneinander fesselten. Aber dies ist keine Erzählung von Menschen. Dies ist ein Schattenspiel, ein Spiel von matten, farblosen Schatten.

Und nun kommt dies, daß Herr Arild in den Krieg ziehen muß, noch bevor Frau Elsa alles zur Hochzeit gerüstet hat. Und er wird im Kriege gefangen. Und da ist Tale: sie schreibt an Anders Banner, daß Herr Arild in Feindesland gefangen ist, und daß er nun kommen möge und um sie freien. Da ist Anders Banner, der reitet nach Eriksholm, dort liegen die beiden vor der Mutter des Mädchens auf den Knien. Es lohnt nicht der Mühe, zu versuchen, sich Menschen dahinter zu denken. Dazu sind bloß Schatten nötig. Es ist nicht mehr, als was Schatten verrichten können.

Und da ist sie bei Hofe, diese Schattenjungfrau. Da kniet sie nieder vor dem jungen König, immer und allezeit um ihre Freiheit flehend, immer das Geschehnis, an dem sie teilnimmt, mit einem schwachen Schimmer von Leben erfüllend, immer einen stärkeren und bestimmteren Schatten werfend als die andern.

Nun zieht sie heim mit des Königs Freisprechung, nun eilen Boten von Eriksholm, zum Hochzeitsfeste zu laden, nun versammeln sich die Gäste. Da, mitten in die Freude, fällt ein Gegenbefehl des Königs. Ein Jahr noch muß das Mädchen auf Arild Urup warten, weil der König es nicht gestatten will, daß seinem treuen Mann Unrecht widerfahre, während er in seinem Dienste fern ist.

Wie lang die Reihe der Ereignisse ist! Nun ziehen schonische Herren zu König Erik von Schweden, der Arild Urup gefangenhält, und bitten, ihn auslösen zu dürfen. Aber der König will nicht. Ist er auch ein Schattenkönig, so lebt doch noch der alte, eigensinnige Wille in ihm. Niemand kann es sonst begreifen, warum er Herrn Arild so gern behalten mag.

Und Herr Arild sitzt im Gefängnisturm und wartet auf die Freiheit, und das Mädchen sitzt im Lustgarten zu Eriksholm.

Und so hält der wilde Lauf der Ereignisse inne. Es ist, als würde ein ungestüm dahinbrausender Eilzug gehemmt. Wir dürfen verweilen und den Blick vom Hügel bewundern, wir dürfen Blumen pflücken am Wegesrand.

Denkt, daß dies der Abend vor Tale Thotts und Anders Banners Hochzeit ist!

Und denkt, daß Glück etwas Furchtbares sein, daß es sich beinahe wie Schmerz ausnehmen kann, daß es die Brust beklemmt und die Glieder schüttelt, daß es lähmt und verwirrt und die Seele erschüttert.

Daß das Glück allzu ganz und allzu schön sein kann und man sich wohl einen Riß in seinem Festkleid, eine Falte in seinem Antlitz wünschen kann.

Es war eine Sommernacht mit Mondenschein. Es war wirklich Nacht, nicht die bleiche Dämmerung, die man Hochsommernacht nennt, nein, die schwarze Augustnacht, in der das Mondlicht die Dunkelheit durchschneidet wie weißes Silber, wo das Licht für sich ist und das Dunkel für sich, wo unter den Parkbäumen schwarze, unvermischte Finsternis herrscht und klares, unvermischtes Licht über dem Rasenplan. Und es war laue Stille über der Gegend. Nicht ein Wind, der sie gestört hätte, nicht ein unheimliches Rascheln, nicht ein fallendes Blatt. Alles schenkte diese Nacht ganz, auch die Stille.

Und wo wurde sie gefeiert, diese Nacht, wo wurde sie durchlebt in bebender, schwellender Freude? Nicht unten auf der Ebene zwischen Steinmauern und Pfeilern, nein, hoch oben auf dem grünen Abhang, hoch oben, wo der Boden sich in Risse spaltet, aus denen üppiges Grün sich gleich schwellenden Wogen hinabstürzt, hoch oben, wo der Buchenwald über den Hügel hinabfällt, wie eine buschige Mähne über einen gekrümmten Hals. Alles gab die Nacht voll und reich, sie versetzte uns nicht in Lehmhütten, nicht unter niedrige Holzdächer, nein, hinauf in das große Eriksholm, das neue, glänzende Schloß, flaggengeschmückt, mit blumenumwundenen Pforten und kostbar getäfelten Sälen.

Angebinde um Angebinde gab die Nacht, sie gab dem rieselnden Springbrunnen Silber, den unzähligen goldnen Wimpeln des Schloßdaches lieh sie Schimmer, sie zauberte Nebel aus dem Graben rings um die Burg, bis sie dalag, ein Märchenschloß, auf Wolkenrücken erbaut, und sie ließ schwachen Duft die Luft durchzittern, gleichsam um nichts zu vergessen. Aber dort im Schloßgange wurde getanzt.

Maid stand neben Maid, Knappe neben Knappe, in zwei langen Reihen. Und leise traten sie den Reigen, während der Vorsänger eine Weise summte. Aber als er zum Kehrreim kam, stimmten alle ein: Leicht und fein, leicht und fein tanzt sich's über Wies' und Hain ... Liebeslied um Liebeslied, bis die Luft in Leidenschaft zitterte und bebte, und dann Weisen vom Troll und vom Niß und vom Nöck, bis Wald und Nebel und Park und Wiese von den Unterirdischen bevölkert zu sein schienen. Und mitten darin ein Umschlag im Takte, ein neuer Ton im Bogenstrich. Die langen Ketten der Tanzenden lösten sich, Paare entstanden, der Wirbeltanz begann und entzündete taumelnde Freude in Seele und Sinn.

Rund um den Tanzplan standen Fackeln, und ihr roter Schein stimmte mit der Fröhlichkeit überein, in der alles war, wie es sein sollte. Allen voran aber war Tale Thott. Sie war eine schöne, reich gekleidete und geschmückte Ritterstochter. Sie ging im Fackelscheine, der vom Tanzplatze kam, hin und her, Frau Kirstine Kaas an der Hand.

Sie gingen auf und ab. Jedesmal, wenn sie sich wendeten, so daß der Lichtschimmer vom Tanzplatze ihre Augen traf, oder wenn der Gesang in volleren Tönen zu ihnen herübergetragen wurde, schlug Tale die Hände zusammen. »Hört, hört«, sagte sie, »nun feiern wir Hochzeit auf Eriksholm!«

»Willst du nicht tanzen, Tale?« sagte Frau Kirstine.

»Nein, Frau Kirstine, ich kann nicht.«

»Du solltest sprechen oder singen.«

»Ich bin zu froh, Frau Kirstine.«

Sie zitterte und war ganz außer sich. Es war, als hätte sie eine Feuerluft geatmet, die sie auseinandersprengen wolle, als verbrennte sie innerlich. Sie hielt Frau Kirstine fest an der Hand, als suche sie Linderung für ihre Qual.

Frau Kirstine hatte beinahe Angst um sie. Tale Thott pflegte kalt zu sein, von fester Haltung, von zähem, hartem Willen. Sie pflegte still zu gehen und leise zu sprechen. Sie war wie eine, die sich durch vielen Widerstand hindurchgekämpft hat. Frau Kirstine fand sonst kein Gefallen an Tale Thott. Sie selbst glich dem schlängelnden Aal, der geschmeidigen Weide. Sie verkroch sich vor kraftvollen Menschen. An diesem Abend schloß sie sich in Liebe an sie an.

»Was ist es, Tale Thott?« sagte Frau Kirstine, »was ist es, was dich so weit gebracht hat?«

»Es ist nur das Glück, Frau Kirstine, nur das Glück.« Die

Jungfrau führte die Hände an die Augen und schluchzte. Nur ein kurzes, heftiges Aufschluchzen; dann begann sie zu sprechen.

Ob Frau Kirstine wisse, wo Anders Banner sich befinde? Nicht wahr, er reite umher und lüde zum Hochzeitsfeste? Das wußte Frau Kirstine wohl, daß am Tage vor der Hochzeit der Bräutigam stets umherreiten und die Gäste laden mußte. Er ritt von Edelhof zu Edelhof. Man konnte nicht hoffen, daß er vor Mitternacht zurückkäme.

Es war kein Ton in ihrer Stimme, der nicht ein wenig höher geklungen hätte als zu andern Zeiten. Kein Wort, das nicht auf einer Flut von Schelmerei und Glück dahingetanzt wäre.

»Gott lasse ihn glücklich heimkehren!« sagte Frau Kirstine.

Tale Thott lachte auf, kurz, leise, es war, wie ihr Weinen früher, nur ein leichtes Überquellen des gewaltigen Glückstromes in ihr.

Ob Frau Kirstine auch daran dächte, welch gefährliche Nacht dies wäre?

In solchen Nächten pflegte die Flußnixe auf den Ritter zu lauern und ihn anzulocken, wenn er durch die Auen heimritt. Sie solle doch daran denken, wie es Herrn Olaf ergangen sei und so manchem andern! Alles hänge davon ab, daß der Bräutigam fest sei in seiner Liebe, dann hätte die Flußnixe keine Gewalt über ihn. Ob Frau Kirstine glaube, daß Anders Banner fest sei in seiner Liebe? »Laß uns keinen Scherz mit den Unterirdischen treiben«, sagte Frau Kirstine. Tale Thott merkte, daß sie der Frage auswich und daß ihr Ton gepreßt klang. Sie lachte abermals, schlang die Arme um Frau Kirstine und drückte sie. Nein, nein, es wunderte sie nicht, daß Frau Kirstine nicht sagen wollte, sie glaube an Anders Banners Liebe. Seht, sie, Tale Thott, war ihm gut gewesen, schon als kleines Mädchen, aber da hatte er, der erwachsene Mann, sie nicht einmal angeschaut. Hatte er auch nur danach gefragt, als sie sie Herrn Arild verlobten? Ach, Frau Kirstine, Herr Arild ...! Daß sie nun frei und ledig war!

»Daß du meinen Blutsverwandten so wenig liebst, Tale!« sagte Frau Kirstine.

Das Mädchen lächelte und drückte Frau Kirstinens Hand. Es war ein großer Freundschaftsbeweis von Frau Kirstine, daß sie zur Hochzeit gekommen war, obwohl Tale Thott Herrn Arild so schwer verunglimpft hatte. Darum wollte sie auch gar nichts Böses von ihm sagen. Sie verspürte auch nicht die mindeste Lust, von ihm zu sprechen. Ihn vergessen, das wollte sie. Und was war es doch, wovon sie eben geredet hatte? Sie wollte Frau Kirstine um Rat fragen, wegen Anders Banner. Die Leute hätten ja von Anfang an gesagt, daß er nichts nach ihr frage.

Ja, das hätte Frau Kirstine gehört.

So sei es auch gewesen, bekräftigte Tale. Das schwerste Leid, das sie in diesem Jahre getragen, sei doch, daß sie nicht gewußt habe, ob Anders Banner sie nur aus Haß gegen Arild Urup begehre. Sie waren Feinde geworden nach einem Ochsenhandel auf dem Markt von Skurup. Diese Ochsen – sie wußte nicht, ob sie sie haßte oder liebte. Sie waren der Ursprung ihres Glückes, aber dennoch hatte sie sich ihretwegen oft in den Schlaf geweint.

Frau Kirstine hätte wohl von ihr, von Tale Thott, gehört, daß sie stolz und hoffärtig sei, aber das sei nicht wahr, niemand trage ein demütigeres Herz in der Brust. Niemand hätte sich so erniedrigen müssen wie sie. Und um der Liebe willen hätte sie sich gedemütigt.

Es war kurze Zeit nach ihrer Verlobung mit Arild Urup, da waren sie und er bei einem Hochzeitsschmaus auf Skabersjö gewesen. Und da war auch Anders Banner gewesen.

Ach! Sie legte beide Hände auf den Mund, küßte die Finger und streckte die Arme aus, um die Erinnerung, die Nacht, den Mondschein zu umfangen. »So trieb ich es früher, als ich hier seufzend hoffnungslos ging«, sagte sie. »Aber denkt, Frau Kirstine, heute nacht, morgen ...! Da trinken wir auf Eriksholm den Hochzeitstrunk!«

Wieder schüttelte sie ein Schluchzen, wieder begann sie zu sprechen. Arild Urup hatte Anders Banner mit einem Paar Ochsen betrogen, und Anders Banner hatte geschworen, Arild Urup etwas zu nehmen, was mehr wert war als viele Ochsen. Darum hatte er sich um sie bemüht, als sie sich auf Skabersjö trafen. Das war wohl kein Grund zu großer Freude, oder wie schien es Frau Kirstine?

Nein; das war Frau Kirstines aufrichtige Meinung. Aber dies war dennoch der Anlaß gewesen, daß er sie bemerkt und mit ihr Zwiesprache gepflogen hatte. Sonst hätte der Lehnsherr des Königs wohl nicht einen Deut nach einem solchen Mädchen, wie sie, gefragt. Und nach dieser Begegnung hatte sie doch den Mut gefaßt, zu hoffen, Herrn Arild zu entgehen, und dann hatte sie begonnen, ihre Mutter so recht innig zu bitten, ihm den Abschied zu geben.

Frau Kirstine meinte wohl, sie hätte wie eine Törin gehandelt. Man sage ja, sie hätte um Anders Banners willen Gott getrotzt, aber sie glaube nicht, daß sie das getan hätte. Doch ihrem ganzen Stamme hätte sie getrotzt. Und sie selbst sei es gewesen, die, als Herr Arild in den Krieg gezogen war, dem Ritter geschrieben hätte, er möge kommen und um sie freien. Denkt, sie hätte zuerst geschrieben. Ob Frau Kirstine glaube, daß solches zu gutem Ende führen könne? Andere hätten ihr immer wieder gesagt, daß Anders Banner sie nicht liebe, daß er bloß Arild Urup das rauben wolle, was mehr galt als zwei Ochsen. Das sagten sie noch heute. Frau Kirstine glaubte es wohl noch in diesem Augenblick?

Und sie schmiegte ihr schelmisches Antlitz an Frau Kirstinens Wange und zeigte einen Kummer, den sie nicht fühlte, eine Unruhe, die keinen Raum in ihr fand. Dann lachte sie ihr gerade in die Augen und schwenkte sie herum, so daß sie auf den Tanzplatz kam. »Seht, seht, Frau Kirstine, nun feiern wir Hochzeit auf Eriksholm.«

Dann fing sie wieder an. »Ich stolz? Ach, Frau Kirstine, ich stolz? Denkt, daß ich selbst, das junge Mädchen, habe zu Hofe ziehen müssen. Denkt an alle Kniefälle, alle Bitten! Und dies alles um einen Mann, der vielleicht gar nicht nach mir fragt. Er hat es ja mir überlassen, für alles zu sorgen. Kann es sein, daß er Arild Urup bloß den Ochsenhandel heimzahlen will?«

Aber das Ärgste, das Schwerste, was sie hätte tun müssen, sei das Warten gewesen. Als der König befohlen hatte, sie dürfe nicht früher mit Anders Banner Hochzeit machen, bis sie noch ein Jahr auf Arild Urup gewartet hätte.

In diesem Jahr hätte sie ihre Jugend verloren. Dies Jahr sei wie hundert Jahre gewesen.

Wenn Arild Urup schwere Zeit gehabt hätte, dort, wo er gefangen lag, ihr sei es nicht leichter geworden. Sie hätte nicht gewagt, zu tanzen, nicht gewagt, sich zu freuen. Sie hätte nicht still an Webstuhl oder Spinnrad sitzen können.

Wenn Anders Banner nach Eriksholm gekommen wäre, hätte sie sich nicht gezeigt. Sie hätte es nicht gewagt. Ihre Mutter hätte nicht an ihrem Brautschatz nähen dürfen. Sie hätte es nicht gewagt, einen solchen Gedanken zu haben. Sie hätte nicht gewagt, die Tage zu zählen, die von dem Wartejahr verronnen waren.

Sie legte ihren Arm in Frau Kirstines Arm. »Kommt«, sagte

sie und wollte Frau Kirstine von dem hellen Tanzplatz in das tiefere Dunkel des Parks ziehen.

»Nein«, sagte Frau Kirstine, und ein Schauer überlief sie.

»Nur dorthin zum Hügel, wo man über die Heerstraße sieht. Dort habe ich gelebt, Frau Kirstine, Tag um Tag. Dort saß ich, dort ging ich, dort stand ich. Dort stand ich und lauschte auf den Hufschlag weit, weit weg. Und jeder Huf, der gegen einen Stein klang, brachte mir Kunde, daß Arild Urup befreit sei aus seinem Kerker, und jeder Federbusch, der über die Landstraße wehte, jede schimmernde Lanzenspitze brachte die gleiche Kunde. Das Schrecklichste war, ihn wiederzuerkennen in jedem Reiter, groß oder klein, jung oder alt, der in den Burghof ritt. Ach, mir scheint, ich achtete selbst auf die Pferdeknechte, ich dachte zuweilen, er könnte als Weib verkleidet erscheinen. Kommt, Frau Kirstine, noch einmal will ich hingehen!«

Aber Frau Kirstine wollte nicht. Es wäre so tief im Park, sagte sie. Aber Tale Thott bat Frau Kirstine so recht von Herzen, sie dorthin zu begleiten. Sie wollte zu dem Hügel, heute abend, da das Glück gar zu groß und mächtig war, so daß sie sich die Bitterkeit der vergangenen Zeiten ins Gedächtnis rufen mußte, um nicht davon erstickt zu werden, um nicht vor Freude den Verstand zu verlieren.

Da gab Frau Kirstine nach und ging mit ihr. Es ist Gottes Wille, sagte sie zu sich selbst.

Und Frau Kirstine kämpfte mit sich und ging dem verworrenen Gedanken nach, daß Gott nicht mit sich scherzen läßt und darüber wacht, daß Schwüre und Eide nicht gebrochen werden. Es fiel ihr sehr schwer, mit Tale von Licht und Tanz fortzugehen.

Sie kamen bald an die Grenze des Parks. Er glich dort mehr einem gewöhnlichen Wald und war reich an dichtem Gestrüpp. Dort lag ein Hügel mit weichem, grasbewachsenem Hang und einer Buche auf der Kuppe. Frau Kirstine horchte gespannt und zuckte beim leisesten Rascheln zusammen. Mehr als einmal lachte Tale darüber.

Sie kamen auf den Hügel und standen dort im Mondschein, weit im Umkreise sichtbar. »Dort geht die Landstraße«, sagte Tale Thott. Und sie schlang die Hände ineinander und atmete schwer. Hier kam einen Augenblick die alte Angst über sie. Dann schloß sie die Augen und machte sich klar, daß sie hier stand und glücklich war, hier an diesem Ort des Grauens.

»Denkt, daß ich dies alles um einen Mann gelitten habe, auf den ich nicht bauen konnte«, sagte sie.

»Wir wollen gehen«, bat Frau Kirstine ganz leise.

»Nein«, sie wollte nicht. Gerade hier wollte sie Frau Kirstine das Allerwichtigste sagen.

Ob die wußte, wie es ihr ergangen war, als sie das erreicht hatte, was sie aus tiefster Seele gewünscht hatte, als das Wartejahr verstrichen war, ohne daß Herr Arild wiederkam? Sie hatte gegrübelt und gezweifelt, während man zur Hochzeit rüstete. Was für eine Freude war es denn, Anders Banners Gemahl zu werden, wenn er sie nun nicht liebte! Sie hätte mit ihm brechen können, wie mit Herrn Arild, wenn sie sich nicht geschämt hätte. Sie hatte gewünscht, daß es noch Klöster im Lande gäbe. Aber heute, ja, Frau Kirstine wußte ja, daß Anders Banner rings im Lande umherritt, um zum Hochzeitsfeste zu laden, so war ja der Brauch. Und man hatte ihn ja nicht vor Mitternacht daheim erwarten können. Aber er war daheim gewesen, ja, er war daheim gewesen!

»Was kann das bedeuten, Frau Kirstine? Er hatte sich gleichsam hereingeschlichen in der Dämmerung und hatte mir sagen lassen, daß er mich sehen wolle. Und ich bin zu ihm in den Lustgarten gekommen.«

»Tale Thott«, sagte Frau Kirstine, »so ist dir nun auch dies zuteil geworden, daß er dich liebt. Laß uns nun gehen! Warum sitzt du hier? Wollen wir gehen!« Denn trotz allem, was Frau Kirstine vom Walten Gottes wußte und vom Untergang der Übermütigen und der Erniedrigung der Wortbrüchigen, schien ihr dies doch ein zu großes Glück, als daß man es hätte verscherzen dürfen. Und sie bat einmal ums andre: »Wollen wir gehen.«

Aber Jungfrau Tale war glücklich an diesem fernen Ort, wo sie frei von ihrem Glück reden konnte.

Also Frau Kirstine glaube: wenn Anders Banner sich nach Hause geschlichen hätte, um sie zu sehen, so bedeute dies, daß er ihr gut sei? Er hätte nicht einen ganzen Tag fern von ihr sein können, ohne sie zu sehen? Schon daran könnte Frau Kirstine erkennen, daß er es gut mit ihr meine. Und wenn sie nun erst seine Worte gehört hätte!

Sie hätte ihn gefragt, ob seine Fahrt schon beendet wäre! Ach nein, aber er hätte nach Eriksholm umkehren müssen, um sie zu sehen – zu sehen, daß sie keinerlei Gefahr liefe. Und danach hätte er so viel gefragt! Ob er danach gefragt hätte, ob er danach gefragt hätte!

Er hätte ihre Hand genommen und sie so gedrückt, als wolle er sie zerpressen. Warum sie so stolz gegen ihn wäre? Warum sie allen Kummer allein trüge? Ob sie keine Liebe für ihn hätte, weil sie ihn nichts von der Bürde tragen lassen wolle? Sie solle nicht glauben, daß er sich so beiseite schieben lassen würde, wenn sie die Seine geworden wäre. Was sie von ihm wolle, wenn sie ihm nicht gut wäre? Ob sie ihn nur nehme, um Arild Urup zu entfliehen?

Und sie hätten einige Augenblicke miteinander sprechen können. Sie hätte ihm gesagt, wie lange sie ihn liebte. Und ihn gefragt, ob er um der Ochsen willen um sie gefreit hätte. Nein, darauf hätte er gar nicht antworten wollen. Er sei böse geworden.

Also, darum erstickte das Glück sie beinahe. Sie wüßte nicht, ob sie stünde oder ginge. Sie könnte nicht unter den andern sein. Denn kein Glück sei wie das ihre, kein andres Glück.

»Laß uns doch zu ihnen gehen!« bat Frau Kirstine.

Frau Kirstine hatte von Kaisern und Päpsten gehört, die ihre Feinde zum Gastmahl geladen und sie an der Tafel mitten unter Freundschaftsworten und Fröhlichkeit vergiftet hatten. Frau Kirstine wollte es scheinen, als wüßte sie nun, wie es wäre, wenn man als Wirt an solch einem Tisch säße.

Tale bat sie, still zu bleiben. Ob sie wohl wisse, wie köstlich es für sie sei, hier sein zu dürfen, weit weg von Lärm und Lustbarkeit, um daran zu denken, daß er sie liebte.

Frau Kirstine sank in den Rasen hinab, ihre Beine zitterten unter ihr, so daß sie kaum stehen konnte. Gottes Hand! Dies war wohl Gottes Hand!

»Wenn Anders Banner heute nacht hier vorbeigeritten kommt«, sagte Tale, »dann glaubt er wohl, daß wir Flußnixen sind, die ihn locken wollen.« Und sie erklärte Frau Kirstine, daß sie hier bleiben wolle, bis er geritten käme.

»Wüßtet Ihr bloß, wie wenig wir noch miteinander gesprochen haben, und wie viel wir uns zu fragen und zu sagen haben. Er soll mir erzählen, wie mein Glück werden wird, Frau Kirstine, wie wir leben und hausen wollen. Ich weiß nicht viel mehr von ihm, als wäre er ein Bergkönig, der mich in den Berg hineinführen will.«

Frau Kirstine sprach nicht mehr, die Stimme hätte ihr versagt. Sie saßen im Grase unter der Buche und warteten, während der Nebel sich über die feuchte Erde den Hügel hinabzog und sie mit gläubigen Augen sahen, wie sich unter dünnen, durchsichtigen Schleiern die Flußnixen im Tanze wiegten.

Unterdessen stand Arild Urup unten am Fuße des Hügels im Dickicht verborgen. Er selbst stand da, groß und gelassen, frei von Ketten und Banden, seinen Hund Kark neben sich.

Er hatte zwei Freunde gehabt, Otto Brake und Mauritz Podebusk; die hatten es bewirkt, daß er losgelassen wurde. Dann hatte er einen Ritt durch Schweden gemacht und war drei Tage vor der Hochzeit in Ugerup angelangt. Er hatte Frau Kirstine Kaas überredet, am Abend vor der Hochzeit die Braut weit weg in den Lustgarten zu locken. Andre Vorbereitungen hatte er nicht getroffen. Aber bevor er nach Eriksholm ritt, löste er Kark, seinen guten Hund, von der Kette, an der er nun zehn Jahre gelegen hatte. Er langte zeitig am Abend an und schlich im Lustgarten umher.

Solch eine stille Nacht! All sein Zorn konnte dagegen nicht standhalten. Es war, wie wenn der Orkan der Windstille begegnet und seine ganze Kraft in ihren Frieden ergießt.

Er ging und horchte auf den Tanz und den Jubel dort im Schloßhof. Das lockte ihn. Er hätte lieber dort oben zwischen den Fackeln stehen und aus vollem Halse eine Kampfesweise singen mögen, anstatt hier im Parkdunkel umherzuschleichen. Er sah, wie man Weinfässer ins Schloß trug, und aus der Küche kamen lange Züge von Knappen, die Gerichte trugen. In seinen Plänen trat ein Umschwung ein. Der Hunger des Gefangenen nach allem Leckeren und Schönen kam über ihn. Ein Einfaltspinsel war er, daß er hier draußen umherwanderte. Lieber hineingehen, Frieden mit Tale und Frau Elsa schließen und mit beim Schmause sein. Mädchen gab es wohl mehr, doch solch ein Fest kam nicht so leicht wieder.

Da kam es ihm in den Sinn, daß er ausgelacht werden würde. Nun, darum scherte er sich den Kuckuck, er, Arild Urup. Er wußte, was ihm am besten taugte. Da kamen das Mädchen und Frau Kirstine durch den Lustgarten gegangen, und sie streiften beinahe die Ecke, wo er stand und grübelte. Er wurde stutzig. Wie Frau Kirstine sagte er, daß dies Gottes Hand sei. Er hörte Tale Thotts Worte. Er war jetzt so freundlich gestimmt, daß er gerührt wurde von ihrem Glück. Sie sollte es nur mit Freuden behalten. Ihm machte es ja nur Mühe und Plage, sie zu zwingen. Er war doch nicht mit knapper Not dem Gefängnis entronnen, um sich allsogleich in eine neue Gefahr zu stürzen, die ihm Leib und Leben kosten konnte.

Er lauschte mehr dem Lärm des Tanzplatzes als den Worten der Jungfrau. Das war ein Lachen, das sich hören ließ. Sicher waren wandernde Gaukler da. Und Maskierte und Bläser und Kraftmenschen mußten auch dabei sein. Dort wollte er hin. Hier im Walde war es nicht besser als in König Eriks Gefängnis.

Er wollte sich nicht rühren, solange die Jungfrau noch auf dem Hügel säße. Er wollte nicht von ihr gesehen werden, wie er sich, gleich einem Wilddieb, aus dem Dickicht hervorschlich. Aber sowie sie gegangen wäre, wollte er sein Pferd besteigen, auf den Weg hinausreiten und in so geschwindem Lauf nach Eriksholm traben, daß die Zugbrücke donnern und schwanken sollte. Und Frau Elsa und den andern würde er zurufen, daß er alles vergebe, aber auf dem Hochzeitsfeste wolle er mit dabei sein.

Er fragte sich, ob irgendein Gast willkommener sein könnte.

Es ergötzte ihn, daran zu denken, und darum ließ er sich zum Warten reichlich Zeit. Kark saß unruhig und blickte zu ihm auf; er bebte vor Kälte und Jagdeifer. Arild Urup sah ihn mit Verwunderung an. Es war, als merke er jetzt erst, daß er den Hund bei sich hatte. Was in aller Welt sollte er mit ihm anfangen? Er mußte zusehen, daß er angebunden würde, sobald er in den Hof käme. Der Hund war noch gefährlich, er hatte seine alten Künste nicht vergessen.

Ob das Mädchen nun wohl daran dachte, sich endlich von der Stelle zu rühren, oder ob sie ihn die ganze Nacht hier stehen und verdursten lassen würde?

Da plötzlich sprang Tale auf und rief: »Er kommt.« Sie hatte Pferdegetrappel gehört und lief den Hügel hinunter, Anders Banner entgegen.

Aber Frau Kirstine hörte zu gleicher Zeit ein heftiges Rascheln im Dickicht unter dem Hügel. Da eilte sie in vollem Laufe dem Schlosse zu. Sie wollte nicht Zeuge dessen sein, was nun geschehen würde.

Kark war aufgesprungen, als die Jungfrau zu laufen begonnen hatte. Er entsann sich seiner alten Dressur, fuhr auf Tale Thott los und warf sie zu Boden. Dann blieb er über ihr stehen, die Vorderfüße auf ihrer Brust, den klaffenden Rachen über ihrer Kehle, so daß seine Zähne die Halshaut kitzelten. Arild Urup hatte ihn nicht gehetzt, seine Absichten waren ganz andre gewesen.

Die Jungfrau stieß einen einzigen wilden Schrei aus, dann

blieb sie still liegen. Sie war wie gelähmt; kein Mensch hätte sie so erschrecken können wie dieses Untier, das auf sie losgestürzt war.

Entsetzen auf Entsetzen – nach dem Ungeheuer, das sie niedergeworfen hatte und sie töten wollte, kam ein Mann und beugte sich über sie. Sie sah ein wildes, grinsendes Gesicht, starke, blanke Zähne und große Augen. Arild Urup!

Was sie nun fühlte, war nicht Schmerz, sondern Tod. Wenn man sagen kann, daß ein Lebender den Tod gefühlt hätte, so tat sie es nun. Es war ein lähmendes Gefühl in ihr, keine Hoffnung, keine Trauer, und der Schmerz war über seine Grenzen gegangen; er war tot. Der Schmerz tat sein Werk in ihr, aber sie fühlte ihn nicht. Nur eines quälte sie noch: die fernen Hufschläge von der Straße. Sie hörte sie, als gingen sie über sie hinweg. Es war das Glück, das geritten kam, zu spät, zu spät. Die Hufschläge hörte sie ihr ganzes Leben lang.

Aber Arild Urup sah Tale Thott unter Karks Zähnen, er sah sie wehrlos in seiner Gewalt, – und das Raubtier in ihm erwachte zum Leben. Da war sie, die ihn betrogen hatte, als er sein Recht nicht verteidigen konnte, da war sie, die nicht hatte die Seine werden wollen, die seine Gaben mit Füßen getreten hatte. Der Rachegedanke loderte in ihm auf. Nein, nein, nein, nie konnte er ihr vergeben. Dies war weit mehr als alle Feste. Er wollte ihr alles Böse tun, alles Böse. Er beugte sich grinsend über sie. Ja, mitten im Glück, mitten im Feste wollte er sie nehmen, sie rauben mit Schimpf und Gewalt. Dies sollte ihre Hochzeit sein. Er sah, wie Karks Zähne ihre Kehle kitzelten, und lachte laut. Er löste seine Schärpe und verband ihren Mund. Dann schleppte er sie durch das Dickicht fort zu seinem Pferde. Er schwang sich auf sein Roß und ritt davon, die Jungfrau hing über dem Sattel wie ein zuschanden geschossenes Tier.

ISAAC B. SINGER
Die Aktentasche

Man sagt, dauerndes Herumhetzen sei eine typisch amerikanische Krankheit. Obwohl ich kein gebürtiger Amerikaner bin, so bin ich doch ein Opfer dieser Krankheit. Manchmal bin ich in einer solchen Hetze, daß ich mich anstrengen muß, mich daran zu erinnern, daß ich Kohn heiße. Ich bin immer in Eile, selbst wenn ich schlafe.

In jenem Winter arbeitete ich an einer Zeitung, schrieb Bücher, ging auf Vortragsreisen und nahm eine Gastprofessur an einer Universität im Mittleren Westen an, wo ich Vorlesungen über moderne Literatur halten sollte. Obwohl ich nur jede zweite Woche zwei Tage dort sein mußte, nahm ich mir eine Wohnung und ließ ein Telephon legen. Die Universität stellte mir ein Büro zur Verfügung, und dort gab es auch ein Telephon. Die Telephone läuteten dauernd; jedesmal wenn ich eine der Türen öffnete, begrüßte mich das Geklingel. Professoren wollten mich kennenlernen, ihre Frauen luden mich zum Lunch oder Abendessen ein, Studenten brachten ihre Arbeiten zum Durchsehen, ältere Semester der Journalistik wollten Interviews, Mitglieder der lokalen jüdischen Gemeinde baten mich, in ihrem Gemeindehaus einen Vortrag zu halten.

Da ich nicht nein sagen kann, sagte ich zu allem ja. Mein kleines Notizbuch war so überfüllt mit Telephonnummern und Adressen, daß ich meine eigene Handschrift kaum entziffern konnte. Ich hatte eine Wohnung in Manhattan und ein Büro bei der Zeitung, infolgedessen erhielt ich Post und Bücher an vier verschiedene Adressen. Ich hatte keine Zeit, die Haufen von Papier, die sich überall ansammelten, auch nur durchzusehen. Manchmal öffnete ich nicht einmal die Umschläge. Leute wie ich haben gewöhnlich Sekretärinnen, aber ich war nie lange genug an einem Ort. Außerdem durfte niemand von all meinen verrückten Beziehungen zu Frauen wissen. Über die Jahre meines langen Junggesellenlebens hatte ich einen unsichtbaren Harem von Verflossenen oder Verpaßten angesammelt. Allen machte ich Versprechungen. Einige waren noch verhältnismäßig jung, andere inzwischen alt geworden. Eine hatte Krebs. Verschiedene hatten geheiratet, manche sogar zum zweiten oder dritten Mal. Ihre Töchter behandelten mich wie ihren

Stiefvater. Man erwartete von mir, daß ich Glückwünsche und Geschenke zu ihren Geburtstagen und anderen Gedenktagen schickte. Die meisten vernachlässigte ich und wachte nachts mit schlechtem Gewissen auf. Ich trat oft auf telepathischem Wege mit ihnen in Verbindung, und sie schienen auf dem gleichen Wege zu antworten. Telepathie, Hellseherei und Vorahnungen ersetzten Briefe, Telephonanrufe und Besuche. Ich tat allen Unrecht, und trotzdem überschütteten mich diese Frauen weiterhin mit Liebe. Vielleicht weil ich – in Gedanken zumindest – ihnen immer noch ergeben war. Vor dem Einschlafen betete ich für sie.

Im Februar jenes Winters hatte ich eine Woche ohne Verpflichtungen. Der Rabbiner einer kalifornischen Gemeinde, vor der ich sprechen sollte, war plötzlich gestorben, und mein Vortrag wurde vertagt. Kaum hatte ich die Nachricht erhalten, da beschloß ich, die freien Tage mit Reisl zu verbringen. Die Nacht vorher war ich bei ihr in der Bronx. Mein Flugzeug sollte mittags um zwölf abfliegen. Ich stand um sechs Uhr auf. Reisls kranke Mutter Lea Hinda schlief immer lange. Reisl hatte mir Frühstück gemacht. Als ich um acht Uhr bei mir in der Wohnung eintraf, fand ich unter die Tür geschoben ein Telegramm, das meinen Vortrag absagte.

Ehe ich ging, hatte Reisl sich beklagt: »Früher bliebst du tagelang bei mir. Jetzt bleibst du höchstens eine Nacht.«

Und plötzlich hatte ich eine ganze freie Woche!

Zuerst legte ich mich auf die Couch und versuchte, den versäumten Schlaf nachzuholen. Wir waren erst um ein Uhr morgens aus dem Theater nach Hause gekommen. Das Telephon läutete, und ich ließ es läuten. Ich dachte an die Worte Esaus: »Siehe, ich muß doch sterben, was soll mir denn die Erstgeburt?« Die Art von Leben, die ich führte, gab mir das Gefühl, langsam Selbstmord zu verüben. Ich war schon so weit, daß ich nie mehr als fünf Rasierklingen kaufte. Zehn zu kaufen hieße das Schicksal herausfordern – ich konnte jeden Tag eine Herzattacke oder einen Nervenzusammenbruch bekommen.

Gegen elf wachte ich auf, genauso müde, wie ich mich hingelegt hatte. Ich sah mich im Zimmer um. Die Putzfrau hatte operiert werden müssen und war zur Erholung zu ihrer alten Mutter nach Puerto Rico gefahren. Die Wohnung war schmutzig. Bücher, Zeitschriften, Unterhosen, Krawatten, Taschentücher lagen am Boden verstreut. Der Schreibtisch war mit Papieren bedeckt. Obwohl ich versuchte, Ordnung zu halten, lebte ich doch in dauernder Unordnung. Ich konnte nie etwas finden. Ich verlor Rechnungen. Ich verlegte meinen Füllfederhalter und meine Brille. Ich zog einen Schuh an und konnte den zweiten nicht finden. Eines Tages vermißte ich meinen Cashmeremantel. Ich suchte überall, selbst an Orten, die für ein Unterhemd zu klein gewesen wären, er war verschwunden. War bei mir eingebrochen worden? Nirgends waren Zeichen eines Einbruchs. Warum sollte ein Dieb nur den Mantel nehmen? Ich öffnete den Schrank noch einmal und fand den Mantel zwischen meinen anderen Sachen. Kann man vor lauter Geistesabwesenheit blind sein?

Ich rief Reisl an und teilte ihr die gute Nachricht von meiner freien Woche mit.

»Komm sofort hierher!« rief sie.

»Nein. Komm du und verbringe den Tag bei mir. Später gehen wir dann zu dir.«

»Du weißt, daß ich meine Mutter nicht allein lassen kann.«

»Du kannst, auf ein paar Stunden.«

Nach vielem Hin und Her stimmte Reisl zu, »in die Stadt zu kommen«, so nannte sie den Weg nach Manhattan. Lea Hinda hatte eine alte Nachbarin, die nach ihr sehen würde. Lea Hinda litt an hohem Blutdruck und einem halben Dutzend anderer Krankheiten, aber irgendwie schaffte sie es, am Leben zu bleiben. Sie nahm zahllose Tabletten und hielt die strengste Diät, von der ich je gehört hatte. Nachdem sie das Leben im Getto und in Konzentrationslagern überstanden hatte, war sie entschlossen, neunzig zu werden.

Obwohl Reisl versprochen hatte, in einer Stunde da zu sein, wußte ich doch, es würden drei werden. Zu Hause lief sie halbnackt und in ausgetretenen Hausschuhen herum. Aber wenn sie sich in die Stadt begab, dann trug sie ihr Sabbatkleid. Bevor sie fortging, legte sie der Mutter alle Tabletten hin, die sie brauchte, herzstärkende, entwässernde, vitaminhaltige. Lea Hinda lernte nie, mit diesen amerikanischen Medizinen umzugehen.

Jetzt hatte ich Zeit, mich zu rasieren, zu baden, vielleicht sogar ein Manuskript anzusehen. Aber das Telephon ließ mir keine Ruhe. Ich hatte meinen Rasierapparat verlegt und verbrachte eine Viertelstunde damit, ihn zu suchen. Plötzlich erinnerte ich mich, ihn in den Koffer gelegt zu haben, den ich nach Kalifornien mitnehmen wollte. Als ich ihn auspackte, läutete das Telephon wieder. Die Stimme war die eines Erwachsenen, der ein Kind nachahmt, und ich tippte auf Sara Pitzeller. Obwohl sie krebskrank war, hatte sie ihren Humor bewahrt.

»Weißt du, daß deine Sara gestorben ist?« sagte sie mit der kindlichen Stimme.

Ich war sprachlos.

»Warum antwortest du nicht? Hast du Angst vor den Toten? Die tun dir nichts. Denen kannst du auch nicht mehr wehtun. Ist das nicht großartig?« Sie legte den Hörer auf.

Es läutete dreimal an der Tür. Das mußte Reisl sein. Sie kam immer in einem Aufruhr an. Sie trug in sich die Spannungen des Gettolebens, der heimlichen Grenzübertritte, der Barakkenlager Verschleppter und Heimatloser. Sie war blond, blauäugig, schlank, und obwohl sie bald vierzig war, sah sie aus wie ein Mädchen in den Zwanzigern. Sie war Schneiderin von Beruf, man hatte sie sogar als Mannequin beschäftigen wollen. Aber sie sprach kein Englisch. Außerdem hatte sie sich im Getto das Trinken angewöhnt.

Noch ehe sie die Tür geschlossen hatte, schrie sie: »Nie wieder fahre ich irgendwohin mit der Untergrundbahn. Lieber sterbe ich.«

»Was war denn los?«

»Ein Kerl hängte sich an mich. Ich sagte zu ihm: ›Go, mister, I no understand English.‹ Aber er hörte nicht auf, mich zu belästigen. Besoffen wie Lot. Und Augen wie ein Mörder. Als ich ausstieg, stieg er auch aus. Vater im Himmel! Ich dachte, jeden Moment zieht er das Messer heraus.«

»Dein Kleid ist ein bißchen auffallend, und deshalb . . .«

»Du verteidigst ihn noch. Du bist immer auf der Seite meiner Feinde. Du wärst imstande, selbst Hitler zu verteidigen. Das ist ein ganz einfaches Kleid. Du wirst es nicht glauben, aber ich habe den Stoff für einen Dollar von einem Restetisch gekauft . . . Ich habe meine Zündhölzer vergessen. Ich muß eine Zigarette rauchen.«

Ich brachte Reisl Zündhölzer.

Sie zog den Rauch ein, blies eine Rauchwolke von sich und sagte: »Ich muß was trinken.«

»So früh am Tag?«

»Gib mir ein Glas Kognak. Ich habe dir was zu essen mitgebracht.«

Jetzt erst bemerkte ich, daß sie einen Korb trug. Ich hatte sie oft gebeten, mir kein Essen mitzubringen. Das zog nur Küchenschaben und Mäuse an. Aber sie machte, was sie wollte.

Sie schlug auch meine Warnungen in den Wind, daß sie vom Trinken und Rauchen krank werden würde. Sie rauchte drei Päckchen am Tag. Sie rauchte auch mitten in der Nacht. Ich wollte ihr ein kleines Glas eingießen, aber sie riß mir die Flasche aus der Hand und goß ein Wasserglas voll. Sie trank es mit der Hast eines Alkoholikers, und für einen Augenblick war ihr Gesicht seltsam verzerrt. Dann wurde sie vergnügt.

Sie hatte Lunch für uns beide mitgebracht, aber ich mußte fast alles allein essen. Zigaretten und Alkohol genügten ihr. Sie hatte die Gerichte gekocht, die ihr von zu Hause vertraut waren: Kartoffelpudding, gebackene Nudeln, Grütze mit Pilzen, und Backpflaumen. Während ich aß, sagte sie: »Im Getto wagte ich nicht einmal, von so einer Mahlzeit zu träumen. Wir beteten um trockenes Brot. Ich habe einmal gesehen, wie sich zwei Juden um eine verschimmelte Brotkruste prügelten. Die Nazis peitschten beide aus wegen Störung der öffentlichen Ruhe. Wo ist der Gott, über den du schreibst? Er ist ein Mörder, nicht ein Gott. Wenn ich die Macht hätte, würde ich jeden aufhängen, der über Ihn plappert.«

»Dann würdest du mich an den Galgen bringen?«

»Dich nicht, Liebling. Ich würde dir den Mund verstopfen, das ist alles. Du weißt nicht, was du sagst – du bist wie ein kleines Kind ohne Verstand. Wie ein Bub wie du überhaupt Bücher schreiben kann, ist ein Wunder. Die Wahrheit ist, du schreibst sie gar nicht – ein Dibbuk ist in dich gefahren. Er schreibt. Wenn du den Pudding nicht bis auf den letzten Krümel aufißt, gehe ich nach Hause und seh' dich nie wieder an. Gib mir noch ein Glas.«

»Ich gebe dir nichts mehr – nicht einmal, wenn du dich auf den Kopf stellst.«

»Komm schon! Ich will diese dreckige Welt ein paar Sekunden lang vergessen. Mit wem bist du ins Theater gegangen, zur ›Türkischen Hochzeit‹?«

»Mit niemandem.«

»Aber du hast doch in deiner Besprechung eine Begleiterin erwähnt.«

»Ach, das ist nur mein Stil, in dem ich mich ausdrücke.«

»Schöner Stil! Drück dich nicht so gebildet aus mit mir. Ich weiß genau, daß du mit Weibern herumziehst. Mögen sie alle in Flammen aufgehen! Genüge ich dir nicht? Du bist mit irgendeiner Nutte zur ›Türkischen Hochzeit‹ gegangen. Die Plagen des Pharao sollen sie treffen! Sie hat sich wahrscheinlich hier im amerikanischen Luxus gewälzt, während ich in einem Bunker mit Ratten und Läusen verfaulte. Jetzt stiehlt sie mir noch meinen Mann. Sie soll in der Hölle braten!«

»Du verfluchst jemanden, der gar nicht existiert.«

»Doch existiert sie, und die anderen auch. Ich wünschte, es gäbe sie nicht. Deshalb trinke ich ja. Gib mir noch einen Schluck.«

»Nein.«

»Du willst nicht? Dann bist du ein kaltblütiger Mörder. Du magst von Rabbinern abstammen, aber ich glaube, deine Mutter hat einen Bastard zur Welt gebracht. Sieh mich nicht so an. Das ist schon vorgekommen in unserer verfluchten Geschichte. Wie erklärst du dir sonst die blonden Köpfe und Stupsnasen unter uns? Wir sind gar keine Juden. Die Christen verfolgen Christen! Die wirklichen Juden sind schon lange ausgestorben. Vielleicht gibt es noch eine Handvoll in Jerusalem. Gib mir noch einen kleinen Kognak oder ich sterbe.«

»Tu's nur.«

Reisl heftete ihre hellblauen Augen auf mich. »Ich weiß wirklich nicht, warum ich dich liebe. Was sehe ich in dir? Jahrelang habe ich mich nach einem Mann gesehnt. Schließlich fand ich einen. Und der ist verrückt und schlecht.«

Wir umarmten uns, ich hob sie hoch, und einer ihrer Schuhe fiel zu Boden. Das Telephon läutete. Meine Universität. Der Dekan der Abteilung für Englisch wollte mich nur daran erinnern, daß ich morgen eine Vorlesung zu halten hatte. Himmel, ich hatte völlig darauf vergessen. Ich fragte ihn, ob man sie verschieben könnte. Er sagte, man hätte extra einen bestimmten Saal reserviert und eine Verschiebung käme nicht in Frage.

Während ich noch sprach, stieg Reisl das Blut ins Gesicht. Sie riß sich von mir los und humpelte zu ihrem zweiten Schuh. Sie fiel hin. Wie sie da lag, fing sie an zu schreien: »So geht es mit allen unseren Plänen! Ich verfluche den Tag, an dem ...«

»Komm mit mir.«

»Du weißt, daß ich das nicht kann, du Schlappschwanz. Oder ich muß vorher meine Mutter vergiften.«

»Aber ich muß gehen.«

»So geh. Aber bei deiner Rückkehr wirst du zwei Leichen vorfinden. Ich habe dieses Schicksal verdient, weil ich am Leben bleiben wollte. Niemand sollte so etwas überleben – es ist Sünde. Um mich herum starben sie wie die Fliegen, und ich träumte von gebratenem Schnitzel und Liebe. Dafür werde ich jetzt bestraft. Komm nicht in meine Nähe. Du bist mein schlimmster Feind.«

Ich sah sie an, und ich sah eine knochige Nase, ein spitzes Kinn, eingefallene Wangen. Als sie gekommen war, sah sie wie ein junges Mädchen aus. Jetzt hatten die Jahre sie eingeholt. Ich bemerkte auch die Krähenfüße um ihre Augen. Ihre Nasenlöcher weiteten sich.

Sie schrie auf. »Gib mir die Flasche! Ich muß mich besaufen.«

»Nicht in meiner Wohnung.«

»Gib mir die Flasche. Es gibt für mich nur noch den Suff. Warum hat Gott die Welt erschaffen? Beantworte mir das. Er ist kein Gott. Er ist ein Teufel. Er ist auch ein Hitler – und das ist die bittere Wahrheit.«

»Halt den Mund!«

»So, jetzt bist du auch noch fromm geworden, was? Du fürchtest dich vor meinen Gotteslästerungen? Er saß in Seinem siebenten Himmel und sah zu, wie man Kinder in die Gaskammern schleppte. Die Engel sangen zu Seinen Ehren und Er sonnte sich in der himmlischen Glorie. Gib mir die Flasche. Wenn du es nicht tust, bringe ich mich sofort um.«

Meine Vorlesung hieß ›Hat die Literatur des Unterbewußten und des Absurden eine Zukunft?‹. Während ich sprach, spürte ich, daß die Zuhörer mir nicht zustimmten. Man hörte Gemurmel und Husten, gefolgt von feindlichem Schweigen. Eine Frau versuchte, mich zu unterbrechen. Ich war mir dessen nicht bewußt, aber ich hatte die Psychologisierer und Soziologisierer unter den heutigen Romanschreibern angegriffen. Während der Diskussion warfen die Studenten Kafka und Joyce als Argumente gegen mich in die Debatte. Und wie stand es um die Symbolisten? Wollte ich wirklich die Uhr der Literaturgeschichte zurückdrehen bis zu Flauberts Realismus? Einige meiner Studenten hatten lange, undurchsichtige Arbeiten geschrieben, die den »inneren Menschen« wiedergeben sollten. Andere versuchten, in ihren Arbeiten die Gesellschaft neu aufzubauen – oder zumindest die alte zu zerstören. Ein Professor wies auf den Widerspruch zwischen meiner Theorie der Literatur und meinen eigenen Schriften hin, die symbolisch, oft sogar mystisch seien. Ich versuchte, meine Ansichten zu erklären, aber der Vorsitzende teilte mit, es sei Zeit für Erfrischungen. Wir gingen in einen Saal, wo es Punsch und Schnäpse gab. Dieser Empfang war mir zu Ehren gegeben worden, aber die

Literaturprofessoren übersahen mich und unterhielten sich untereinander. Sie erzählten sich Witze, die gerade »in« waren. Ich zog mich in eine Ecke zurück, nippte an meinem Punsch – ich war ein Außenseiter. Eine Frau kam zu mir heran. Ich erkannte sie, aber konnte mich nicht an ihren Namen erinnern oder wo wir uns begegnet waren und wann. Sie sah sowohl jung aus wie gealtert, als ob sie gerade einer schweren Krankheit oder einer Krise entronnen sei. War sie eine Studentin höheren Semesters oder ein Professor, überlegte ich. Sie hatte schwarze Augen, schwarzes krauses Haar, eine hohe Stirn und ein leicht behaartes Kinn. Das schwarze Kleid stand ihr nicht. Ihr Glas war fast leer. Sie sprach zögernd, als sei sie beschwipst.

»Erkennen Sie mich nicht?«

»Ich kenne Sie«, sagte ich, »aber ich habe keine Ahnung, wer Sie sind.«

»Rosalie Kadisch.«

»Mein Gott!«

Wir wollten uns einen Kuß geben, aber die Gläser waren im Weg. Ich hatte Angst, sie mit Punsch zu begießen. Sie sagte: »Ich bin alt geworden, aber du hast dich nicht verändert.«

»Was bleibt einem anderes übrig, als alt zu werden?« sagte ich. »Aber was machst du hier? Wo kommst du her? Was hast du inzwischen erlebt?«

Sie lächelte verschmitzt und zeigte weit auseinanderstehende, gelbe Zähne. »Ich komme aus dem Heiligen Land und gebe hier einen Kurs über moderne hebräische Literatur. Außerdem schreibe ich an meiner Doktorarbeit.«

»Was wurde aus deinem christlichen Freund?«

»Du erinnerst dich also doch. Er heiratete eine geschiedene Frau mit Geld.«

»Und er will nicht mehr die Menschheit erlösen?«

»Seine Frau hat ihn fest am Wickel. Sie hat vier Kinder von ihrem ersten Mann und ist wieder schwanger.«

»Wo leben sie?«

»In Kalifornien, wie alle, die einen Knacks haben.«

»Und was ist mit dir?«

Sie zwinkerte. »Mit mir?« Dann erzählte sie von sich. In Jerusalem hatte sie sich in einen jungen Professor verliebt, der jeden Moment geschieden werden sollte, dann aber doch bei seiner Frau blieb. Danach hatte sie eine Affäre mit einem italienischen Studenten gehabt, der viel jünger war als sie, eine Heirat mit ihm war ausgeschlossen. Sie hatte auch etwas mit einem Araber gehabt. Jetzt wollte sie von der Liebe nichts mehr wissen.

»Was tust du statt dessen?«

»Ich rauche Marihuana.«

»Genügt dir das?«

»Immer noch besser, als mir die Geständnisse impotenter Männer anzuhören.«

»So weit ist es mit dir gekommen?«

»Ja, ich bin zynisch geworden«, sagte sie. »Ich habe keinerlei Illusionen mehr, über niemanden und nichts. Aber ich muß meinen Doktor machen. Sonst verdient man so gut wie nichts.«

»Wie geht es deinen Eltern?«

»Sie erwarten nichts Gutes mehr von mir.«

Es war spät geworden. Rosalie sagte: »Ich habe eine Wohnung hier. Willst du auf eine Tasse Kaffee oder Tee herüberkommen? Ich gehe nie vor zwei Uhr schlafen. Ich muß morgen auch nicht unterrichten. Hab keine Angst, ich werde dich nicht verführen.«

Ich wollte mich verabschieden, aber der Dekan und seine Frau waren schon gegangen. Die anderen Gäste kannte ich nicht. Diese Universität war wie eine ganze Stadt. Als wir gingen, nahm Rosalie meinen Arm. Draußen war es eiskalt. Ein scharfer Wind wehte. Ich hatte mir besonders warme Schuhe, dicke Handschuhe und eine wollene Gesichtsmaske gekauft. Ich kam mir vor wie ein Mitglied des Ku-Klux-Klan, wenn ich durch die Schlitze lugte. Wir gingen durch schwach beleuchtete, schneebedeckte Straßen, während der Wind gegen uns drückte. Er blies durch meine Kleidung, ich fror erbärmlich. Treibender Schnee wirbelte um uns herum. Mir fiel die Beschreibung von Reisen an den Nord- oder Südpol ein, die ich als Junge gelesen hatte. Die schneebeladenen Lampen verbreiteten nur ein schwaches Licht. Es war glatt, und wir klammerten uns aneinander, um nicht zu fallen. Ein grünblauer Stern funkelte über einem Dach. Hier unten war es elf Grad unter Null; dort oben mochten es hundert Millionen Grad über Null sein.

Rosalie Kadisch und ich stiegen drei Treppen zu ihrer Wohnung hinauf. Überall lagen Bücher und Zeitschriften herum – auf ihrem Klappbett, auf den Stühlen, auf dem Boden, selbst auf dem Eisschrank und auf dem Gasherd. Sie räumte schnell einiges beiseite und setzte den Kessel auf. Sie brachte Schnäpse und Kekse. Ich bin kein großer Trinker, aber ich wollte mich nach dem Spaziergang etwas erwärmen.

Wir tranken einander zu, und sie sagte: »Ich habe dich nie vergessen. Ich wollte meine Doktorarbeit über dein Werk schreiben, aber ich konnte nicht genügend Material darüber finden.«

Plötzlich fiel mir ein, daß ich Reisl anrufen sollte. Da saß sie in der Bronx und wartete. Vielleicht versuchte sie, mich zu erreichen. Als ich mit Rosalie davon sprach, sagte sie: »Du mußt dich nicht genieren. Ruf sie an.«

Ich wählte und hörte Reisls Stimme. Sie klang schrill. Sie hatte mir mein Fortgehen noch nicht verziehen. Sie sagte: »Wie ging's mit der Vorlesung?«

»Soso.«

»Du hast wohl vergessen, daß es hier schon eine Stunde später ist? Ich wollte ins Bett gehen.«

»Man hatte mir noch eine Cocktailparty gegeben. Ich konnte nicht von dort aus anrufen.«

»Bist du jetzt in deiner Wohnung?«

»Ja«, log ich und bereute es sofort.

»Das ist nicht wahr. Du bist ein Betrüger und Lügner. Ich habe vor fünf Minuten in deiner Wohnung angerufen.«

»Ich bin gerade nach Hause gekommen«, sagte ich und wußte, es würde alles nur schlimmer machen.

Reisl sagte: »O. K. Häng ein. Ich ruf' dich gleich zurück.« Ich wollte noch etwas sagen, aber sie hatte schon aufgelegt. Ich saß benommen da. Ich hörte das Telephon in meiner leeren Wohnung läuten. Ich hörte auch Reisls wütende Reden. Ja, dachte ich, diesmal hab' ich sie verloren. Zwischen uns ist alles aus.

Rosalie sah mich von der Seite an. »Keine Angst«, sagte sie, »sie wird sich schon wieder mit dir aussöhnen.«

»Niemals.«

»Versuch's mal mit Marihuana. Von einer wirst du nicht süchtig.«

»Nein. Ich möchte lieber noch ein Glas Schnaps.«

Ich versuchte, mich zu trösten. Diese verfluchte Liebe, dachte ich; dieser ganze romantische Unfug war keinen Pfifferling wert. Wie recht hatte die jüngere Generation – sie verlangten keine ewige Treue mehr, und Eifersucht kannten sie nicht. Neunundneunzig Komma neun Prozent unserer sogenannten Instinkte waren uns von sozialer Hypnose aufgezwungen.

Rosalie brachte Tee und Gebäck. Es war unsinnig, jetzt nach

Hause zu eilen. Sie war kultiviert, sah nicht schlecht aus. Jedenfalls gehörten wir beide einem Stamm an, der dabei war, sich selbst zu zerstören.

Eine Woche oder mehr verging. Ich begab mich auf eine andere Vortragsreise. Das Wetter wurde immer schlechter. Die Zeitungen kündigten Schneestürme und nie dagewesene Kältewellen für das ganze Land an. Die Züge blieben stecken, und man mußte den halberfrorenen, hungrigen Reisenden Hilfe bringen. Im Winter reiste ich lieber mit dem Zug als mit dem Flugzeug. Mein kleines Notizbuch erinnerte mich daran, daß ich am Abend in der Stadt M. sein sollte – im Mittleren Westen, auch das Hotel hatte ich aufgeschrieben. Irgendwo hatte ich noch einen Brief von der Organisation, die mich eingeladen hatte, aber der war schon mit meinen Notizen für den Vortrag in der Aktentasche verstaut. Im allgemeinen brauchte ich weder Adressen noch Telephonnummern. Sobald ich im Hotel ankam, holte mich derjenige ab, der die ganze Veranstaltung abwickelte. Bis zur Abreise würde er sich um mich kümmern. Ich hielt den gleichen Vortrag in Synagogen und Universitäten, vor den Damen der zionistischen Frauenorganisationen und vor Bibliothekaren.

In Chicago versuchte ich einen Schlaf- oder Liegewagen zu bekommen. Es gab keinen. Wegen des Wetters mußte ich vierzehn Stunden vor dem Vortrag dort ankommen. Mein Zug würde um vier Uhr morgens eintreffen. Das macht nichts, beschloß ich. Ich könnte im Hotel bleiben und arbeiten. Die Vertreter der Organisation würden mich sicher zu den Mahlzeiten einladen. Ich war nicht mehr daran gewöhnt, mit der Eisenbahn zu fahren, aber ich gebe mich nicht lange mit solchen Kleinigkeiten ab. Ich fand einen Platz am Fenster. Es war warm. In Chicago hatte ich Zeitungen, Zeitschriften und die Autobiographie eines Sexbesessenen gekauft. Ich hatte auch ein Sandwich und einen Apfel bei mir, falls ich während der Nacht hungrig werden sollte. Ich hatte Angst, daß sich irgendein langweiliger Patron neben mich setzen könnte, aber der Wagen blieb halb leer.

Wir fuhren durch eine von Schnee und dichtem Nebel fast unsichtbare Stadt. Lastwagen und Autos krochen die Straßen entlang. Aus den Fabrikschornsteinen quoll Rauch. Hier und da zuckte Feuer aus Schloten. Nach einiger Zeit zog ich das Rouleau herunter und fing an zu lesen. Wie gewöhnlich brachte die Zeitung das Neueste über Morde, Vergewaltigungen und Feuersbrünste; die Leitartikel handelten von der Mafia und von der Gefahr, die von Drogensüchtigen ausging. In der Zeitschrift stand ein langer Artikel über eine Schauspielerin, die plötzlich berühmt geworden war und für einen Auftritt zwanzigtausend Dollar bekam. Der Sexbesessene beschrieb die Umstände, die zu seiner Psychose geführt hatten: ein zerrüttetes Elternhaus, ein trinkender Vater, seine Bordellbesuche, die Liebhaber seiner Mutter. All das war erschreckend und ermüdend. Ich begann über die Zukunft der Literatur nachzudenken. Was konnte ein Romanschriftsteller den nackten Tatsachen noch hinzufügen? Sensationen und Melodramen waren unser täglich Brot. Das Unglaubliche war nur allzu glaubhaft.

Ich gähnte und blätterte in dem Buch. Obwohl ich nicht hungrig war, aß ich das Sandwich und den Apfel. Für einen Vierteldollar mietete ich ein Kissen von dem Schaffner, lehnte mich zurück und versuchte zu schlafen. Allmählich wurde es dunkel im Zug. Ich schloß die Augen, halb dämmerte ich, halb dachte ich nach. Reisl hatte ich bestimmt verloren. Wenn ich anrief, legte sie sofort den Hörer auf. Es wird sich schon noch jemand neben mich setzen, dachte ich. Ich begann zu träumen, hörte aber immer noch den Schaffner den Namen der Stationen ausrufen. Dann muß ich fest eingeschlafen sein, denn er weckte mich. Wir waren in M. angekommen.

Ich nahm meinen Mantel herunter, meinen Kleidersack und die Aktentasche. Ich war der einzige Reisende, der hier ausstieg. Ein eiskalter Wind blies. Es war ein ziemliches Stück zu gehen von meinem Wagen bis zum Bahnsteig. Hundert Jahre lang war die Station ein Symbol für Tumult und Lärm gewesen, jetzt war sie dunkel und leer. Ein Schwarzer schnarchte auf einer Bank. Ich trat auf die Straße, um ein Taxi zu suchen. Zuerst schien es hoffnungslos, aber schließlich tauchte eines auf. Der Fahrer nahm mein Gepäck. Ich nannte ihm den Namen des Hotels.

»Wo soll das sein? Nie gehört!«

Ich griff in meine Brusttasche, um die Adresse nochmals zu überprüfen. Mein Notizbuch war nicht da. Der Fahrer holte ein Büchlein und eine Taschenlampe heraus, um nachzusehen. Ich war überrascht. Für gewöhnlich buchte man für mich ein Zimmer in einem bekannten und erstklassigen Hotel. Wir kamen durch hell erleuchtete Straßen, dann fuhren wir durch dunkle, enge Gassen. Mich beschlich Mißtrauen. Hatte er vielleicht vor, mich zu berauben? Das Taxi hielt vor einem schäbigen, drittklassigen Hotel. Ich war wütend auf die Veranstalter, die mich eingeladen hatten. Ich beschloß, am nächsten Morgen sofort nach New York zurückzukehren. Ich bezahlte den Fahrer, der an der verschlossenen Tür läutete und klopfte. Nach einiger Zeit kam ein verschlafener Bursche heraus. Er trug einen Sweater. Ich fragte, ob für mich ein Zimmer reserviert sei.

Er zuckte die Achseln. »Reserviert? Nein.«

Irgend etwas stimmte nicht. In diesem Haus gab es nicht einmal einen Aufzug. Der Bursche führte mich eine schmale Treppe hinauf. Es stank nach Gas und Kohlendunst. Er öffnete eine Tür und machte Licht: Eine nackte Birne hing an der Decke. In dem Zimmer blätterten die Tapeten von den Wänden, das Linoleum hatte Löcher, die Einrichtung bestand aus einem Metallbett und einer wackeligen Kommode. Es erinnerte mich an die möblierten Zimmer, die ich in den Zeiten meiner Armut bewohnt hatte. Der Angestellte ging. Erst jetzt bemerkte ich, daß mich ein großes Unglück befallen hatte. Die Aktentasche, die ich aus dem Zug mitgenommen hatte, war nicht meine eigene, und in meiner befanden sich meine Vorträge und andere wichtige Papiere; offenbar hatte ich auch mein kleines Notizbuch in die Aktentasche getan. Und um das Unglück voll zu machen, hatte ich meine Travellerschecks auch dort hineingestopft. Warum ich das gemacht hatte, weiß ich bis heute nicht, es sei denn, die Mächte, die das Leben eines Menschen bestimmen, wollten mir die größten Qualen bereiten. Alles, was ich besaß, waren zwei Dollar und etwas Kleingeld.

Ich blickte mich nach einem Telephon um, aber in dem Zimmer gab es keines. Etwas in mir machte sich, bei aller Sorge, über die Falle lustig, in der ich saß. Ich hatte eine Hoffnung – meine Gastgeber würden mich am nächsten Tag abholen. Aber mich beschlichen Zweifel, ob ich in das richtige Hotel gegangen war. Keine Organisation würde ihren Redner in so einer Bruchbude unterbringen. Es mußte alles ein Irrtum sein. Es wurde mir immer klarer, daß dies die Strafe für mein Verhalten Reisl gegenüber war. Ihre Flüche hatten sich erfüllt. Wie immer, wenn ich in Schwierigkeiten geriet, erwachte mein Glaube von neuem.

Ich merkte, daß es im Zimmer kalt war. Der Heizkörper war mit Staub bedeckt und die Farbe blätterte ab, es kam keine Wärme. Ich schlug die Decke zurück und bekam ein graues

Laken und ein schmutziges Kopfkissen zu sehen. Es roch leicht nach einem Wanzenmittel. Ich schloß meine Augen, versuchte dem Unterbewußten in mir zu lauschen, der Macht, die nach von Hartmann immer das Richtige trifft. Wer und was hatte mich in diese Kalamität gebracht? Es sah eigentlich so aus, als hätte ich es selbst getan. Ich zog mich aus und benutzte meinen Mantel als zweite Decke. Wenn ich nur mein kleines Notizbuch bei mir hätte! Ich konnte mich an keine einzige Telephonnummer erinnern, außer meiner eigenen und Reisls. In meiner Wohnung in New York war natürlich niemand, und Reisl würde nicht mit mir sprechen. Ich hatte Angst, nicht einschlafen zu können, aber ich schlief sofort tief und fest.

Am nächsten Tag ging ich in eine Telephonzelle und rief Reisl an – als Gespräch, das der Angerufene zu zahlen hat. Es meldete sich niemand. Nach einer Stunde versuchte ich es wieder, dann nach zwei und drei Stunden, ohne Erfolg. Gewöhnlich nahm die Mutter das Telephon ab, wenn Reisl fort war. Hatte sie die Mutter umgebracht und dann sich selbst? Ich versuchte, mich an andere Telephonnummern zu erinnern, aber ich war von Gedächtnisverlust befallen. Es gab nur eine Möglichkeit – irgendeinen Juden zu finden, der vielleicht wußte, wo mein Vortrag heute abend stattfinden sollte. Aber erst mußte ich etwas zu mir nehmen. Ich hatte nicht gefrühstückt, und der Hunger nagte an mir. Ich ging in eine Cafeteria, aß Pfannkuchen und zwei Brötchen und trank Kaffee. Das kostete fünfundachtzig Cents. Mein Vermögen bestand jetzt aus einem Dollar und achtundfünfzig Cents. Zu einem Taxi reichte es nicht mehr.

Ich ging durch die Straßen, bis ich einige Läden fand. Unter den Namen war einer – Morris Shapiro. Dort kann ich vielleicht etwas erfahren, dachte ich. Möglicherweise wollte Morris Shapiro heute abend zu meinem Vortrag kommen. Ich betrat das Geschäft. Es war groß, aber die Ware war schäbig. Die Tische waren bedeckt mit Nachthemden, Blusen, Kleidern, Sweatern, Schals, Strümpfen – billiger Ramsch aller Art. Es war heller Tag, aber die Lampen brannten. Ich mußte an die Geschichte von König Salomon denken. Asmodi, der böse Geist, hatte ihn vierhundert Meilen entfernt von Jerusalem aussetzen lassen. Der König Israels ging herum und rief: »Ich bin Salomon!« Er war wenigstens ein König. Aber wer war ich schon? Einer von Tausenden von Schriftstellern in Amerika – und ein jiddischer noch dazu.

Ich sah mich nach jemandem um, der Morris Shapiro hätte sein können, aber ich sah nur Käuferinnen und Verkäuferinnen. Ich ging auf eine zu. »Ist Morris Shapiro zu sprechen?«

Lächelnd schätzte sie mich ab. »Mr. Shapiro ist nicht im Hause.«

»Wann wird er zurück sein?«

»Was wollen Sie von ihm?«

Stammelnd fing ich an zu erzählen. Sie hörte nur mit halbem Ohr. Zwischendurch rief sie einer anderen Verkäuferin etwas zu. Ihr Puppengesicht war von blondgefärbtem, welligem Haar umrahmt.

»Mr. Shapiro ist heute in Chicago«, sagte sie endlich.

»Könnten Sie mir die Adresse einer Synagoge oder eines Rabbiners geben?«

»Ich bin nicht jüdisch. Hallo, Sylvia!«

Sie zeigte auf eine kleine Frau mit schwarzem Haar, die den gleichen hellblauen Kittel trug wie alle anderen Verkäuferinnen. Sylvia war gerade mit einer Kundin beschäftigt. Ich wartete, während eine ältere Frau zweimal eine Schürze anprobierte und sich nicht entscheiden konnte, ob sie sie kaufen sollte. Sylvia stand geistesabwesend neben ihr, Kaugummi im Munde. Schließlich sagte die Kundin: »Ich will mal in den Spiegel schauen.«

Ich fing an, Sylvia von meinem Dilemma zu berichten.

Sie sah ärgerlich aus. Ich verschwendete ihre Zeit. Sie sagte: »Es gibt mehrere Synagogen hier, aber ich glaube, sie sind nur am Sabbat offen.«

»Wissen Sie vielleicht, wo einer der Rabbiner wohnt?«

»Nein. Sehen Sie im Telephonbuch nach.«

»Wo kann ich eines finden?«

»Im Büro der Western Union.«

»Und wo ist das?«

»Über die Straße.«

Ich dankte ihr und ging. Ich konnte das Zeichen der Western Union nirgends finden. Hatte sie mich zum Narren gehalten, oder wurde ich blind? Nach meiner Uhr war es jetzt zwei Uhr fünfzehn. In sechs Stunden sollte ich meinen Vortrag halten.

Trotz der Kälte war die Straße vollgestopft mit Fußgängern, und Autos und Lastwagen krochen Stoßstange an Stoßstange vorwärts wie in New York oder Chicago. Die Leute sahen mürrisch und ungeduldig aus. Eine ältere Frau zog ihren Hund an der Leine. Er hatte an einem Baumstamm haltgemacht und rührte sich nicht. Die Frau fluchte. »Herr des Himmels, wozu hast Du all dies geschaffen?« murmelte ich. In diesem Augenblick sah ich das Büro der Western Union. Ich ging hinein, griff nach einem Telephonbuch und blätterte bis zu »J«. Es gab keine Organisation, die mit dem Wort »Jewish« begann. Die Juden im Mittleren Westen legten offenbar keinen besonderen Wert darauf, ihre Jüdischkeit hervorzuheben. Was sollte ein Mensch unter diesen Umständen tun – sich hinlegen und sterben? Ich hatte meinen Verleger in New York, konnte mich aber nicht an seine Telephonnummer erinnern. Außerdem war das Unternehmen so gut wie bankrott. Kürzlich hatte sich eine Sekretärin beklagt, daß sie schon seit fünf Wochen kein Gehalt bekommen hatte. Und mein Lektor ließ sich gerade scheiden und war irgendwo in Reno. Ich suchte in den gelben Seiten unter der Überschrift »Kirchen«. Ich fand zwei Synagogen angeführt. Ich wollte schon anrufen, hatte aber keine passenden Münzen. Inzwischen hatte jemand die einzige Telephonzelle betreten. An der Art und Weise, wie er sich dort niederließ, konnte ich erkennen, daß er nicht so bald wieder herauskommen würde.

Während der Jahre, in denen ich meinen Lebensunterhalt mit Schreiben und Vorträgen verdiente, hatte ich den Geschmack der Armut vergessen. Jetzt kam er zurück. Ich hatte spät gefrühstückt, aber ich war wieder hungrig. Ich wartete auf den Angestellten der Western Union, er sollte mir Geld wechseln. Aber er saß an seinem Telegraphenapparat und sah nicht in meine Richtung. Ich dachte, Schriftsteller sollen eben nicht reich werden. Sie sollten nicht einmal ein regelmäßiges Einkommen haben. Die Gutgenährten können die Hungrigen nie verstehen. Leute, die ein Heim haben, können sich niemals mit denen identifizieren, die auf der Straße schlafen. Erinnerung, Phantasie reichen nicht aus. Vielleicht wollte mich die Vorsehung an meine Sendung als Schriftsteller erinnern?

Nachdem ich zehn oder fünfzehn Minuten gewartet hatte, wechselte mir der Angestellte meinen Vierteldollar. Ich rief beide Synagogen an. Keine Antwort bei der ersten. Bei der zweiten kam eine Sekretärin an den Apparat und teilte mir mit, der Rabbiner sei abwesend – er verbrachte ein Studienjahr in England. Sie wußte von keinem Vortrag, der für den heutigen Abend in der jüdischen Gemeinde angesetzt war. Sie klang irritiert, es würde keinen Sinn haben, ihr meine Geschichte zu erzählen.

Ich leistete einen heiligen Schwur: Wenn mich der Allmächtige aus dieser schrecklichen Lage erlöste, würde ich in Zukunft freundlicher all denen gegenüber sein, die zu mir um Hilfe kämen. Noch einmal – »zum allerletzten Mal«, sagte ich mir – rief ich bei Reisl an. Keine Antwort. Es war ganz klar, daß dort eine Katastrophe passiert war. Lea Hinda war gestorben oder hatte einen Herzanfall gehabt. Oder hatte Reisl ihr untersagt, das Telephon anzurühren?

Ich ging zurück in das Hotel und durchsuchte meine drei Anzüge. Vielleicht würde sich ein anderes Notizbuch oder Geld in den Taschen finden. Alles, was ich fand, war eine Stange Kaugummi, mit der ich meinen Hunger stillte. Dann begann ich, mich mit der Aktentasche zu beschäftigen, die ich aus dem Zug mitgenommen hatte. Ich machte meinem Ärger Luft und brach das Schloß auf. Was ich schon vermutet hatte, traf zu: sie gehörte einer Frau. Ich nahm ein Nachthemd, einen Kosmetikbeutel aus Plastik, Strümpfe, Wäsche, eine Bluse und einen Pullover heraus. Keine Spur eines Namens oder einer Adresse. In meiner Aktentasche war meine Adresse und auch meine New Yorker Telephonnummer, aber selbst wenn die Frau dort anrief, dort war niemand, der antworten könnte. Ich konnte ja nicht einmal sicher sein, daß sie meine Aktentasche hatte. Sie konnte sie auch zu einem Fundbüro gebracht haben. Ich hätte den Bahnhof anrufen sollen, aber die Kräfte verließen mich.

Ich streckte mich auf dem Bett aus und dachte an Selbstmord. Wenn das Leben und die Seelenruhe eines Menschen von einer Aktentasche voller Papiere abhingen, dann war das Leben keinen Pfifferling wert. Man braucht nur ein paar Fetzen Papier zu verlieren, und schon ist man ein Niemand.

Ob ich meine Anzüge verpfänden sollte? Oder meine Uhr? Es war drei Uhr und zwanzig Minuten. In einer Stunde etwa würde es dunkel werden. Die Heizröhren waren kaum lauwarm. Ich hatte mich nicht rasiert, nicht einmal die Zähne geputzt. Stoppeln bedeckten mein Gesicht. Sollte ich zur Polizei gehen? Gab es irgendeine Institution, die für derartige Fälle zuständig war?

Ich döste vor mich hin, riß mich dann aber zusammen. Ich mußte nochmals versuchen, Reisl zu erreichen. Es fiel mir ein, daß ich die Auskunft nach den Telephonnummern der Leute fragen konnte, deren Adressen ich wußte. Warum war ich nicht früher darauf gekommen? Meine Schwierigkeit ist, daß ich sofort den Kopf verliere, wenn irgend etwas schiefgeht. Jeder andere in meiner Lage hätte längst einen Ausweg gefunden. Ich schämte mich, so hilflos zu sein, und machte mir Vorwürfe, letzten Endes noch immer ein Jeschiwaschüler zu sein. Wenn es nur nicht so kalt gewesen wäre, vielleicht hätte ich dann auch mehr Energie gehabt. Die Kälte lähmte mich.

Ich zog zwei Pullover an und nahm einen Schal um, ehe ich ausging. Ich fürchtete mich vor der Dunkelheit in dieser fremden, kalten Stadt. Ich ging in einen Drugstore in der Nähe des Hotels. Ohne hinzusehen, zählte ich das Geld in meiner Tasche. Im Geiste machte ich eine Liste derer, die bereit wären, mir zu helfen. Ich hob einen fortgeworfenen Umschlag vom Boden auf und kritzelte darauf die Namen von Freunden und Bekannten, deren Adressen ich zu wissen glaubte. Das Schlimme war, sicher war ich bei keiner einzigen.

Es gab vier Kabinen in diesem Drugstore, alle waren besetzt. Während ich wartete, flehte ich den Herrn, dessen Gebote ich nicht gehalten hatte, an, mich von meiner Pein zu erlösen. Ich gelobte, achtzehn Dollar an wohltätige Vereine zu geben. Ein wenig später fügte ich noch einmal achtzehn hinzu. Ich mußte Buße tun, davon war ich überzeugt. Ich wurde dafür bestraft, daß ich die Vorschriften der Tora nicht befolgt hatte. Der Spötter in mir machte sich über meine Frömmigkeit lustig und sagte voraus, daß ich wieder mein altes Ich sein würde, sobald ich nach New York zurückkehrte.

Offenbar erhörte Gott mein Gebet. Ich rief die Auskunft der Stadt an, wo ich Gastprofessor war, erhielt die Nummer von Rosalie, und – ich traute meinen Ohren nicht – sie war am Telephon. Nachdem sie meinen Namen gehört hatte, war sie bereit, das Gespräch zu bezahlen. Ich erklärte ihr, was mir zugestoßen war, und sprach mit der Dringlichkeit eines Menschen, der sich in tödlicher Gefahr befindet.

»Ich werde alles tun, was ich kann, mein Lieber«, sagte sie. »Ich werde dir telegraphisch Geld schicken. Ich würde es selber bringen, aber ich habe morgen eine Verabredung mit meinem Doktorvater.«

»Rosalie, bis zu meinem letzten Atemzug werde ich dir das nie vergessen. Natürlich zahle ich dir das Geld gleich zurück.«

»Warum bist du so verängstigt? Finde doch heraus, wo du den Vortrag halten sollst.«

»Aber wie?«

»Geh zur Polizei. Die finden alles, was sie wollen.«

Ich gab Rosalie die Adresse meines Hotels. Wiederum schwor ich ihr ewige Dankbarkeit.

Sie sagte: »Ich wünschte, ich könnte zu dir kommen. Ich habe meine Doktorarbeit satt.«

Mit zitternder Hand legte ich auf, überwältigt von meinem Erfolg, als sei ich soeben vom Tode errettet worden. Ich war voller Liebe zu Rosalie. Sie war ausschweifend und sie rauchte Marihuana, aber der göttliche Funke war noch lebendig in ihr, denn sie war bereit, einem anderen Menschen zu helfen. Sie ist tausendmal besser als Reisl, schrie eine Stimme in mir. Ich war bereit, Rosalie vom Fleck weg zu heiraten. Ihre Vergangenheit ging mich nichts an. Was wir brauchten, war ein neues Verhältnis zwischen den Geschlechtern. Der Langeweile und dem Betrug des heutigen Familienlebens mußte ein Ende gemacht werden.

Meine Münze war durchgefallen und ich steckte sie wieder in den Schlitz, um nochmals Reisls Nummer anzurufen. Eine übernatürliche Macht sagte mir, diesmal würde ich sie erreichen. Ich sah sie vor mir, wie sie in der Nähe des Telephons stand. Ich hörte es läuten und dann ihre Stimme. Atemlos sagte ich: »Reisl, ich flehe dich an, bei allem was dir heilig ist, bitte nimm dieses Gespräch an.«

»Wollen Sie dieses Gespräch bezahlen oder nicht?« fragte die Telephonistin ungeduldig.

Nach kurzem Zögern sagte Reisl ja. Ihre Stimme klang heiser, als ob sie sich gestritten oder geweint hätte.

»Reisl, mir ist etwas Schreckliches passiert. Ich habe meine Aktentasche verloren, meine Travellerschecks und mein kleines Notizbuch. Ich habe keinen Pfennig Geld, und ich sitze fest in einem kalten, verdächtig aussehenden Hotel in dieser Stadt. Höre mich an, wenn du nur noch einen Funken Menschlichkeit in dir hast.«

»Wo bist du – du Mörder, Hund, du Biest?«

»Reisl, jetzt ist nicht die Zeit für Auseinandersetzungen. Es sei denn, du willst, daß ich sterbe.«

Da Rosalie mir schnellste Hilfe versprochen hatte, war mir klar, daß ich nicht mehr verzweifeln mußte. Aber ich war doch nicht so sicher, ob sie ihr Versprechen halten würde. Ich erzählte Reisl die ganze Geschichte, stöhnend, zitternd, beschämt darüber, wie ich meine Gefahr übertrieb.

Reisl sagte: »Wahrscheinlich hast du eine deiner Nutten getroffen, und sie hat dich ordentlich ausgenommen.«

»Ich schwöre dir, ich sage die Wahrheit.«

Sie schwieg einen Augenblick. »Was soll ich denn tun?« sagte sie dann. »Ich kann Mutter nicht allein lassen.«

»Dann telegraphiere mir wenigstens etwas Geld. Ich muß raus aus diesem Rattenloch.«

»Gut. Gib mir deine Adresse.«

Ich sagte ihr, wo ich war. Wenn die beiden Frauen ihr Versprechen hielten, würde ich zwei telegraphische Geldanweisungen bekommen, aber man weiß ja nie, wie Menschen sich verhalten oder was sonst geschehen kann. Jedenfalls hatte mir das Schicksal geholfen, sowohl Reisl wie Rosalie telephonisch zu erreichen – ein sicheres Zeichen, daß ich noch nicht umkommen sollte.

Wieder auf der Straße fühlte ich mich völlig erschöpft von der Kälte, dem Wind und meiner Erregung. Ich ging in einen Supermarkt und kaufte Milch und Brot. Nun blieben mir noch vierundneunzig Cents. Als ich herauskam, war es schon dunkel. Obwohl ich mir den Weg gemerkt hatte, fand ich doch nur mit Mühe in das Hotel zurück. Es wurde immer kälter und meine Nase gefühllos. Ein nebliger Dunst verhinderte die Sicht. Alle paar Minuten fühlte ich in meiner Tasche, ob der Zimmerschlüssel und das Stück Papier mit der Hoteladresse noch da waren. Am Rande des Bürgersteiges hackten Tauben nach einer Brotkruste, die jemand ihnen zugeworfen hatte. Sie konnten weder damit fertig werden, noch es aufgeben. Diese Geschöpfe erfüllten mich mit Mitleid für sie und Wut gegen ihren Schöpfer. Wo verbrachten sie die Nacht in diesem schrecklichen Wetter? Ihnen mußte kalt sein, und sie waren sicher hungrig. Vielleicht werden sie in dieser Nacht sterben. Ich hätte ihnen gern das Stück Brot zerkleinert, aber ich wußte, sie würden wegfliegen, sobald ich mich dem Brot näherte. Ich nahm mein Brot heraus, zerkleinerte einige Stücke und streute sie ihnen hin. Vorübergehende rempelten mich an, aber die Tauben nahmen meine Gabe. Ich biß mehr Brot ab und warf es ihnen hin.

Ein Polizist kam auf mich zu. »Sie behindern den Verkehr«, sagte er. »Außerdem gibt es ein Gesetz, das Taubenfüttern in den Straßen verbietet.«

»Aber sie sind hungrig.«

»So hungrig auch wieder nicht.« Er sah mich ärgerlich an. Ich ging weiter, aber sobald er außer Sicht war, warf ich den Tauben noch ein Stückchen Brot zu. Erschreckt flogen sie davon. Die Kabbalisten haben recht: die unsere ist die schlechteste aller Welten. Hier herrscht Satan. Ich fragte jemanden nach dem Weg. Es stellte sich heraus, ich stand genau neben dem Eingang zum Hotel.

Der Hotelangestellte rief herüber: »Wie lange werden Sie bleiben?«

»Ein oder zwei Tage. Ich erwarte telegraphische Geldanweisungen.«

Er sah mich von oben bis unten zweifelnd an. »Ihr Zimmer ist ab übermorgen besetzt.«

Ich ging nach oben und setzte mich zu meinem Abendessen hin. Wie mir das frische Brot und die Milch schmeckten. Jeder Schluck machte mich lebendiger. Ich aß im Halbdunkel. Ich kostete die Heiligkeit der Armut. Plötzlich fiel mir ein, ich hatte keinerlei Ausweis bei mir. Selbst wenn das Geld kam, vielleicht würden sie es mir nicht aushändigen. Was täte ich dann? In diesem Augenblick hörte ich Schritte und heftiges Klopfen an meiner Tür. Ich sprang auf. Meine Finger fummelten an dem Türschloß. Im Licht des Korridors sah ich den Hotelangestellten und mehrere andere Herren.

Einer von ihnen sagte: »Warum ist es so dunkel?« Dann nannte er meinen Namen. In wenigen Minuten hatte sich alles aufgeklärt. Die Organisation, die mich eingeladen hatte, hatte schon die ganze Stadt abgesucht. Ich machte das Licht an. Ich sah die Gesichter wohlsituierter Gemeinderepräsentanten. Alle redeten auf einmal. Den ganzen Tag suchten sie mich schon. Sie hatten in Hotels, bei der Bahn, am Flughafen nachgefragt. Man hatte auch die Polizei informiert. Die Frau mit meiner Aktentasche hatte angerufen. Dann fiel einem von ihnen ein, ich könnte in ein falsches Hotel gegangen sein. Das elende Loch, in dem ich mich befand, hatte einen ähnlichen Namen wie das Luxushotel, in dem ein Zimmer für mich bereitstand.

Einer sagte stolz: »Vor uns können Sie sich nicht verstecken.«

»Er ist Sherlock Holmes«, sagte ein anderer und zeigte auf den ersten Sprecher.

Sie machten Witze und lachten. Einer stellte sich als der Präsident vor und zeigte verächtlich auf das halbgegessene Brot und die Milch. »Kommen Sie sofort mit«, rief er, »der Saal ist ausverkauft.«

»Ich habe meinen Vortrag nicht bei mir. Er ist in meiner Aktentasche.«

»Wir werden jemanden hinschicken, sie abzuholen. Es ist nur fünfzehn Meilen von hier. Die Frau, die sie hat, ist unser Mitglied.«

»Aber ich habe mir Geld hierher anweisen lassen.«

»Das wird man weiterleiten an das Hotel, wohin wir Sie jetzt bringen.«

Einer nahm meinen Kleidersack, ein anderer die Aktentasche, die nicht mehr zuging. Ich bemerkte, daß ich die Rechnung noch nicht bezahlt hätte, aber der Präsident sagte, es sei schon erledigt. Unten starrte mich der Angestellte überrascht an. Er nickte und entschuldigte sich. Das Blitzlicht von Photographen flammte auf. Ich hätte mich über den Gang der Ereignisse freuen sollen, statt dessen war ich traurig. Dämonen hatten ihr Spiel mit mir getrieben. Ich wußte, es war nicht ihr letzter Streich gewesen.

Man fuhr mich in einer Limousine zum feinsten Hotel. Ich hatte kaum Zeit, mich zu rasieren, zu duschen und mich umzuziehen, und schon wirbelte man mich in ein Restaurant zu einem Essen mit vielen Leuten. Inzwischen brachte jemand meine Aktentasche. Dann kam ein Journalist des Lokalblatts, um mich zu interviewen.

Spät am Abend, in meinem Hotelzimmer, rief ich Reisl und Rosalie an. Wie einfach es war, von einem großen Hotel aus zu telephonieren, die Taschen voll mit Travellerschecks und dazu noch das Honorar für den soeben gehaltenen Vortrag. Beide waren nicht zu Hause. Ich ging zu Bett und sank in einen tiefen Schlaf. Ich erwachte gegen zehn am nächsten Morgen, badete und bestellte das Frühstück. Ich mußte im Hotel bleiben, bis das Geld kam. Ich brauchte es zwar nicht mehr unbedingt, aber es war mir wichtig zu wissen, ob sie Wort gehalten hatten. Außerdem mußte ich mich erst von diesem schrecklichen Erlebnis erholen.

Gegen ein Uhr kam der Präsident, um mich zum Lunch abzuholen. Dann zeigte er mir im Wagen die Stadt. Wir kamen an Morris Shapiros Geschäft vorbei. Ich blickte hinüber zu dem Büro der Western Union und erkannte die Cafeteria, wo ich gefrühstückt hatte. Der Präsident drehte dauernd eine Zigarre zwischen den Fingern und wiederholte, M. sei nur eine kleine Stadt. Er schien sich für die Kleinheit zu entschuldigen.

Ich sagte: »Trotzdem kann man hier leicht verlorengehen.«

»Unmöglich!«

Er wollte mir alles zeigen, was die Stadt zu bieten hatte: das Museum, Schulen, die landwirtschaftliche Hochschule. Aber ich hatte wenig Geduld für all dies. Ich war noch müde und hatte gehofft, vor dem Essen, zu dem mich der Vorsitzende abholen würde, noch etwas schlafen zu können. Endlich fuhr mich der Präsident ins Hotel zurück. Es war schon dunkel. Die Fensterscheiben sahen bläulich aus. Ich legte mich in den Kleidern hin. Von Zeit zu Zeit fühlte ich in meiner Hüfttasche nach den Travellerschecks. Ich schlief ein.

Ein Klopfen weckte mich. Es war ganz dunkel. Erschreckt richtete ich mich auf. Ich wußte nicht, wo ich war. Meine Beine waren kraftlos, wie nach einer Krankheit. Ich öffnete die Tür. Im Licht des Korridors sah ich zwei mir wohlbekannte Gesichter: Reisl und Rosalie. Ich starrte sie an. Reisl trug den schäbigen Pelzmantel, den sie in einem deutschen Lager erstanden hatte. Auf dem Kopf hatte sie einen weißen Schal. Rosalie trug auch einen Pelzmantel. Beide schleppten Taschen. Ich war zu verschlafen, um erstaunt zu sein.

Rosalie sagte: »Nun, willst du uns nicht hereinbitten?«

Sie hatten offenbar beide beschlossen, persönlich zu kommen, um mich aus meiner Lage zu befreien. Sie hatten sich vielleicht in dem anderen Hotel getroffen, dachte ich, oder in dem Flugzeug, das einen Zwischenhalt in Chicago machte. Ich war viel zu müde, nach einer Erklärung zu fragen oder mich zu rechtfertigen. Ich war erstarrt. Ich sah sie lange Zeit an. Die Kobolde hatten mir einen neuen Streich gespielt – sie hatten nicht vor, mich in Ruhe zu lassen. Rosalie lachte mit den Augen. Reisl sah mich mit spöttischem Mitleid an. War dies mein endgültiger Untergang? Oder hatten die höheren Mächte ein Gebet erhört, das ich gar nicht auszusprechen gewagt hatte?

Ich hörte mich sagen: »Kommt herein. Mazel tow! Dies ist die Nacht der Wunder.«

Joyce Carol Oates
Die heilige Ehe

1

Howard Dean erreichte die Umgebung von Mouth-of-Lowmoor in West Virginia an einem warmen Herbstnachmittag gegen halb fünf. Er war fast den ganzen Tag gefahren. Die Route 77 hatte mehr und mehr in die Berge hinauf geführt. Jetzt fuhr er über diese zweispurige Straße einen Höhenrücken entlang, die Hände fest auf dem Lenkrad, während seine Augen immer wieder nach rechts hinunter ins Tal schweiften. Er mußte einfach hinsehen, die Landschaft war zu schön – ein friedliches Tal, von zarten, verschwommenen Linien in Felder geteilt, die alle die gleiche eintönige, gedämpfte, sanft grüne Farbe hatten. Wie ein Paradies. Eine andere Welt. Er war erstaunt, daß es so viele weiße Häuser in dieser Gegend gab. Ganz bestimmt hielt der weiße Anstrich nur ein, zwei Jahre? ... Es gefiel ihm, daß die Leute in diesen Tälern, am Fuße der Berge, sich die Mühe gaben und die Häuser weiß strichen.

Die Höhe machte seinen Ohren zu schaffen. Er hielt am Straßenrand und stieg aus, um hinunter ins Tal zu blicken. Schon seit einer Stunde taten ihm die Augen weh von dem Glast dieses sonnigen Oktobertags und vom Hinausstarren, weil er alles ganz genau, ganz deutlich sehen wollte. Er war kein Mann, der an Schönheit gewöhnt war. Er kam nur selten aus der Stadt heraus, unterbrach die Routine seiner Arbeit nur selten, so daß ihm fast ein bißchen schwindlig war, von der Aufregung der Fahrt, wie einem Kind. Er wollte alles sehen.

Stille. Die Landschaft war still. Zu seiner Rechten fiel der Hang steil ab bis zu einem kleinen flachen Bach und zu Weideland, auf dem undeutliche weiße Punkte grasten – das mußten Schafe sein, so reglos! Der vorderste Bauernhof hatte eine rote Scheune, die in dem Dunstschleier nur wie ein verwaschener Fleck aussah. Dahinter ein weißes Haus. Dann das Gewirr von Baumwipfeln – dann wieder ein Fluß oder eine kleine Straße und wieder zwei Häuser, beide weiß. Vielleicht war eines eine Kirche. Ganz rechts, beinahe völlig verborgen hinter weiteren Bäumen, waren einige weiße Gebäude, die Howard für große Scheunen hielt, eines ein langgestrecktes weißes Rechteck, ohne Tiefe bei dieser Entfernung, ein anderes ein metallgraues

Rechteck, noch langgestreckter, kaum mehr zu erkennen; Howard mußte die Augen zusammenkneifen, um es überhaupt wahrzunehmen. Dahinter kam wieder eine Reihe dichter Baumkronen, dann ein Hügel, der allmählich in einen Berg überging. Die Stelle, an der Howard stand, lag so hoch, daß er das Gefühl hatte, über das Tal hinweg zum Grat des Bergrükkens sehen zu können, in Augenhöhe, gewissermaßen ebenbürtig. Aber wahrscheinlich befand er sich doch nicht so hoch oben. Es war der gleiche Eindruck, den man in einem Sportflugzeug gewinnt: plötzliche vertraute Nähe mit der Landschaft und zugleich ständige unerklärliche Gefahr ...

Erregt kehrte Howard zum Wagen zurück und fuhr weiter nach Mouth-of-Lowmoor. Rechts lag noch immer das Tal in seiner schläfrigen Schönheit, stumm und verhalten, die kräftigsten Herbstfarben durch die Entfernung blasser, gedämpft wie das Aquarell eines Künstlers, der allen Farben etwas Braun beigemischt hat. Es war eine sehr menschliche, eine Miniaturlandschaft, verkleinert, aber entrückt und unergründlich. Er fühlte sich hypnotisiert. Selbst Schrottautos, Matratzen und anderer Müll, den man in flache Flußbetten und Gräben geworfen hatte, wirkten irgendwie anziehend. Howard wagte nicht, auf dieser Straße schneller als fünfzehn Meilen zu fahren. Auf seiner linken Seite ragte eine zerklüftete Felswand empor, die manchmal zurücktrat und den Blick auf kleine Wildbäche freigab, eiskalt, schäumend, weiß, laut. Howard fühlte sich hypnotisiert, und dieser Gedanke befriedigte ihn irgendwie.

In Mouth-of-Lowmoor kam er an einem kleinen Motel, die »Vier Sterne«, vorbei; er wollte es sich merken; wahrscheinlich würde er dort übernachten. Aber zuerst wollte er das Haus von Pearce sehen. Das *Haus von Pearce* ... Er hatte die Karte, die Pearces Witwe ihm geschickt hatte, schon viele Male studiert, und jetzt zog er sie aus der Tasche und faltete sie auseinander, um die Lydia Street nicht zu verpassen. Offensichtlich verlief sie im rechten Winkel zur Route 77, die jetzt Lowmoor Street hieß. Die Stadt war nicht anders als viele der kleinen Städte, durch die er an diesem Tag gekommen war. Keine Überraschung, aber auch nicht enttäuschend. Er fuhr über eine schmale Brücke und einen abschüssigen Weg hinunter, der sein Herz höher schlagen ließ; er fuhr an den ersten Häusern vorbei, alle klein, einfach, weiß gestrichen, dicht nebeneinander gebaut. Die Autos waren am Straßenrand geparkt; manche sahen schrottreif aus. Kinder spielten auf der Straße. Sie stoben auseinander, als er kam. Ein kleiner Junge zeigte auf Howards Nummernschild und rief irgend etwas, als wäre ein Nummernschild aus einem anderen Staat etwas Ungewöhnliches.

Die Uhr einer altmodischen Bank zeigte dreiviertel fünf, als er durch das Zentrum von Mouth-of-Lowmoor fuhr. Die Innenstadt war sehr alt, verwahrlost. Ein Drugstore mit auffälliger weißgekachelter Fassade fiel ihm auf, aber sonst waren die Häuser alle aus verwittertem roten Backstein. Howard fuhr weiter und hielt Ausschau nach der Lydia Street. Ja, jetzt mußte sie bald kommen, gleich nach dem großen »X«, das Pearces Witwe auf die Karte gemalt hatte ... das »X« stand für eine große Lagerhalle, die jetzt aufgelassen war und die »nicht zu übersehen« war, sie war tatsächlich nicht zu übersehen. Das häßliche Gebäude war am Ufer eines schmutzigen, übelriechenden kleinen Flusses errichtet worden, dessen Wasser von irgendeiner Substanz grell rostbraun gefärbt war. Howard bog wie angegeben rechts ab und folgte der Lydia Street noch ungefähr zwei Meilen. Er kam durch ein dicht bebautes Gebiet mit Holzhäusern, dann an kleinen und ungepflegten Backsteinhäusern vorbei; dann, nahe dem Stadtrand, kam er wieder an größeren Häusern vorbei. Und dann, ganz am Ende der Lydia Street ... endlich das Pearce-Haus, eine kleine Villa im viktorianischen Stil mit drei Stockwerken, das ihm auf den ersten Blick einen ziemlichen Schock versetzte, so häßlich und unheimlich war es, abweisend und abstoßend, aus düsteren roten Backsteinen, mit absurden Kuppeln und Türmchen und einem weißen Anstrich, der schon abblätterte ... Howard starrte das Haus an. Das war es nun also, endlich, das Pearce-Haus ... Es war so gewöhnlich und abweisend und so *wirklich*.

Der Vorgarten war von einem schmiedeeisernen Gitter mit einer schiefen Tür umgeben. Im Garten wucherten stellenweise üppige Grasbüschel, und dazwischen waren kahle Stellen und staubige Erde. Ein paar bunte Hühner scharrten im Staub. Hühner? Howard hielt sie eher für Zwerghähne. Sie waren stolz und sehr geschäftig. Eine schwarze Katze sonnte sich auf den Stufen vorm Haus. Die Veranda war mit Korbstühlen vollgestellt, die alt und unbenutzt aussahen; ein paar lehnten am Geländer, als verbeugten sie sich vor der Straße. Die Fenster waren sehr hoch und schmal, mit Läden zu beiden Seiten, die dem Haus ein unbehagliches, finsteres Aussehen gaben. Die Rouleaus waren halb heruntergelassen.

Hier also hatte Connell Pearce gelebt?

Howard starrte auf das Haus und wußte nicht, ob er es abstoßend oder anziehend finden sollte. Er selbst wohnte in Madison, in Wisconsin, in einem ganz gewöhnlichen Apartmenthaus, ganz schön, aber nichts, woran man lange dachte; Howard dachte tatsächlich kaum daran und wohnte in Gedanken noch immer bei seinen Eltern im Osten, oder vielleicht auch nirgendwo. Es war ihm nicht wichtig, wo er lebte. Connell Pearce hingegen hatte die Orte, an denen er lebte, immer sorgfältig geplant, hatte geradezu einen Kult daraus gemacht – schon allein die Namen der Orte –, daß er einen ganz bestimmten Grund gehabt haben muß, ausgerechnet dieses Haus in Mouth-of-Lowmoor zu wählen. Vor zehn Jahren hatte Pearce in einem Buch mit dem Titel ›Psalme und Runen‹ geschrieben:

Wir werden
zu Orten, die wir bewohnen,
unsre Gesichter so rein
wie ihre Namen, brüchig
in frommer Verwirrung

Howard fuhr an dem Haus vorbei und sah mit der Freude des Entdeckers, daß sich das Grundstück weit nach hinten, von der Straße weg, erstreckte, und daß es eigentlich ein kleines Gehöft war. Denn es gehörte noch eine große rote Scheune dazu, sowie eine kleinere, die daran angebaut war und ein kahles, unbeackertes Stück Land, auf dem nicht mehr benutzte Geräte standen. Zwischen dem Haus – das von der Seite riesig aussah – und den Scheunen lag ein Garten, gelb und gold und orange, mit ein paar weißen und roten Tupfern und an beiden Seiten hohe, dürftige Sonnenblumen. Der Garten wirkte staubig, verträumt, hypnotisierend, wie das Tal. Howard trat auf die Bremse, bis der Wagen stand, und nahm alles in sich auf. Der Geruch der Herbstluft war würzig, ein wenig beißend. Er hatte noch nie ein derartiges Haus gesehen, das einerseits eine würdige alte Villa, andererseits ein verkommener kleiner Bauernhof war, so zufällig verbunden. Und hier hatte Connell Pearce das letzte Jahr seines Lebens verbracht ... Eine Frau in einem grünen Kleid kam aus dem Seiteneingang des Hauses. Sie war ziemlich weit von Howard entfernt und sah nicht zur Straße. Sie ging nach hinten in den Garten; Howard konnte ihr Gesicht nicht erkennen, aber sie mußte die Witwe von Pearce sein. Erregung durchzuckte ihn. Er wagte nicht, noch länger hierzubleiben, daher fuhr er zurück zum Motel ... Dort nahm er ein Zimmer, das Wände aus Beton hatte und ein Bett, das dumpf und säuerlich roch. Aber er war sehr zufrieden.

Zuerst mußte er Mrs. Pearce anrufen und für den nächsten Tag eine Verabredung treffen. Nein, *zuerst* mußte er auspacken und seine Sachen in Ordnung bringen. Er mußte seine Gedanken in Ordnung bringen. Seine ersten Worte würden sehr wichtig sein, wenn er mit ihr sprach. Er durfte keinen schlechten Eindruck machen. Er hatte Stunden damit verbracht, den Brief, den er ihr geschickt hatte, zu formulieren ... *Zuerst* mußte er ruhig werden, sich beruhigen. Er könnte seine Verlobte in Madison anrufen. Sie hieß Joan. Sie war geschieden, ihren Mann kannte Howard nicht, hatte eine zweijährige Tochter und war Sekretärin bei einem Dekan der Universität. Sie war eine nervöse, unglückliche, verwirrte junge Frau, die manchmal fast krankhaft abhängig war von Howard und ihn ein anderes Mal völlig gleichgültig behandelte – je nach Laune. Es war Howards Überzeugung, daß sie ihn brauchte, und dieses Gebrauchtwerden war für ihn eine Verantwortung, die er dankbar auf sich nahm, denn schließlich war er absolut frei und ungebunden und wartete mit seinen 37 Jahren noch immer auf das große Ereignis, das sein Leben verändern und ihm einen Sinn geben würde. Er hob den Hörer ab, um Joan anzurufen, aber dann zögerte er ... er mußte an die Witwe von Pearce denken, wie sie aus der Tür getreten war, ohne ihn zu bemerken, in ihrem grünen Kleid, eine junge Frau, die er nicht kannte, die in den Garten ging, um dort irgend etwas zu tun ...

Auf dem einzigen Foto, das Howard von Pearces Frau gesehen hatte, war ihr Gesicht nicht deutlich zu sehen gewesen. Sie und Connell standen in der gleißenden Sonne; irgendwo in Spanien, vor kaum einem Jahr. Nach dem, was Howard über sie gelesen hatte, war sie 20 Jahre jünger als Pearce, anscheinend eine sehr anziehende Frau – wie die anderen Frauen, die Pearce geliebt und in sein Leben genommen hatte. Aber für Howard war sie nicht wirklich gewesen, bis heute hatte er kaum je an sie gedacht: Sie war nur eine Erscheinung, ein Medium zwischen ihm und dem toten Dichter.

Er wählte die Nummer, die sie ihm gegeben hatte, und wartete nervös, während das Telefon am anderen Ende klingelte.

Wenn er über sich – Howard Dean – nachdachte, dann sah er sich oft als einen Mann, der telefonierte, als einen Mann, der zwar mit seinem Gesprächspartner noch nicht verbunden war, sich ihm aber bereits ausgeliefert hatte, gewissermaßen in der Schwebe noch, nicht mehr sicher in der Geborgenheit seines Schweigens, aber noch nicht in die Unterhaltung vertieft, die vor ihm lag. Andere Menschen bereiteten ihm Unbehagen, erschreckten ihn, und doch fühlte er sich zu ihnen hingezogen, wollte sie zufriedenstellen. Seine Verlobte, die noch nicht direkt versprochen hatte, ihn zu heiraten, erschreckte ihn auch manchmal; genau wie ihre kleine Tochter, deren Stiefvater er vielleicht einmal sein würde. Die Kollegen an der Universität erschreckten Howard, obgleich er wußte, daß sie ihn bewunderten. Sie waren ganz in Ordnung, wenn auch manchmal lästig, besorgt, impulsiv, sobald man sie persönlich gut kannte, aber viel erträglicher, wenn man Distanz hielt. Manche seiner Kollegen waren ausgezeichnete, hervorragende Wissenschaftler. Howard hatte selbst drei Bücher geschrieben, die recht gut aufgenommen worden waren, aber sie waren ihm peinlich, weil er das Gefühl hatte, seinen ehrgeizigen Themen nicht gerecht geworden zu sein. Er schien sich immer mit ehrgeizigen Themen zu befassen. Sein neues Projekt war eine biografische Arbeit über Connell Pearce, die als bescheidene kritische Untersuchung begonnen hatte, eine Arbeit, die er glaubte bewältigen zu können; dann stellte sich heraus, daß Pearce Hunderte von Gedichten veröffentlicht hatte, von denen viele nicht in Sammlungen aufgenommen waren, vergessen, verstreut in buchstäblich allen bedeutenden Zeitschriften der Vereinigten Staaten und Englands; für die ›Revista de Occidente‹ hatte er sogar in Spanisch geschrieben. Pearces enorme Energie, seine Produktivität, hatten Howard, der sich im Vergleich zu ihm wie ein Kind vorkam, beunruhigt. Es war erschreckend, sich der ungeheuren Unterschiede zwischen den Menschen bewußt zu werden.

Er dachte über dieses Projekt schon seit Jahren nach. Und allmählich verstärkte sich bei ihm das Gefühl, daß er, Howard Dean, dazu bestimmt war, Pearce der Welt, die ihn doch nie von selbst entdecken oder in angemessener Weise würdigen würde, vorzustellen. Er konnte nicht warten, daß es irgend jemand anders tat. Howard hatte drei Bücher geschrieben, die ihn nicht befriedigt hatten, obgleich er mit Liebe und wilder Hingabe an ihnen gearbeitet hatte, selbst noch bei Krankheit und Niedergeschlagenheit; aber in Wirklichkeit waren sie nicht wichtig genug gewesen, um all seine Kraft und seine Fähigkeiten, seine Geduld und Zuwendung, von denen er wußte, daß er sie besaß, auf sich zu vereinen. Mit der Lyrik von Connell Pearce würde es anders sein. Es war große Lyrik, bedeutende Lyrik. Seit zwanzig Jahren war sich Howard dessen bewußt, war er sich des Dichters Pearce bewußt als seines Zeitgenossen in diesen verworrenen, ernsten, tragischen Zeiten, Pearce, der mit jedem seiner Bücher für Howard und für andere seiner Generation den Weg aufzeigte, ihnen den Sinn ihres Lebens erklärte, sie aufheiterte, ihnen Mut zusprach, sie aufrüttelte, in Wut versetzte und sie manchmal in tiefe Scham stürzte – Connell Pearce lebte in Howards Bewußtsein, er war gegenwärtig, nicht geistig, sondern äußerst greifbar, substanziell, von der gleichen transparenten Substanz, die Howard früher Gott zugeordnet hatte. Solange Pearce lebte, war da etwas wie ein Versprechen gewesen, eine Aufhebung der Gegenwart, die Pearce interpretiert hatte, so daß sie von Howard und seiner Generation akzeptiert werden konnte.

Aber Pearce war gestorben.

Howard war eines Morgens auf den Nachruf in der ›New York Times‹ gestoßen, gänzlich unvorbereitet, darin ein Foto von Pearce zu sehen. Der Zeitungsartikel war an die zwanzig Zentimeter lang gewesen. Pearce war ganz plötzlich gestorben, in einer kleinen Stadt in West Virginia, von der Howard noch nie etwas gehört hatte, und hinterlassen hatte er nur seine Frau aus einer zwei Monate dauernden Ehe. Tod durch natürliche Ursache. Die biografischen Angaben waren dürftig. Die genaue Todesursache wurde nicht erwähnt, allerdings sollte es später Gerüchte über Selbstmord geben. Howard hatte es die Kehle zugeschnürt, als wäre ein Teil von ihm gestorben. In gewisser Weise hatte er sich nie von dem Schock erholt, dem Schock, als er die Zeitungsseite umblätterte und auf den Nachruf stieß.

In Gedanken hatte er sich immer vorgestellt, daß er Connell Pearce eines Tages vielleicht begegnen würde und daß sie vielleicht sogar Freunde werden könnten. Daß sie sich etwas zu sagen gehabt hätten. Sich gegenseitig etwas zu bieten gehabt hätten. Howard war wie ein Mann in einem ewigen Schwebezustand, der nur immer dastand, den Telefonhörer fest am Ohr, und wartete, geduldig darauf wartete, daß jemand etwas zu ihm sagte, ihn mit Namen anredete.

Kaum war Pearce tot, da erschienen auch schon lobende Kritiken und kurze, enthusiastische Artikel. Eine Illustrierte brachte ein ganzseitiges Foto von Pearce – ein etwas veraltetes

Foto, das den Dichter mit Ende dreißig zeigte, dunkle Augenbrauen, nachdenklich, geschwungene Lippen und ironische Augen. Seine Verleger brachten sein bekanntestes Buch neu heraus: ›Das Schicksal der Tiere‹. Ein Kollege von Howard, den er aus seiner Harvard-Zeit kannte, ein typischer Opportunist, ließ verlautbaren, daß er gedächte, alle von Pearce hinterlassenen Papiere an sich zu bringen; offensichtlich schrieb er mehrere Briefe an Pearces junge Witwe, die aber unbeantwortet blieben. Howard war es ein entsetzlicher Gedanke gewesen, daß dieser Mann tatsächlich bis zu ihr vordringen könnte. Er selbst hatte nicht sofort schreiben wollen, aus Rücksicht auf den eben erfolgten Tod und auch aus eigener Schüchternheit, aber dann, im Sommer, setzte er sich doch hin und schrieb einen sehr langen inständigen Brief, dem er Ablichtungen der beiden Essays über Pearce, die er schon veröffentlicht hatte, und Exemplare seiner drei Bücher beilegte. Er hatte nicht zu hoffen gewagt, von Pearces Witwe eine Antwort zu erhalten; sein Brief war so dreist gewesen –

... Es gibt ein Prosagedicht von Ihrem Mann, in dem folgende Zeilen stehen: *Wir erwachten aus der Jugend und mußten entdecken, daß die Sinne nichts Privates haben. Warum also nicht sterben? Wir sind Schaustücke. Aber warum nicht leben? Wir sind nicht verdammt zu privatem Schicksal.* Als ich diese Zeilen zum erstenmal las, verspürte ich einen ungeheuren Schock. Ich kann das Gefühl, das mich überkam, nicht erklären. Ich weiß nicht, ob das Gedicht dieses Gefühl in mir weckte, ob es dadurch freigelegt wurde, oder ob es erst durch das Gedicht – also durch Ihren Mann – durch die Lektüre dieses Gedichts erschaffen wurde. ›Das Schicksal der Tiere‹ war das erste Buch, das ich von Ihrem Mann gelesen habe, und es hat, glaube ich, mein Leben verändert. Sicher, mir ist klar, daß seine späteren Bücher wichtiger sind, tiefer. Er hat hervorragende Bücher geschaffen. Aber was ich damit eigentlich sagen möchte, um es endlich klar auszudrücken: Ihr Mann hat auch mich geschaffen, zum Teil jedenfalls. Ohne sein Werk wäre ich nicht der Mensch, der ich bin. Sie haben ein Recht, zu fragen, wer dieser Mensch ist – dieser belanglose Howard Dean –, nun, ein Mann mittleren Alters, der schon immer, auch schon als Kind, mittleren Alters war! – ein Mensch, eigentlich ohne jede Bedeutung, aber obwohl unbedeutend, weiß ich immerhin, daß ich ohne die Gedichte von Connell Pearce möglicherweise nicht hätte überleben können.

Connell Pearce hat es uns allen vergönnt, zu sehen, wie er es fertig brachte zu überleben, wie er dieses chaotische Amerika seit 1963 durchstehen konnte, wie er seine eigenen privaten Höllen durchstehen konnte. Er hat es uns gezeigt. Es ist ihm gelungen, das Gefühl für das Schicksalhafte, auch das persönlich Schicksalhafte, aus diesem Chaos zu erschaffen, und er hat uns die Augen geöffnet, uns gezeigt, daß es keineswegs sentimental ist, an etwas zu glauben, und daß nicht nur die Gottesfürchtigen darauf hoffen dürfen, gerettet zu werden ...

Während die Briefe anderer unbeantwortet blieben, wurde Howards Brief sofort beantwortet. In einem zurückhaltenden, sauber getippten kurzen Schreiben erhielt er die Einladung, die von Pearce hinterlassenen Papiere durchzusehen. Er könne eine Woche bleiben, wenn er wolle. Eine Woche! Howard konnte sein Glück kaum fassen. Wie hatte es ihm mit einem einzigen Brief, wie im Fieber hingekritzelt mit fast jugendlicher Sehnsucht, nur gelingen können, Pearces Witwe für sich einzunehmen? Er mußte sie berührt haben, wie eine Samenzelle ein Ei befruchtet, so unvermittelt, so zufällig und doch nach einem unabänderlichen Plan – eine einzige Samenzelle, ein einziges Ei, während Milliarden anderer Samenzellen unnütz gewesen waren, vergeudet, unfruchtbar ...

Am anderen Ende der Leitung wurde das Telefon abgenommen.

2

Er kam ein paar Minuten zu früh zu der Zehn-Uhr-Verabredung, daher wartete er in seinem Wagen, einige Häuser vom Pearce-Haus entfernt. Er mußte daran denken, wie groß die Entfernung war, die er zurückgelegt hatte – diese Meilen und Jahre. Connell Pearce hatte ihn hierher gebracht. Diesen Morgen verdankte er Pearce, der einmal geschrieben hatte: *Wir gewinnen alles, wenn wir nur um einen weiteren Morgen bitten.*

Pearce hatte ihm geholfen, reifer zu werden. Indem er starb, hatte Pearce ihm gezeigt, wie man stirbt – ohne ihn wäre der Tod für Howard vielleicht unvorstellbar geblieben.

Aber er wollte an diesem Morgen nicht an den Tod denken. Er ging auf das Haus zu und durch die rostige, schiefe Gartentür, und sein Herz klopfte vor Erwartung. Er sah die bunten Glasfenster, die die schwere Haustür einrahmten, etwas verblichen, an den Rändern schwarze Streifen wie Kitt.

Die Tür ging auf, und eine Frau stand da und lächelte ihn an. Howard starrte sie an. Sie war wirklich sehr jung, ja, wie er es erwartet hatte, aber ungewöhnlich schön ... Es war wie ein Schock, ein schlimmer Schock. Sie stellte sich vor und gab ihm die Hand; Howard reagierte kaum, sondern starrte das herzförmige, mädchenhafte, hübsche Gesicht der Frau an, ein fast unnatürlich hübsches Gesicht. Es paßte einfach nicht hierher; es war hier nicht angebracht. Ihr dunkles Haar wellte sich zu Locken und Löckchen, die ihr Gesicht einrahmten.

Sie schien Howards Verwirrung nicht zu bemerken. Sie forderte ihn auf, in die Vorhalle zu kommen, bot an, ihm die Aktentasche abzunehmen, erkundigte sich nach seiner Fahrt. Und das Motel: War er zufrieden damit? Howard musterte sie verstohlen und sah, daß sie ein grünes Kleid anhatte. Grün wie Gras und zu auffällig für diesen Raum, von dessen ausgeblichenen Farben es sich abhob. Um den Hals trug sie mehrere Bernsteinketten, vielleicht wegen seines Besuchs. Bis dahin hatte Howard noch nie über sie nachgedacht, aber jetzt war er gezwungen, ihre Existenz zur Kenntnis zu nehmen, ihre beunruhigende Realität. Während sie lächelnd von der Stadt sprach, von ihrer Abgeschiedenheit, von der Tatsache, daß sie hier niemanden kannte, durchforschte Howard sein Gehirn nach irgendwelchen Informationen, die er über sie gelesen haben mußte: Sie war ungefähr fünfundzwanzig und stammte aus irgendeiner Stadt bei New York. Sonst nichts. Ein leeres Blatt.

Als Antwort auf eine ihrer Fragen hörte Howard sich sagen: »Ich ... ich bin so dankbar ... Ich konnte letzte Nacht kaum schlafen ...«

Darüber lächelte sie tiefgründig, tiefgründig und verhalten, als wäre das genau das Richtige, was es zu sagen gab. »Und jetzt werde ich Ihnen das Haus zeigen. Connell hat dieses Haus geliebt«, sagte sie. Sie befanden sich in einer Art Salon, mit einem einzigen langen Sofa in einem unbestimmten Beige, ziemlich schäbig, und einem Lehnstuhl und Stühlen, die gegen die Wand geschoben waren, zwei Tischen, ebenfalls gegen die Wand geschoben, altmodischen Stehlampen mit Quasten und Kordeln und verzierten Schirmen: eine typisch viktorianische Einrichtung. Es war nicht zu übersehen, auch für Howard nicht, daß die abgetretenen Böden nicht ordentlich gepflegt und gebohnert waren. Unter den Fenstern standen große, plumpe Truhen, anscheinend um Heizkörper zu kaschieren; sie waren hellgrün gestrichen, was überhaupt nicht zum Zimmer paßte.

An der Wand hing ein altes Foto von einem Mann mit dunklem Bart und wirrem dunklem Haar. Er sah aus wie ein General in Uniform. Pearces Frau bemerkte, wie Howard auf das Bild starrte, und sagte schnell: »Das ist niemand wichtiges – ich meine, kein Vorfahre von Connell. Es ist nur ein altes Bild, das zu dem Haus gehört.«

Sie führte ihn durchs Eßzimmer, einen langen, muffigen, düsteren Raum mit einem schweren Kronleuchter, der viel zu protzig wirkte, fast ein bißchen vulgär, obgleich Howard vermutete, daß er sehr wertvoll war. Das massive Mahagonibüffet war mit Spiegeln ausgestattet. Oben standen zwei Reihen langstieliger Kristallgläser, von einer dünnen Staubschicht überzogen. »Wir haben dieses Zimmer nicht oft benutzt«, sagte Pearces Witwe und führte ihn in die Küche – ein gräßlich altmodischer Raum mit einem riesigen fleckigen Abwaschbecken, eigentlich waren es zwei, beide mit Roststellen übersät, die sich an den Kanten grün verfärbt hatten. Ein großer häßlicher Herd. Schränke ohne Türen, so daß die Stapel Teller und die Gläser und Tassen – die zierlich an weißen Haken aufgehängt waren – zu sehen waren: Howard bestaunte das Porzellan. Die Frau nahm einen Teller heraus und zeigte ihn Howard, als freute sie sich über sein Interesse. Es war gutes Porzellan, aber die Muster – Rosenknospen und Trauben auf glattem weißem Grund – fand Howard banal und enttäuschend.

»Connell hat das ganze Haus gekauft, die Einrichtung mit allem, was dazugehörte«, sagte die Frau. »Wir hatten nichts eigenes. Er sagte, das sei sein Erbe – all das.«

Ihr Name war Emilia. Er würde sich überwinden müssen, sie so zu nennen. Sie hatte eine einfache Art sich zu geben, anmutig, beherrschte die Situation perfekt, spürte seine Nervosität – je ruhiger sie war, um so unruhiger wurde er –, sie war freundlich zu ihm, fast ein bißchen nachsichtig. So als wäre sie im Besitz eines kostbaren Schatzes, so beneidenswert kostbar, daß sie sich dafür entschuldigen mußte.

»Ja. Sehr schön«, sagte Howard.

In einem kleinen Frühstücksraum, der offenbar nicht benutzt wurde, ließ ihn Emilia aus dem Fenster sehen, während sie weiter über die »Farm« plauderte. Die Zwerghähne waren direkt unterm Fenster. »Connell liebte es, sie früh am Morgen krähen zu hören; er liebte es, auf diese Weise geweckt zu werden«, sagte sie. Er wollte sie nicht ansehen. Er fragte sich, wie ihr Leben jetzt wohl war; Pearce war seit sieben Monaten tot.

Sie führte ihn in ein anderes Zimmer, eine Art Wirtschaftsraum mit Glasschränken, die bis zur Decke reichten, deren Verputz abblätterte. Die Tapete in diesem Zimmer hatte eine ungewöhnliche, bedrückende Farbe, eine Mischung aus Grau und Blau. »Dieses Haus müßte eigentlich von Dienern und Angestellten in Ordnung gehalten werden«, sagte Emilia. »Es ist viel zu groß für zwei Leute. Wir benutzten nicht alle Zimmer, denn die Heizung ist nicht sehr gut, und um Wärme zu sparen ...«

»Und von wem haben Sie es gekauft?« fragte Howard höflich.

»Von der Witwe eines Mannes namens Nesbitt. Horace Nesbitt. Angeblich war er der reichste Mann von ganz Lowmoor, ein Bankier.«

»Ich frage mich nur, warum ... Ich meine, warum Ihr Mann sich entschloß, gerade hierher zu ziehen ... Er hat überall gelebt, in der ganzen Welt, und seinen Gedichten habe ich entnommen, daß er Spanien und Neu-Mexiko besonders mochte ...«, sagte Howard.

»Ja, er war überall zu Hause«, sagte Emilia mit einem scheuen, stolzen Lächeln, »aber er wollte hierher zurückkehren, weil er in dieser Gegend geboren wurde. Nur ein paar Meilen von Lowmoor entfernt.« Sie richtete ihren Blick auf Howard und lächelte. Sie war von einer unschuldigen Offenheit, einer ungekünstelten Würde, als herrschte sie über eine historische Sehenswürdigkeit, als herrschte sie über die korrekte Überlieferung von Ereignissen, die vergangen waren. Sie bewegte sich mit ungezwungener Anmut in vollem Bewußtsein der Verantwortung, die sie trug, aber nicht von ihr belastet. Sie sprach betont langsam, so als wüßte sie, daß sich Howard an alles würde erinnern wollen, was sie sagte. »Connell hat nicht vielen Leuten erzählt, wo er geboren wurde. Er machte sogar aus seinem Alter ein Geheimnis. Aber er ist auf einem Bauernhof geboren, etwa sieben Meilen von der Stadt entfernt. Der Hof gehört jetzt anderen Leuten. Seine Familie lebt überall verstreut, sie waren alle sehr arm. Connell hat lange Spaziergänge gemacht, da draußen bei dem Bauernhof, aber er sagte, er habe keine sentimentalen Gefühle. Zu diesem Haus hier fühlte er sich allerdings hingezogen«, sagte Emilia. Sie führte ihn durch einen Gang in den hinteren Teil des Hauses. Howard starrte auf ihren Rücken; sie schien wie im Traum zu schweben, durch diese dämmrige, muffige Halle, ohne sie wirklich zu sehen. Sie sprach glücklich, ein wenig atemlos.

Sie betraten ein Zimmer, das für Howard eine Überraschung war – ein helles, luftiges, großräumiges Wohnzimmer mit einem riesigen Fenster, das vom Boden bis zur Decke reichte, und einem offenen Kamin aus Natursteinen. »Das ist Connells Lieblingszimmer, ich meine, das war es – hier haben wir immer gegessen –. Wir könnten heute hier essen«, sagte sie.

Howard starrte sie verständnislos an.

»Wir? . . . Heute? . . .«

»Ja. Sie und ich. Falls Sie etwas essen möchten. Wenn Sie zum Essen bleiben wollen«, sagte Emilia.

»Das – das wäre wunderbar . . .«, sagte Howard langsam.

Er sah sich im Zimmer um, das Ledersofa, der massive runde Tisch, die Bücherstapel und die vielen Zeitschriften und Zeitungen; es war so gemütlich hier, so menschlich, trotz der aufgeworfenen Dielenbohlen und der Wasserflecken an der Decke, daß er es mit dem restlichen Haus einfach nicht in Einklang bringen konnte. Eine Weile vergaß er fast, wo er war. Eine Katze kam auf sie zu, eine große schwarze Katze, breit das Gesicht, das Fell am Rücken verklumpt. Emilia murmelte etwas und bückte sich, um die Katze zu streicheln. Howard beobachtete sie und stellte sich vor, wie diese Fellklumpen sich anfühlen mußten, hart, vielleicht klebrig –

»Und jetzt werde ich Ihnen Connells Arbeitszimmer zeigen«, sagte sie. Sie führte ihn den Gang zurück und eine sehr steile Treppe hinauf. Howard konnte den Blick nicht von ihren Beinen nehmen, der Rückseite ihrer Beine, ihren jungen, vertrauensvollen Waden, die nackte Haut blaß, sogar ein wenig bläulich. Eine zierliche Frau, trotz ihres Auftretens. Sie sprach über die Schulter zu ihm. Er war froh, daß sie etwas sagte. »Connell konnte überall arbeiten«, sagte Emilia. »Aber dieses Zimmer sei der geeignetste Platz, den er je entdeckt habe, sagte er. Es war der Mittelpunkt der Welt für ihn . . .«

Howard betrat das Zimmer und mußte die Augen zusammenkneifen. Da standen drei Tische, und alle mit Papieren überladen. Papiere in Stößen und in Ordnern. Papiere über Papiere. Howard wollte seinen Augen nicht trauen.

»Ist das alles von ihm . . . seine Papiere? Hat er das alles hinterlassen?« fragte er.

»Ja«, sagte Emilia.

Howard bekam Herzklopfen. Er konnte fast nicht glauben, was er sah.

Emilia sagte leise: »Das sind an die dreißig Jahre Arbeit ... alte Zeitschriften und Entwürfe von Gedichten, Notizen zu einem Roman und andere Bücher ... viele hundert Seiten Notizen und Anmerkungen, hingekritzelt, daß ich sie kaum entziffern kann«, sagte sie atemlos und sah Howard prüfend von der Seite an, um festzustellen, wie beeindruckt er war. »Ich glaube, es sind einige tausend Seiten ... und alles so durcheinander, das reinste Chaos, was er zurückgelassen hat, ich kenne mich überhaupt nicht aus, ich weiß nur, daß es Leute gibt, die er auf keinen Fall hierhaben wollte ... Kurz vor dem Ende hat er noch mit seinen Verlegern und mit vielen seiner Freunde Schluß gemacht. Das wissen Sie doch sicher? ... Das einzige, was er all die Jahre nicht aufgehoben hat, waren Briefe. Es hat viele Leute gegeben, die an ihn geschrieben haben, auch berühmte Leute, aber er hat die Briefe immer weggeworfen, wenn er sie gelesen hatte. Er wollte sie nicht in seinem Leben haben, all die Leute ...«

»Sind auch Gedichte dabei, die noch nicht veröffentlicht wurden?« fragte Howard.

»Ich weiß nicht. Ich glaube schon«, sagte Emilia. »Und die ersten Entwürfe von anderen Gedichten sind auch dabei ... Kennen Sie ein Gedicht von ihm mit dem Titel ›Impulse‹?«

»Natürlich«, sagte Howard.

»Davon habe ich siebenundsechzig verschiedene Entwürfe gefunden.« Sie sprach leise, ohne Howard anzusehen.

»Siebenundsechzig Entwürfe? ...«

»Ja.«

»Und auch Gedichte, die noch nicht veröffentlicht wurden ... unveröffentlichte Gedichte von Pearce ...«, sagte Howard leise.

Er fühlte, wie sein Herz klopfte. Er fühlte, daß er an einen heiligen Ort gekommen war. Er hatte diesen Ort nicht verdient, aber er war arglos hierhergekommen, rein, ohne eigensüchtige Motive, ohne festen Plan.

»Sind Sie zufrieden?« flüsterte Emilia. »Ist es das, was Sie sich gewünscht haben?«

»Ja ...«

»Haben Sie geglaubt, daß er so viel hinterlassen würde – so vieles, von dem niemand etwas weiß?«

»Niemals«, sagte Howard. »Nein. Niemals hätte ich das zu

glauben gewagt – höchstens ein paar Briefe, ein paar erste Entwürfe –«

Er schwieg hilflos.

Nach einer Weile sagte Emilia: »Möchten Sie gern unser Zimmer sehen – mein Zimmer?«

Sie führte ihn durch die Halle in ein großes düsteres Schlafzimmer. Howard sog vorsichtig die Luft ein. Der Geruch von Zeit und Leid lag über diesem Raum, der mit alten Möbeln vollgestopft war. Das Bett hatte einen Baldachin aus einem leichten seidigen Material; die Vorhänge waren aus vergilbter weißer Spitze, mit Seidenbändern zur Seite gerafft. Auf dem Boden lag ein Orientteppich, der noch recht ansehnlich war. Die schweren Möbel waren mit Schnitzereien und kleinen gedrechselten Aufsätzen verziert und sahen aus, als ließen sie sich unmöglich blank reiben.

An einer Wand hingen einige Fotos von Connell Pearce in alten Rahmen. Howard fühlte sich von diesen Bildern sofort angezogen, sie stellten Pearce in den verschiedensten Posen dar – mit mürrischem Lächeln, ernst, ein Schnappschuß, wohl in einem Garten, Pearce am Strand stehend, im Profil, gleichgültig. Emilia sah auf ihre beruhigende, stille Art zu, wie Howard hinüberging, um die Bilder zu betrachten. Das eine, das ihm am besten gefiel, war das gleiche, das man in der Zeitung abgedruckt hatte – Pearce, direkt in die Kamera blickend, ohne ein Lächeln, doch nicht finster, die klaren dunklen Augen, als bestünden sie nur aus Iris, so als wären sie von grellem Licht geblendet oder von einer Flut von Visionen. Howard starrte in dieses Gesicht und spürte, wie sein eigenes Gesicht zu brennen begann; er war wie betäubt, als würde auch er angestarrt. Pearce schien die Zähne noch fester zusammenzubeißen, so daß an Wangen und Kiefer die Muskeln hervortraten, auf der Stirn schien sich eine Ader abzuzeichnen. Pearce war ein kräftiger, vitaler, sehr *sichtbarer* Mann – im Gegensatz dazu kam sich Howard ziemlich durchsichtig, ja, unsichtbar vor.

»Haben Sie diese Bilder aufgenommen?« fragte Howard.

»Ich?« fragte Emilia erstaunt. »Nein. Ich habe ihn damals noch nicht gekannt.«

Howard stellte fest, daß die Fotografien Pearce in unterschiedlichen Lebensabschnitten zeigten. Er hatte sich langsam verändert; zuerst der Western-Stil – als er fast drei Jahre allein in Neu-Mexiko lebte und sich hager, angespannt, hungrig, zynisch gab – und dann eine hektische Großstadt-Phase, während der er maßgeschneiderte Anzüge trug, eine Menge Leute kannte, fast besessen Erfahrungen suchte und sich mit einer Reihe Frauen einließ: »Er hat diese Frauen für sich benutzt«, hat einmal jemand von ihm gesagt. »Trotzdem hat er sie geliebt. Jede einzelne von ihnen hat er wirklich geliebt.« Soweit Howard dies beurteilen konnte, mußte Pearce darauf in eine letzte Phase getreten sein; die Rückkehr in die Berge von West Virginia und der Erwerb eines »Erbes«, das eigentlich jemand anders gehörte ...

Als sich Howard wieder zu Emilia umdrehte, brannten in seinen Augen Tränen.

Sie bemerkte es, lächelte, nahm ihn bei der Hand und führte ihn aus dem Zimmer. Im Gang strich die Katze um seine Beine.

»Ist er – ist er in diesem Zimmer gestorben?« fragte Howard.

»Ja, in diesem Zimmer«, sagte Emilia.

Sie ließ ihn im Arbeitszimmer von Pearce zurück und ging nach unten, um das Mittagessen zu bereiten. Allein gelassen, ging Howard von einem Tisch zum andern, nahm hier einen Ordner, dort einen Stoß Papiere, legte sie wieder hin und griff nach etwas anderem ... Er hatte noch immer das Gefühl, als müßte er weinen. Dabei konnte er sich nicht einmal mehr daran erinnern, wann er zum letzten Mal geweint hatte. Er besah sich ein vergilbtes Stück Papier, das mit der Handschrift von Pearce bedeckt war – ein Gedicht, mit schwarzer Tinte hingekritzelt – ja, ein Gedicht, das er kannte, wenn auch in einer anderen Form. Er legte es wieder hin, als hätte er etwas Heiliges berührt. Wer war er, daß er sich mit den Papieren von Pearce beschäftigen durfte? Würde er ihnen gerecht werden können?

Er war sehr erregt. Er blickte durch eines der schmalen Fenster nach draußen. In der Ferne waren die Berge von einem leichten, farblosen Dunst verhüllt. Der Garten unten war heller geworden. Die Sonnenblumen leuchteten besonders auffällig. Was für groteske Blumen, die Stengel nicht völlig gerade, sondern ein wenig vorgebeugt, als verbeugten sie sich vor diesem Haus, als wollten sie durch die Fenster sehen, Blumen mit leeren, verloschenen braunen Gesichtern! Sie standen völlig still, aufmerksam, starrten auf Howard, als wären sie einst auch Menschen gewesen, wie er, nun aber durch einen Zauber verwandelt, plumpe, häßliche, gutmütige seelenlose Kreaturen.

3

Nach dem Mittagessen ging Emilia mit ihm nach draußen. Sie benutzten die Vordertür, als wäre Howard ein viel zu wichtiger Gast, um durch den Kücheneingang zu gehen. In der Vorhalle fiel Howards Blick auf eine Handvoll Briefe, die auf einem Tischchen lagen – unwillkürlich, eifersüchtig, kniff er die Augen zusammen – aber natürlich bekam sie täglich solche Briefe, von Männern, die ebenfalls hierherkommen wollten.

»Waren schon viele Leute da, um am Nachlaß Ihres Mannes zu arbeiten?« fragte Howard.

Emilia sah ihn an, als wüßte sie nicht, was sie darauf antworten sollte. »Nein, nicht viele«, sagte sie. Und nach einer Weile: »Er wollte nie viele.«

Sie gingen über den struppigen Rasen im Vorgarten, mit seinen kahlen Stellen und seinen üppigen Grasbüscheln. Sie bogen um die Ecke, und Howard hatte das Gefühl, in einen anderen Teil von Pearces Leben einzutreten, als er sich vom Haus entfernte und den Scheunen näherte. Hier stolzierten die Zwerghähne umher, ohne sich stören zu lassen.

»Er wollte nicht, daß viele ihn kannten«, sagte Emilia.

Sie war außerordentlich höflich, beinahe aufdringlich gastfreundlich. Während des Essens hatte sie Howard jene übertriebene Fürsorge entgegengebracht, jene pedantische Aufmerksamkeit in kleinen Dingen – dem kleinsten Wunsch ihres Gastes –, so typisch für eine gute Gastgeberin oder für jemanden, der nicht völlig normal ist. Das hatte ihm gefallen. Und auch jetzt hielt sie sich dicht neben ihm: Sie hatte die Angewohnheit, ihn ganz leicht mit den Fingern zu berühren.

»Es ist für mich eine große Ehre, hiersein zu dürfen«, sagte Howard.

Sie sah ihn mit ihren klaren, trägen dunklen Augen an, als lauschte sie allem, was er sagte oder sagen könnte oder auch dachte, ganz genau, während sie gleichzeitig irgend etwas anderem lauschte – einer Stimme in ihrem Kopf vielleicht. Howard war von ihr fasziniert.

Sie stiegen vorsichtig über einige ausgediente landwirtschaftliche Geräte, um in die erste Scheune einen Blick zu werfen – nichts als leere Boxen, verstreutes Stroh und der abgestandene, nicht unangenehme Geruch von Dung. Howard betrat die Scheune, dankbar für jeden Blick, den er von Pearces Eigentum erhaschen durfte. Die große Scheune war staubig und weiträumig, zerstörte Spinnennetze, schwer von Staub. »Connell wollte Pferde kaufen. Er wollte diese Scheune benutzen«, sagte Emilia. Sie gingen weiter in die Scheune hinein, leise, fast auf Zehenspitzen. Dieser Ort hatte etwas Überirdisches, Heiliges. Immer wieder sah Howard nach oben, zu dem dämmrigen Heuboden, und hinter sich, zur offenen Tür, als fühlte er sich beobachtet.

»Es ist alles so ruhig hier. So einsam«, sagte Howard.

»Ja. Zuletzt hatte Connell keine Freunde mehr. Nur mich«, sagte Emilia langsam. »Er gab seine Freunde auf, einen nach dem andern. Es war ihm unerträglich, daß ihn jemand kannte ... Eigentlich habe ich ihn auch nicht richtig gekannt«, sagte sie.

Howard war verblüfft, obwohl sie mit der gleichen beiläufigen, monotonen Stimme gesprochen hatte wie sonst. Und auch ihre Hand, die leicht auf seinem Arm lag, deutete keinerlei Nachdrücklichkeit an.

»Er hat mich im Januar geheiratet, als er schon wußte, daß er sterben würde. Er traf seine Entscheidung zwischen mir und einer anderen Frau, deren Namen ich nie erfahren habe ... Sie lebt jetzt in Kalifornien. Früher bin ich manchmal hergekommen, um bei ihm zu sein, wenn er mich wollte. Er rief mich zu sich, und dann schickte er mich wieder fort. Er wollte nicht, daß ihn jemand kannte, weil er glaubte, man würde ihn dann mit seiner Dichtung verwechseln. Für ihn zählten nur die Gedichte. Er selbst zählte nicht – ich meine, er wollte nicht er selbst sein, nicht jemand, an den man sich erinnern konnte.«

Howard murmelte zustimmend. Er verspürte Beklommenheit.

»Glauben Sie auch, er war ein großer Mann?« fragte Emilia.

»Ja.«

»Ein wahrhaft großer Mann? Ein Genie?«

»Ja. Gewiß«, sagte Howard spontan.

Sie lächelte ihn an. Aber dieses Lächeln kam erst nach einem kurzen Augenblick des Zögerns, wie von weit her. »Dann wollen wir jetzt zu seinem Grab gehen. Er würde sich wünschen, daß Sie sein Grab sehen«, sagte sie.

Pearce lag auf einem ungepflegten Presbyterianer-Friedhof begraben, ganz in der Nähe. Howard und Emilia standen schweigend an seinem Grab. Howard war von dem völlig normalen Grabstein und dem verwilderten Zustand des Rasens enttäuscht. Aber der Nachmittag war dunstig und mild, ein herrlicher Tag, und er spürte mit fast heftiger Gewißheit, daß es richtig war, hierhergekommen zu sein, daß hier, wo er stand, der richtige Ort war – hier, wo er zusammen mit der Frau, die mit Connell Pearce verheiratet gewesen war, dessen Grab betrachtete. Endlich begann Howards zielloses Leben feste Umrisse anzunehmen.

Emilia sah ihn an.

»Sind Sie glücklich, daß Sie hier sind?« fragte sie.

»Ja.«

»Er war ein sehr merkwürdiger Mann«, sagte sie langsam. »Sterben erregte ihn. Über die Einzelheiten seiner Krankheit hat niemand etwas erfahren, auch ich nicht, das war sein Geheimnis – es war, als dächte er sich seinen eigenen Tod aus wie ein Gedicht. Ich glaube, so könnte es sein: Man stirbt nur einmal, einen einzigen Tod. Ich weiß nicht. Aber jetzt, da er tot ist, scheine ich mich nicht mehr vor dem Tod zu fürchten . . . es kommt mir vor, als wäre er vorausgegangen, um ihn mir zu erklären . . .«

»Ich verstehe, was Sie meinen«, sagte Howard.

»Erst als er schon tot war, erfuhr ich, was er hatte – Krebs. Er hatte seinem Arzt verboten, es mir früher zu sagen. Er war ein sehr merkwürdiger, wunderbarer Mann.«

Howard nickte langsam.

Sie beobachtete ihn mit einem eigentümlich intensiven Lächeln. Wie unter einem unwiderstehlichen Zwang wandte sie sich ihm zu, sie schien ungewöhnlich verkrampft; ihre triviale Schönheit war verblichen, und Howard konnte ihr Gesicht nicht genau sehen, auch nicht die Konturen ihres Gesichts und ihre dunklen Haarlocken, die ihn zuvor abgelenkt und verwirrt hatten. Er schien nur *sie* zu sehen, sie selbst. Er konnte sie fühlen. Sie sagte sanft: »Wenn Connell jemanden mit den Fingerspitzen berührte, dann kannte er ihn . . . er konnte ihn in sich aufnehmen . . . Man spürte ein Zucken wie bei einem elektrischen Schlag, der auf ihn übersprang, aus einem selbst heraus und in ihn hinein, immer wieder . . . Auf diese Weise gingen viele verschiedene Menschen in ihn ein, in sein Leben. Er sagte mir, daß er durch viele verschiedene Menschen gelebt hätte. Verstehen Sie das?«

»Ich weiß nicht. Ich glaube nicht«, sagte Howard.

Sie lächelte ihn an.

Als sie zum Haus zurückfuhren, versuchte Howard mit der Witwe von Pearce über andere Dinge zu reden – er war jetzt ziemlich nervös –, und er hörte sich mit eifriger Stimme reden, wie mit der Stimme eines Fremden, deren Echo aus den unwahrscheinlichsten Ecken der Luft zurückschallt, als versuchte es, seinem Schicksal zuvorzukommen. Emilia sah ihn immer wieder an, mit diesem Lächeln. Er fühlte, daß er sich in sie verliebte, und mit der Liebe hatte er wenig Erfahrung. Er glaubte an die Liebe, aber er konnte sie nicht verstehen. Seine Stimme wurde unsicher, obgleich er sich bemühte, von harmlosen Dingen zu sprechen – von den Ortsnamen dieser Gegend. »Manche der Namen sind sehr hübsch«, sagte er. »Blaufeld, Drangjahr, Ozeana, Appalachen ... Und einige Namen sind sehr sonderbar, rätselhaft: Hungermutter, Kopfstein, Gefahrenwinkel und Dreckstadt – tatsächlich Dreckstadt, und eine heißt Sonder –«

Emilia legte ihre Hand auf seine.

»Ja, ich kenne diese Namen. Und wie gefällt Ihnen Mouth-of-Lowmoor?« fragte sie.

»Den Namen finde ich sehr schön ...«

»Ja, er ist schön«, sagte sie, wieder mit diesem kleinen Lächeln in seine Richtung.

Nach einer Weile sagte sie: »Möchten Sie ein bißchen hierbleiben? Bei mir?«

Howards Atem ging schneller.

»Ich hatte vor, eine Woche zu bleiben ...«, sagte er.

»Haben Sie jemand, der auf Sie wartet?«

»Nein. Ja. Meine Arbeit. Aber ...«

»Connell hat mich geheiratet, als er wußte, daß er sterben würde. Es war seine einzige Ehe. Sind Sie verheiratet?«

»Nein.«

»Er sah mich, als wir beide in Málaga waren. In Südspanien. Ich war dort mit meinem ersten Mann, und er war allein, glaube ich. Er sah mich in der Hotelhalle. Er hinterließ einen Brief für mich. Wissen Sie, warum er zuließ, daß ich mich in ihn verliebte?«

»Warum?«

»Weil er mich für schön hielt.«

»Sie sind schön.«

»Er fand mich schön, *er*«, sagte sie langsam. »Das war der Grund, daß er sich für mich interessierte. Er ist immer nur hinter schönen Frauen her gewesen, stimmt das nicht?«

»Angeblich ja«, sagte Howard.

Er schwitzte heftig.

Warum bloß? Bei dieser Frau war das absolut unnötig. Kein Grund, nervös zu sein. Sie wirkte entspannt, als dächte sie gar nicht darüber nach, was sie sagte. Ihre Stimme klang besänftigend, leicht. Ihre Finger streichelten Howards Finger, als würde sie ihn schon lange kennen, als wäre sie vielleicht sogar seine Frau, als würden sie beide als Mann und Frau in dieses Haus zurückkehren, ohne Eile. Sie traten durch die Vordertür.

»Möchten Sie mit nach oben kommen?« fragte Emilia.

»Nach oben?«

»Möchten Sie mit mir schlafen?«

Seine Gedanken schienen sich zusammenzuballen, und dann hellten sie sich auf wie in einer lautlosen Explosion: Howard sah sich selbst, seinen Körper, sein freundliches, recht anziehendes Gesicht, seine Haare mit dem unmodernen kurzen Schnitt. Er hatte lange nicht mehr über sich selbst nachgedacht. Über sich, seinen Körper, sein Gesicht: Er hatte lange nicht über seine Person nachgedacht. Er nahm sich nicht ernst genug, um über seine eigene Person nachzudenken, wie andere Männer es taten. Er war zu bescheiden. Er hatte zu viele wichtige Aufgaben zu erledigen. Aber jetzt schienen sich die groben eckigen Umrisse seines Körpers zu formen. *Ja,* dachte er und sagte *ja, natürlich – ja*!

Sie gingen durch die Vorhalle, wo sie die Briefe auf dem Tisch unbeachtet ließ. »Glauben Sie nicht, daß Sie mich lieben könnten?« sagte sie.

»Doch«, sagte er mit schwacher Stimme.

Und oben, in dem engen, überladenen Schlafzimmer, das durch Howards Erregung noch dunkler und unüberschaubarer wurde, legte die junge Frau zärtlich die Arme um ihn und küßte ihn. Ihr Gesicht schien mit seinem zu verschmelzen, so nah war es. Und wie zärtlich sie war, wie selbstverständlich sie sich an ihn drückte! Er konnte kaum denken. Er fühlte, wie sein Gesicht auftauchte aus einem Leben ohne Wachsein, dumpf, dunkel von Blut.

Sie wurden ein Paar.

In den folgenden Tagen dachte Howard voller Verwunderung an diesen Nachmittag, an dieses Zusammensein zurück: Alles war so einfach gewesen, ungekünstelt, unbefangen, daß es wie ein Traum schien. Er hatte immer geglaubt, daß die Wirklichkeit – die Wirklichkeit der Körper – grob und unbeholfen und peinlich sein müsse. Peinlich war es ihm jedenfalls immer vorgekommen. Aber Emilia behandelte ihn, als wäre sie seine Frau, und zwischen einem Ehemann und seiner Frau konnte nichts Peinliches sein.

Er ging umher und betastete sein Gesicht, als hätte er es erst jetzt entdeckt. Er war ein attraktiver Mann, mit klaren braunen Augen und einer schmalen, intelligenten Stirn. Er war immerhin erst siebenunddreißig.

4

»Warst du nie verheiratet? Noch nie?« fragte sie ihn.

»Noch nie.«

»Du hast noch nie jemanden geliebt?«

»Eigentlich nicht.«

Ihre Augen, ihren Mund sah er traumhaft verschwommen wie durch einen Schleier. »Jeder sollte einen Menschen haben, den er liebt«, sagte sie.

Früher war Howard in Verhältnisse mit Frauen hineingeschlittert, die ziemlich ungezwungen begonnen hatten und sich zu tiefer Zuneigung entwickelten, mit langen, ernsten Gesprächen, die dann plötzlich und unerklärlich zu versteckten Anschuldigungen führten, zu Tränen, und schließlich in Bitterkeit und Langeweile endeten. Ein geheimnisvoller Vorgang. Er hatte sich nie betroffen gefühlt, nur verwirrt und unfähig, die Angelegenheit zu beeinflussen. Er hätte eine beliebige Anzahl Frauen lieben und heiraten können, meinte er: Er hatte sich selbst nie allzu ernst genommen.

Emilia hatte völlig recht. Zwischen ihnen beiden gab es keinen Mißklang, keine Befangenheit. Es schien ihnen, als würden sie sich schon seit Jahren kennen. Obgleich Howard wußte, daß Connell Pearce seine Frau erst kurz vor seinem Tod kennengelernt hatte, schien sie die gleiche Frau, die er in allen seinen Gedichten verherrlicht hatte. Ihr Wesen, ihre süße Unsichtbarkeit, hatte Pearce schon vor zehn Jahren in einem seiner zarten, langen Liebesgedichte vorausgesehen:

Sie nimmt in sich auf
deinen Atem, den du ausatmest,
trunken von der süß duftenden unerahnten Seele
in deinem männlichen Körper

Howard sprach es laut aus. »Ich war unerahnt. Das stimmt. Ich habe mich nicht einmal selbst erahnt.«

»Was willst du damit sagen?« Emilia lachte.

»Ich kann es nicht erklären«, sagte er glücklich.

Er war vom Motel zu Emilia ins Haus gezogen, und er hatte beschlossen, noch eine weitere Woche zu bleiben. Sein Kopf übervoll vor Erregung! Jeden Morgen um sieben ging er an die Arbeit, setzte sich an den mittleren Tisch von Pearce, auf einen alten Eßzimmerstuhl mit einer wackligen Lehne. So las er die Manuskripte, oft stundenlang. Das war das einzige, was ihn dazu bringen konnte, sich zu beruhigen. Am liebsten hätte er alles an sich gerissen, alles durchgeblättert, als könnte er nicht an sein Glück glauben; aber er zwang sich, sorgfältig vorzugehen ... Er stieß auf lose Tagebuchseiten von Pearce, die bis zum Ende der dreißiger Jahre zurückgingen: seine Anmerkungen zu Werken von Dichtern, die er liebte, vor allem Yeats, und seine Kommentare zu verwirrenden persönlichen Beziehungen, die Howard nichts sagten. Da waren alte Notizen auf Zettel gekritzelt und Entwürfe von Gedichten – flüchtige, grobe Skizzen von Gedichten, die einmal zu großen Gedichten werden sollten. Howard fühlte, wie er mehr und mehr in einen Zustand der Betäubung geriet, wie er verzaubert wurde.

Von Erregung überwältigt, schob er dann den Stuhl zurück, stand auf, ging zum Fenster ... rieb sich das Gesicht und starrte hinunter in den herbstlichen Garten. Manchmal sah er Emilia, die mit einer Hacke den Boden lockerte.

Emilia.

Howard hatte das Gefühl, als hätte er schon einen großen Teil seines Lebens in diesem Haus verbracht. Er schien hierherzugehören. Es war ganz natürlich, daß er hier lebte, seine Kleider säuberlich aufgehängt im Schlafzimmerschrank, sein leichter Schlaf, die Zwerghähne, die ihn sanft weckten, lange bevor die Dämmerung anbrach, sein Körper zärtlich eingehüllt in Emilias Liebe, die nichts von ihm forderte. Er hatte das Gefühl, als würde er schon seit Jahren an den Pearce-Papieren arbeiten. Manchmal war ihm, als hätte er sich an diese Arbeit verloren, als wäre er eins mit den Manuskripten von Pearce. Hatte zum Beispiel Connell Pearce den ersten Bleistiftentwurf zu dem wunderbaren Gedicht ›Wachliegen‹ im Jahre 1941 geschrieben oder war es Howard, der es geschrieben hatte? ...

Pearce hatte verschiedenartige Handschriften entwickelt. Howard bewunderte seine letzte Schrift, die schrägen würdevollen Buchstaben, geschrieben mit einer breiten Feder und meist in schwarzer Tinte. Howard versuchte diese Schrift nachzuahmen. Er hatte den Füllfederhalter von Pearce entdeckt, und er übte Pearces Unterschrift so lange, bis er sie perfekt zu beherrschen glaubte.

Connell Pearce ...

Nachts lag er mit der Frau von Pearce in dem Himmelbett, unter einer alten Steppdecke, die bittersüß nach Staub roch. Er sprach mit einer stillen Verwunderung von seinem Glück, und er spürte, wie ihr das gefiel. »Gewöhnlich endet eine solche Suche wie meine im Mißerfolg«, sagte er. »Meist stellt sich heraus, daß die Manuskripte des Dichters verlorengegangen sind, oder wertlos, oder sonstwie enttäuschen ...«

»Aber Connells Papiere sind es wert, daß man sich damit beschäftigt?«

»Mein Gott, ja«, sagte Howard.

»Ich weiß nicht viel über seine Arbeit«, sagte Emilia. »Ich hab ihn nicht einmal gut gekannt ...«

Sie flüsterten jetzt. Howard sagte: »Aber du hast ihn doch sehr geliebt? ...«

»Ja.« Und sie schlang dann die Arme um seinen Hals, als wollte sie damit ihre Liebe zeigen. Ihr Körper war sehr schmal, und sie wußte, daß sie etwas zu dünn war. »Du wirst mich nicht mehr lieben, wenn ich noch mehr abnehme«, sagte sie. »Ich muß wieder anfangen, zuzunehmen. Ob ich schwanger werden soll? Was meinst du?«

»Schwanger?«

»Ich war noch nie schwanger«, sagte sie.

Howard lag neben ihr, gelähmt. Dann hörte er sich sagen: »Alles, was du willst.«

Er würde sie mit nach Hause nehmen und dort heiraten. So würde dieses Abenteuer enden: Er würde die Witwe von Connell Pearce heiraten.

»Connell wollte keine Kinder«, flüsterte Emilia. »Ich glaube, er wollte überhaupt allem aus dem Weg gehen. Deshalb ist er auch hierher zurückgekommen, wo er niemanden kannte, und wo ihn niemand kannte, wo er als kleiner Junge gelebt hatte – weil er mit diesem Teil des Landes wie ein kleiner Junge umgehen konnte und alle Verstecke kannte. Er wollte, daß ich ihn liebe, aber er wollte nicht, daß ich ihn kenne.«

»Hast du dich nicht einsam gefühlt?«

»Doch, ich war einsam«, sagte sie, aber ohne Groll. »Natürlich war ich einsam. Das werde ich immer sein. Aber ich war seine Frau ... Ich war die Frau, die er geheiratet hat, von allen Frauen ...«

»Ja, darauf kannst du stolz sein«, sagte Howard. »Du bist die einzige Frau, die er nicht zurückgewiesen hat. Und sein einziger Freund, ganz am Schluß.«

»Ich glaube, ihr hättet Freunde werden können, wenn du ihm begegnet wärst«, sagte Emilia leise, als wollte sie ihm schmeicheln.

»Das glaube ich kaum«, protestierte er.

Sie waren beide dankbar für die Dunkelheit im Zimmer, die die Unterschiede zwischen ihnen zu verwischen schien, Emilia und Howard, und den Pearce auf den Fotos näherbrachte. Die Grenzen zwischen ihnen verschwammen.

Emilia sagte leise: »Connell glaubte, daß in einem Leben viele Dinge möglich sind. Man muß nur dafür sorgen, daß sie geschehen. Ich bin in Albany, New York, aufgewachsen. Mein Vater hat eine Versicherungsvertretung. Ich war immer sehr glücklich. Immer. Meine Eltern haben mich immer geliebt; und auch die andern haben mich geliebt – meine Freunde – die jungen Männer – alle haben sie mich geliebt, wegen meines hübschen Gesichts, glaube ich. Ich möchte nicht, daß es eitel klingt. Ich fürchte mich vor der Eitelkeit. Aber ich weiß, daß ich ein hübsches Gesicht habe, und wenn man eine Frau mit einem hübschen Gesicht ist, dann kann einem viel passieren, viel, was man nie erwartet hätte ... Connell hat mir in meinem Hotelfach einen Brief hinterlegt. Mein Mann und ich wollten am nächsten Tag abreisen. Aber Connell ließ diesen Brief für mich da, er hat mich ausgewählt, aus der Menge hat er mein Gesicht ausgewählt ... Er hat mich gelehrt, daß alles geschehen kann zwischen den Menschen. Wenn man es sich vorstellen kann, dann kann es auch in Wirklichkeit geschehen. Dann wird es geschehen. Er hat mich gelehrt, daß nichts unmöglich ist auf der Welt wie in einem Traum.«

»Und du hast dich trotzdem in ihn verliebt, trotzdem?«

»Wieso trotzdem?«

»Trotz der Art und Weise, wie er dich ausgewählt hat.«

»Natürlich. Jede Frau hätte ihn geliebt«, sagte Emilia. »Daran gab es niemals Zweifel. Es gibt Männer, die wissen, daß sie jede Frau dazu bringen können, sie zu lieben, die Frage ist nur, ob sie diese Frauen auch haben wollen. Und dann, wie sie sie wieder loswerden. Wie sich gezeigt hat«, flüsterte sie, »wollte er mich nicht wieder loswerden. Manchmal, ja, da hat er mich fortgeschickt, aber er hat mich immer wieder zurückgeholt. Er hat mich geheiratet. Außer, daß ich ihn nie richtig gekannt habe ...«

»Warum nicht? Hat er ständig gearbeitet?«

»Ja, er hat immer gearbeitet. Immer wenn er nicht in seinem

Zimmer war, dann hat er trotzdem an seine Arbeit gedacht. Er hat sich alles erst in Gedanken zurechtgelegt, bevor er es niederschrieb ... Ich sah ihn dann dastehen, einen seltsamen, glücklichen Ausdruck im Gesicht, so als lauschte er einer inneren Musik ... Dabei habe ich ihn nie gestört. Ich war glücklich, mit ihm zu leben, als seine Frau, ich wollte ihn nicht stören.«

»Wo habt ihr geheiratet?«

»In Charleston. Nur standesamtlich.«

»Sind deine Eltern nicht gekommen?«

»Nein. Die hatten Schluß gemacht mit mir. Sie waren empört.«

»Weil du mit Pearce gelebt hast?«

»Weil ich seinetwegen meinen Mann verlassen habe. Das haben sie mir nie verziehen. Ich verstehe sie, aber ich konnte nicht anders. Ich mußte zu Connell.«

Howard war bewegt. Er legte die Hände um ihr kleines herzförmiges Gesicht. Sie war so anschmiegsam, so fraulich. »Ich glaube, Madison wird dir gefallen«, sagte er.

Sie schmiegte sich eng an ihn und sagte nichts.

5

Am elften Tag seines Aufenthalts im Haus war Howard gerade damit beschäftigt, eine Reihe Notizen zu einem »autobiografischen Roman« zu entziffern, die mit anderen zu »religiösen Parabeln und Rätseln« durcheinandergekommen waren, als er hörte, wie Emilia unten die Tür öffnete. Anscheinend hatte jemand geklopft.

Howard sah von seiner Arbeit auf. Er wartete. Wartete darauf, daß sie die Tür wieder schloß und zurück in die Küche ging, wo sie das Essen vorbereitete. Aber nach ein paar Minuten hörte er Stimmen. Eine Männerstimme und Emilias melodische, fast unhörbare Antwort ...

Einige Zeit verging. Mindestens zehn Minuten. Howard war zu nervös, um arbeiten zu können, und als er auf der Treppe Schritte hörte, mußte er dagegen ankämpfen, nicht sofort aufzuspringen. Er hörte Emilias helles, liebenswürdiges Lachen und das erstaunte, bewundernde Lachen eines Mannes, in dem sich Emilias zu spiegeln schien wie in einem Spiegel. Sie näherten sich dem Zimmer. Howard drehte sich zur Tür, er verspürte ein unerklärliches Entsetzen.

Emilia führte einen hochgewachsenen sommersprossigen jungen Mann ins Zimmer. »Howard, ich möchte dir gern Felix

Fraser vorstellen. Felix kommt von der Universität von Kalifornien.«

Howard stand auf, um den Mann zu begrüßen. Felix lächelte schüchtern und erfreut. Sein Gesicht war voller Sommersprossen, wirkte aber ein bißchen kränklich: Seine Augen glänzten. Howard bemerkte, wie der junge Mann sich bemühte, nicht allzu gierig auf die Papierstöße zu starren.

»Von der Universität von Kalifornien?« fragte Howard knapp.

»Riverside«, sagte der junge Mann.

»Er möchte eine Arbeit über Connells frühe Gedichte schreiben. Von den ersten Entwürfen«, sagte Emilia.

»Verstehe«, sagte Howard.

Felix starrte unverwandt auf die Papiere.

Es entstand eine peinliche Pause, und dann sagte Emilia: »Howard arbeitet schon über eine Woche hier. Er möchte noch ein paar Tage bleiben, aber Sie können doch beide hier arbeiten, nicht wahr? Oder geht das nicht, bei Wissenschaftlern?«

Howard starrte Emilia an.

»Ist etwas nicht in Ordnung?« fragte sie.

Felix zuckte zusammen, weil er glaubte, die Frage hätte ihm gegolten. »Nicht in Ordnung? Doch – natürlich –«

»Natürlich«, sagte Howard.

Er mußte sich wieder hinsetzen, auf den wackligen Stuhl. Ihm war ganz weich in den Knien.

»Ich – ich bin sehr glücklich, daß ich hier sein darf, und ich – ich kann es gar nicht abwarten, mit der Arbeit anzufangen –«, sagte Felix Fraser, den Blick starr auf die Papiere geheftet. Er war kaum älter als dreißig. Sehr groß: mindestens einsachtzig. Wirkte anziehend, auf seine etwas knöcherne, ungelenke Art. Nicht so anziehend, wie Howard geworden war, aber immerhin anziehend.

»Wo wohnen Sie, Felix?« fragte Howard.

»In einem Motel. Die ›Vier Sterne‹. Nicht besonders vornehm, aber ganz bequem.«

Ein paar Minuten später begleitete Emilia Felix wieder hinaus. Howard ging zur Tür und lauschte, hörte, wie sie mit Felix durch die Halle und ins Schlafzimmer ging – ins Schlafzimmer! –, hörte sie sagen: »Connell hat dieses Haus geliebt.« Howard ging zurück zum Tisch und verbarg den Kopf in den Händen. Als er von Madison gesprochen hatte ... als er darauf angespielt hatte, daß sie beide dort leben würden ... hatte sie denn nicht verstanden? Er hatte nicht direkt von Heirat gesprochen. Vielleicht hatte er versäumt, seine Gefühle deutlich zu machen?

Er schob die Notizen von Pearce beiseite. Notizen für einen »autobiografischen Roman« ... *Was zum Teufel sollte die Welt mit einem weiteren autobiografischen Roman*? fragte sich Howard. Es gab schon genug Romane. Viel zuviel Romane. Eine lebende Frau war mehr wert als der Roman eines toten Mannes, die Romane aller toten Männer, oder ihre Lyrik oder überhaupt Lyrik. Das stand fest.

Er konnte es nicht glauben, daß das alles ihm passierte.

Als Felix endlich weg war, ging Howard nach unten, um Emilia zur Rede zu stellen.

»Warum hast du diesen Mann eingeladen?« fragte er ruhig.

»Damit er sich mit den frühen Gedichten von Pearce beschäftigen kann«, sagte Emilia. »Mit den ersten Entwürfen. Er sagte, es würde ihn sehr interessieren ...«

»Aber wollen wir denn nicht heiraten?«

»Heiraten?«

»Ja, du und ich, heiraten.«

Sie starrte ihn an. »Davon habe ich nichts gewußt«, stammelte sie entschuldigend. Aber ihre Blicke schweiften ab, vage, als wäre alles ein Mißverständnis, das ihr unbegreiflich war. Sie war immer noch die untadelige Gastgeberin, peinlich bemüht um das Wohlergehen ihres Gasts, was die kleinen Dinge betraf, aber nicht ihn selbst.

»Du hast sogar davon gesprochen, daß du schwanger werden willst ...«, sagte Howard.

»Ja, aber ...«

»Aber?«

»Ja, aber nicht von Heiraten ... Habe ich was von Heiraten gesagt?« fragte sie bestürzt.

»Und dann hast du ihn einfach eingeladen. Diesen Felix. Diesen Fraser. Du hast ihn eingeladen, herzukommen, während wir hier zusammen wohnen ...«

»Aber du wolltest doch eigentlich abreisen.«

Howard griff sich an den Kopf. Er überlegte kurz, ob er sie schlagen sollte, wie es Pearce vielleicht getan haben würde. Ihr ins Gesicht schlagen. Dieses Gesicht zerstören. Howard schauderte bei dem Gedanken, und der plötzliche Haß, der ihn erfüllte, ließ ihn erstarren – dieses affektierte, hübsche, kleine Gesicht, diese ausdruckslosen, geweiteten Augen, dieser heißgeliebte Mund, der von den vielen Küssen etwas geschwollen schien.

»Dann willst du also nicht mit mir weggehen?« fragte Howard.

»Weggehen? Fort von diesem Haus? Wie könnte ich fort von diesem Haus?« fragte sie. Sie stellte sich vor ihn hin, zum Zeichen der Verwunderung breitete sie die Arme aus. Offen. Leer. Ihr mädchenhafter Körper bot sich ihm an. »Was meinst du damit?«

»Ich möchte, daß du mit mir kommst. Wir werden heiraten.«

»Von hier weggehen?«

»Ja, von hier weggehen! Du kannst mit nach Madison kommen. Wir werden an den Manuskripten von Pearce arbeiten ... wir werden ein Buch über ihn schreiben, wir beide ... aber bis dahin – zum Teufel mit ihm ...«

»Du bist ja verrückt!«

Sie wandte sich wütend ab. Howard packte ihren Arm. Wieder durchzuckte ihn ein Gedanke. »Hast du mich angelogen? Sag? War alles Lüge? Was zum Teufel war es? Ein Witz, eine Lüge? Eine Lüge?«

Sie zögerte. Dann umarmte sie ihn, preßte ihr Gesicht gegen seine Brust, und blieb so, sanft, innig mit ihrem ganzen Körper, ohne ein Wort zu sagen. Nach einer Weile begann Howard ihr übers Haar zu streicheln. Ihren Rücken. Er fühlte, wie sein Körper erstarrte.

»Dann liebst du mich also gar nicht?« flüsterte er.

Sie preßte sich fest an ihn und verbarg ihr Gesicht.

»Du willst nie von hier fort? ...«

Sie gab keine Antwort. Nach einer Weile ließ er sie los. Er taumelte hinaus, lief nach oben, ins Arbeitszimmer. Er konnte nicht mehr arbeiten, aber er wußte nicht, wo er sonst hätte hin sollen. Was sonst hätte er tun können? Ein paar Minuten lang stand er da und starrte ins Leere. Er machte das Licht an. Er ging zum Tisch und blätterte in den Notizen, müßig, unkonzentriert. Die Handschrift von Pearce. Die Wörter von Pearce. Pearce war nicht tot, er lebte, war realer als Howard. Anziehender als Felix. Ja, dachte Howard verächtlich, sicherlich anziehender als Felix mit seinen Sommersprossen und seiner ängstlichen gebeugten Haltung; keine Frau würde Felix vor Pearce den Vorrang geben! Niemals!

Howard blätterte in den Notizen zu den »religiösen Parabeln

und Rätseln«. Es waren mindestens fünfzig Seiten, hingekritzelte Sätze. Howard war erhitzt, aus den Poren trat der Schweiß in kleinen Tropfen heraus. Er verstand nicht, was geschehen war. Es war ein Rätsel, ein verwirrendes Spiel ... Trotz seiner Verstörtheit begann er zu lesen, und nach einer Weile setzte er sich an den Tisch. Das war um acht Uhr abends. Um Viertel vor zwölf stieß er auf folgende Zeilen:

Stellen wir uns X vor, den berühmten spanischen Romancier, einen Edelmann. Geboren 1899. Muß im 19. Jahrhundert geboren sein. Viele Abenteuer. Gefängnis. Eine Reihe Romane, die von aller Welt gelobt werden. X ist stattlich, schon älter, elegant, ein Dandy, eine etwas undurchsichtige Erscheinung (sein übertriebener Katholizismus, seine Loyalität gegenüber Franco usw.). Geht völlig in seiner Kunst auf. Die Sprache dieser Parabel muß das wiedergeben – das Aufgehen eines Mannes in seiner Kunst. Eine Sprache, die mehr transportiert als die Bedeutung ihrer Wörter. Pointiert. An der Grenze zur Lyrik. Ja, X steht kurz vor dem Tod und will den Roman seines Lebens schreiben, über sein eigenes Leben hinaus. In Madrid sucht er sich eine ganz bestimmte Frau aus. Er ist ein vornehmer, dem Tode geweihter alter Mann, sie ist eine sehr hübsche junge Frau. *Sie* ist es wert, seine Frau zu sein. Und deshalb heiratet er sie, und sie pflegt ihn während seiner letzten Krankheit, beerdigt ihn und macht alle Bewunderer seiner Kunst, die zu ihr kommen, glücklich, bzw. sie allein bewahrt die Größe von X. *Ihr Körper. Ihre Hingabe.* Eine große Zahl Liebhaber kommt zu ihr, Liebhaber von X, und sie beglückt sie alle, ohne Ausnahme, in ihrer unwandelbaren Jungfräulichkeit ...

Howard suchte Emilia. Er hielt ihr das Blatt Papier hin. »Hier – hast du das gelesen? Kennst du das?«

»Was?«

»Notizen für eine Parabel von seinem –«

»Was für eine Parabel?« Sie warf einen kurzen Blick auf das Papier. »Ich glaube nicht. Nein«, sagte sie. »Warum bist du so böse?«

Howard ließ das Papier fallen.

»Ich gehe«, sagte er.

»Du gehst? Jetzt sofort? Aber es ist doch fast zwölf –«

»Ich kann nicht hierbleiben.«

»Aber warum nicht?«

Howard ließ sie stehen. Sie folgte ihm ins Schlafzimmer. Während er seine Sachen in den Koffer warf, sagte sie bestürzt: »Aber die Bergstraßen sind nachts gefährlich. Warum willst du jetzt fort? Mr. Fraser kommt erst morgen früh um acht. Warum willst du gehen? Bist du nicht glücklich? Bist du von den Manuskripten enttäuscht?« Howard knüllte ein Hemd zusammen und stopfte es in den Koffer. Er wollte sie an sich reißen, aber das hätte keinen Sinn gehabt. »Aber ... versprichst du mir, daß du vorsichtig fährst? Wenn Nebel ist in den Bergen, versprichst du dann, irgendwo haltzumachen?« fragte sie.

»Ja. Ich verspreche es.«

»Warum bist du so böse?«

»Ich bin nicht böse«, sagte er und machte den Koffer zu.

Sie folgte ihm nach unten und vors Haus.

»Du bist mit deiner Arbeit nicht fertig, nicht wahr? Kommst du wieder?«

»Ich weiß nicht. Vielleicht.«

»Warst du glücklich, daß du hier arbeiten konntest?«

»Ja.«

»Warst du glücklich mit mir?«

Er warf den Koffer auf den Rücksitz. Als er die Scheinwerfer einschaltete, türmten sich vor ihm auf dem Weg riesige neblige Schatten auf. Emilia sagte: »Ich verstehe noch immer nicht, warum du unbedingt heute nacht weg mußt. Es ist Zeit, ins Bett zu gehen. Du bist so sonderbar.« Aber sie beugte sich in den Wagen, um ihm zum Abschied einen Kuß zu geben, freundschaftlich und keusch.

Erschrocken zuckte Howard zurück. »Nicht. Leb wohl«, sagte er.

Er fuhr in die Dunkelheit hinein und hoffte nur, nicht in Tränen ausbrechen zu müssen. In Gedanken stellte er sich immer wieder dieses Zimmer vor, dieses Bett ... Emilias Gesicht, ihre Arme, ihren Körper ... Und die Fotos von Pearce an der Wand. Dieses körperlose Gesicht. Howard fuhr schnell, hinein in völlige, absolute Dunkelheit. Über die Straße glitten Nebelschwaden. Also gut, vielleicht hatte er einen Unfall, vielleicht kam er von der kurvigen Straße ab. Er fuhr nicht langsamer. Zum Teufel. Er wollte weg von diesem Haus ... Er war erregt, niedergeschlagen. Wozu sollte er weiterleben? Er fühlte sein Gesicht, seinen Körper, überhaupt seine Identität allmählich wieder eindringen in die amorphe Gestaltlosigkeit seiner Vergangenheit.

Er wurde wieder zu einem ganz normalen Menschen.

Der Nebel verdichtete sich. Die abschüssige Straße tauchte auf und verschwand, schwindelerregend, sein Wagen taumelte hin und her, unkontrolliert und haltlos wie in einem Traum. Er war sehr müde. Niedergeschlagen. Und doch, eigentlich wollte er keinen Unfall haben ... er wollte nicht sterben ... Sein Leben war leer, ein Witz von einem Leben. Aber er wollte nicht sterben. Nach ungefähr fünfzehn Meilen kam er zu einem Motel, »Zur schönen Aussicht«, und er beschloß, die Nacht über hierzubleiben. Sein Zimmer war ungeheizt, aber er schlief. Er hatte schon lange nicht mehr so tief geschlafen.

Als er am Morgen wieder unterwegs nach Norden, Richtung Charleston war, fühlte er sich etwas besser. Er dachte über die letzten zwölf Tage nach und mußte zugeben, daß alles gar nicht so schlimm war. Allmählich verflog seine bedrückte Stimmung. Er war betrogen worden, ja, aber vielleicht war das nicht wichtig. Er war nicht sicher. Wenn Howard Dean belogen worden war, betrogen, was machte das schon? Das einzig Wichtige war, daß er die Manuskripte von Pearce gesehen hatte.

Die Sonne ging auf. Der Nebel wurde aufgesogen. Howards Niedergeschlagenheit verflog nach und nach, und als er bei Marietta auf die Autostraße nach Ohio kam, war sie fast überwunden. Statt dessen war er von der gleichen wunderbaren Energie erfüllt, die er beim ersten Anblick der riesigen Stöße unveröffentlichter, unerwarteter Werke von Pearce empfunden hatte. Das war wirklich. Ja, das war wirklich, und was immer mit Howard geschehen war, war nicht genauso wirklich ... Es war nicht wichtig. Er dachte darüber nach und er fühlte seine Kräfte zurückkehren. Er würde Connell Pearce der Öffentlichkeit bekannt machen. Das war seine Mission, das Ziel seines Lebens. Es war eine heilige Verpflichtung, und er würde sie erfüllen.

Er fuhr den ganzen Tag mit einer Leidenschaft, die er kaum zügeln konnte.

Gabriel García Márquez

Die unglaubliche und traurige Geschichte von der einfältigen Eréndira und ihrer herzlosen Großmutter

Eréndira badete die Großmutter, als der Wind ihres Unglücks zu wehen begann. Das in der Wüsteneinsamkeit verirrte riesige Herrenhaus aus Mondmörtelkalk erbebte beim ersten Stoß bis in seine Grundpfeiler. Doch Eréndira und die Großmutter waren für die Gefahren der entfesselten Natur geschaffen und merkten kaum die Heftigkeit des Windes in dem mit Pfauenreihen und Mosaikknaben römischer Thermen geschmückten Bad.

Die Großmutter, nackt und massig, glich in dem Marmorbecken einem herrlichen weißen Wal. Die Enkelin hatte kaum das vierzehnte Lebensjahr erreicht, war schmächtig und von zartem Knochenbau und zu sanft für ihr Alter. Mit einer Sparsamkeit, der etwas von heiliger Strenge anhaftete, machte sie der Großmutter Waschungen mit Wasser, in dem sie blutreinigende Pflanzen und duftende Blütenblätter aufgekocht hatte, die an dem saftigen Rücken hängen blieben, im drahtigen losen Haar, auf der machtvollen, erbarmungslos mit Seemannslohn tätowierten Schulter.

»Heute nacht habe ich geträumt, ich hätte einen Brief erwartet«, sagte die Großmutter.

Eréndira, die nur sprach, wenn es unerläßlich war, fragte: »Welcher Tag war es im Traum?«

»Donnerstag.«

»Dann war es ein Brief mit schlechten Nachrichten«, sagte Eréndira. »Aber er wird nie ankommen.«

Als sie die Großmutter gebadet hatte, brachte sie diese in ihr Schlafzimmer. Sie war so fett, daß sie nur gehen konnte, wenn sie sich auf die Schulter der Enkelin stützte oder auf einen Stock, der einem Bischofsstab glich, doch selbst ihren schwierigsten Bemühungen war noch die Selbstzucht veralteter Größe anzumerken. In der Bettnische, die wie das übrige Haus nach übertriebenen, fast aberwitzigen Maßstäben ausgestattet war, benötigte Eréndira zwei weitere Stunden, um die Großmutter herzurichten. Sie entwirrte ihre Frisur, Haar für Haar, parfümierte und kämmte das Haar, legte ihr ein Kleid mit äquatorialen Farben an, puderte ihr Gesicht mit Talkum, tönte ihre Lippen mit Karmin, die Wangen mit Schminke, die Lider mit Moschus und die Fingernägel mit Perlmuttemail, und als sie sie herausgeputzt hatte wie eine überlebensgroße Puppe, führte sie sie in einen künstlichen Garten mit Blumen, ebenso atemberaubend wie die ihres Kleides, setzte sie in einen Sessel, der gesetzt und vornehm wie ein Thron war, und ließ sie auf dem Trichtergrammophon vergängliche Schallplattenmusik hören.

Während die Großmutter durch die Sümpfe der Vergangenheit segelte, machte Eréndira sich ans Fegen des Hauses, das dunkel war und buntscheckig von bizarren Möbeln und Statuen erfundener Zäsaren, von Tränenspinnen und Alabasterengeln, von einem Klavier mit Goldfirnis und zahlreichen Uhren ungeahnter Formen und Ausmaße. Das Haus hatte im Innenhof eine Zisterne, die das auf Indiorücken aus entlegenen Quellen herbeigeschleppte Wasser viele Jahre lang frisch hielt, und auf einem Metallring an der Zisterne saß ein rachitischer Vogel Strauß, das einzige gefiederte Tier, das die Marter jenes bösartigen Klimas zu überleben verstand. Das Haus lag weit weg von allem im Herzen der Wüste, in der Nähe eines Gewirrs erbärmlicher, glutheißer Gassen, in denen die Ziegenböcke aus Trostlosigkeit Selbstmord begingen, wenn der Wind des Unglücks wehte.

Dieser unbegreifliche Zufluchtsort war vom Ehemann der Großmutter erbaut worden, einem legendären Schmuggler, mit dem sie einen Sohn hatte, der gleichfalls Amadís hieß und Eréndiras Vater war. Niemand kannte die Ursprünge noch Beweggründe dieser Familie. Die in der Indiosprache bekannteste Lesart besagte, Amadís der Vater habe seine schöne Frau in einem Bordell der Antillen, in dem er einen Mann erstochen hatte, freigekauft und für immer in die Straflosigkeit der Wüste versetzt. Als die Amadise starben, der eine erlag schwermütigen Fieberanfällen, der andere wurde bei einem Duell durchlöchert, begrub die Frau die Leichen im Innenhof, entließ die vierzehn barfüßigen Dienerinnen und fuhr fort, ihre größenwahnsinnigen Träume im Dämmer des verschwiegenen Hauses zu nähren – dank der Opferbereitschaft der illegitimen Enkelin, die sie von Geburt an aufgezogen hatte.

Nur um die Uhren aufzuziehen und zu stellen, benötigte Eréndira sechs Stunden. Am Tag, an dem ihr Unglück begann, brauchte sie es nicht zu tun, denn die Uhren waren bis zum nächsten Morgen aufgezogen, doch dafür mußte sie die Großmutter baden und ankleiden, die Fußböden schrubben, das Mittagessen kochen und das Kristall glänzend reiben. Gegen elf Uhr, als sie das Wasser im Bottich des Straußes wechselte und die Wüstengräser auf den angrenzenden Gräbern der Amadise begoß, mußte sie dem Mut des Windes widerstehen, der wieder einmal unerträglich geworden war, doch hatte sie keine böse Vorahnung, daß dies der Wind ihres Unglücks war. Um zwölf rieb sie die letzten Champagnergläser glänzend, als sie den Duft von zarter Brühe roch, erreichte wie ein Wunder rennend die Küche, ohne ein splitterndes Verhängnis venezianischen Kristalls hinter sich zu lassen.

Es gelang ihr kaum, den Topf wegzureißen, der auf dem Herd überzulaufen drohte. Dann setzte sie ein schon vorbereitetes Gericht aufs Feuer und ließ sich auf der Küchenbank zum Ausruhen nieder. Sie schloß die Augen, öffnete sie gleich darauf mit ausgeruhtem Gesichtsausdruck und begann die Suppe in die Suppenschüssel zu schöpfen. Sie arbeitete schlafend.

Die Großmutter hatte sich allein ans Kopfende eines Bankett-Tischs mit silbernen Kandelabern und Gedecken für zwölf Personen gesetzt. Sie ließ die Glocke ertönen, und fast unverzüglich erschien Eréndira mit der dampfenden Suppenschüssel. In dem Augenblick, als sie die Suppe servierte, merkte die Großmutter ihr schlafwandlerisches Wesen und fuhr ihr mit der Hand über die Augen, als wolle sie eine unsichtbare Glasscheibe abwischen. Das Mädchen sah die Hand nicht. Die Großmutter folgte ihr mit dem Blick, und als Eréndira ihr den Rükken zuwandte, um in die Küche zurückzukehren, schrie sie:

»Eréndira.«

Jäh geweckt, ließ das Mädchen die Suppenschüssel auf den Teppich fallen.

»Macht nichts, Tochter«, sagte die Großmutter mit einer gewissen Zärtlichkeit. »Du hast wieder im Gehen geschlafen.«

»Es ist die Gewohnheit des Körpers«, entschuldigte sich Eréndira.

Schlaftrunken hob sie die Suppenschüssel auf und machte sich ans Entfernen der Flecken auf dem Teppich.

»Laß nur«, riet die Großmutter. »Wasch sie heute nachmittag ab.«

So hatte Eréndira neben ihren üblichen Nachmittagsbeschäftigungen auch noch den Eßzimmerteppich zu säubern, und da sie einmal in der Waschküche war, nutzte sie die Gelegenheit, auch die Montagswäsche zu waschen, während der Wind ums

Haus fegte und einen Winkel suchte, um hineinzuschlüpfen. Sie hatte so viel zu tun, daß die Nacht sie überfiel, ohne daß sie es merkte, und als sie den Teppich wieder ins Eßzimmer legte, war es Schlafenszeit.

Die Großmutter hatte den ganzen Nachmittag auf dem Klavier geklimpert und sich dazu die Chansons ihrer Zeit im Falsetto vorgesungen, und noch immer hingen an ihren Lidern moschusfarbene Tränen. Doch als sie sich mit ihrem Musselinhemd ins Bett legte, hatte sie sich von der Bitternis ihrer schönen Erinnerungen erholt.

»Nutz den Tag morgen, um auch den Wohnzimmerteppich zu säubern«, sagte sie zu Eréndira. »Der hat nämlich seit den Zeiten des Lärms die Sonne nicht mehr gesehen.«

»Ja, Großmutter«, antwortete das Mädchen.

Sie ergriff einen Federfächer und begann die unerbittliche Matrone zu fächeln, die den nächtlichen Befehlskodex aufsagte, während sie in Schlaf sank.

»Bügle die ganze Wäsche, bevor du zu Bett gehst, damit du reinen Gewissens schläfst.«

»Ja, Großmutter.«

»Sieh mir gut die Kleiderschränke durch, denn in windigen Nächten haben die Motten mehr Hunger.«

»Ja, Großmutter.«

»In der restlichen Zeit stellst du die Blumen in den Innenhof hinaus, damit sie Luft kriegen.«

»Ja, Großmutter.«

»Und gib dem Vogel Strauß sein Futter.«

Sie war eingeschlafen, erteilte jedoch ihre Befehle weiter, denn von ihr hatte die Enkelin die Tugend geerbt, im Schlaf weiterzuleben. Eréndira ging aus dem Zimmer, ohne Lärm zu machen und verrichtete die letzten Nachtpflichten, während sie weiter die Anordnungen der eingeschlafenen Großmutter bestätigte.

»Gib den Gräbern zu trinken.«

»Ja, Großmutter.«

»Bevor du dich hinlegst, denk daran, daß alles in bester Ordnung sein muß, denn die Dinge leiden sehr, wenn man sie zum Schlafen nicht an ihren Platz stellt.«

»Ja, Großmutter.«

»Und wenn die Amadise kommen, sag ihnen, sie sollen nicht hereinkommen«, sagte die Großmutter, »weil Porfirio Galáns Bande nur darauf wartet, sie umzulegen.«

Eréndira antwortete ihr nicht mehr, denn sie wußte, daß sie sich in Träumen zu verirren begann, übersprang jedoch keinen einzigen Befehl. Als sie die Fensterriegel überprüft und die letzten Lichter gelöscht hatte, nahm Eréndira einen Kandelaber aus dem Eßzimmer und leuchtete sich bis in ihr Schlafzimmer, während die Pausen des Windes sich mit dem friedlich-gewaltigen Atem der schlafenden Großmutter füllten.

Ihr Zimmer war auch luxuriös, wenn auch weniger luxuriös ausgestattet als das der Großmutter und vollgestopft mit den Stoffpuppen und Aufziehtieren ihrer jüngsten Kindheit. Überwältigt von der unmenschlichen Kraftanstrengung des Tags, verspürte Eréndira keine Lust, sich zu entkleiden, sondern stellte den Kandelaber auf den Nachttisch und fiel ins Bett. Bald darauf stob der Wind ihres Unglücks ins Zimmer wie eine Meute Hunde und kippte den Kandelaber gegen die Vorhänge.

Als es tagte und der Wind endlich aufhörte, begannen ein paar einzelne dicke Regentropfen zu fallen, welche die letzte Glut löschten und die rauchende Asche des Hauses verkrusteten. Die Leute vom Dorf, meist Indios, machten sich daran, die Überreste des Unheils zu retten: die verkohlte Leiche des Vogels Strauß, das Gerippe des vergoldeten Klaviers, den Torso einer Statue. Die Großmutter betrachtete mit undurchdringlicher Niedergeschlagenheit die Abfälle ihres Vermögens. Eréndira, zwischen den Gräbern der Amadise hockend, hatte aufgehört zu weinen. Als die Großmutter sich davon überzeugt hatte, daß wenige Dinge unter den Ruinen unversehrt geblieben waren, blickte sie die Enkelin mit aufrichtigem Bedauern an.

»Armes Kind«, seufzte sie. »Dein Leben wird nicht lang genug sein, um mir diesen Verlust zu bezahlen.«

Noch am selben Tag begann sie, sich im Regengeprassel den Verlust zurückzahlen zu lassen, als sie Eréndira zum Krämer des Dorfes mitnahm, einem knochenmageren, frühzeitigen Witwer, der in der Wüste dafür bekannt war, daß er gute Preise für Jungfräulichkeit zahlte. Angesichts der kaltblütigen Erwartung der Großmutter musterte der Witwer Eréndira mit wissenschaftlicher Strenge: er schätzte die Kraft ihrer Muskeln ab, den Umfang ihrer Brüste, den Durchmesser ihrer Hüften. Er sagte kein Wort, bevor er ihren Wert errechnet hatte.

»Sie ist noch sehr grün«, sagte er dann. »Sie hat die Zitzen einer Hündin.«

Dann hieß er sie auf eine Waage steigen, um seinen Urteilsspruch mit Zahlen zu erhärten. Eréndira wog 42 Kilo.

»Sie ist nicht mehr wert als hundert Pesos«, sagte der Witwer.

Die Großmutter war empört.

»Hundert Pesos für ein vollkommen neues Geschöpf!« schrie sie. »Nein, Mann, das hieße ja, die Tugend völlig mißachten.«

»Ich gehe bis hundertfünfzig«, sagte der Witwer.

»Das Kind hat mir einen Schaden von über einer Million Pesos verursacht«, sagte die Großmutter. »Bei dem Tempo braucht sie etwa zweihundert Jahre, um mich zu entschädigen.«

»Zum Glück«, sagte der Witwer, »ist das einzig Gute, was sie hat, ihr Alter.«

Das Unwetter drohte das Haus aus den Angeln zu heben, und das Dach hatte so viele Löcher, daß es drinnen fast so heftig regnete wie draußen. Die Großmutter fühlte sich allein in einer Welt des Unheils.

»Gehen Sie wenigstens bis dreihundert«, sagte sie.

»Zweihundert Pesos.«

Schließlich einigten sie sich auf zweihundertzwanzig Pesos in bar und einige Eßwaren. Dann bedeutete die Großmutter Eréndira, mit dem Witwer zu gehen, und dieser führte sie an der Hand zum Laden, als begleite er sie in die Schule.

»Ich warte hier auf dich«, sagte die Großmutter.

»Ja, Großmutter«, sagte Eréndira.

Der Laden war eine Art Schuppen mit vier Backsteinsäulen, einem Dach aus verfaulten Palmblättern und einer einen Meter hohen Lehmziegelmauer, über die das Tosen des Unwetters ins Haus drang. Auf der Einfassung aus Lehmziegeln standen Töpfe mit Kakteen und anderen Pflanzen der Dürre. Zwischen zwei Säulen hing, flatternd wie das lose Segel einer treibenden Schaluppe, eine ausgebleichte Hängematte. Über das Pfeifen des Sturms und das Geprassel des Wassers hinweg waren ferne Schreie zu hören, das Gebrüll flüchtender Tiere, die Stimmen Schiffbrüchiger.

Als Eréndira und der Witwer unter das Dach des Schuppens traten, mußten sie einander stützen, um nicht von einem Regenguß, der sie bis auf die Haut durchnäßte, umgerissen zu werden. Ihre Stimmen waren nicht zu hören, ihre Bewegungen wurden vom Krachen des Wirbelsturms verzerrt. Beim ersten Versuch des Witwers schrie Eréndira unhörbar und versuchte zu entkommen. Der Witwer antwortete ihr ohne Stimme, verrenkte ihr den Arm am Handgelenk und zerrte sie zur Hängematte. Sie wehrte sich, indem sie ihm das Gesicht zerkratzte und wieder schweigend schrie, und er antwortete mit einer feierlichen Ohrfeige, die sie vom Erdboden hob und einen Augenblick in der Luft schweben ließ, so daß ihr langes Medusenhaar durch den Raum wogte, er faßte sie um die Taille, bevor sie wieder die Erde berührte, schleuderte sie mit einem brutalen Stoß in die Hängematte und lähmte sie mit dem Druck seiner Knie. Nun erlag Eréndira dem Schrecken, verlor das Bewußtsein und war wie gebannt von den Mondfransen eines Fischs, der durch die Luft des Unwetters segelte, während der Witwer sie nackt auszog, ihr die Kleider mit behäbigen Tatzenhieben vom Leib reißend, wie man Unkraut ausreißt, und diese in lange farbige Streifen zerfetzte, die wie Schlangen im Wind davonflatterten.

Als im Dorf kein Mann mehr übrig war, der etwas für Eréndiras Liebe hätte zahlen können, entführte die Großmutter sie in einem Lastwagen in die Jagdgründe der Schmuggler. Sie unternahm die Reise auf dem offenen Fuhrwerk zwischen Reissäcken und Butterbüchsen und den Überbleibseln des Brandes: dem Kopfende der vizeköniglichen Bettstatt, einem Kriegsengel, dem versengten Thron und anderem unbrauchbaren Plunder. In einer Truhe mit zwei dickpinselig aufgemalten Kreuzen reisten die Gebeine der Amadise mit.

Die Großmutter schützte sich gegen die ewige Sonne mit einem zerfransten Regenschirm und atmete schwer wegen der Marter aus Schweiß und Staub, doch auch in diesem mißlichen Zustand bewahrte sie die Selbstzucht ihrer Würde. Hinter den gestapelten Büchsen und Reissäcken zahlte Eréndira die Reise und den Transport des Mobiliars, indem sie dem Lastträger des Wagens Liebe zum Stückpreis von zwanzig Pesos gab. Anfangs verteidigte sie sich nach demselben System, mit dem sie sich gegen den Witwer zur Wehr gesetzt hatte. Doch der Lastträger ging anders vor, langsam und bedächtig, schließlich zähmte er sie durch Zärtlichkeit. Als sie daher nach einer tödlichen Tagesreise im ersten Dorf anlangten, ruhten Eréndira und der Lastträger aus von der guten Liebe hinter der Brustwehr der Ladung. Der Lastwagenfahrer schrie der Großmutter zu:

»Von hier ab ist bereits alles Welt.«

Ungläubig betrachtete die Großmutter die erbärmlichen, einsamen Gassen eines etwas größeren, jedoch ebenso trostlosen Dorfes wie des verlassenen.

»Man merkt es nicht«, sagte sie.

»Es ist Missionsgebiet«, sagte der Fahrer.

»Mich interessiert nicht die Nächstenliebe, sondern nur der Schmuggel«, sagte die Großmutter.

Während sie hinter der Ladung dem Gespräch zuhörte, bohrte Eréndira mit dem Finger einen Reissack an. Sie fand bald einen Faden, zupfte daran und zog ein langes Halsband aus echten Perlen heraus. Sie hielt es wie eine tote Schlange in den Fingern und betrachtete es erschrocken, während der Fahrer der Großmutter erwiderte:

»Träumen Sie nicht im Wachen, Señora. Es gibt keine Schmuggler.«

»Wieso nicht?« sagte die Großmutter. »Erklären Sie mir das!«

»Suchen Sie sie, und Sie werden sehen«, scherzte der Fahrer gutgelaunt. »Alle Welt spricht von ihnen, aber niemand sieht sie.«

Der Lastträger merkte, daß Eréndira das Halsband herausgezogen hatte, nahm es ihr eilends ab und steckte es wieder in den Reissack. Nun rief die Großmutter, die trotz der Armut des Dorfes zu bleiben beschlossen hatte, ihre Enkelin, um sich beim Aussteigen helfen zu lassen. Eréndira verabschiedete sich mit einem hastigen, doch unmittelbaren, gutgezielten Kuß vom Lastträger.

Die Großmutter wartete sitzend auf dem Thronsessel mitten auf der Gasse, bis die Fracht abgeladen war. Das letzte war die Truhe mit den sterblichen Resten der Amadise.

»Das wiegt wie ein Toter«, lachte der Fahrer.

»Es sind zwei«, sagte die Großmutter. »Also behandeln Sie sie mit gebührendem Respekt.«

»Ich wette, es sind zwei Elfenbeinstatuen«, lachte der Fahrer.

Er stellte die Truhe mit den Gerippen irgendwie zwischen die versengten Möbel und streckte der Großmutter die offene Handfläche entgegen.

»Fünfzig Pesos«, sagte er.

Die Großmutter deutete auf den Lastträger.

»Hat Ihr Sklave bereits freiwillig bezahlt.«

Der Fahrer blickte erstaunt seinen Gehilfen an, und dieser machte ein zustimmendes Zeichen. Er stieg wieder auf seinen Sitz ins Fahrerhaus, wo eine Frau in Trauerkleidung mit einem vor Hitze schreienden Säugling mitfuhr. Der Lastträger sagte höchst selbstsicher zur Großmutter:

»Eréndira fährt mit mir, sofern Sie nichts anderes befehlen. Ich meine es ernst.«

Entsetzt warf das Mädchen ein:

»Ich habe nichts gesagt!«

»Ich sage ja, daß es meine Idee war«, sagte der Lastträger.

Die Großmutter musterte ihn von oben bis unten ohne Geringschätzung, nur um das wahre Ausmaß seines Schneids zu ermessen.

»Meinetwegen«, sagte sie, »wenn du mir bezahlst, was ich durch ihre Unvorsichtigkeit verloren habe. Es sind achthundertundzweiundsiebzigtausenddreihundertfünfzehn Pesos weniger vierhundertundzwanzig, die sie mir bereits bezahlt hat, das heißt: achthunderteinundsiebzigtausendachthundertfünfundneunzig.«

Der Lastwagen fuhr an.

»Glauben Sie mir, ich würde Ihnen diesen Haufen Geld geben, wenn ich ihn hätte«, sagte der Lastträger ernst. »Die Kleine ist ihn wert.«

Der Großmutter gefiel die Entschlossenheit des jungen Mannes.

»Dann komm wieder, wenn du sie hast, Sohn«, erwiderte sie in leutseligem Ton. »Doch schau, wenn wir die Rechnung nochmal aufstellen, schuldest du mir zehn weitere Pesos.«

Der Lastträger sprang auf die Tragfläche des Wagens, der sich entfernte. Von dort aus winkte er Eréndira ein Lebewohl zu, doch sie war noch so verschreckt, daß sie nicht zurückwinkte.

Auf dem leeren Gelände, wo der Lastwagen sie abgesetzt hatte, bauten Eréndira und die Großmutter sich ein Behelfszelt aus Blechplatten und Resten asiatischer Teppiche. Sie breiteten zwei Matten auf den Fußboden und schliefen darauf so gut wie einst im Herrenhaus, bis die Sonne Löcher im Dach öffnete und ihnen aufs Gesicht brannte.

Im Gegensatz zu sonst war es die Großmutter, die an diesem Morgen daran ging, Eréndira herzurichten. Sie bemalte ihr das Gesicht im Stil grabartiger Schönheit, der in ihrer Jugend Mode gewesen war, und vollendete ihr Werk mit künstlichen Wimpern und einer Schleife aus Organdy, die einem Falter auf Eréndiras Kopf glich.

»Du siehst grausig aus«, gab sie zu, »aber es ist besser so: die Männer sind sehr primitiv in Weibersachen.«

Beide erkannten die Tritte der Maulesel im Zunder der Wüste, lange bevor sie sie sehen konnten. Auf einen Befehl der Großmutter lehnte Eréndira sich auf ihr Bündel wie ein Theaterlehrling beim Aufgehen des Vorhangs. Auf ihren Bischofsstab gestützt, verließ die Großmutter ihre Blechbude und nahm in Erwartung der Maulesel Platz auf ihrem Thron.

Der Postbote näherte sich. Wenn auch durch seinen Beruf gealtert, war er nicht älter als zwanzig Jahre und trug einen Anzug aus Khaki, Gamaschen, Korkhelm und eine Militärpistole im Patronengürtel. Er ritt einen guten Maulesel und führte einen zweiten, weniger kräftigen am Zügel, auf dem sich die Postsäcke aus Jute stapelten.

Als er an der Großmutter vorüberritt, hob er die Hand zum Gruß und ritt weiter. Doch sie gab ihm ein Zeichen, er solle einen Blick in das Blechzelt werfen. Der Mann hielt an und sah Eréndira in ihrer postumen Bemalung und einem maulbeerfarben gestreiften Kleid auf der Matte liegen.

»Gefällt sie dir?« fragte die Großmutter.

Der Postbote verstand zunächst nicht, was man ihm vorschlug.

»Ungefrühstückt ist sie nicht übel«, lächelte er.

»Fünfzig Pesos«, sagte die Großmutter.

»Junge Junge, das ist ja ein Vermögen«, sagte er. »So viel kostet mich mein Essen im ganzen Monat.«

»Sei nicht so geizig«, sagte die Großmutter. »Der Luftpostbote wird besser bezahlt als ein Pfarrer.«

»Ich bin von der Landpost«, sagte der Mann. »Der von der Luftpost fährt im Lieferwagen.«

»Jedenfalls ist Liebe so wichtig wie Essen«, sagte die Großmutter.

»Sie ernährt aber nicht.«

Die Großmutter begriff, daß einem Mann, der von überspannten Hoffnungen lebte, zuviel Zeit zum Feilschen blieb.

»Wieviel hast du?« fragte sie ihn.

Der Postbote saß ab, zog aus der Tasche ein paar zerfledderte Scheine und zeigte sie der Großmutter. Sie packte sie alle mit einem einzigen habgierigen Griff, als seien sie ein Ball.

»Ich mach' dir's billiger«, sagte sie. »Aber unter einer Bedingung: daß du überall Reklame machst.«

»Bis ans andere Ende der Welt«, sagte der Postbote. »Darauf verstehe ich mich.«

Eréndira, die nicht hatte blinzeln können, nahm sich die künstlichen Wimpern ab und rückte auf der Matte zur Seite, um dem Zufallsbräutigam Platz zu machen. Sobald er im Blechzelt war, schloß die Großmutter den Eingang mit einem energischen Ruck des Schiebevorhangs.

Es war eine wirkungsvolle Vereinbarung. Von der Reklame des Postboten angelockt, kamen Männer von weither, um

Eréndira, die Neuigkeit, kennenzulernen. Nach den Männern kamen die Lotterietische und Imbißstände, und nach all dem kam ein radfahrender Photograph, der vor dem Lagerplatz auf einem Stativ seine Kamera mit Trauerärmel aufstellte, dazu einen Hintergrund mit einem See und kraftlosen Schwänen.

Die Großmutter, die sich auf ihrem Thronsitz fächelte, schien ihrem eigenen Jahrmarkt entrückt. Sie interessierte einzig die Schlange der Kunden, die darauf warteten, an die Reihe zu kommen, sowie der genaue Anzahlungsbetrag, den sie vor dem Betreten von Eréndiras Zelt zu entrichten hatten. Anfangs war sie so streng gewesen, daß sie einen guten Kunden zurückwies, nur weil ihm fünf Pesos fehlten. Doch im Verlauf der Monate begriff sie die Lehren der Wirklichkeit und gestattete schließlich, daß die Bezahlung mit Heiligenmedaillons ausgeglichen wurde, mit Familienreliquien, mit Eheringen und allem, was ihren Zähnen beweisen konnte, daß es auch ohne Glanz hochkarätiges Gold war.

Nach einem langen Aufenthalt in diesem ersten Dorf besaß die Großmutter genug Geld, um einen Esel zu kaufen, und zog sich in die Wüste zurück auf der Suche nach anderen günstigeren Ortschaften, um die Schuld einzutreiben. Sie reiste auf einer Sänfte, die behelfsmäßig auf dem Esel befestigt war und schützte sich gegen die regungslose Sonne mit einem zerfledderten Schirm, den Eréndira über ihren Kopf hielt. Hinter ihr trabten vier Indiolastträger mit den Besitztümern: den Schlafmatten, dem restaurierten Thronsessel, dem Alabasterengel und der Truhe mit den sterblichen Resten der Amadise. Der Photograph folgte der Karawane auf seinem Fahrrad, doch ohne sie je einzuholen, als reise er zu einem anderen Fest.

Seit dem Brand waren sechs Monate verstrichen, und die Großmutter hatte nun einen Gesamtüberblick über das Geschäft gewonnen.

»Wenn alles so weiterläuft«, sagte sie zu Eréndira, »wirst du mir die Schuld binnen acht Jahren, sieben Monaten und elf Tagen abbezahlt haben.«

Mit geschlossenen Augen wiederholte sie ihre Berechnungen, auf den Kernen herumkauend, die sie aus einem Faltenbeutel zog, in dem sie auch ihr Geld verwahrte, und berichtigte:

»Natürlich ohne Berücksichtigung von Lohn und Verköstigung der Indios und anderer kleinerer Unkosten.«

Eréndira, die, übermannt von Hitze und Staub, mit dem Esel

Schritt hielt, brachte gegen die Rechnung der Großmutter keine Einwände vor, mußte sich aber beherrschen, um nicht zu weinen.

»Ich habe kleingehacktes Glas in den Knochen«, sagte sie. »Versuche zu schlafen.«

»Ja, Großmutter.«

Sie schloß die Augen, atmete tief einen Mundvoll sengendheißer Luft ein und schritt schlafend weiter.

Ein mit Käfigen beladener Lastwagen erschien und erschreckte Ziegenböcke im Staubgewirbel des Horizonts, und der Jubel der Vögel war ein Sprühregen frischen Wassers in der Sonntagsschläfrigkeit von Sankt Michael von der Wüste. Am Steuer saß ein beleibter holländischer Landwirt mit wettergefurchter Haut und eichhörnchenfarbenem Schnauzbart, den er von einem Urgroßvater geerbt hatte. Sein Sohn Ulysses, der auf dem Beifahrersitz reiste, war ein goldgelockter Jüngling mit einsamen Seefahreraugen und dem Aussehen eines heimlichen Engels. Die Aufmerksamkeit des Holländers wurde auf ein Feldzelt gelenkt, vor dem alle Soldaten der örtlichen Garnison Schlange standen. Sie hockten am Boden und tranken aus ein und derselben Flasche, die von Mund zu Mund ging, und hatten Mandelbaumzweige auf dem Kopf, als lägen sie für ein Überraschungsgefecht im Hinterhalt. Der Holländer fragte in seiner Sprache:

»Was zum Teufel wird denn hier verkauft?«

»Eine Frau«, erwiderte sein Sohn in aller Natürlichkeit. »Sie heißt Eréndira.«

»Woher weißt du das?«

»Alle Welt weiß es in der Wüste«, erwiderte Ulysses.

Der Holländer stieg in dem kleinen Dorfhotel ab. Ulysses blieb im Lastwagen sitzen, öffnete mit bebenden Fingern eine Aktentasche, die sein Vater auf dem Sitz gelassen hatte, zog ein Bündel Banknoten heraus, steckte mehrere in seine Tasche und legte alles wieder an seinen Platz. Als sein Vater in jener Nacht schlief, stieg er durchs Hotelfenster hinaus und stellte sich an den Schwanz der Schlange vor Eréndiras Zelt.

Das Fest war auf seinem Höhepunkt. Die betrunkenen Rekruten tanzten solo, um die Gratismusik nicht ungenutzt verhallen zu lassen, und der Photograph machte Nachtaufnahmen mit Magnesiumpapier. Während die Großmutter das Geschäft überwachte, zählte sie die Banknoten in ihrem Schoß; sie teilte sie in gleichgroße Bündel und schichtete sie in einen Korb. Zu diesem Zeitpunkt waren nicht mehr als zwölf Soldaten da, doch die Abendschlange hatte sich durch Zivilkunden verlängert. Ulysses war der letzte.

Nun kam ein Soldat von düsterem Aussehen an die Reihe. Die Großmutter versperrte ihm nicht nur den Weg, sondern vermied die Berührung mit seinem Geld.

»Nein, Sohn«, sagte sie. »Hier kommst du mir nicht herein, nicht um alles Geld des Mohrenkönigs. Du bringst Pech.«

Der Soldat, der nicht aus der Gegend stammte, war überrascht.

»Was soll das heißen?«

»Daß du mit dem bösen Schatten ansteckst«, sagte die Großmutter. »Man braucht dir nur ins Gesicht zu sehen.« Sie wies ihn ab, ohne ihn zu berühren, und ließ den nächsten Soldaten vortreten.

»Komm näher, Gefreiter«, sagte sie gutgelaunt. »Und halt dich nicht auf, das Vaterland braucht dich.«

Der Soldat trat ein, machte aber sofort kehrt, weil Eréndira mit der Großmutter sprechen wollte. Diese hängte sich den Geldkorb über den Arm und betrat das Feldzelt, dessen Raum eng war, doch aufgeräumt und reinlich. Hinten, auf einem Leinenbett, vermochte Eréndira das Zittern ihres Körpers nicht zurückzuhalten, sie war geschunden und schmutzig vom Schweiß der Soldaten.

»Großmutter«, schluchzte sie. »Ich sterbe.«

Die Großmutter berührte ihre Stirn, und als sie feststellte, daß Eréndira kein Fieber hatte, suchte sie sie zu trösten.

»Es fehlen nur noch zehn Militärs«, sagte sie.

Eréndira brach in Tränen aus und pfiff wie ein erschrockenes Tier. Nun wußte die Großmutter, daß die Enkelin die Grenzen des Schreckens überwunden hatte, und half ihr, sich zu beruhigen, indem sie ihr den Kopf streichelte.

»Du bist eben schwach«, sagte sie. »Los, weine nicht mehr, nimm ein Salbeibad, damit sich dein Blut beruhigt.«

Sie verließ das Zelt, als Eréndira ruhiger wurde und gab dem wartenden Soldaten sein Geld zurück. »Für heute ist Schluß«, schrie sie den in der Schlange Wartenden zu:

»Schluß, Jungens. Bis morgen um neun in der Früh.«

Soldaten und Zivilisten brachen mit Protestrufen aus der Reihe. Die Großmutter pflanzte sich gutwillig vor ihnen auf, schwenkte aber ernsthaft den vernichtenden Stab.

»Menschenschinder! Schlappschwänze!« schrie sie. »Ihr glaubt wohl, das Geschöpf ist aus Eisen. Ich möcht euch in ihrer Lage sehen. Schandbuben! Vaterlandslose Scheißkerle!«

Die Männer antworteten mit unflätigen Beschimpfungen, aber schließlich wurde sie des Aufruhrs Herr und hielt mit ihrem Stab Wache, bis alle mit den Bratfischtischen abgezogen und die Lotteriestände abgebaut waren. Sie wollte gerade zum Zelt zurückkehren, als sie Ulysses in voller Größe sah, allein in dem leeren dunklen Raum, den vorher die Schlange der Männer eingenommen hatte. Eine unwirkliche Aura umgab ihn, und nur der Glanz seiner Schönheit schien ihn in der Dämmerung sichtbar zu machen.

»Und du«, sagte die Großmutter. »Wo hast du deine Flügel gelassen?«

»Wer die hatte, war mein Großvater«, erwiderte Ulysses ganz natürlich. »Aber das will niemand glauben.«

Wieder musterte die Großmutter ihn mit verzauberter Aufmerksamkeit. »Ich glaube es dir«, sagte sie. »Zieh sie morgen an.«

Sie betrat das Zelt und ließ Ulysses leuchtend stehen, wo er stand.

Eréndira fühlte sich nach dem Bad wohler. Sie hatte einen kurzen bestickten Unterrock angezogen und trocknete ihr Haar, um sich hinzulegen, hielt aber noch immer mühsam die Tränen zurück. Die Großmutter schlief.

Hinter Eréndiras Bett erschien sehr langsam Ulysses' Kopf. Sie sah seine ängstlichen, durchsichtigen Augen, doch bevor sie etwas sagte, rieb sie sich das Gesicht mit dem Handtuch, um sich zu beweisen, daß es keine Sinnestäuschung war. Als Ulysses zum ersten Mal blinzelte, fragte Eréndira mit ganz leiser Stimme:

»Wer bist du?«

Ulysses zeigte sich bis zu den Schultern. »Ich heiße Ulysses«, sagte er. Er deutete auf die gestohlenen Banknoten und fügte hinzu:

»Ich bringe das Geld.«

Eréndira legte die Hände aufs Bett, näherte ihr Gesicht dem von Ulysses und sprach mit ihm wie in einem Kleinkinderspiel weiter.

»Du hättest dich in die Schlange stellen sollen«, sagte sie.

»Ich habe die ganze Nacht gewartet«, sagte Ulysses.

»Denn jetzt mußt du bis morgen früh warten«, sagte Eréndira. »Mir ist so, als hätten sie mich in die Nieren getreten.«

In diesem Augenblick begann die Großmutter im Schlaf zu reden.

»Es wird zwanzig Jahre her sein, daß es zum letzten Mal geregnet hat«, sagte sie. »Es war ein so schrecklicher Sturm, daß der Regen mit Meerwasser vermischt fiel und das Haus morgens voll war von Fischen und Schnecken, und dein Großvater Amadís, er ruhe in Frieden, sah einen Johanniskäfer durch die Luft segeln.«

Ulysses versteckte sich wieder hinter dem Bett. Eréndira setzte ein belustigtes Lächeln auf.

»Ruhig Blut«, sagte sie. »Sie redet immer komisch, wenn sie schläft, aber kein Erdbeben weckt sie auf.«

Ulysses erschien von neuem. Eréndira betrachtete ihn mit verstohlenem, fast liebevollem Lächeln und zog von der Matte das gebrauchte Laken.

»Komm«, sagte sie, »hilf mir das Laken wechseln.«

Nun tauchte Ulysses hinter dem Bett auf und faßte das Laken an einem Ende. Da das Laken viel größer war als die Matte, mußten sie es mehrmals falten. Nach jeder Falte stand Ulysses näher bei Eréndira.

»Ich war wild darauf, dich zu sehen«, sagte er plötzlich. »Alle Welt sagt, du seist sehr schön, und das ist wahr.«

»Aber ich werde sterben«, sagte Eréndira.

»Meine Mama sagt, wer in der Wüste stirbt, kommt nicht in den Himmel, sondern ins Meer«, sagte Ulysses.

Eréndira legte das schmutzige Laken beiseite und bedeckte die Matte mit dem sauberen, gebügelten.

»Ich kenne das Meer nicht«, sagte sie.

»Es ist wie die Wüste, aber mit Wasser«, sagte Ulysses.

»Dann kann man also nicht darauf gehen.«

»Mein Papa kannte einen Mann, der das konnte«, sagte Ulysses. »Aber das ist lange her.«

Eréndira war entzückt, wollte aber schlafen.

»Wenn du morgen ganz früh kommst, stell ich dich auf den ersten Platz«, sagte sie.

»Ich fahre in aller Frühe fort mit meinem Papa«, sagte Ulysses.

»Kommt ihr nicht wieder hier vorbei?«

»Wer weiß, wann«, sagte Ulysses. »Wir sind zufällig vorbeigekommen, weil wir uns auf dem Weg zur Grenze verirrt haben.«

Eréndira warf einen nachdenklichen Blick auf die Großmutter.

»Gut«, entschied sie. »Gib mir das Geld.«

Ulysses gab es ihr. Eréndira legte sich aufs Bett, aber er blieb zitternd auf der Stelle stehen: im entscheidenden Augenblick war seine Entschlossenheit ins Wanken geraten. Eréndira faßte ihn an der Hand, damit er sich beeile, und erst jetzt merkte sie seine Verwirrung. Sie kannte diese Angst.

»Ist es das erste Mal?« fragte sie.

Ulysses antwortete nicht, setzte aber ein trostloses Lächeln auf. Eréndira änderte ihr Verhalten.

»Atme langsam«, sagte sie. »Am Anfang ist es immer so, nachher merkst du es gar nicht mehr.«

Sie zog ihn zu sich, und während sie ihn auszog, besänftigte sie ihn mit mütterlichen Mitteln.

»Wie heißt du?«

»Ulysses.«

»Name eines Grünhorns«, sagte Eréndira.

»Nein, eines Seefahrers.«

Eréndira entblößte seine Brust, gab ihm Waisenküßchen, beschnupperte ihn.

»Du scheinst ganz aus Gold zu sein«, sagte sie. »Aber du riechst nach Blumen.«

»Vermutlich nach Orangen«, sagte Ulysses.

Schon ruhiger geworden, zeigte er ein Verschwörerlächeln.

»Wir reisen mit vielen Vögeln, um abzulenken«, fügte er hinzu. »Aber zur Grenze nehmen wir Orangen zum Schmuggeln mit.«

»Orangen sind kein Schmuggel«, sagte Eréndira.

»Doch«, sagte Ulysses. »Jede kostet fünfzigtausend Pesos.«

Eréndira lachte zum ersten Mal seit langer Zeit.

»Was mir an dir am meisten gefällt«, sagte sie, »ist die Ernsthaftigkeit, mit der du diesen Unsinn erfindest.«

Sie war spontan und redselig geworden, als habe Ulysses' Unschuld nicht nur ihre Laune, sondern auch ihr Wesen verwandelt. Die Großmutter, in nächster Nähe des Verhängnisses, redete im Schlaf seelenruhig weiter.

»In jener Zeit, Anfang März, brachten sie dich ins Haus«, sagte sie. »Du glichst einer in Watte gewickelten Eidechse. Amadís, dein Vater, jung und schmuck, war an jenem Nachmittag so froh, daß er rund zwanzig mit Blumen beladene Ochsenkarren holen ließ und johlend und blumenwerfend durch die Gassen zog, bis das ganze Dorf vergoldet von Blumen war wie das Meer.«

Sie redete mehrere Stunden irr, mit lauter Stimme und steter Leidenschaft. Doch Ulysses hörte sie nicht, denn Eréndira hatte ihn so heftig und so echt begehrt, daß sie ihn, während die Großmutter irre redete, zum halben Preis von neuem begehrte und ohne Bezahlung weiter begehrte bis zum Morgengrauen.

Eine Gruppe Missionare mit hocherhobenen Kruzifixen hatte sich Schulter an Schulter mitten in der Wüste aufgepflanzt. Ein Wind, so wild wie der des Unglücks, rüttelte so an ihren Ordenskleidern aus Hanfkanevas und ihren zerzausten Bärten, daß sie sich kaum auf den Füßen halten konnten. Hinter ihnen lag das Missionshaus, ein koloniales Vorgebirge mit einem winzigen Glockenturm auf den rauhen gekalkten Mauern.

Der jüngste Missionar, der die Gruppe anführte, deutete mit dem Zeigefinger auf eine natürliche Spalte im glänzenden Tonschieferboden.

»Überschreitet nicht diesen Streifen«, schrie er.

Die vier Indioträger, welche die Großmutter auf einem Tragsessel aus Brettern transportierten, blieben auf den Schrei hin stehen. Obgleich die Großmutter unbequem auf dem Bretterboden saß und ihr Kopf von Wüstenstaub und -schweiß benebelt war, hielt sie sich dank ihres Hochmuts aufrecht. Eréndira ging zu Fuß. Hinter dem Tragsessel marschierte eine Reihe aus acht Indioträgern, den Schwanz bildete der Photograph auf seinem Fahrrad.

»Die Wüste gehört niemand«, sagte die Großmutter.

»Sie gehört Gott«, sagte der Missionar, »und Ihr mit eurem schändlichen Schacher verletzt seine heiligen Gesetze.«

Nun erkannte die Großmutter die auf der Halbinsel übliche Umgangs- und Redeweise des Missionars und zog es vor, einen Zusammenstoß zu vermeiden, um nicht an seiner Unnachgiebigkeit zu scheitern. Und sagte in natürlichem Tonfall:

»Ich verstehe deine Mysterien nicht, Sohn.«

Der Missionar deutete auf Eréndira.

»Dieses Geschöpf ist minderjährig.«

»Aber sie ist meine Enkelin.«

»Um so schlimmer«, erwiderte der Missionar. »Geben Sie sie freiwillig in unsere Obhut, oder wir werden zu anderen Mitteln greifen müssen.«

Die Großmutter ließ es nicht so weit kommen.

»Es ist gut, Dummkopf«, gab sie erschrocken nach. »Aber

früher oder später werde ich den Streifen überschreiten, du wirst's sehen.«

Drei Tage nach der Begegnung mit den Missionaren schliefen die Großmutter und Eréndira in einem Dorf in der Nähe des Klosters, als einige geheimnisvolle, stumme Körper wie ein Überfallkommando in das Feldzelt gerobbt kamen. Es waren sieben Indio-Novizinnen, kräftig und blutjung in ihren rohleinenen Ordenskleidern, die in den Mondböen zu schillern schienen. Ohne den geringsten Lärm zu verursachen, deckten sie Eréndira mit einem Moskitonetz zu, hoben sie auf, ohne sie zu wecken, und trugen sie fort wie einen großen, zerbrechlichen, in einem Mondnetz gefangenen Fisch.

Es gab kein Hilfsmittel, mit dem die Großmutter ihre Enkelin nicht dem Kuratel der Missionare zu entziehen versucht hätte. Erst als alle, von den rechtmäßigen bis hin zu den raffiniertesten, fehlgeschlagen waren, nahm sie ihre Zuflucht zur zivilen Amtsgewalt, die von einem Militär ausgeübt wurde. Sie traf ihn mit nacktem Oberkörper im Innenhof seines Hauses, wo er mit einem Armeegewehr auf eine dunkle einsame Wolke im glühenden Himmel schoß. Er versuchte sie zu durchlöchern, damit es regne, und seine Schießerei war erbittert und nutzlos, aber er legte die notwendige Pause ein, um die Großmutter anzuhören.

»Ich kann nichts mehr machen«, erklärte er, als er sie angehört hatte. »Die Paterchen haben in Übereinstimmung mit dem Konkordat das Recht, das Mädchen zu behalten, bis es volljährig ist. Oder bis es heiratet.«

»Und wozu hat man dann Sie als Bürgermeister?« fragte die Großmutter.

»Damit ich Regen mache«, sagte der Bürgermeister.

Dann, als er sah, daß die Wolke sich seiner Reichweite entzogen hatte, unterbrach er seine Berufspflichten und widmete der Großmutter seine uneingeschränkte Aufmerksamkeit.

»Was Sie brauchen, ist eine sehr gewichtige Persönlichkeit, die sich für Sie einsetzt«, sagte er. »Jemand, der für Ihre Moral und Ihre guten Sitten bürgt. Kennen Sie nicht den Senator Onésimo Sánchez?«

In der prallen Sonne auf einem für ihre himmelskörperhaften Hinterbacken zu schmalen Hocker sitzend, erwiderte die Großmutter mit feierlicher Wut:

»Ich bin eine arme Frau in der Unermeßlichkeit der Wüste.«

Mit seinem hitzeverzerrten rechten Auge betrachtete der Bürgermeister sie mitleidig.

»Dann verlieren Sie keine Zeit mehr, Señora«, sagte er. »Dann ist sie zum Teufel.«

Sie war natürlich nicht zum Teufel. Die Großmutter schlug ihr Zelt vor dem Missionskloster auf und setzte sich zum Nachdenken nieder wie ein einsamer Krieger, der eine befestigte Stadt im Belagerungszustand hält. Der fahrende Photograph, der sie sehr gut kannte, lud seine Siebensachen auf den Gepäckständer und wollte allein abfahren, als er sie in der prallen Sonne sitzen sah, den Blick starr auf das Kloster gerichtet.

»Wollen mal sehen, wer zuerst müde wird«, sagte die Großmutter. »Die dort oder ich.«

»Die sind seit dreihundert Jahren da und halten es immer noch aus«, sagte der Photograph. »Ich gehe.«

Erst jetzt bemerkte die Großmutter das beladene Fahrrad. »Wohin gehst du?«

»Wohin mich der Wind mitnimmt«, sagte der Photograph und fuhr ab. »Die Welt ist groß.«

Die Großmutter seufzte.

»Nicht so groß, wie du glaubst, Nichtswürdiger.«

Doch trotz ihres Grolls bewegte sie nicht den Kopf, um nicht den Blick vom Kloster zu wenden. Sie wandte ihn auch nicht ab während vieler Tage mineralischer Hitze, vieler Nächte verirrter Winde, viel Zeit der Meditation, in der niemand das Kloster verließ. Die Indios errichteten neben dem Zelt ein Palmendach und spannten darunter ihre Hängematten auf, aber die Großmutter, auf ihrem Thron schwankend und die rohen Getreidekerne aus ihrer Faltentasche mit der unüberwindbaren Trägheit eines ruhenden Rindes kauend, wachte bis in die späten Stunden.

Eines Nachts fuhr dicht neben ihr langsam eine Reihe bedeckter Lastwagen vorüber, deren einzige Beleuchtung bunte Lichtgirlanden waren, die ihnen das gespenstische Aussehen schlafwandelnder Altäre verlieh. Die Großmutter erkannte die Fahrzeuge sofort, denn sie glichen den Lastwagen der Amadise aufs Haar. Der letzte Lastzug blieb zurück, hielt an, und ein Mann sprang aus dem Fahrerhaus und machte sich an der Ladeplattform zu schaffen. Er schien ein Abbild der Amadise zu sein, mit seiner weitschwingenden Hutkrempe, hohen Stiefeln, zwei auf der Brust verschränkten Patronengürteln, einem Armeegewehr und zwei Pistolen. Von unwiderstehlicher Verlokkung bezwungen, sprach die Großmutter den Mann an.

»Weißt du nicht, wer ich bin?«

Der Mann leuchtete ihr mit einer elektrischen Taschenlampe erbarmungslos ins Gesicht. Betrachtete einen Augenblick das vom Lachen verwüstete Gesicht, die von Ermüdung erloschenen Augen, das welke Haar der Frau, die trotz ihres Alters, ihrer schlimmen Verfassung und des rohen Lichts im Gesicht hätte sagen können, sie sei die schönste auf der Welt gewesen. Als er sie lange genug gemustert hatte, um sicher zu sein, daß er sie gesehen hatte, schaltete er die Lampe aus.

»Das einzige, was ich mit aller Sicherheit weiß«, sagte er, »ist, daß Sie nicht die Mutter Gottes von den Heilmitteln sind.«

»Im Gegenteil«, sagte die Großmutter mit süßer Stimme. »Ich bin die Dame.«

Instinktiv legte der Mann die Hand an die Pistole.

»Welche Dame?«

»Die von Amadís dem Großen.«

»Dann sind Sie nicht von dieser Welt«, sagte er wachsam. »Was wollen Sie?«

»Daß ihr mir helft, meine Enkelin loszukaufen, die Enkelin von Amadís dem Großen, die Tochter von unserem Amadís, die in diesem Kloster gefangen sitzt.«

Der Mann bezwang seine Furcht.

»Sie haben sich in der Adresse getäuscht«, sagte er. »Wenn Sie glauben, daß wir imstande sind, uns in Gottes Belange einzumischen, sind Sie nicht die, die Sie zu sein behaupten, dann haben Sie weder die Amadise gekannt noch haben Sie die geringste Vorstellung, was Schmuggel ist.«

In jenem Morgengrauen schlief die Großmutter weniger als an den vorhergegangenen Tagen. Sie verbrachte die Stunden kauend, in einen Wollmantel gehüllt, während die Nachtzeit ihr Gedächtnis auf den Kopf stellte und die verdrängten Wahnideen nach einem Ausweg rangen, obwohl sie wach war und die Hand aufs Herz pressen mußte, damit die Erinnerung an ein Haus am Meer mit großen bunten Blumen, in dem sie glücklich gewesen war, sie nicht erstickte. So verharrte sie, bis die Klosterglocke läutete und die ersten Lichter in den Fenstern aufleuchteten und die Wüste sich mit dem Geruch von warmem Frühmettenbrot sättigte. Erst dann überließ sie sich der Müdigkeit, von der Selbsttäuschung genarrt, daß Eréndira aufgestanden sei und einen Weg suche, um zu entkommen und zu ihr zurückzukehren.

Eréndira hingegen verlor nicht eine Nacht des Schlafs, seit sie ins Kloster gebracht worden war. Sie hatten ihr das Haar mit einer Baumschere geschnitten, bis ihr Kopf einer Bürste glich, sie hatten ihr den rohen Leinenüberrock angezogen und ihr einen Eimer mit Kalkwasser und einen Schrubber in die Hand gedrückt, damit sie die Stufen der Treppen jedesmal kalkte, wenn jemand darübergegangen war. Das war eine Mauleselarbeit, denn es herrschte ein unablässiges Treppauf-Treppab mit Lehm beschmutzter Missionare und lasttragender Novizinnen, doch Eréndira empfand es nach der tödlichen Bettgaleere als einen ewigen Sonntag. Überdies war sie bei Einbruch der Nacht nicht die einzige Erschöpfte, denn das Kloster war nicht dem Kampf gegen den Teufel, sondern dem Kampf gegen die Wüste geweiht. Eréndira hatte die eingeborenen Novizinnen gesehen, wie sie die Kühe mit Genickstößen zähmten, um sie in die Ställe zu schaffen, wie sie ganze Tage auf den Brettern hüpften, um Käse auszupressen, wie sie den Ziegen bei einer schwierigen Geburt halfen. Sie hatte sie wie wetterfeste Stauer schwitzen sehen, wenn sie Wasser aus dem Brunnen pumpten und mit Muskelkraft einen widerwilligen Gemüsegarten bewässerten, den andere Novizinnen mit der Spitzhacke beackert hatten, um Gemüse im Feuerstein der Wüste anzupflanzen. Sie hatte die irdische Hölle der Brotbacköfen und die Bügelzimmer gesehen. Sie hatte eine Nonne gesehen, die ein Schwein durch den Innenhof hetzte, sah sie an seine Ohren geklammert mitsamt dem widerspenstigen Schwein ausrutschen und sich im Schlamm wälzen, ohne es loszulassen, bis zwei Novizinnen mit Lederschürzen ihr halfen, mit dem Tier fertig zu werden, und eine von ihnen stach es mit einem Metzgermesser ab, und alle wurden mit Blut und Schlamm besudelt. Sie hatte im Nebenpavillon des Hospitals die schwindsüchtigen Nonnen in ihren Leichenhemden gesehen, die auf Gottes letzten Befehl warteten und dabei auf den Terrassen Hochzeitslaken stickten, während die Männer der Missionsstation in der Wüste predigten. Eréndira lebte in ihrem Halbschatten, entdeckte andere Formen der Schönheit und des Schreckens, die sie sich in der engen Welt des Betts nie vorgestellt hatte, doch weder den rücksichtslosen noch den einschmeichelnden Novizinnen war es gelungen, auch nur ein Wort aus ihr herauszubringen, seit sie ins Kloster verschleppt worden war. Eines Morgens, als sie den Kalk im Eimer mit Wasser vermischte, hörte sie Saitenmusik, die einem noch durchscheinenderen Licht im Wüstenlicht glich. Von dem Wunder gebannt, drang sie bis in einen riesigen leeren Saal mit nackten Wänden und großen Fenstern vor, durch welche die betörende Junihelligkeit hereinströmte, und verharrte und sah in der Mitte des Saals eine schöne Nonne, die sie nie zuvor gesehen hatte und die auf dem Cembalo ein Osteroratorium spielte. Eréndira lauschte unbeweglich der Musik, zuinnerst gespannt, bis es zum Essen läutete. Nach dem Mittagessen, während sie die Treppe mit der Espartograsbürste weißte, wartete sie, bis alle Novizinnen die Treppen hinauf- und hinuntergelaufen waren und blieb allein, wo niemand sie hören konnte, und nun sprach sie zum ersten Mal, seit sie das Kloster betreten hatte.

»Ich bin glücklich«, sagte sie.

So schwanden der Großmutter die Hoffnungen, Eréndira könnte fliehen, um zu ihr zurückzukehren, und dennoch hielt sie ihren granitharten Belagerungszustand bis zum Pfingstsonntag aufrecht, ohne einen Entschluß zu fassen. Zu jener Zeit durchsuchten die Missionare die Wüste nach schwangeren Konkubinen, um diese zu verheiraten. Sie drangen in einem altersschwachen Kleinlastwagen bis in die weltvergessensten Hüttensiedlungen vor, begleitet von vier gutbewaffneten Armeesoldaten und einer Truhe voller Schund. Das Schwierigste an dieser Indiojagd war, die Weiber zu überzeugen, die sich gegen die göttliche Gnade mit der wahrheitsgetreuen Beweisführung verteidigten, daß die Männer, während sie selber erschöpft in ihren Hängematten schliefen, sich das Recht nähmen, den gesetzmäßigen Ehefrauen eine rauhere Arbeit zuzumuten als den Konkubinen. Es galt, die Weiber mit Täuschungsmanövern zu verführen; so mischte man in den Saft ihrer eigenen Sprache Gottes Wille, damit sie ihn als weniger hart empfanden, doch sogar die durchtriebensten ließen sich schließlich vom Flitter eines Paares Ohrringe überzeugen. Sobald die Missionare die Zustimmung der Frau erhalten hatten, zerrten sie die Männer mit Kolbenstößen aus ihren Hängematten und luden sie gefesselt auf den Lastwagen, um sie gewaltsam zu verheiraten.

Mehrere Tage hindurch sah die Großmutter den Kleinlastwagen mit schwangeren Indiofrauen aufs Kloster zufahren, fand dabei aber nicht den für sie günstigen Augenblick. Der kam am Pfingstsonntag, als sie das Feuerwerk und Glockengebimmel hörte, die armselige und doch so fröhliche Menschenmenge zum Fest schreiten sah und in den Menschenmengen schwangere Frauen mit Brautschleier und -kränzchen am Arm ihrer Zufallsehemänner, die durch die Kollektivhochzeit ihre rechtmäßigen Männer werden würden.

Unter den letzten Männern des Zuges schritt ein junger Mann

in Lumpen mit unschuldigem Herzen und einem wie ein Tomatenkürbis geschorenen Indiokopf, der eine Osterkerze mit seidener Schleife hielt. Die Großmutter rief ihn zu sich.

»Sag mal, Sohn«, fragte sie mit ihrer lieblichsten Stimme. »Was suchst du in diesem Rummel?«

Der junge Mann mit seiner Kerze fühlte sich eingeschüchtert, und es fiel ihm schwer, die Lippen über seinen Eselszähnen zu schließen.

»Die Paterchen schicken mich zur ersten Kommunion«, sagte er.

»Wieviel haben sie dir bezahlt?«

»Fünf Pesos.«

Die Großmutter zog aus ihrer Faltentasche ein Bündel Banknoten, die der junge Mann verwundert anstarrte. »Ich will dir zwanzig geben«, sagte die Großmutter. »Aber nicht, damit du zur ersten Kommunion gehst, sondern damit du heiratest.«

»Aber wen denn?«

»Meine Enkelin.«

So heiratete Eréndira im Innenhof des Klosters, im Häftlingsrock und einer Spitzenmantille, die ihr die Novizinnen geschenkt hatten, ohne daß sie überhaupt wußte, wie der Ehemann hieß, den die Großmutter ihr gekauft hatte. Sie erduldete mit unsicherer Hoffnung die Qual des Kniens auf dem Kalkboden, den Ziegenbock-Pestgestank der zweihundert schwangeren Bräute, die Strafe des in regloser Sommerhitze lateinisch geleierten Apostelbriefs, denn die Missionare hatten keinen Ausweg gefunden, sich der List der unvorhergesehenen Hochzeit zu widersetzen, noch beabsichtigten sie, einen letzten Versuch zu unternehmen, Eréndira im Kloster zu halten. Dennoch: nach Abschluß der Zeremonie und in Anwesenheit des Apostolischen Priors, des Militärrichters, der auf Wolken feuerte, ihres neugebackenen Ehemanns und ihrer gleichgültigen Großmutter, fand Eréndira sich von neuem unter dem Zauberbann, der sie seit ihrer Geburt beherrscht hatte. Als man sie fragte, was ihr freier, wahrhaftiger und endgültiger Wille sei, ließ sie nicht einmal einen Seufzer des Zauderns vernehmen.

»Ich will fort«, sagte sie. Und erläuterte, auf den Ehemann deutend: »Aber ich gehe nicht mit ihm, sondern mit meiner Großmutter.«

Ulysses hatte den ganzen Nachmittag bei dem Versuch vertan, eine Orange aus der Pflanzung seines Vaters zu stehlen, doch der hatte ihn nicht aus den Augen gelassen, während die kranken Bäume beschnitten wurden, und seine Mutter hatte ihn vom Haus aus beobachtet. Daher gab er sein Vorhaben auf, zumindest für diesen Tag und half seinem Vater, wohl oder übel, bis die letzten Orangenbäume gestutzt waren.

Die ausgedehnte Pflanzung lag verschwiegen und versteckt, und das blechgedeckte Holzhaus hatte kupferne Fliegenfenster und eine säulengestützte Terrasse mit üppig blühenden primitiven Pflanzen. Ulysses' Mutter lag in einem Wiener Schaukelstuhl auf der Terrasse, geräucherte Blätter an den Schläfen, um ihre Kopfschmerzen zu lindern, und ihr reinrassiger Indioblick verfolgte wie eine unsichtbare Lichtgarbe die Bewegungen ihres Sohnes bis in die verborgensten Winkel der Orangenpflanzung. Sie war sehr schön, viel jünger als ihr Mann, und trug nicht nur noch immer das lange Frauenkleid ihres Stammes, sondern kannte auch die ältesten Geheimnisse ihres Blutes.

Als Ulysses mit den Baumscheren ins Haus zurückkehrte, bat seine Mutter ihn um ihre Vieruhrmedizin, die auf einem Tischchen in der Nähe stand. Glas und Fläschchen veränderten die Farbe, sobald er sie berührte. Dann faßte er aus reinem Mutwillen einen Kristallkrug an, der mit anderen Gläsern auf dem Tisch stand, und auch der Krug wurde blau. Seine Mutter beobachtete ihn, während sie die Medizin einnahm, und als sie sicher war, daß sie wegen ihrer Schmerzen nicht delirierte, fragte sie in der Guajiro-Sprache:

»Seit wann passiert dir das?«

»Seit wir aus der Wüste zurückgekommen sind«, sagte Ulysses gleichfalls auf guajiro. »Aber nur mit Glas.«

Um es zu beweisen, berührte er nacheinander die Gläser, die auf dem Tisch standen, und alle wechselten die Farbe auf verschiedene Weise.

»Diese Dinge passieren nur aus Liebe«, sagte die Mutter. »Wer ist es?«

Ulysses antwortete nicht. Sein Vater, der Guajiro nicht verstand, kam in diesem Augenblick mit einem Büschel Orangen auf die Terrasse.

»Wovon sprecht ihr?« fragte er Ulysses auf holländisch.

»Von nichts Besonderem«, erwiderte Ulysses.

Ulysses' Mutter verstand kein Holländisch. Als ihr Mann im Haus verschwunden war, fragte sie ihren Sohn auf guajiro:

»Was hat er zu dir gesagt?«

»Nichts Besonderes«, sagte Ulysses.

Er hatte seinen Vater beim Betreten des Hauses aus den Augen verloren, sah ihn aber gleich darauf durch ein Fenster des Büros wieder. Die Mutter wartete, bis sie allein mit Ulysses war und wiederholte beharrlich:

»Sag mir, wer es ist.«

»Es ist niemand«, sagte Ulysses.

Er hatte unaufmerksam geantwortet, weil er die Bewegungen seines Vaters im Büro beobachtete. Er hatte ihn die Orangen auf den Geldschrank legen sehen, um den Kombinationsschlüssel einzustellen. Doch während Ulysses seinen Vater beobachtete, beobachtete ihn seine Mutter.

»Du ißt seit langem kein Brot mehr«, bemerkte sie.

»Es schmeckt mir nicht.«

Sofort wurde das Gesicht seiner Mutter ungewöhnlich lebhaft. »Gelogen«, sagte sie. »Es schmeckt dir nicht, weil du unglücklich verliebt bist, und die, denen es so geht, können kein Brot essen.« Ihre Stimme war wie ihre Augen nicht mehr flehend, sondern drohend.

»Sag mir lieber, wer es ist«, sagte sie, »oder ich verpasse dir gewaltsam Reinigungsbäder.«

Im Büro öffnete der Holländer den Geldschrank, legte die Orangen hinein und verschloß wieder die Panzertür. Jetzt wandte Ulysses sich vom Fenster ab und antwortete ungeduldig seiner Mutter.

»Ich hab' dir gesagt, daß es nichts ist«, sagte er. »Wenn du mir nicht glaubst, frag meinen Vater.«

Der Holländer, seine zerlesene Bibel unter dem Arm, erschien in der Bürotür und zündete sich seine Seemannspfeife an. Die Mutter fragte ihn auf spanisch:

»Wen habt ihr in der Wüste kennengelernt?«

»Niemand«, antwortete ihr Mann, ein wenig in den Wolken. »Wenn du mir nicht glaubst, frag Ulysses.«

Er setzte sich ins hintere Gangende und zog an seiner Pfeife, bis sie ausgeraucht war. Dann öffnete er an einer beliebigen Stelle die Bibel und las fast zwei Stunden lang laut unzusammenhängende Bruchstücke in flüssigem, getragenem Holländisch.

Um Mitternacht dachte Ulysses noch immer so verbissen nach, daß er nicht einschlafen konnte. Dann wälzte er sich im Versuch, den Schmerz seiner Erinnerungen zu beherrschen, noch eine Stunde in der Hängematte hin und her, bis eben dieser Schmerz ihm die zu einer Entscheidung fehlende Kraft gab. Sogleich zog er seine Viehtreiberhosen an, das karierte Schottenhemd und seine Reitstiefel, sprang durchs Fenster und floh in dem mit Vögeln beladenen Lastwagen. Als er an der Pflanzung vorbeikam, riß er die drei reifen Orangen ab, die er nachmittags nicht hatte stehlen können.

Den Rest der Nacht fuhr er durch die Wüste und fragte im Morgengrauen in Dörfern und Weilern nach Eréndiras Verbleib, doch niemand konnte ihm Auskunft geben. Schließlich wurde ihm mitgeteilt, sie ziehe hinter dem Wahlausschuß des Senators Onésimo Sánchez her, und der müsse an jenem Tag in Nova Castilla sein. Dort fand er die Gruppe nicht, sondern im nächsten Dorf, aber Eréndira war nicht mehr im Gefolge des Senators, denn ihre Großmutter hatte bei ihm erwirkt, daß er ihre gute Moral in einem handschriftlichen Brief verbürgte, der ihr auch die verschlossensten Türen zur Wüste öffnen würde. Am dritten Tag stieß Ulysses auf den Mann von der Nationalpost, und dieser wies ihm die gesuchte Richtung.

»Sie gehen zum Meer«, sagte er. »Aber eil dich, denn die verfluchte Alte hat die Absicht, auf die Insel Aruba überzusetzen.«

In der besagten Richtung konnte Ulysses nach einer halben Tagesreise die weite abgenutzte Pelerine unterscheiden, welche die Großmutter von einem heruntergekommenen Zirkus erstanden hatte. Der fahrende Photograph hatte sich ihr wieder angeschlossen, überzeugt, daß die Welt tatsächlich nicht so groß war, wie er gedacht hatte, und in der Nähe des Feldzelts seine idyllischen Gemälde aufgestellt. Eine Kapelle von Blechbläsern lockte Eréndiras Kunden mit einem trübsinnigen Walzer.

Ulysses wartete, bis die Reihe an ihn kam, und das erste, was ihm auffiel, war die Ordnung und Reinlichkeit des Zeltinnern. Das Bett der Großmutter hatte seine vizekönigliche Pracht wiedergewonnen, die Engelstatue stand auf ihrem Platz neben der Grabtruhe der Amadise, außerdem gab es eine Zinnbadewanne mit Löwentatzen. Auf ihrem neuen Bett mit Leinendach ausgestreckt, lag Eréndira nackt und friedlich da und verströmte kindlichen Glanz in dem durchs Zeltdach sickernden Licht. Sie schlief mit offenen Augen. Ulysses blieb vor ihr stehen, die Orangen in der Hand, und merkte, daß sie ihn anblickte, ohne ihn zu sehen. Nun fuhr er mit der Hand über ihre Augen und rief sie mit dem Namen, den er erfunden hatte, um an sie zu denken:

»Arídnere.«

Eréndira erwachte. Sie fühlte sich nackt vor Ulysses, stieß ein dumpfes Kreischen aus und zog das Laken bis über den Kopf.

»Schau mich nicht an«, sagte sie. »Ich sehe schlimm aus.«

»Du bist orangenfarben«, sagte Ulysses. Er legte die Früchte auf Augenhöhe neben sie, damit sie sie verglich. »Sieh.«

Eréndira zog die Decke von den Augen und stellte fest, daß die Orangen tatsächlich ihre Farbe hatten.

»Ich will nicht, daß du jetzt dableibst«, sagte sie.

»Ich bin nur hereingekommen, um dir das zu zeigen«, sagte Ulysses. »Schau.«

Er ritzte eine Orange mit den Fingernägeln auf, teilte sie mit beiden Händen und zeigte Eréndira das Innere: am Kern der Frucht haftete ein echter Diamant.

»Das sind die Orangen, die wir zur Grenze fahren«, sagte er.

»Aber es sind doch gewachsene Orangen!« rief Eréndira aus.

»Natürlich«, lächelte Ulysses. »Mein Vater pflanzt sie an.«

Eréndira konnte es nicht glauben. Sie zog die Decke ganz vom Gesicht, faßte den Diamanten mit den Fingern und betrachtete ihn staunend.

»Für drei von diesen reisen wir um die ganze Welt«, sagte Ulysses.

Eréndira gab ihm den Diamanten mit mutloser Miene zurück. Ulysses ließ nicht locker.

»Außerdem habe ich einen Lastwagen«, sagte er. »Und außerdem . . . Schau!«

Er zog unter dem Hemd einen altertümlichen Revolver hervor.

»Vor zehn Jahren kann ich nicht fort«, sagte Eréndira.

»Du wirst fortkönnen«, sagte Ulysses. »Heute nacht, wenn der weiße Wal schläft, werde ich dort draußen sein und singen wie der Nachtkauz.«

Er ahmte den Gesang des Nachtkauzes so täuschend nach, daß Eréndiras Augen zum ersten Mal lächelten.

»Es ist meine Großmutter«, sagte sie.

»Der Nachtkauz?«

»Der Wal.«

Beide lachten über die Verwechslung, aber Eréndira nahm den Faden wieder auf.

»Niemand kann irgendwo ohne die Erlaubnis seiner Großmutter hingehen.«

»Du brauchst ihr ja nichts zu sagen.«

»Sie wird es trotzdem erfahren«, sagte Eréndira. »Sie träumt die Dinge.«

»Wenn sie zu träumen beginnt, daß du fortgehst, sind wir schon über die Grenze. Wir gehen mit den Schmugglern hinüber ...« sagte Ulysses.

Die Pistole mit der Sicherheit eines Filmdesperados packend, ahmte er das Knallen der Schüsse nach, um Eréndira mit seiner Kühnheit aus der Fassung zu bringen. Sie sagte nicht nein und nicht ja, doch ihre Augen seufzten, und sie verabschiedete Ulysses mit einem Kuß. Ulysses murmelte bewegt:

»Morgen werden wir die Schiffe fahren sehen.«

An jenem Abend kurz nach sieben kämmte Eréndira die Großmutter, als wieder der Wind ihres Unglücks wehte. Im Schutz des Feldzelts standen die Indio-Lastträger und der Direktor der Blaskapelle und warteten auf die Auszahlung ihres Lohns. Die Großmutter hatte soeben die Banknoten aus einer in Reichweite befindlichen Truhe gezählt, und nachdem sie in ein Rechnungsheft geblickt hatte, bezahlte sie den ältesten der Indios.

»Hier«, sagte sie. »Zwanzig Pesos die Woche, weniger acht für Kost, weniger drei für Wasser, weniger fünfzig Centavos Abzahlung für die neuen Hemden, ergibt acht fünfzig. Zähl's gut nach.«

Der älteste Indio zählte das Geld, und alle zogen sich mit einer Verbeugung zurück.

»Danke, Weiße.«

Der nächste war der Direktor der Musikanten. Die Großmutter schaute in ihr Rechnungsheft und wandte sich an den Photographen, der den Balg der Kamera mit Pechpflaster aus Guttapercha zu reparieren suchte.

»Wie steht's?« sagte sie. »Zahlst du den vierten Teil der Musik oder zahlst du ihn nicht?«

Der Photograph hob nicht einmal den Kopf, um zu antworten.

»Die Musik kommt auf den Photographien nicht zum Vorschein.«

»Aber sie macht den Leuten Lust, sich porträtieren zu lassen«, entgegnete die Großmutter.

»Im Gegenteil«, sagte der Photograph. »Sie erinnert sie an die Toten, und schon machen sie auf den Bildern die Augen zu.«

Der Direktor der Blaskapelle mischte sich ein.

»Sie machen nicht wegen der Musik die Augen zu«, sagte er. »Sondern wegen des Blitzlichts bei Nachtaufnahmen.«

»Wegen der Musik«, beharrte der Photograph.

Die Großmutter machte dem Streit ein Ende. »Sei kein Knauser«, sagte sie zu dem Photographen. »Du siehst doch, wie reich der Senator Onésimo Sánchez ist, und zwar dank der Musiker, die er mitnimmt.« Und sie schloß hartherzig:

»Du zahlst also den Teil, der auf dich fällt, oder du gehst deiner Wege. Es ist nicht gerecht, daß dies arme Geschöpf die ganze Last der Unkosten tragen soll.«

»Ich gehe meiner Wege«, sagte der Photograph. »Schließlich und endlich bin ich Künstler.«

Die Großmutter zuckte mit den Achseln und wandte sich an den Musiker. Sie überreichte ihm ein Bündel Banknoten gemäß der in ihrem Rechenheft notierten Zahl.

»Zweihundert und vier Stücke«, sagte sie, »zu fünfzig Centavos je, macht einhundertsechsundfünfzig zwanzig.«

Der Musiker nahm das Geld nicht an.

»Es macht einhundertundzweiundachtzig vierzig«, sagte er. »Die Walzer kosten mehr.«

»Und warum?«

»Weil sie trauriger sind«, sagte der Musiker.

Die Großmutter zwang ihn, das Geld anzunehmen.

»Dann spielst du uns diese Woche zwei fröhliche Stücke für jeden Walzer, den ich dir schulde, und wir haben Frieden.«

Der Musiker verstand nicht die Logik der Großmutter, nahm jedoch ihre Rechnung hin, während er die Nuß zu knacken suchte. In diesem Augenblick war der entsetzliche Wind drauf und dran, das Feldzelt zu entwurzeln, und in der Stille, die er hinterließ, war draußen, deutlich und düster, der Gesang des Nachtkauzes zu vernehmen.

Eréndira wußte nicht, wie sie ihre Verwirrung verbergen sollte. Sie verschloß die Geldtruhe und verbarg sie unter dem Bett, doch die Großmutter sah das Zittern ihrer Hand, als sie ihr den Schlüssel zurückgab. »Keine Angst«, sagte sie. »In windigen Nächten sind immer die Nachtkäuze unterwegs.« Freilich war sie nicht ganz so überzeugend, als sie den Photographen mit seiner Kamera auf dem Rücken abziehen sah.

»Wenn du willst, bleib bis morgen«, sagte sie. »Heute nacht geht der Tod um.«

Auch der Photograph hatte den Gesang des Nachtkauzes gehört, verzog aber keine Miene.

»Bleib, Sohn«, beharrte die Großmutter. »Wenn auch nur um der Zuneigung willen, die ich für dich empfinde.«

»Aber die Musik zahl' ich nicht«, sagte der Photograph.

»Kommt nicht in Frage«, sagte die Großmutter. »Kommt überhaupt nicht in Frage.«

»Sehen Sie?« sagte der Photograph. »Sie mögen niemand leiden.«

Die Großmutter erbleichte vor Wut.

»Dann scher dich fort«, sagte sie. »Mißgeburt!«

Sie fühlte sich so beleidigt, daß sie weiter gegen ihn wetterte, während Eréndira ihr beim Zubettgehen half. »Sohn einer schnöden Mutter«, knurrte sie. »Was weiß dieser Bankert von fremden Herzen.« Eréndira schenkte ihr keine Aufmerksamkeit, denn der Nachtkauz rief sie in den Pausen des Windes mit hartnäckigem Drängen, und die Ungewißheit folterte sie. Die Großmutter legte sich endlich mit dem gleichen, im alten Herrenhaus streng geübten Ritual zu Bett, und während die Enkelin sie fächelte, überwand sie ihren Groll und atmete wieder ihre sterile Luft.

»Du mußt sehr früh aufstehen«, sagte sie dann, »damit du mir das Kräuterbad aufkochst, bevor die Leute kommen.«

»Ja, Großmutter.«

»In der Zeit, die dir dann übrigbleibt, wasche die schmutzige Wäsche der Indios, dadurch haben wir noch etwas, was wir ihnen in der kommenden Woche abziehen können.«

»Ja, Großmutter«, sagte Eréndira.

»Und schlaf langsam, damit du nicht ermüdest, denn morgen ist Donnerstag, der längste Tag der Woche.«

»Ja, Großmutter.«

»Und gib dem Vogel Strauß sein Futter.«

»Ja, Großmutter.«

Sie legte den Fächer ans Kopfende des Bettes und entzündete zwei Altarkerzen vor der Totentruhe. Die bereits eingeschlafene Großmutter gab ihr den verspäteten Befehl:

»Vergiß nicht, die Kerzen der Amadise zu befestigen.«

»Ja, Großmutter.«

Nun wußte Eréndira, daß sie nicht aufwachen würde, weil sie irre zu reden begonnen hatte. Eréndira hörte das Heulen des Windes rings um das Feldzelt, doch auch diesmal erkannte sie nicht den Atem ihres Unglücks. Sie streckte den Kopf in die Nacht hinaus, bis der Nachtkauz von neuem sang, und schließlich gewann ihr Freiheitsdrang über den Zauberbann der Großmutter die Oberhand.

Sie hatte noch keine fünf Schritte vor das Zelt getan, als sie auf den Photographen stieß, der seine Instrumente auf dem Packgestell des Fahrrads festband. Sein Verschwörerlächeln beruhigte sie.

»Ich weiß von nichts«, sagte der Photograph. »Ich habe nichts gesehen und zahle auch nicht die Musik.«

Er verabschiedete sich mit einem weltumspannenden Segenswunsch. Nun rannte Eréndira, auf ewig entschlossen, in die Wüste hinein und verlor sich im Dunkel des Windes, in dem der Nachtkauz sang.

Diesmal nahm die Großmutter unverzüglich ihre Zuflucht zur zivilen Amtsgewalt. Der Kommandant der örtlichen Ersatztruppen sprang um sechs Uhr in der Frühe aus der Hängematte, als sie ihm den Brief des Senators vor die Nase hielt. Ulysses' Vater wartete vor der Tür.

»Wie zum Teufel soll ich das lesen?« schrie der Kommandant, »wenn ich nicht lesen kann.«

»Es ist ein Empfehlungsbrief des Senators Onésimo Sánchez«, sagte die Großmutter.

Ohne weitere Fragen nahm der Kommandant ein Gewehr, das in der Nähe der Hängematte hing, und begann seinen Sergeanten Befehle zuzubrüllen. Fünf Minuten später saßen alle in einem Militärlastwagen, welcher der Grenze zuflog, mit einem widrigen Wind, der die Spuren der Flüchtlinge verwischte. Neben dem Fahrer saß vorne der Kommandant. Hinter ihm der Holländer mit der Großmutter, auf jedem Trittbrett stand ein bewaffneter Sergeant.

In nächster Nähe des Dorfs hielten sie eine Karawane von persenningbedeckten Lastwagen an. Mehrere auf der Pritsche versteckte Männer rissen die Segeltuchplane hoch und zielten mit Maschinengewehren und Gewehren auf den Militärlastwagen. Der Kommandant fragte den Fahrer des ersten Lastwagens, in welcher Entfernung er einen mit Vögeln beladenen Gutslieferwagen gesehen habe.

Der Fahrer fuhr an, bevor er antwortete.

»Wir sind keine Dummköpfe«, sagte er ungehalten. »Wir sind Schmuggler.«

Der Kommandant sah dicht vor seinen Augen die verrauchten Läufe der Maschinengewehre vorübergleiten, hob die Arme und lächelte.

»Seid wenigstens so anständig«, schrie er ihnen zu, »und fahrt nicht bei hellichter Sonne herum.«

Der letzte Lastwagen trug auf der hinteren Ladeklappe die Aufschrift: *Ich denke an dich, Eréndira.*

Je weiter sie nordwärts kamen, desto schärfer wurde der Wind, und die Sonne wurde immer wütender mit dem Wind, und es war mühsam, bei der Hitze und dem Staub im geschlossenen Lastwagen zu atmen.

Die Großmutter war die erste, die den Photographen erblickte: er radelte in der gleichen Richtung, in die sie flogen, und sein einziger Schutz gegen einen Sonnenstich war ein um den Kopf gebundenes Taschentuch.

»Da ist er!« Sie zeigte auf ihn. »Der war ihr Helfershelfer. Die Mißgeburt!«

Der Kommandant befahl einem seiner Sergeanten auf den Trittbrettern, er solle den Photographen übernehmen.

»Halt ihn fest und warte hier auf uns«, sagte er. »Wir kommen gleich wieder.«

Der Sergeant sprang vom Trittbrett und schrie dem Photographen »Halt« zu. Doch der hörte ihn nicht wegen des Gegenwindes. Als der Lastwagen ihn überholte, machte die Großmutter ihm eine rätselhafte Gebärde, die er aber mit einem Gruß verwechselte, so daß er lächelte und ihr ein Lebewohl zuwinkte. Er hörte nicht den Schuß. Machte einen Purzelbaum in der Luft und fiel tot aufs Fahrrad zurück, den Kopf von einer Gewehrkugel zerschmettert, von der er nie erfahren sollte, woher sie gekommen war.

Kurz vor Mittag sahen sie die ersten Federn. Sie segelten mit dem Wind und waren die Federn junger Vögel; der Holländer erkannte sie, denn sie gehörten seinen vom Wind gerupften Vögeln. Der Fahrer berichtigte die Fahrtrichtung, trat aufs Pedal, und vor Ablauf einer halben Stunde entdeckten sie den Kleinlastwagen am Horizont.

Als Ulysses im Rückspiegel den Militärwagen auftauchen sah, versuchte er die Entfernung zu vergrößern, aber der Motor gab nicht mehr her. Sie hatten die ganze Reise ohne Schlafpause zurückgelegt und waren erschöpft von Müdigkeit und Hunger. Eréndira, die an Ulysses' Schulter döste, fuhr erschreckt auf. Sie sah den Lastwagen, der sie fast eingeholt hatte, und griff nach der Pistole im Handschuhfach.

»Sie nutzt nichts«, sagte Ulysses. »Sie hat Francis Drake gehört.«

Sie drückte mehrmals ab und warf sie zum Fenster hinaus. Die Militärpatrouille überholte den altersschwachen, mit windgerupften Vögeln beladenen Lieferwagen, schlug einen scharfen Haken und versperrte ihm den Weg.

Ich lernte die beiden Frauen um jene Zeit, die Epoche ihres größten Glanzes, kennen, wenn ich auch die Einzelheiten ihres Lebens erst viele Jahre später erforschen sollte, als Rafael Escalona in einem Lied den schrecklichen Ausgang des Dramas enthüllte und ich es für ratsam hielt, ihn zu erzählen. Ich reiste damals als Verkäufer von Enzyklopädien und medizinischen Büchern durch die Provinz Riohacha. Alvaro Cepeda Samudio, der gleichfalls die Gegend bereiste und Bierautomaten verkaufte, nahm mich in seinem Lieferwagen in die Wüstendörfer mit, um mit mir von Gott weiß was für Dingen zu reden, und wir redeten über so viele Nichtigkeiten und tranken dabei so viel Bier, daß wir, ohne zu wissen wann und wie, die ganze Wüste durchquerten und bis zur Grenze kamen. Dort stand das Zelt der fahrenden Liebe unter hängenden Spruchbändern: *Eréndira ist besser Geh und komm wieder Eréndira erwartet dich Kein Leben ohne Eréndira*. Die endlose Reihe von Männern verschiedenster Rassen und Herkunft glich einer Schlange mit menschlichem Rückgrat, die über leere Grundstücke und Plätze, zwischen buntscheckigen Basaren und lärmenden Märkten dahindöste und den Straßen der von Gelegenheitshändlern dröhnenden Stadt entquoll. Jede Straße war eine öffentliche Spielhölle, jedes Haus eine Kantine, jede Tür eine Zuflucht für Flüchtige. Das mannigfache, unentwirrbare Musikgedudel und das Gegröhle der Marktrufer bildeten ein einziges panisches Gedonner in der betäubenden Hitze.

In der Menge der Heimatlosen und Lüstlinge stand Blacamán der Gute auf einem Tisch und erbat sich eine echte Giftschlange, um am eigenen Leib ein Gegengift seiner Erfindung zu erproben. Da war die aus Ungehorsam gegen ihre Eltern in eine Spinne verwandelte Frau, die sich für fünfzig Centavos befühlen ließ, um zu zeigen, daß es kein Betrug war, und die Fragen beantwortete, die ihr über ihr Mißgeschick gestellt wurden. Da war ein Abgesandter des Ewigen Lebens, der die unmittelbar bevorstehende Erscheinung der entsetzlichen siderischen Fledermaus ankündigte, deren heißglühender Schwefelatem die Ordnung der Natur umstürzen und die Geheimnisse des Meeres an die Oberfläche bringen würde.

Der einzige Ruhepol war das Vergnügungsviertel, wohin nur die Ausläufer des Stadtlärms drangen. Den vier Quadranten der Windrose entstammende Freudenmädchen gähnten gelangweilt in den verlassenen Tanzsalons. Sie hatten ihre Siesta im Sitzen verbracht, ohne daß jemand sie aus Begierde geweckt hätte, und warteten unter den Ventilatoren aus zusammengeschraubten Windmühlenflügeln im niedrigen Himmel unverwandt auf die siderische Fledermaus. Plötzlich stand eins der Mädchen auf und betrat eine Galerie mit Stiefmütterchen, die auf die Straße ging. Dort führte die Schlange von Eréndiras Anwärtern vorbei.

»Hört mal«, schrie die Frau ihnen zu. »Was hat die, was wir nicht haben?«

»Den Brief eines Senators«, schrie jemand.

Vom Geschrei und Gelächter angelockt, traten andere Frauen auf die Galerie hinaus.

»Diese Schlange ist seit Tagen so lang«, sagte eine von ihnen. »Stell dir vor, bei fünfzig Pesos pro Mann.«

Die, welche zuerst hinausgetreten war, entschied:

»Dann will ich mal sehen, was dieses Siebenmonatskind Goldenes an sich hat.«

»Ich auch«, sagte eine andere. »Das ist noch besser, als den Stuhl gratis anwärmen.«

Unterwegs schlossen sich andere an, und als sie Eréndiras Zelt erreichten, hatte sich ein lärmender Zug zusammengerottet. Sie traten ein, ohne sich anzumelden, scheuchten mit Kissenschlägen den Mann auf, der das bezahlte Geld nach Kräften ausgab, packten Eréndiras Bett und schleppten es wie eine Sänfte auf die Straße hinaus.

»Das ist ein Überfall«, schrie die Großmutter. »Treulose Bande! Strauchdiebinnen!« Und gegen die wartende Männerschlange gerichtet: »Und ihr, Weiberröcke, wo habt ihr eure Hoden gelassen, daß ihr diesen Übergriff auf ein armes wehrloses Geschöpf zulaßt! Ihr Schlappsäcke!«

Und sie schrie weiter, bis ihr die Stimme versagte, und ließ einen Hagel von Stockschlägen auf die niedersausen, die in ihre Reichweite gerieten, doch ihr Zorn ging unter im Geschrei und Hohngelächter der Menschenmenge.

Eréndira konnte dem Spott nicht entfliehen, weil die Hundekette, mit der die Großmutter sie nach dem ersten Fluchtversuch an einen Querbalken des Betts gefesselt hatte, sie daran hinderte. Doch sie taten ihr nichts zuleide. Auf ihrem Markisenaltar trugen sie sie durch die lärmenden Straßen, gleichsam ein allegorischer Gang der angeketteten Büßerin, und stellten sie schließlich auf dem Sterbebett in der Mitte des Stadtplatzes zur Schau. Eréndira lag zusammengerollt, verbarg das Gesicht, ohne zu weinen, verharrte so in der Martersonne des Platzes und biß aus Scham und Wut auf die Hundekette ihres bösen Schicksals, bis jemand sie mildtätig mit einem Hemd bedeckte.

Das war das einzige Mal, daß ich die beiden Frauen sah, doch ich erfuhr, daß sie in jener Grenzstadt unter dem Schutz der Garnison gestanden hatten, bis die Truhen der Großmutter barsten, worauf sie die Wüste meerwärts verließen. Nie hatte man in jenen Gebieten der Armen so viel Prunk gesehen. Das war ein Zug von Ochsenkarren, auf denen sich Nachbildungen des Flitterkrams stapelten, der mit dem Brand des Herrenhauses vernichtet worden war, und zwar nicht nur die kaiserlichen Büsten und seltenen Uhren, sondern auch ein Klavier aus zweiter Hand und eine Viktrola zum Aufziehen mit den Platten der Sehnsucht. Eine Koppel Indios mühte sich um die Frachten, und eine Musikkapelle verkündete in den Dörfern die triumphale Ankunft des Zuges.

Die Großmutter reiste in einem papiergirlandengeschmückten Thronsessel und kaute im Schatten eines Kirchenbaldachins ihre Weizenkerne aus der Rockfaltentasche. Ihr monumentaler Umfang hatte zugenommen, weil sie unter ihrer Bluse ein Wams aus Segeltuch trug, in dem sie die Goldbarren verwahrte wie Patronen in einem Patronengürtel. Eréndira, in auffallende, tressenbesetzte Stoffe gekleidet, jedoch nach wie vor die Hundekette am Knöchel, schritt neben ihr.

»Du kannst dich nicht beklagen«, hatte ihr die Großmutter beim Verlassen der Grenzstadt gesagt. »Du hast Kleider wie eine Königin, ein Luxusbett, eine eigene Musikkapelle und vierzehn Indios zu deiner Bedienung. Ist das nicht fabelhaft?«

»Ja, Großmutter.«

»Wenn ich ausfalle«, fuhr die Großmutter fort, »wirst du nicht der Gnade der Männer ausgeliefert sein, sondern wirst ein eigenes Haus in einer bedeutenden Stadt besitzen. Du wirst frei sein und glücklich.«

Das war ein neues, unvorhergesehenes Zukunftsbild. Dafür hatte die Großmutter nie wieder von der ursprünglichen Schuld gesprochen, deren Einzelheiten immer verwickelter und deren Zahlungsziele immer länger, je undurchsichtiger die Lasten des Geschäfts wurden. Dennoch gab Eréndira keinen Seufzer von sich, der ihre Gedanken hätte ahnen lassen. Stillschweigend unterwarf sie sich der Folter des Betts in den

Schwefellachen, in der Schlaftrunkenheit der Pfahldörfer, im Mondkrater der Kalksteinminen, während die Großmutter ihr ein Zukunftsbild vorsang, als läse sie in den Karten. Eines Abends nach einem beklemmenden Marsch verspürten sie den Hauch alter Lorbeerbäume, hörten Gesprächsfetzen aus Jamaica und fühlten Lebenskraft und einen Knoten im Herzen: sie waren ans Meer gelangt.

»Da hast du es«, sagte die Großmutter und sog am Ende eines halben Lebens der Verbannung das gläserne Licht der Kariben ein. »Gefällt es dir nicht?«

»Doch, Großmutter.«

Dort bauten sie ihr Zelt auf. Die Großmutter redete die ganze Nacht ohne zu träumen und verwechselte manchmal ihr Heimweh mit einem hellsichtigen Blick in die Zukunft. Sie schlief länger als gewöhnlich und erwachte, beruhigt vom Rauschen des Meers. Dagegen, während Eréndira sie badete, machte sie wiederum Prognosen für die Zukunft, und ihre Hellsicht war so fiebrig, daß sie nächtlichem Irrereden glich.

»Du wirst eine hochherrschaftliche Hausbesitzerin sein«, sagte sie. »Eine Dame von Herkunft, von deinen Schützlingen bewundert und bei den höchsten Behörden in Ehren und Ansehen. Die Schiffskapitäne werden dir aus allen Häfen der Welt Postkarten schicken.«

Eréndira hörte nicht zu. Das laue majoranduftende Wasser sprudelte durch einen von außen gespeisten Kanal in die Badewanne. Eréndira, ohne überhaupt zu atmen, füllte eine undurchlässige Kürbisschale und goß sie mit der einen Hand über die Großmutter aus, während sie diese mit der anderen Hand einseifte.

»Der Ruf deines Hauses wird von Mund zu Mund fliegen, von der Kette der Antillen bis zu Hollands Reichen«, sagte die Großmutter. »Und es wird bedeutender sein als das Präsidentenpalais, denn in deinem Haus werden die Geschäfte der Regierung besprochen, wird das Schicksal der Nation entschieden werden.«

Plötzlich versiegte das Wasser im Kanal. Eréndira trat aus dem Zelt, um zu sehen, was los war, und sah, daß der Indio, der mit dem Einfüllen des Wassers in den Kanal beauftragt war, in der Küche Brennholz hackte.

»Keines mehr da«, sagte der Indio. »Man muß erst Wasser abkühlen lassen.«

Eréndira trat zum Herd, auf dem ein weiterer großer Topf

mit aufgekochten aromatischen Blättern stand. Sie wickelte die Hände in ein Tuch und stellte fest, daß sie den Topf ohne Hilfe des Indios heben konnte.

»Geh«, sagte sie. »Ich kümmere mich um das Wasser.«

Sie wartete, bis der Indio aus der Küche gegangen war. Dann zog sie den kochenden Topf vom Feuer, schleppte ihn mühsam bis zur Höhe des Kanals und wollte das tödliche Wasser in die Baderöhre gießen, als die Großmutter im Zeltinnern schrie:

»Eréndira!«

Es war, als hätte die Großmutter sie gesehen. Die Enkelin, erschreckt vom Schrei, bereute es im letzten Augenblick.

»Ich komme schon, Großmutter«, sagte sie. »Ich kühle gerade das Wasser ab.«

An jenem Abend grübelte sie bis tief in die Nacht hinein, während die Großmutter in ihrem Goldwams schlafend sang. Vom Bett aus betrachtete Eréndira sie mit riesigen Augen, die im Halbdunkel Katzenaugen glichen. Dann legte sie sich wie eine Ertrunkene nieder, die Arme auf der Brust, die Augen offen, und rief mit der ganzen Kraft ihrer inneren Stimme:

»Ulysses.«

Ulysses erwachte jäh im Haus der Orangenpflanzung. Er hatte Eréndiras Stimme mit solcher Deutlichkeit gehört, daß er sie in den Schattenwinkeln der Kammer suchte. Nach einem Augenblick der Überlegung machte er aus seinen Kleidern und Schuhen ein Bündel und verließ das Schlafzimmer. Er hatte die Terrasse überquert, als die Stimme seines Vaters ihn überraschte:

»Wohin gehst du?«

Ulysses sah ihn vom Mond blau erleuchtet.

»In die Welt«, antwortete er.

»Diesmal werde ich dich nicht daran hindern«, sagte der Holländer. »Aber eines sage ich dir: wohin du auch gehst, überallhin wird dich der Fluch deines Vaters verfolgen.«

»Von mir aus«, sagte Ulysses.

Überrascht und sogar etwas stolz über die Entschlossenheit seines Sohnes, verfolgte der Holländer ihn durch die mondhelle Orangenpflanzung mit einem Blick, der nach und nach lächelnd wurde. Seine Frau stand hinter ihm, in ihrer eigenartigen Indio-Schönheit. Als Ulysses das Portal hinter sich geschlossen hatte, sprach der Holländer.

»Er wird wiederkommen«, sagte er, »vom Leben gezüchtigt, und zwar früher, als du glaubst.«

»Du bist sehr unvernünftig«, seufzte sie. »Er wird nie wiederkommen.«

Diesmal brauchte Ulysses niemanden nach dem Weg zu Eréndira zu fragen. Er durchquerte die Wüste in vorbeifahrenden Lastwagen versteckt, er stahl sich, was er zum Essen und Schlafen nötig hatte, und stahl häufig aus purer Lust an der Gefahr, bis er das Zelt in einem anderen Dorf am Meer fand, von wo aus die Glasbauten einer erleuchteten Stadt zu sehen waren und wo die nächtlichen Lebewohlrufe der Schiffe widerhallten, die zur Insel Aruba dampften. Eréndira schlief, an den Querbalken gekettet, und zwar in der gleichen Stellung der treibenden Ertrunkenen, in der sie ihn gerufen hatte. Ulysses blieb stehen und betrachtete sie so eindringlich, daß Eréndira erwachte. Dann küßten sie sich in der Dunkelheit, liebkosten sich ohne Hast, entkleideten sich bis zur Erschöpfung mit stummer Zärtlichkeit und heimlichem Glücksgefühl, die mehr denn je der Liebe glichen.

Am anderen Ende des Zelts machte die schlafende Großmutter eine monumentale Umdrehung und begann irre zu reden.

»Das war zu den Zeiten, als das griechische Schiff ankam«, sagte sie. »Es war eine Besatzung von Verrückten, welche die Frauen glücklich machten und sie nicht mit Geld, sondern mit Schwämmen bezahlten, lebenden Schwämmen, die dann in den Häusern umherliefen, wie Hospitalkranke stöhnten und die Kinder zum Weinen brachten, um die Tränen zu trinken.«

Sie raffte sich mit einer inneren Bewegung hoch und setzte sich im Bett auf.

»Und dann kam er, mein Gott«, schrie sie. »Stärker, größer und viel männlicher als Amadís.«

Ulysses, der bis dahin dem irren Gerede keine Beachtung geschenkt hatte, versuchte sich zu verstecken, als er die Großmutter im Bett sitzen sah. Eréndira beruhigte ihn.

»Ruhig Blut«, sagte sie. »Immer wenn sie an diese Stelle kommt, setzt sie sich im Bett auf, erwacht aber nicht.«

Ulysses lehnte sich an ihre Schulter.

»In jener Nacht sang ich mit den Matrosen und dachte, es sei ein Erdbeben«, fuhr die Großmutter fort. »Alle mußten das gleiche gedacht haben, denn sie flohen schreiend, halb tot vor Lachen, und nur er blieb unter dem Asternvordach zurück. Ich erinnere mich daran, als sei es gestern gewesen, daß ich das Lied sang, das alle in jenen Zeiten sangen. Sogar die Papageien in den Innenhöfen sangen es.«

Tonlos, klanglos, wie man nur in Träumen singt, sang sie die Zeilen ihrer Bitterkeit:

»Herr, Herr, gib mir meine alte Unschuld zurück,
damit ich seine Liebe wieder von Anfang genieße.«

Erst jetzt interessierte sich Ulysses für die Sehnsucht der Großmutter.

»Da stand er«, sagte sie, »mit einem Makai auf der Schulter und einer Donnerbüchse zum Töten der Kannibalen, so wie Guatarral nach Guyana kam, und ich fühlte seinen Todesatem, als er sich vor mir aufpflanzte und sagte: ›Ich bin tausendmal um die Welt gefahren und habe alle Frauen aller Nationen gesehen, darum bin ich befugt, dir zu sagen, daß du die stolzeste bist und die gefügigste, die schönste Frau auf Erden.‹«

Sie legte sich wieder hin und schluchzte ins Kissen. Ulysses und Eréndira verharrten eine lange Weile stillschweigend, vom ungewöhnlichen Atem der schlafenden Greisin ins Halbdunkel gewiegt. Plötzlich fragte Eréndira ohne das geringste Zittern in der Stimme:

»Würdest du es wagen, sie zu töten?«

Überrascht wie er war, wußte Ulysses keine Antwort.

»Wer weiß«, sagte er. »Wagst du es?«

»Ich kann nicht«, sagte Eréndira, »weil sie meine Großmutter ist.«

Ulysses beobachtete den riesigen schlafenden Körper noch einmal, wie um das Ausmaß ihres Lebens abzumessen und entschied:

»Für dich bin ich zu allem fähig.«

Ulysses kaufte ein Pfund Rattengift, vermengte es mit Sahne und Himbeermarmelade und schmierte die Todescreme in eine Torte, deren Füllung er entfernt hatte. Dann verzierte er das Ganze mittels eines Löffels mit einer dickeren Creme, bis keine Spur des heimtückischen Manövers mehr zu sehen war, und vervollkommnete die Täuschung mit zweiundsiebzig rosenroten Kerzchen.

Die Großmutter richtete sich auf ihrem Thron auf und schwang den drohenden Stock, als sie ihn mit der Festtorte ins Zelt treten sah.

»Schamloser«, schrie sie. »Wie wagst du es, den Fuß in dieses Haus zu setzen!«

Ulysses versteckte sich hinter seinem Engelsgesicht.

»Ich komme«, sagte er, »um Sie an Ihrem Geburtstag um Verzeihung zu bitten.«

Von seiner gutgezielten Lüge entwaffnet, hieß die Großmutter den Tisch wie für ein Hochzeitsmahl decken. Sie setzte Ulysses zu ihrer Rechten, während Eréndira sie bediente, und nachdem sie die Kerzen mit einem verheerenden Atemstoß gelöscht hatte, schnitt sie die Torte in gleiche Teile und bediente Ulysses.

»Ein Mann, der Verzeihung zu erlangen weiß, hat schon die Hälfte des Himmels gewonnen«, sagte sie. »Ich lasse dir die erste Hälfte, die Hälfte des Glücks.«

»Ich mag keine Süßigkeiten«, sagte er. »Wohl bekomm's!«

Die Großmutter bot Eréndira das andere Stück Torte an. Die trug es in die Küche und warf es in den Mülleimer.

Die Großmutter aß allein den gesamten Rest. Sie steckte sich die ganzen Stücke in den Mund und verschluckte sie ohne zu kauen, vor Lust seufzend und Ulysses aus der Vorhölle ihres Vergnügens anblickend. Als nichts mehr auf ihrem Teller lag, aß sie auch das von Ulysses verschmähte Stück. Während sie das letzte Stückchen kaute, tupfte sie mit den Fingern die Krumen vom Tischtuch auf und schob sie in den Mund.

Sie hatte eine Portion Arsenik verzehrt, die eine Generation Ratten ausgerottet hätte. Dennoch spielte sie Klavier und sang bis Mitternacht, legte sich glückselig nieder und schlief mühelos ein. Das einzige neue Zeichen war die rauhe Raspelspur ihrer Atmung.

Eréndira und Ulysses überwachten sie vom anderen Bett aus und warteten nur auf ihr letztes Röcheln. Doch die Stimme blieb so lebendig wie immer, wenn sie irre zu reden begann.

»Er machte mich verrückt, mein Gott, er machte mich verrückt«, schrie sie. »Ich legte zwei Riegel vor die Schlafzimmertür, damit er nicht hereinkommen konnte, rückte die Frisierkommode dagegen, dazu den Tisch, darauf die Stühle, doch er brauchte nur mit dem Ring sachte anzuklopfen, und schon stürzte die Brustwehr ein, die Stühle stiegen von allein vom Tisch, Tisch und Frisierkommode rückten von allein zurück, und die Riegel glitten von allein aus den Angeln.«

Eréndira und Ulysses betrachteten sie immer verwunderter, je tiefer und dramatischer ihr irres Gerede, je vertraulicher ihre Stimme wurde.

»Ich fühlte, von Angstschweiß verklebt, daß ich sterben

würde, während ich innerlich flehte, daß die Tür aufging, ohne aufzugehen, er eintrat, ohne einzutreten, er nie wieder fortging, aber genausowenig wiederkam, damit ich ihn nicht zu töten brauchte.«

Sie rekapitulierte ihr Drama mehrere Stunden hindurch, bis in die winzigsten Einzelheiten hinein, als erlebe sie es im Traum von neuem. Kurz vor Morgengrauen drehte sie sich mit erdbebenhaftem Schwung um, und ihre Stimme brach kurz vor dem Schluchzen.

»Ich warnte ihn, aber er lachte nur«, schrie sie. »Ich warnte ihn wieder, und er lachte wieder nur, bis er entsetzt die Augen aufriß, ach Königin!, ach Königin!, und seine Stimme drang nicht durch den Mund, sondern durch den Messerschnitt in der Gurgel.«

Ulysses, entsetzt über die fürchterliche Erinnerung der Großmutter, umklammerte Eréndiras Hand.

»Alte Mörderin!« rief er.

Eréndira schenkte ihm keine Beachtung, denn in diesem Augenblick graute der Tag. Die Uhren schlugen fünf.

»Du mußt fort!« sagte Eréndira. »Sie wacht gleich auf.«

»Sie ist lebendiger als ein Elefant«, rief Ulysses. »Das kann doch nicht sein!«

Eréndira durchbohrte ihn mit einem tödlichen Blick.

»Hier geht es darum«, sagte sie, »daß du nicht mal dazu taugst, jemanden umzubringen.«

Ulysses war so betroffen von der Härte ihres Vorwurfs, daß er aus dem Zelt verschwand. Noch immer beobachtete Eréndira die schlafende Großmutter mit ihrem geheimen Haß, mit ihrer Wut des Scheiterns, während der Morgen sich hob und die Luft der Vögel erwachte. Dann öffnete die Großmutter die Augen und blickte sie mit sanftem Lächeln an.

»Gott behüte dich, meine Tochter.«

Die einzige merkbare Veränderung war eine beginnende Unordnung in den täglichen Normen. Es war Mittwoch, doch die Großmutter wünschte ein Sonntagskleid anzuziehen, entschied, Eréndira dürfe vor elf keine Kunden empfangen, und bat sie, ihr die Fingernägel granatfarben anzumalen und ihr eine hohepriesterliche Haartracht zu bauen.

»Nie habe ich solche Lust verspürt, mich porträtieren zu lassen«, rief sie aus.

Eréndira begann sie zu kämmen, doch als sie ihre Flechten entwirren wollte, blieb eine Haarsträhne zwischen den Zähnen des Kamms hängen. Erschreckt zeigte sie der Großmutter die Strähne. Diese prüfte sie, versuchte sich eine zweite mit den Fingern auszuraufen, und ein Büschel blieb in ihrer Hand. Sie warf es auf den Fußboden, versuchte es noch einmal und riß sich eine dickere Flechte aus. Nun begann sie sich das Haar mit beiden Händen auszureißen, halbtot vor Lachen Hände voll Haar mit unbegreiflichem Jubel in die Luft werfend, bis ihr Kopf aussah wie eine kahle Kokosnuß.

Eréndira hörte von Ulysses erst zwei Wochen später, als sie im Zelt weit draußen den Lockruf des Nachtkauzes vernahm. Die Großmutter hatte Klavier zu spielen begonnen und war so versunken in ihre Sehnsucht, daß sie sich der Wirklichkeit nicht bewußt war. Auf dem Kopf trug sie eine Perücke aus strahlenden Federn.

Eréndira lief dem Ruf entgegen und entdeckte erst jetzt die Lunte, die aus dem Klaviergehäuse heraus ins Freie führte, sich durchs Gesträuch wand und sich in der Dunkelheit verlor. Sie lief dorthin, wo Ulysses war, versteckte sich mit ihm im Gebüsch, und beide sahen mit beklommenem Herzen das blaue Flämmchen, das mit der Lunte entschwand, den dunklen Raum durchquerte und ins Zelt drang.

»Halt dir die Ohren zu«, sagte Ulysses.

Beide taten es, ohne daß es notwendig gewesen wäre, denn es erfolgte keine Explosion. Das Zelt erstrahlte von innen in weißglühender Stichflamme, zerplatzte in der Stille und verschwand in einer Rauchhose aus feuchtem Schießpulver. Als Eréndira einzutreten wagte, in der Annahme, die Großmutter sei tot, fand sie sie mit versengter Perücke und zerfetztem Hemd, doch lebendiger denn je und bemüht, das Feuer mit einer Bettdecke zu ersticken.

Ulysses entkam mit den kreischenden Indios als Deckung, die, verwirrt von den widersprüchlichen Befehlen der Großmutter, ratlos herumstanden. Als sie schließlich die Flammen überwältigen und den Rauch ersticken konnten, sahen sie ringsum eine Ruinenlandschaft.

»Da hatte sicher der Arge die Hand im Spiel«, sagte die Großmutter. »Klaviere platzen nicht durch Zufall.«

Sie stellte alle möglichen Vermutungen an, um die Ursachen des neuen Verhängnisses zu ergründen, doch Eréndiras Ausflüchte und ihre unerschrockene Haltung brachten sie schließlich aus dem Konzept. Sie fand nicht die leiseste Abweichung im Verhalten der Enkelin und dachte auch nicht an Ulysses'

Vorhandensein. Sie blieb wach bis zum Morgengrauen, spann Mutmaßungen und stellte Verlustrechnungen an. Sie schlief schlecht und kurz. Am darauffolgenden Morgen, als Eréndira ihr das Wams mit den Goldbarren auszog, fand sie Brandblasen auf den Schultern der Großmutter, und deren Brust war rohes Fleisch. »Nicht umsonst bin ich im Schlaf spazierengegangen«, sagte sie, während Eréndira ihr Eiweiß auf die Brandwunden strich. »Überdies hatte ich einen seltsamen Traum.« Sie zwang sich zur Sammlung, um das Bild heraufzurufen, bis es in ihrem Gedächtnis so deutlich vor ihr stand wie im Traum.

»Es war ein Pfau in einer weißen Hängematte«, sagte sie.

Eréndira war überrascht, setzte aber sofort wieder ihr Alltagsgesicht auf.

»Das ist eine gute Nachricht«, log sie. »Die Pfauen der Träume sind Tiere langen Lebens.«

»Gott möge dich erhören«, sagte die Großmutter. »Denn wir stehen wieder am Anfang. Wir müssen von neuem beginnen.«

Eréndira verzog keine Miene. Sie trat aus dem Zelt mit der kompressengefüllten Schüssel und ließ die Großmutter mit eiweißbestrichenem Oberkörper und senfbeschmiertem Kahlkopf zurück. Sie schüttete gerade unter dem Palmendach, das als Küche diente, neues Eiweiß in die Schüssel, als sie Ulysses' Augen hinter dem Herd auftauchen sah, so wie sie ihn zum ersten Mal hinter ihrem Bett gesehen hatte. Sie war nicht überrascht, sondern sagte nur mit erschöpfter Stimme:

»Das einzige, was du erreicht hast, ist, meine Schulden zu vermehren.«

Ulysses' Augen trübten sich vor Verzweiflung. Er verharrte regungslos und schaute Eréndira stumm an; er sah, wie sie die Eier aufschlug und ihn dabei so starr und mit solch unwiderruflicher Verachtung anblickte, als sei er gar nicht vorhanden. Nach einem Augenblick regten sich seine Augen, musterten Küchengegenstände, die hängenden Töpfe, die Ruku-Bündel, die Teller, das Hackmesser. Noch immer wortlos, richtete Ulysses sich auf, trat unter das Schuppendach und nahm das Messer vom Haken.

Eréndira drehte sich nicht nach ihm um, doch in dem Augenblick, als Ulysses den Schuppen verließ, sagte sie leise:

»Nimm dich in acht, sie hat bereits eine Todeswarnung erhalten. Sie hat von einem Pfau in einer weißen Hängematte geträumt.«

Die Großmutter sah Ulysses mit dem Messer eintreten, richtete sich mit äußerster Kraftanstrengung ohne Hilfe ihres Stokkes auf und hob die Arme.

»Junger Mann!« schrie sie. »Bist du von Sinnen!«

Ulysses stürzte auf sie zu und versetzte ihr einen gutgezielten Hieb in die nackte Brust. Die Großmutter stöhnte laut auf, warf sich auf ihn und suchte ihn mit ihren eisenharten Knochenarmen zu erwürgen.

»Hurensohn«, knurrte sie. »Ich sehe zu spät, daß du das Gesicht eines verräterischen Engels hast.«

Mehr brachte sie nicht heraus, denn es gelang Ulysses, die Faust mit dem Messer zu befreien und ihr einen zweiten Stich in den Rücken zu versetzen. Die Großmutter stieß ein unergründliches Stöhnen aus und umschlang den Angreifer mit vermehrter Kraft. Zum drittenmal stieß Ulysses erbarmungslos zu, und ein unter Hochdruck entweichender Blutstrahl bespritzte sein Gesicht: es war öliges Blut, schillernd und grün wie Minzenhonig.

Eréndira erschien im Eingang mit der Schüssel in der Hand und beobachtete den Kampf mit verbrecherischem Gleichmut.

Mächtig wie ein Steinblock, knurrend vor Schmerz und Wut, verkrallte die Großmutter sich in den Körper von Ulysses. Ihre Arme, ihre Beine, sogar ihr glattgeschorener Schädel waren grün von Blut. Ihr vom ersten Todesröcheln verstörter ungeheuerlicher Blasebalgatem füllte den ganzen Umkreis. Wieder gelang es Ulysses, den bewaffneten Arm zu befreien, rasch schlitzte er ihr den Bauch auf, und eine Blutexplosion übersprühte ihn bis zu den Füßen mit Grün. Die Großmutter rang nach Luft, die ihr bereits zum Leben fehlte, und fiel aufs Gesicht. Ulysses riß sich aus ihren erschöpften Armen und, ohne sich einen Augenblick Ruhe zu gönnen, gab er dem niedergestreckten Körper den Gnadenstoß.

Nun stellte Eréndira die Schüssel auf einen Tisch, beugte sich über die Großmutter, untersuchte sie, ohne sie zu berühren, und als sie sich davon überzeugt hatte, daß sie tot war, gewann ihr Gesicht mit einemmal all die Reife einer Erwachsenen, die ihr zwanzig Jahre Mißgeschick verwehrt hatten. Mit raschen, sparsamen Bewegungen nahm sie das Goldwams an sich und verließ das Zelt.

Ulysses, vom Kampf entkräftet, blieb bei der Leiche kauern, und je heftiger er sich das Gesicht zu säubern suchte, desto dicker beschmierte er sich mit dem grünen, lebendigen Stoff, der aus seinen Fingern zu fließen schien. Erst als er Eréndira mit dem Goldwams verschwinden sah, wurde er sich seines Zustands bewußt.

Er schrie ihr nach, erhielt jedoch keine Antwort. Er schleppte sich bis zum Zelteingang und sah, daß Eréndira am Meeressaum entlanglief, in die der Stadt entgegengesetzte Richtung. Mit einer letzten Kraftanstrengung versuchte er, hinter ihr herzulaufen, rief sie mit herzzerreißenden Schreien, die jedoch nicht mehr die eines Geliebten, sondern die eines Sohnes waren, aber die fürchterliche Erschöpfung nach der eigenhändigen Ermordung einer Frau ohne jegliche Hilfe gewann die Oberhand über ihn. Die Indios der Großmutter fanden ihn vornübergestürzt im Sand liegen, weinend vor Einsamkeit und Angst.

Eréndira hatte ihn nicht gehört. Sie rannte gegen den Wind, schneller als ein Hirsch, und keine Stimme dieser Welt vermochte sie aufzuhalten. Ohne den Kopf zu wenden, rannte sie am glühenden Dampf der Schwefellachen vorüber, an den Kalksteinkratern, an den schlaftrunkenen Pfahlbauten, bis der Einfluß des Meeres aufhörte und die Wüste begann, doch noch immer rannte sie mit ihrem Goldwams, weit hinaus über die trockenen Winde und die nie enden wollenden Abenddämmerungen, und nie traf die geringste Nachricht von ihr ein, noch fand sich je die winzigste Spur ihres Unglücks.

Lars Gustafsson
Die vier Eisenbahnen von Iserlohn

1

Iserlohn, eine kleine, überraschend freundliche Stadt in den Hügeln des nördlichen Sauerlands, besaß in dem ungewöhnlich strengen und vor allem fürchterlich schneereichen Winter 1979 mindestens vier verschiedene Eisenbahnen.

Die vier Eisenbahnen standen nur in einer zufälligen und sozusagen rein geistigen Beziehung zueinander, es ist schwer zu sagen, welche am wichtigsten war, das hängt davon ab, aus welcher Perspektive man es betrachtet, und vor allem, aus *wessen* Perspektive.

Und überhaupt ist es vielleicht nicht so wichtig, daß alles wichtig sein soll.

Von diesen vier Eisenbahnen hat eigentlich nur eine einzige die Stadt jemals verlassen.

Dafür gibt es eine Erklärung, zu der wir gleich kommen werden.

Die Erzählung beginnt indessen lange bevor wir bei dem schneereichen Winter 1979 sind, der tatsächlich während einiger Januarwochen so schneereich war, daß man sogar auf Skiern von den bewaldeten Hügeln außerhalb der Stadt bis in die Mendener Straße fahren konnte. In den Zeitungen wimmelte es von erbosten Leserbriefen mit Klagen über die Schneemassen und über schlecht geräumte und zu wenig gestreute Straßen.

Mehrere Einsender stellten zu Recht die Frage, was um Himmels willen passieren würde, wenn eine wirkliche Naturkatastrophe Iserlohn heimsuchte, da ein ganz gewöhnlicher Schneefall von einigen Tagen offenbar schon ein solches Chaos anrichten konnte.

Aber im Oktober 1978 konnte noch kein Mensch ahnen, daß ein so strenger Winter bevorstand.

Es war ein großer, goldener, freundlicher Herbst, in dem die Trauben reiften und die herbstlichen Wälder allmählich die Goldfarbe annahmen, die so charakteristisch ist für die Eichen- und Buchenwälder dieser Gegend, wenn der Herbst sich schließlich mit seinem reichen Licht und seinen kürzeren Tagen einstellt.

In der Luft war es noch ganz warm, als ich nach Iserlohn kam, auf einer dieser vielen Reisen, die ich am Ende der siebziger Jahre machte.

Niemand erwartete mich am Bahnhof; ich schleppte meinen verdammt schweren Koffer, meine immer abgenutztere Reiseschreibmaschine und den Tennisbeutel zum einzigen einigermaßen anständigen Hotel der Stadt, »Zur Alten Post«, und der Schweiß rann mir in Strömen herunter, bevor ich im Schatten der Hotelrezeption angelangt war.

Ich verfluchte die Organisatoren meiner Lesung, die keine Anstalten gemacht hatten, mich am Bahnhof abzuholen, und die mir nicht einmal ein Hotelzimmer reserviert hatten.

Mein Name stand nicht im Gästebuch. Gott sei Dank war noch ein Zimmer frei, und bald stand ich unter der Dusche.

Ich war in den letzten Wochen ziemlich viel herumgereist. Die Hotelzimmer waren meine Schlafzimmer gewesen, mein Arbeitszimmer aber war Tag für Tag ein Eisenbahnabteil, mal auf dieser, mal auf jener Strecke. Ich war in Basel und Zürich gewesen, hatte einige warme und besinnliche Tage in Wien verbracht, mit meinem Notizblock in verschiedenen Cafés sitzend, fern am Horizont wartete das vertraute Berlin – ja, es war eine richtig ausgedehnte, eine labyrinthische Reise, denn ich war unterwegs, um aus einem kürzlich auf deutsch erschienenen Roman zu lesen.

Nachdem ich geduscht und einigermaßen ordentliche und leichte Sachen angezogen hatte, ging ich in die Stadt Iserlohn hinaus und sah mich um. Das zentrale Geschäftsviertel, das ehrlich gesagt nicht besonders imponierend war, ließ ich links liegen und kletterte steile Straßen mit immer schöneren, herbstlich erglühenden Laubbäumen hinauf, die freundliche Gewölbe über dem Katzenkopfpflaster stiller Fahrbahnen bildeten.

Ich ging nachdenklich vor mich hin und dachte über Probleme nach, die ausschließlich mich selbst betrafen, als mir plötzlich in den Sinn kam, daß ich vielleicht wieder zum Hotel zurückgehen und die Veranstalter der abendlichen Lesung ausfindig machen sollte.

Es war schon gegen sechs – um diese Zeit pflegte ich sonst mit irgendeinem lokalen Kulturpotentaten beim Essen zu sitzen und über das literarische Leben in Europa zu diskutieren. Es war *wirklich* merkwürdig, daß kein Mensch von sich hatte hören lassen.

Ungefähr an diesem Punkt wurde mir bewußt, daß ich mich verirrt haben mußte. Ich hatte offenbar vergessen, welchen Weg ich nahm, ich meine, ich hatte vergessen, mir die Straßenkreuzungen zu merken.

Gerade in dem Augenblick, als ich schon die Hoffnung aufgeben wollte (alle Straßen schienen mit monotoner Hartnäckigkeit immer zu derselben Stelle zurückzuführen, einem Markt oder Platz mit einem friedlichen Springbrunnen, großen grünen Bäumen und Patrizierhäusern mit grünen Fensterläden), wurde mir klar, daß ich in eins dieser Häuser hineingehen sollte.

Die größte der Villen schien irgendwelche Geschäftsräume zu beherbergen, und erst, als ich die schwere Eichentür hinter mir hatte zuschlagen lassen, entdeckte ich, daß ich mich in einem Konservatorium befand.

Ein langer Korridor mit Türen, und hinter jeder Tür ein anderes Musikstück.

Hinter einer Tür ertönte die schöne, zögernde Einleitung zu Bachs Triosonate, hinter einer anderen der Klang einer Bratsche, die ein wenig isoliert und abstrakt ihren Part aus einem Streichquartett von Brahms spielte, und hinter einer dritten Tür die zweite von Bachs Cellosuiten.

Ich entschied mich für die Cellosuite. Bach hat mir immer am nächsten gestanden.

Es war ein Mädchen, das da über das Cello gebeugt saß, ein wenig schwer, ein wenig wehmütig, mit einem fast mütterlichen Verhältnis zu seinem Instrument. Ich habe sonst immer gefunden, daß Cellistinnen etwas sexuell Erregendes an sich haben, ihre Art, das Instrument mit dem linken Oberschenkel zu stabilisieren, hat mich immer fasziniert.

Aber dieses Mädchen, das übrigens wirklich gar nicht übel aussah mit seinen langen, braunen Haaren, behandelte das Cello eher so, als sei es ein Sohn.

Sie unterbrach sich mitten in einer halsbrecherischen Passage aus der Allemande und musterte mich lange und gründlich. Fast hätte man glauben können, sie hätte mich erwartet. Sie schien nicht im mindesten erstaunt darüber zu sein, daß ich hereinschaute, wohl aber ein bißchen überrascht, daß ich so aussah, wie ich es tat.

»Sie sehen überhaupt nicht so aus wie auf den Photos«, sagte sie.

»Die meisten Photos von mir, die man hier in Deutschland zu sehen kriegt, sind bereits ziemlich alt«, sagte ich.

»Ein bißchen neuere Photos hätten Sie doch wenigstens schicken können«, sagte sie.

»Ich bin ganz zufrieden damit, wie ich aussehe«, sagte ich. »Schön bin ich nie gewesen, aber das habe ich auch nie irgendeinem Menschen gegenüber behauptet. Einige meiner Freunde finden, daß ich ein ›nettes‹ Aussehen habe. Das bedeutet, wie man wohl vermuten darf, daß sie sich daran gewöhnt haben.«

»Okay«, sagte sie – ungefähr so, als hätte sie einen Entschluß gefaßt. »Wir gehen auf ein Glas Bier in die Stadt. Ein bißchen reden können wir ja wenigstens miteinander. Du bist nicht mit dem Auto gekommen, oder?«

Entschlossen stellte sie das Cello weg und klappte das Buch mit Bachs Cellosonaten zu. Als sie aufstand, sah sie plötzlich ein wenig älter aus. Aber es war immer noch schrecklich schwer zu sagen, ob sie dreißig oder fünfunddreißig Jahre alt war.

Sie hatte feine, wie ich es nenne, »humoristische« Fältchen um die Augen. Sie zog einen einfachen, aber geschmackvollen Mantel an, machte mir ein Zeichen, das so etwas bedeutete wie »Moment, ich muß noch etwas Unangenehmes erledigen«, und verschwand in einem Zimmer, wo sie offenbar ziemlich heftig mit irgendeinem Menschen schimpfte, der vielleicht ihr Chef war. Was weiß ich?

»Okay«, sagte sie noch einmal, und diesmal mit einer gewissen Kälte in der Stimme, als sie wieder herauskam. »Jetzt bin ich fertig. Jetzt können wir los. Wir fahren zu einer guten Kneipe, die ich kenne.«

Mittlerweile war ich so fasziniert, daß ich meine Lesung total vergessen hatte. Vielleicht war es auch so, daß ich es schon geschafft hatte, mir einzureden, dieses vitale und starke Mädchen könne das ganze Problem lösen, indem sie diese verdammten Veranstalter und die Buchhandlung, Volkshochschule oder Bibliothek ausfindig machte, wo man mich aus meinem Buch lesend vermutete. Die Dämmerung brach herein, die Lampen gingen an, und ihr kleiner Volkswagen brummte entschlossen die Hügel von Iserlohn hinunter.

Alles war jetzt sehr gemütlich.

Es war eine ganz gewöhnliche Kneipe, abgesehen davon, daß das Bier aus dem schönsten Hahn gezapft wurde, den ich je in meinem ganzen Leben gesehen habe. Nur um dieses Zapfhahns willen hätte man nach Iserlohn fahren können. Hoch aufragend strahlte er im kalten Glanz einer blauen Fayence, die an die

Blütezeit der ostislamischen Kunst denken ließ, an die wunderbaren kühlblauen Moscheen auf dem Weg nach Bengalen. Isfahan hätte stolz sein können auf einen solchen Zapfhahn.

Ich fragte sie, ob sie etwas trinken wolle.

»Ja, ein kleines Helles.«

Der Mann hinter der Theke ließ sich viel Zeit, während er sorgfältig den Schaum abstrich. Ich hatte das Gefühl, obwohl ich mich natürlich geirrt haben kann, daß er uns dabei beobachtete.

Inzwischen kam ein etwas älterer Mann herein, in einem abgeschabten Regenmantel und mit einer typisch englischen Sportmütze. Er sah sich um und setzte sich dann zu uns.

»Entschuldigen Sie, wenn ich störe«, sagte er, »aber an den anderen Tischen ist tatsächlich kein Platz mehr frei. Ich gebe mir viel Mühe, keine anderen Leute in öffentlichen Lokalen zu behelligen, am allerwenigsten verliebte Pärchen.«

»Oh, Sie stören überhaupt nicht«, sagte ich rasch, um jedem Mißverständnis vorzubeugen.

Das Mädchen schien aber nicht ganz einverstanden zu sein.

»Sind Sie mit dem Zug gekommen?« fragte der ältere Mann.

»Ja, mit dem Drei-Uhr-Zug«, sagte ich.

»Dann hat Ihr Leben in meinen Händen gelegen«, sagte er. »Ich bin ein einfacher Eisenbahnbeamter, müssen Sie wissen. Mein Platz ist im Stellwerk. Wir haben die Verantwortung für die gesamte Fernblockierung, bis hin nach Gütersloh.«

»Soso, bis hin nach Gütersloh«, sagte ich. »Du meine Güte! Was haben Sie gerade gesagt?«

»Wir haben die Verantwortung für die Fernblockierung ...«

»Nur das letzte Wort«, sagte ich. »Wie hieß das?«

»Gütersloh«, sagte der ältere Mann hilfsbereit.

»Verdammt nochmal«, sagte ich und zog vorsichtig das ziemlich zerfledderte und vollgekritzelte Programm meiner Lesungen aus der Tasche.

»Ich bin, wie gesagt, ein einfacher Eisenbahnbeamter«, sagte der Herr mit großem Ernst und plötzlich sehr würdevoll. »Und ich tue meine Arbeit, ich tue sie wirklich mit der gleichen blinden Präzision wie eine elektronische Maschine. Ich kann morgens noch so verkatert sein, aber das Stellwerk erlaubt keine Phantasien, keine Improvisationen, verstehen Sie. Es gibt Tageszeiten, da habe ich alle drei Minuten je einen Schnellzug in beide Richtungen. Da bleibt kein Platz für irgendein Seelenleben.«

»Komisch«, sagte ich, vor allem zu mir selbst, und steckte das verfluchte Programm der Lesungen wieder in die Tasche, »ich muß mir immer eingebildet haben, daß *Iserlohn* und *Gütersloh* ein und dasselbe ist. Aber das stimmt ja überhaupt nicht. Es sind zwei verschiedene Städte.«

»Gütersloh ist eine unangenehme, etwas vulgäre und neureiche Stadt im Vergleich zu Iserlohn. Kein Mensch, der die Wahl hätte, würde auf die Idee kommen, Gütersloh den Vorrang vor Iserlohn zu geben«, sagte das Mädchen mit großem Nachdruck.

»Ich sollte heute abend dort eine Lesung haben«, sagte ich.

»Ich lebe wie ein Eisenbahnbeamter, aber eigentlich bin ich etwas ganz anderes«, sagte der ältere Herr. »Ich bin ein Nachfolger Kierkegaards. Irgendwann im nächsten Jahrhundert wird jede amerikanische Universität Vorlesungsreihen über mich veranstalten.«

»Worüber schreiben Sie denn?« fragte ich.

»Ich bin Moralphilosoph. Ich schreibe ein großes moralphilosophisches Werk. Es wird alle Widersprüche unserer Zeit in sich vereinen, genau wie Kierkegaard es vermochte, in seinem Werk alle Widersprüche seiner Zeit zu vereinen.«

»Wie schaffen Sie das?« fragte ich respektvoll, denn die Erfahrung eines Lebens hat mich gelehrt, daß wenn jemand sich selbst als ein großes, bedeutungsvolles Genie darstellt, er entgegen der Meinung des Pöbels in der Regel recht hat.

»Wie schaffen Sie das bloß? Haben Sie Menschen in Iserlohn, mit denen Sie über solche Probleme reden können?« fragte ich, was vielleicht ein bißchen sehr unbedacht von mir war. Die Augen des Stellwerkbeamten verdunkelten sich. Drohend und düster sah er in seine eigenen geöffneten Hände hinein, als ob die Antwort dort zu lesen wäre.

»Ich schreibe immer Sonntag vormittags, vom frühen Morgen bis meine Frau das Mittagessen fertig hat.«

»Geben Sie ihr die Manuskripte zu lesen?« fragte ich. (Wenn man in einer Konversation erst einmal auf ein falsches Gleis geraten ist, kann man das kaum mehr rückgängig machen.)

»Sie hat nicht die geringste Ahnung, womit ich beschäftigt bin, und auch nicht das geringste Verständnis. Ich bin absolut einsam mit dem, was ich tue. Früher hatte ich noch ein paar Freunde. Die habe ich verraten und verlassen.«

»Weshalb?«

»Ich habe sie dem sozialen Aufstieg geopfert.«

»Wie denn?«

»Als ich noch ein junger, gewöhnlicher Eisenbahnarbeiter war, hatte ich eine Menge kommunistischer Freunde. Einfache junge Arbeiter, aber mit intellektuellen Interessen.«

»Und als Stellwerkmeister sind Sie sich viel zu gut, um mit ihren früheren Genossen zu verkehren?«

»Zu gut? Ach Quatsch! Es ist nur so, daß ein Stellwerkmeister mit kommunistischen Freunden natürlich etwas völlig Unmögliches ist. Verfassungsfeinde, die alle drei Minuten je einen Schnellzug in beide Richtungen überwachen – das ist doch ein Ding der Unmöglichkeit, das muß auch der größte Dummkopf einsehen. Da gibt es eine Grenze. Da muß man sich entscheiden. Stellwerk oder Kommunismus – das sind beides hervorragende Dinge, aber nicht beide auf einmal. Da fängt schon die moralische Entscheidung an.«

»Was Sie sagen, ist mir viel zu hoch, viel zu philosophisch«, sagte ich. »Es geht ganz einfach über meinen Horizont. Wenn ich nicht wüßte, daß Sie ein großes philosophisches Genie sind, würde ich es vielleicht wagen, eine Diskussion mit Ihnen anzufangen, aber so wie es nun einmal ist – auf keinen Fall. Lassen Sie uns nochmal zu diesem phantastischen Zapfhahn pilgern. Er zieht mich an wie eine abbasidische Moschee in einer ostturkmenischen Wüste«, fügte ich hinzu.

Als ich von der Theke zurückkam, mühsam drei schäumende Seidel mit dem eisenreichen, angenehmen Bier dieser Gegend balancierend, war der geniale Mann verschwunden, ob nur vorübergehend oder für immer, war schwer zu sagen.

»Das muß Spaß machen«, sagte das Mädchen. »Stell dir vor, ich hab mir immer schon eine Modelleisenbahn gewünscht. Ich war immer so fasziniert von dem *Netz* in dem, was man *Eisenbahnnetz* nennt, die Kombinationsmöglichkeiten, das geheimnisvolle Leben, das eine große Eisenbahn stets lebt; sieh mal, immer ist doch irgendein Zug irgendwohin unterwegs, Tag und Nacht, immer sind Züge in Bewegung.

Aber da ich es als Kind nie geschafft habe, eine Modelleisenbahn zu bekommen – und (sie warf mir einen nervösen Seitenblick zu, den ich nicht deuten konnte) da ich auch jetzt nicht viel Hoffnung habe, eine zu bekommen, habe ich mich immer mit der gewöhnlichen Eisenbahn begnügen müssen.

Das heißt, daß ich jedesmal, wenn ein Schnellzug nicht pünktlich ist, einen bösen Brief an die Bundesbahndirektion schreibe. Und richtig wütende Briefe schreibe ich immer dann, wenn man bei verspäteten Schnellzügen die Anschlußzüge nicht warten läßt. Das ist wirklich ein ganz abscheulicher Machtübergriff. Ich kann es einfach nicht leiden!«

Sie schlug mit ihrer wahrlich sehr kleinen Hand, ihrer feinen Musikerinnenhand, auf die Marmorplatte, jedoch nicht mit solcher Wucht, daß auch nur die geringste Gefahr bestand, sie zu verletzen, und beugte sich zu mir vor. Sie nahm, um die Wahrheit zu sagen, meine beiden Hände in die ihren, sah mir tief in die Augen, mit ihren großen Augen, die zugleich warm, aufrichtig und verzweifelt waren, und sagte:

»Werden wir uns jemals verstehen, wir beide? Werden wir jemals zusammenleben können?«

Die letzte Frage schien mir ein bißchen voreilig und intim dafür, daß sie an jemanden gerichtet war, der einen Augenblick hereingeschaut hatte, um nach dem Weg zu fragen, und ich hätte das vielleicht auch gesagt, aber gerade in diesem Moment kam der Eisenbahnbeamte zurück.

Er hatte auch Bier geholt, aber eine andere, viel dunklere Sorte. Er setzte sich mit einem Seufzer.

»Nein. Meine Frau versteht überhaupt nichts davon. Meine Arbeitskollegen haben keine Ahnung davon. Meine Zeit reicht nicht aus dafür. Irgendein anderer Mensch, der schreibt, ist mir nie begegnet. Und wenn Sie nur wüßten, wie wenig an einem Sonntagvormittag zustande kommt. Nur ein paar kleine Zettel am Boden einer Zigarrenkiste.

Ich sammle sie nämlich in Zigarrenkisten, die ich wiederum nach einem bestimmten Klassifikationssystem geordnet habe. Aber es kommt wenig, sehr wenig zustande an einem Sonntagvormittag. Meine Güte, was könnte man nicht alles schaffen, wenn man seine ganzen Tage zur Verfügung hätte und nicht mehr diese verdammten Schnellzüge mit ihren fetten, vollgefressenen, unbegabten Fahrgästen überwachen müßte. Wozu müssen die überhaupt auf Reisen gehen.«

»Also«, sagte das Mädchen, »wenn ich Ihren Beruf hätte, dann würde ich das alles ganz anders sehen. Ich würde es so sehen, daß ich eine große, wunderbare Modelleisenbahn zur Verfügung habe. Im Maßstab eins zu eins.«

»Es ist nur so, daß ein Modell im Maßstab eins zu eins niemals überschaubar ist. Es führt über den Horizont hinaus, *man hat die Züge nicht ständig im Blick.*«

»Vielleicht ist deshalb«, sagte das Mädchen, »die Literatur so ungeheuer viel leichter zu handhaben als das Leben. Die Literatur ist wie ein Modell in einem kleineren Maßstab ... *Und im Leben verschwinden die Züge hinter dem Horizont.*«

So redeten wir noch ziemlich lange weiter. Und ich muß gestehen, daß ich eine ganze Menge trank, denn dieses Mädchen machte mich nervös. Sie schien viel zuviel auf einmal von mir zu wollen.

Der Eisenbahner stieg nach geraumer Zeit ziemlich wackelig auf sein Fahrrad, er behauptete, er hätte irgendwann am nächsten Nachmittag Dienst, und rechnete offenbar damit, bis dahin wieder nüchtern zu sein.

Er war recht umständlich beim Abschied, wie das ja bei beschwipsten Männern passieren kann – ich hatte dabei immerzu das Mädchen sozusagen im Hinterkopf; ich hatte mir genau überlegt, was ich ihr sagen wollte. Ich hatte sie bei Gott nicht vergessen.

Als ich mich umdrehte, war sie spurlos verschwunden. Glaubt mir – spurlos!

Ich ging aus der Kneipe und sah mich um. Nichts als leere, schlafende Straßen im Wind; ein sanfter, lauer, herbstlicher Wind raschelte im Laub um mich her: kein Mensch, so weit das Auge reichte. Nein, auch nicht auf der Damentoilette.

2

In dem Winter, der nun folgte, fiel entsetzlich viel Schnee. In Chicago hörte im Januar eine Zeitlang fast jede normale Tätigkeit auf, in London gingen die Leute nicht mehr zur Arbeit, als Schneefall und Streiks das alltägliche Leben zum größten Teil lahmgelegt hatten. Wir müssen uns darüber klar sein, daß wir historisch an einem abschüssigen Hang leben – von den Höhepunkten des Industrialismus, die irgendwann am Anfang der fünfziger Jahre gelegen haben müssen, geht es mit der Welt bergab, und daran läßt sich sicher nicht viel ändern.

In Iserlohn herrschten nun allerdings keine so katastrophalen Verhältnisse. Einige alte Damen brachen sich den Oberschenkelhals. Die Zeitungen veröffentlichten ein paar Leserbriefe über die mangelhafte Schneeräumung, ein paar kühne Skiläufer probierten, ob man nicht vom Stadtberg bis hinunter in die Mendener Straße fahren konnte.

Das Mädchen, nehmen wir einmal an, gab nach einer Weile eine Annonce in einer Zeitung auf, eine neue Annonce in einer neuen Zeitung (wenn nun eine von meinen Theorien stimmt), und fand einen umwerfend schönen, männlichen Franzosen, der außerdem ein sehr guter Flötenspieler war und also ganze Nachmittage lang mit ihr über Bach plaudern konnte.

Mit dem Cello und ihrem in vier großen Kartons verpackten Hausrat zog sie aus der Wohngemeinschaft aus, in der sie lange in einer riesigen Altbauwohnung gelebt hatte, und zog mit ihrem neuen Freund in eine ruhige Villa ein, wo drei Familien je eine Etage bewohnten.

Noch unvertraut mit den Geräuschen der neuen Wohnung, lauschte sie oft in die Dunkelheit hinaus, wenn sie regelmäßig um drei oder vier Uhr morgens aufwachte. Mal war es eine Tiefkühltruhe, die sich mit einem überraschenden Knacken und einem Summlaut einschaltete. Mal war es das Geräusch eines fernen Schnellzugs auf dem Weg durch das erste, dichte Schneegestöber des Morgens.

Sie konnte im Licht der Straßenlaterne vor dem Fenster sehen, wie die Schneeflocken, klein und beweglich wie sie immer sind, wenn die Temperatur ein gutes Stück unter Null sinkt, in Wirbeln herumtanzten.

Sie machte sich Sorgen darüber, daß sie vielleicht zu wenig schlief – eine Cellistin braucht viel Schlaf – und darüber, ob ihre unruhigen Bewegungen ihren Mann nicht wecken könnten. Und sie beruhigte sich wieder, indem sie an etwas Beruhigendes dachte. An lange Reisen zu warmen, weniger verschneiten Orten. An die Züge, die sich männlich und ohne Furcht tief drinnen in dem dichter werdenden Schneegestöber bewegten.

An die Träume der Menschen, die sich vielleicht insgeheim trafen und sich kreuzten im dichter werdenden Schneegestöber des tiefen Schlafs.

Mal erwachte sie auch davon, daß eine von den Katzen des Hauses mit einem blitzschnellen Sprung durch eine geschickt angebrachte Katzenluke in einem Kellerfenster der Erdgeschoßwohnung hereinschlüpfte.

Ihr kam in den Sinn, daß sie unter irgendeinem Vorwand hinuntergehen sollte, um mit der Hausbesitzerin Kaffee zu trinken, einer alten Dame, die offenbar keinen Mann hatte, dafür aber einen Sohn, einen ewigen Studenten an der Universität Aachen, der aber ständig zu Hause bei seiner Mutter zu leben schien.

Er war offenbar schon um die dreißig.

Der Januar schleppte sich langsam dahin.

Zwischen ihrem Cellounterricht, ihren Orchesterproben (sie

wollten Tschaikowskis Sechste bereits Ende Februar aufführen) und ihrem neuen Eheleben hatte sie kaum Zeit, ihre Bücher in der neuen Wohnung zu sortieren.

Eines Sonntagmorgens, als sie mit einer leeren Holzkiste, die im Keller verstaut werden sollte, auf dem Treppenabsatz stand, kam der Herr, der in der Wohnung über ihr wohnte, mit einem riesigen Paket unter dem Arm vorbei.

Sie hatten einander stets höflich gegrüßt, und zumindest in den ersten Wochen, die sie in dem Haus wohnte, war da auch eine Frau zu grüßen gewesen, eine kleine, leichte, magere, blonde Dame.

In der letzten Zeit hatte sie sich nicht mehr blicken lassen.

»Raten Sie mal, was ich in diesem Karton habe«, sagte der Herr spielerisch. Er sah ungewöhnlich glücklich aus. Sein kleiner brauner Schnurrbart flatterte hoffnungsvoll im Wind, und in seinen Augen war ein blauer Schimmer, wie ein Stückchen freier Himmel. Irgendwas mußte ihm offenbar passiert sein.

»Sie haben eine Modelleisenbahn in dem Karton«, sagte sie und ließ sich sofort auf das Fragespiel ein.

»Woher wissen Sie das, zum Teufel?«

»Keine Ahnung. Es fiel mir einfach ein, daß es so sein mußte.«

»Das ist phantastisch.«

»Nicht wahr?«

»Verstehen Sie: Ich habe mich scheiden lassen. Oder vielmehr, meine Frau hat mich verlassen.«

»Wie traurig!«

»Ja, in gewisser Weise schon. Aber andererseits auch nicht. Sie war immer so furchtbar eifersüchtig auf meine Modelleisenbahn.«

»Und jetzt haben Sie endlich die Chance, sie auszubauen?«

»Nein, ich baue sie nicht aus, ich baue eine ganz und gar neue, in einem viel kleineren Maßstab. So bekomme ich Platz für viel mehr Gleise. Es wird alles viel *überschaubarer.*«

»Sie haben als Junge viel mit Eisenbahnen gespielt.«

»Unheimlich viel.«

»Und jetzt kehren Sie zur Modelleisenbahn zurück?«

»Sie sagen das so, als ob das ein Fehler wäre.«

»Ach, so habe ich das überhaupt nicht gemeint. Mir fiel nur ein, daß sich in diesen Jahren so viele aufs Private zurückziehen. Wir sind weit entfernt vom Jahr 1968, als nichts über das Kollektiv ging. Ich habe selbst zwölf Jahre lang in verschiedenen Wohngemeinschaften gelebt. Und jetzt bin ich mit meinem Mann in eine Zweizimmerwohnung mit Küche gezogen. Und nachdem Sie nicht mehr mit Ihrer Frau zurechtgekommen sind, ziehen Sie wieder ins Paradies Ihrer Jugend ein, in die überschaubare Welt der Modelleisenbahn.«

»Sie reden so aufrichtig und freundlich, daß ich gern auf eine aufrichtige Art antworten möchte. Also:

Was es so furchtbar schwierig machte, mit meiner Frau zusammenzuleben, war nicht, daß sie die Modelleisenbahn nicht leiden konnte.«

»Ach, Sie meinen, das sei nur ein Symbol für etwas anderes gewesen?«

»Für meine Welt, für alles auf der Welt, was mir gehörte und nicht ihr. Oder besser gesagt: für alles auf der Welt, was sie von mir nicht erobern konnte.

Meine unglückliche, von Anfang bis Ende mißlungene Ehe hat mich auf den Gedanken gebracht, daß Liebe im Grunde nichts anderes ist als eine Form von Neid. Der Versuch, ein anderer Mensch zu werden, wenn wir es nicht mehr aushalten, der zu sein, der wir sind. Aber man kann ja kein anderer Mensch werden.«

»Und da hast du eine Modelleisenbahn gekauft?« (Das Du kam jetzt ganz selbstverständlich.)

»Ein paar wichtige Ergänzungsteile zu meiner alten, die ich vom Speicher geholt habe. Sie stand ja da die ganze Zeit auf dem Speicher, in Kartons verpackt.«

Das Mädchen schwieg einen Augenblick. Sie dachte: Was ist es eigentlich, was wir der Gemeinschaft opfern?

3

Was geht verloren? Vielleicht ist es etwas viel Wertvolleres, als wir glauben?

Am Abend, nachdem ihr Mann eingeschlafen war, lag sie lange im Bett wach und träumte sich ihre eigene Modelleisenbahn. Das war die dritte Eisenbahn von Iserlohn.

Sie beschloß, daß sie sehr groß und labyrinthisch sein sollte. Es sollte Tunnel darin geben und tiefe Einschnitte in wilden Gebirgsgegenden aus Papiermaché, und einen Hafen mit Kais und die Andeutung eines Meeres, wo alle Gleise endeten, eine Möglichkeit des Todes vielleicht, aber auch der Freiheit und der Veränderung.

Hier und da sollte die Eisenbahn ganz nah an kleinen Dörfern vorbeiführen, Dörfern mit einem ziemlich primitiven, aber nicht bettelarmen Aussehen, etwa in der Art der Dörfer im nördlichen China, fleißige Dörfer, sehr exzentrische Dörfer, in denen die moderne Zeit keine großen Chancen hatte, zu Wort zu kommen.

Sie lag im Dunkeln wach und dachte über die nicht ganz unwichtige Frage nach, ob in den Dörfern christliche Kirchen, Moscheen oder vielleicht buddhistische Tempel stehen sollten, als der lästige Thermostat der Tiefkühltruhe wieder ansprang. Ihr Mann drehte sich im Schlaf herum; er hatte eigentlich ein sehr feines, vielleicht ein wenig bleiches Gesicht.

Er war ein freundlicher, ein sensibler Mensch. Den anderen nahe.

Wie sollte die Eisenbahn dirigiert werden?

Es mußte natürlich ein Schaltpult geben, mit Knöpfen und Schaltern, die zu allen Weichen führten, zu allen Bahnschranken (mit richtig bimmelnden Warnsignalen), zu allen Schleusen und Klappbrücken der Kanäle.

Oder wäre vielleicht ein kleiner Computer vorzuziehen, der alles lenkte? Sie würde sich Kompendien und Handbücher besorgen müssen, *Software* und *Hardware,* um herauszukriegen, wie sich das machen ließe.

Aber müßte nicht auch der Zufall in einen solchen Computer einprogrammiert werden? Eine Eisenbahn ganz ohne Risiken, ganz ohne Überraschungen und Gefahren, sozusagen ganz ohne Herausforderungen und Begegnungen, würde das nicht auf die Dauer schrecklich monoton und langweilig werden?

Es schauderte ihr ein bißchen bei diesem Gedanken.

Die lästige Tiefkühltruhe fing wieder an zu summen. Sie zog das weiche schottische Plaid höher über die Schultern hinauf und versuchte, wieder einzuschlafen.

Das war nicht so einfach.

Sie dachte über den Nachbarn mit der Eisenbahn nach.

Sie dachte an Studentendemonstrationen in Berlin und Heidelberg – sie hatte noch oft einen Alptraum, daß sie zusammen mit Hunderten von Menschen vor der mit Schlagstöcken bewaffneten Polizei flüchtete. Daß sie stolperte und wieder auf die Beine kam, stolperte und flüchtete. Und daß sie alle miteinander flüchteten und bis in alle Ewigkeit auf der Flucht sein würden.

Flüchteten vielleicht auch die Polizisten?

Gründete sich nicht alle Macht in der Welt auf dieselbe große

Lüge: daß der Sinn unseres Lebens außerhalb unserer selbst liege?

Aber wenn der Sinn nirgendwo anders liegen konnte als *in* uns, in dem Dunkel, das das eigene Ich war, jenseits aller moralischen Fallen, dann müßten wir ja auch für immer uns selber fremd bleiben. War es so?

Ihr Mann hatte jetzt angefangen zu schnarchen, mit sehr leichten, kultivierten kleinen Schnarchern.

Sie spürte ein leises Glücksgefühl in sich aufsteigen, ein Glück von einer neuen und ungewohnten Art.

Wie das Glück vor einer sehr langen Reise.

4

Es war, wie gesagt, ein schrecklicher Winter. Erst gegen Anfang April wurde er milder. Nun ging es rasch auf den Frühling zu.

An einem Freitagnachmittag, gerade bei Sonnenuntergang, schaute sie bei der Dame im Erdgeschoß herein, um die Monatsmiete zu bezahlen.

Sie hatte den ganzen Winter über vorgehabt, die beiden zu Kaffee und Kuchen einzuladen, die Mutter mit ihrem steifen, aber nicht ganz unfreundlichen Gesicht, und den Sohn. Schließlich war es nicht falsch, einigermaßen gute Beziehungen zu seiner Hausbesitzerin zu unterhalten.

Sie saßen gerade beim Essen. Die Mutter schwer wie eine Urmutter, eine, die uns nichts verzeiht und uns eigentlich auch nie etwas verweigert.

Der Sohn bleich, ernsthaft kauend, ständig ein bißchen erkältet. Das war vermutlich sein Vorwand dafür, daß er sich offenbar nie aufraffen konnte, zur Universität zu gehen.

Als sie nun ins Zimmer kam, entstand ein Schweigen, das fast peinlich geworden wäre. Es war ein dunkel und freudlos möbliertes Zimmer. Ein schwerer Eichentisch – oder vielleicht war es nur gebeizte, imitierte Eiche –, ein Bild des toten Vaters (in Uniform, wer weiß, in was für einer) auf dem Eßzimmerbüfett, auch aus dieser schweren, schwarzen Holzart, die Eiche sein mochte, mit einer kleinen Spiegelwand obendrauf, umrahmt von einem kitschigen Flechtwerk aus Holz.

Mutter und Sohn begannen jetzt zu reden und fielen einander, wie immer bei solchen Gelegenheiten, hektisch ins Wort.

Das Mädchen hörte nicht zu. Vielmehr starrte sie fasziniert auf das, was auf dem Büfett stand:

Einfach perfekt in all seiner Kleinheit, vollständig elektrifiziert, ein winziges Eisenbahnnetz.

»Aber da steht ja der Zug!«

Der Sohn sprang auf, die Backen noch vollgestopft mit Essen, und begann eine großartige Vorführung. Wie immer, wenn solche Sachen vorgeführt werden sollen, funktionierte nicht alles ganz so wie es sollte. An einem Bahnübergang gab es Schranken, die nicht richtig spuren wollten.

Und dabei war tatsächlich *alles* vollständig elektrifiziert!

Der Nachbar vom obersten Stock befreite sich, immer mehr, der Sohn blieb Sohn, und das Mädchen? Das Mädchen grübelte.

Ein Haus, voll von Eisenbahnen ohne Verbindung miteinander.

Sich fortsehnen und zugleich Heimweh haben. Die großen, männlichen Schnellzuglokomotiven, mutig unterwegs in Schneesturm und Regen, unter Bergen hindurch und über steile Schluchten hinweg.

»Wir haben die Eisenbahn in unserem Haus«, sagte das Mädchen.

Hier endet unsere unmögliche Erzählung.

Edna O'Brien
Mrs. Reinhardt träumt von No. 10

Von dem Moment, als Mrs. Reinhardt zu schlafwandeln anfing, wurde alles besser. Jede Nacht erlebte sie jetzt eine neue Überraschung. Zuerst einmal sah sie Schafe – aber nicht Schafe wie im täglichen Leben, leicht verrußt und öde blökend, sondern Schafe wie im Traum, Traumschafe. Sie sah unzählige weiße Vliese auf einer Hügelkuppe, dazwischen kleine Lämmchen, die vergnügt herumhopsten und an ihren Müttern saugten.

Dann sah sie Bilder, wie sie sie noch nie in ihrem Leben gesehen hatte. Ihr Mann hatte eine Kunstgalerie, daher kamen ihr genügend Bilder unter die Augen, aber die, die sie in der Nacht sah, gaben ihr viel mehr Befriedigung. In diesen Bildern war sie nämlich selbst, sie sah nicht von außen in sie hinein, sie machte keine idiotischen Bemerkungen dazu, sondern sie war selbst ein Teil des Bildes: ein Arm, eine Lilie, die graue Mähne eines Pferdes. Sie mußte niemand beeindrucken, sie brauchte nichts zu sagen. Ihre Bewegungen kamen wie von selber. Aber sie fühlte deutlich, wie sie atmete, warm, tief und regelmäßig.

Am Morgen sagte ihr Mann dann oft, daß sie irgendwie müde und abgespannt aussehe, aber darauf sagte sie nur: »Nonsens«, denn in all den Jahren ihrer Ehe hatte sie sich noch nie besser gefühlt. Dieses Schlafleben gefiel ihr, sie wußte nie, was sie zu erwarten hatte. Ihr Alltag dagegen verlief nach einem bestimmten Schema. An den Vormittagen blieb sie unter der Woche zu Haus und half Fatima, dem spanischen Dienstmädchen, oder sagte ihr, was sie zu tun hatte. An zwei Nachmittagen der Woche unterrichtete sie autistische Kinder, an zwei Nachmittagen hatte sie Gymnastik, und am Freitag ging sie zu Harrods, fürs Wochenende einkaufen. Vor zwei Jahren hatte Mr. Reinhardt eine Farm gekauft, die Wochenenden verbrachten sie daher auf dem Land, in ihrem frisch renovierten Bauernhaus. Am Land gab es kein Schlafwandeln. Vielleicht, dachte sie, lasse ich mich von dem Stacheldrahtzaun abschrecken, der rund um den Garten läuft. Aber es gibt doch Tore, ich müßte sie eben öffnen. Sie ärgerte sich über sich selber, daß sie nicht mutiger war.

Dann hatte sie in einer Mainacht in ihrem Haus in London

einen wirklich unglaublichen Traum. Sie ging mit ihrem kleinen Sohn über ein Feld – in Wirklichkeit war er bereits Student –, und plötzlich knieten sie beide gleichzeitig nieder und fingen an, mit bloßen Händen die Erde aufzugraben, das Erdreich war rot und voll und gab leicht nach. Sie arbeiteten so eifrig, weil sie wußten, daß sie bald einen Schatz finden würden. Und siehe da, da war auch schon das Gold, jedenfalls ein paar ganz kleine Körnchen, und um ihr Glück zu krönen, fand Mrs. Reinhardt auch noch einen entzückenden kleinen goldenen Schlüssel, den sie empor zum Licht hielt, während ihr Sohn lachte und mit kindlicher Stimme »Mama« sagte.

Bald nach diesem Traum machte sich Mrs. Reinhardt an eine Art Frühjahrsputz. Vorhänge und Teppiche wanderten in die Reinigung, aus den Schubläden wurden die vielen unnützen Kleinigkeiten entfernt, die sich angesammelt hatten, auch die Anzüge ihres Mannes mußte sie in Ordnung bringen. Zwischen ihnen hatte sich ein Riß aufgetan, der von Tag zu Tag größer wurde. Er war launisch. Seit neuestem kam er am Abend spät nach Haus, und obwohl er nichts darüber sagte, war es doch unverkennbar, daß er sich vorher an der Ecke noch ein paar Drinks genehmigt hatte. Einmal hatte er sie plötzlich neben sich aufs Sofa im Wohnzimmer gezogen, ihre Schenkel gestreichelt und angefangen, sie auszuziehen, und das in Hörweite von Fatima, die in der Küche irgend etwas hackte und dazu summte. Immer hackte sie etwas und summte oder sang dazu. Meistens allerdings ging Mr. Reinhardt sofort an die Hausbar und goß für beide einen Gin ein, für sich selber etwas mehr, denn Mrs. Reinhardt konnte ja wegen ihrer dauernden Fasterei nicht so viel vertragen – meinte er jedenfalls.

Sie war gerade dabei, seine Hemden, T-Shirts, Sommerpullover und dicken Rollkragenpullover zu ordnen und sorgfältig übereinander zu schichten, als aus seiner Freizeit-Jacke ein goldener Schlüssel fiel. Sie stieß einen Schrei aus. Ihre erste Empfindung war Angst, die sie wie ein Messerstich traf. Dann beugte sie sich nieder und hob den Schlüssel auf. Er glich dem, den sie im Traum gesehen hatte, aufs Haar. Sie hielt ihn in der Hand und gelobte sich, ihn nie wieder herzugeben.

Was sind wir doch für Narren, daß wir bei Tag festzuhalten suchen, was der Nacht gehört.

Ihre nächste Schlafwandelei brachte Mrs. Reinhardt aus ihrem Haus in ein wartendes Taxi, und dann, nach längerer Fahrt, zu einem der schicken kleinen Londoner Kutscherhäuschen. Vor dem Haus stand eine schwarz-weiß bemalte Tonne mit hübschen Blumen. Sie steckte einfach ihre Hand hinein, und da war auch schon der Hausschlüssel. Sie betrat ein behagliches Nest. Die Tapete in der Vorhalle war genau das, was sie sich schon immer für ihr eigenes Haus gewünscht hatte: blaß-gold und winzige weiße Blüten darauf – nur eine Andeutung von Blüten, wie die Blüten der wilden Erdbeere. Die Küche war ein Schmuckkästchen. Oben auf dem Treppenabsatz stand eine kleine Korbbank. Die Polstermöbel und die Kissen im Wohnzimmer waren etwas steif und prunkvoll, aber das Schlafzimmer – ach, das Schlafzimmer.

Es war alles ganz genauso, wie sie es sich für ihr eigenes Schlafzimmer schon immer gewünscht hatte, das heißt, genau dieses Zimmer hatte sie immer im Kopf gehabt und ihrem Mann bis ins kleinste Detail beschrieben. Hier war es – das Messingbett mit dem kleinen Baldachin darüber, die ganze gegenüberliegende Wand mit einem Metallspiegel verkleidet, in dem dunkle Schatten zu schwimmen schienen; eine Chaiselongue aus hellblauem Samt, eine Hängepflanze mit glänzenden Blättern und eine Bodenlampe mit braunen Fransen am Schirm, die ein weiches, gedämpftes Licht gab.

Hingerissen setzte sie sich aufs Bett, und dann sah sie die anderen Dinge, die sie schon immer hatte haben wollen. Da war zum Beispiel das Foto eines kleinen Mädchens in seinem Erstkommunionkleid; da war der Briefbeschwerer mit dem Miniatur-Schneesturm, wenn man ihn schüttelte; und das Perlmuttertablett mit den beiden Champagnergläsern – vor lauter Glück brach sie auf einmal in Tränen aus. Vielleicht, dachte sie, wird er hier zu mir kommen, wird mich besuchen, und es wird alles wieder so sein wie früher, er wird nicht gereizt sein, nicht mit den Fingern trommeln oder mit dem Bügel seiner Füllfeder spielen. Er wird mich in Umarmungen und Küssen ersticken, und wir werden auf dem großen weichen Bett herumrollen.

Da saß sie nun in diesem Schlafzimmer, rührte aber nichts an, nicht einmal die zwei Irisblüten in der hohen Glasvase. In ihrer Hand lag der kleine Schlüssel, sie wußte, daß er zum Kleiderschrank gehörte und daß sie ihn nur zu öffnen brauchte, um dort ein Nachthemd mit plissiertem Oberteil zu finden, ein Abendkleid aus Voile, ein Silberfuchs-Cape und ein Paar Riemchenschuhe. Aber sie machte den Schrank nicht auf, sie wollte sich noch ein Geheimnis aufheben. Dann huschte sie fort und war schon wieder zu Haus in ihrem eigenen Bett, ohne daß ihr Mann ihre Abwesenheit bemerkt hätte. Er hatte sich schon ein paarmal über ihre kalten Füße beklagt, nachdem sie wieder ins Bett geschlüpft war, und wissen wollen, was um Himmels willen sie denn tue – Tee kochen, oder was? Aber an diesem Morgen war sie so überglücklich, daß sie sich über ihn beugte, seinen Pyjama aufmachte und ganz zärtlich und langsam mit ihm schlief. Anscheinend gefiel es ihm sehr, aber als er aufwachte, war er ärgerlich, als hätte ihm jemand etwas Unrechtes angetan.

Natürlich ging Mrs. Reinhardt jetzt jede Nacht in das kleine Kutscherhäuschen. Wenn sie die Säule vor dem Haus mit der Nummer zehn darauf sah, in schwarzen, goldgeränderten Zahlen, dann tat ihr Herz jedesmal einen freudigen Sprung. Die Null war ein bißchen schief. Ein paarmal legte sie sich auf das Messingbett. Sie wußte, es war nur eine Frage der Zeit, bis Mr. Reinhardt ihr hierher folgen würde.

Eines Nachts, sie lag gerade, noch ein wenig atemlos, auf dem Bett, kam er leise herein, schloß die Tür, zog seinen Schlafrock aus und nahm sie mit soviel Ungestüm, daß sie nachher fast fürchtete, eine Rippe gebrochen zu haben. Sie sagten einander Worte, die sie seit Jahren nicht mehr gesagt hatten. Sie war jung und wild, ein himmlisches Fieber schüttelte sie, kokett lächelte sie ihn an, während er sie bestürmte, ihn zu heiraten, doch ihre Unabhängigkeit aufzugeben, die Seine zu werden – und wenn sie nein sagte, dann würde er sie eben einfach entführen –, und um seinen Worten Nachdruck zu verleihen, nahm er sie gleich noch einmal, und fast wäre sie dabei gestorben, so tief und vollkommen war ihr Genuß, und jedesmal, wenn sie wieder zu sich kam, bemerkte sie etwas Neues, irgendeine kleine Kostbarkeit, die ihr Freude machte – einmal war es ein Mobile mit silbernen Pferden, die einander jagten, dann war es das Rauschen eines Bächleins. Er reichte ihr Champagner, schweigend tranken sie.

Aber als sie aus diesem Idyll erwachte, da lag sie in ihrem eigenen Bett, und er auch. Sie war entsetzt und beschämt zugleich. Hatte sie im Schlaf aufgeschrien? Hatte sie gestöhnt? Keine Rippe war gebrochen. Sie griff nach dem Handspiegel und betrachtete ihr Gesicht: da war kein Zeichen von Wollust, das Haar nicht zerrauft, ihr Nachthemd sittsam bis zum Halse zugeknöpft.

Er war eine solide Masse Schlaf. Jetzt schlug er die Augen

auf. Sie sagte etwas zu ihm, ängstlich und fragend, aber er gab keine Antwort. Da stand sie auf und ging hinunter ins Wohnzimmer, um nachzudenken. Wo sollte das hinführen? Sollte sie es ihm sagen? Lieber nicht. Den ganzen Vormittag probierte sie den Schlüssel an verschiedenen Schlössern aus, aber er war viel zu klein. Einmal hätte sie ihn fast verloren, denn er verschwand in einem Schloß, und sie mußte ihn mit einer Gabelzinke wieder herausstochern – natürlich paßte sie auf, daß Fatima, das Dienstmädchen, nichts davon bemerkte.

Es war Freitag, der Tag, an dem sie aufs Land fuhren, aber diesmal freute sie sich nicht darauf. Gleich nach der Ankunft würden sie wieder einen Rundgang durch den Garten machen, sorgfältig prüfen, ob die Blumen ein Stück gewachsen waren, die Rosenblätter nach Blattläusen absuchen. Dann würden sie über die Felder blicken, bis dorthin, wo die Kühe grasten, und einander versichern, was für ein Glück sie hatten und wie schlau sie es angestellt hatten, daß sie jetzt diesen reizenden Flecken Erde ihr eigen nennen konnten. Die Magnolien würden wohl schon erblüht sein, dann würde sie davor stehen und in den Baum starren, als könnte sie auf diese Weise ihren eigenen Körper mit diesem herrlichen Weiß füllen.

Die Magnolien waren tatsächlich schon aufgegangen, als sie ankamen – wie kleine weiße Eierbecher aus Porzellan, jede Blüte hatte die Blütenblätter zum Himmel gereckt. Zwei von den Ulmen seien sicher von Mehltau befallen, stellte Mr. Reinhardt fest, die Blätter seien ja am Verdorren, man werde sie schlagen müssen, seiner Schätzung nach hätten sie dann genügend Feuerholz für zwei Winter. Er müsse mit dem Verwalter, der nicht weit von ihnen wohnte, darüber sprechen. Sie trugen Einkaufspakete hinein, zogen die Jalousien auf und stellten die Zentralheizung an. Die kleine Küche war genauso, wie sie sie verlassen hatten, nur die Primeln in der Vase waren verwelkt und sahen jetzt aus wie kleine gelbe Hautfetzen. Sie packte das Essen aus, das sie mitgebracht hatten, gab einiges in den Kühlschrank und fing dann an, Kartoffeln und Karotten fürs Abendessen zu putzen. Mr. Reinhardt schlug inzwischen vier Nägel in die Wand, für die neuen Drucke, die er mitgebracht hatte. Ein paarmal rief er sie, um sie zu fragen, wo die Bilder denn hinkommen sollten, dann ging sie zu ihm, die Hände voller Mehl, und machte geistesabwesend ihre Vorschläge.

Den kleinen Schlüssel hatte sie bei sich in der Handtasche, sie machte sie immer wieder auf, um sich zu vergewissern, daß er noch da war. Dann wurde sie jedesmal rot.

In der Dämmerung ging sie hinaus, einen Zweig vom Apfelbaum für das Kaminfeuer zu holen, damit es duftete. Von einem Baum zirpte ein Vogel, es war mehr ein Piepsen als ein Gesang, sie hätte nicht sagen können, was für ein Vogel das war. Der Magnolienbaum war eine weiße Masse in der Dunkelheit. Tau fiel, sie beugte sich nieder und berührte das feuchte Gras. Wenn es nur schon Sonntag wäre, dann könnten sie wieder nach Hause fahren. In London vergingen die Abende schneller, da hatten sie beide mehr zu tun. Sie hatte irgendwie das Gefühl, als würde sie ihn betrügen.

Danach saßen sie vorm offenen Kamin und tranken Rotwein. Mr. Reinhardt schien nervös, gleichzeitig warf er aber ihr vor, nervös zu sein. Mit größter Entschiedenheit vertrat er seine Meinung über die EWG. Aber warum regte er sich denn so auf, wenn sie ihm doch gar nicht einmal widersprach? Er steigerte sich immer mehr hinein, machte große Gesten, sagte, er liebe England, er liebe sein Vaterland über alles, aber England sei drauf und dran, vor die Hunde zu gehen. Als sie aufstand, um ein Scheit, das herausgefallen war, wieder ins Feuer zu legen, fuhr er sie an, sie möge doch um Gottes willen jetzt endlich zuhören.

Sie setzte sich augenblicklich nieder und hoffte, es würde nicht wieder eine dieser schrecklichen, unerwarteten, sinnlosen Streitereien geben. Aber zum Glück wurden sie abgelenkt. »Deubel noch mal!« hörte sie ihn sagen, dann blickte sie auf und sah, was auch er gerade gesehen hatte. Durch die Fenster starrte ihnen eine Rinderherde entgegen. Sie sprang auf. Mr. Reinhardt stürzte ans Telefon, um den Verwalter zu holen, denn er hatte selber nicht die geringste Ahnung vom Landleben, jedenfalls nicht davon, wie man eine Rinderherde am besten los wurde.

Sie packte einen Spazierstock und ging hinaus, um die Kühe vom Swimmingpool wegzutreiben, damit sie nicht hineinfielen. Draußen war es kalt, der Wind raschelte in den Bäumen. Mißtrauisch, mit gespitzten Ohren blickten ihr die Kühe entgegen. Sie fuchtelte mit ihrem Stock ein bißchen herum, darauf sprangen vier Kühe über den Stacheldraht zurück ins Feld. Die letzte Kuh aber fing an, wie rasend herumzulaufen. Die vier anderen muhten vom Feld herüber. Die fünfte rannte mit dem Kopf gegen den Zaun. Ich verstehe, was du jetzt empfindest, dachte Mrs. Reinhardt – du bist allein, du bist durcheinander, und du hast dich verirrt.

Jetzt kam ihr Mann heraus, in höchster Aufregung, denn beim Verwalter hatte niemand abgehoben.

»Nie ist er da, zum Teufel!« sagte er. Seine laute Stimme erschreckte die fünfte Kuh derart, daß sie zum Sprung ansetzte – und im Stacheldraht hängenblieb. Mrs. Reinhardt sah, wie die Stacheln gegen ihr riesiges Euter drückten, und dachte, mein Gott, hätte sie denn nicht anders fallen können. Sie mußten sie retten. Sehr vorsichtig näherten sie sich beide dem Tier, Mr. Reinhardt sollte die Kuh halten, während Mrs. Reinhardt das Euter befreien wollte. Sie ging sehr behutsam vor. Der Geruch der Kuh war milchig, sanft im Vergleich zu ihrem kläglichen Röhren. Mr. Reinhardt hielt die Hinterbeine der Kuh und drängte seine Frau, sich doch zu beeilen. Aber die Kuh war widerspenstig. Als Mrs. Reinhardt das blutende Euter vorsichtig aufhob, tat die Kuh auch schon einen langen Satz und war über dem Zaun und wieder auf dem Feld, und dann rannte sie zum Bach hinunter, um zu trinken.

Die anderen Kühe rannten hinter ihr her, das ganze Feld schien plötzlich voll muhender, rennender Kühe. Mr. Reinhardt rieb sich die Hände und stieß einen lauten Seufzer der Erleichterung aus, dann schlug er vor, daß sie eine Flasche Champagner öffnen sollten. Mrs. Reinhardt freute sich. In der letzten Zeit war er recht knausrig geworden und erlaubte ihr gar keine Extravaganzen mehr, er hatte sogar schon einmal gesagt, daß sie wohl keinen Wein mehr trinken sollten, angesichts der Lage der englischen Wirtschaft. Drinnen im Haus legte er den Arm um sie. Später saß sie im Wohnzimmer und kam sich vor wie eine Geliebte, trank Champagner, lächelte ihm zu und fühlte, wie es prickelnd durch ihren ganzen Körper lief. Der Champagner versetzte sie beide in gehobene Stimmung, Hand in Hand gingen sie die enge Treppe hinauf und zu Bett. Aber Mrs. Reinhardt war dennoch nicht in Stimmung für irgendwelche Intimitäten; das wollte sie sich für ihr geheimes Zimmer aufheben.

Am Sonntagabend fuhren sie nach London zurück, aber in der Nacht konnte Mrs. Reinhardt nicht schlafen, daher gab es auch keinerlei Schlafwandeln. Am Morgen war sie erschöpft. Sie sah in den Spiegel. Wirklich, sie wurde alt. Nach dem Frühstück, Mr. Reinhardt wollte gerade aus dem Haus stürzen, hielt sie den kleinen Schlüssel in die Höhe.

»Was ist das?« fragte sie.

»Wie soll denn ich das wissen?« antwortete er. Er sah wütend aus.

Sie meldete sich beim Friseur an. Dann sah sie wieder in den Spiegel. Nein, sie durfte noch nicht alt werden. Nach dem Besuch beim Friseur würde sie ihn überraschen – sie würde in seiner Galerie vorbeikommen und bitten, sie doch in ein nettes kleines Pub auszuführen. Am Weg würde sie sich ein neues Tuch kaufen, es im Nacken knüpfen und wieder ganz jung aussehen.

Als sie zur Galerie kam, war Mr. Reinhardt nicht da, und Hans, sein Assistent, war gerade mit einem Kunden aus dem Nahen Osten beschäftigt. Sie sagte, sie würde warten. Die neue Sekretärin ging Tee machen. Nachdenklich saß Mrs. Reinhardt am Schreibtisch ihres Mannes, und ganz nebenbei, einfach, damit die Zeit verging, fing sie an, in seinem Vormerkkalender zu blättern. Lunch mit dem, Lunch mit jenem. Eine Notiz, daß er ihr ein Geburtstagsgeschenk kaufen sollte – was er getan hatte, er hatte ihr einen wunderschönen Ring mit einer Sphinx darauf gebracht.

Dann sah sie sie – die Adresse, wo sie selber Nacht für Nacht hinging. Nummer zehn. Die Zahlen tanzten vor ihren Augen, wie damals, als sie zum ersten Mal im Taxi dort vorgefahren war. Ihre Bewegungen bekamen etwas Gehetztes, Mechanisches. Sie stürzte den Tee hinunter, schüttelte dem Araber zerstreut die Hand, aß das Ingwerkeks und knirschte dabei mit den Zähnen, so heftig hatte sie es zerbissen. Sie ging ein paarmal auf und ab, dann wieder zurück zum Kalender. Dieselbe Adresse – drei-, vier-, fünfmal in der Woche. Sie blätterte zurück, um zu sehen, wie lange das schon so ging. Es hatte keinen Sinn. Sie mußte selber hin.

Beim Kutscherhäuschen angelangt, fand sie sofort den Schlüssel im Blumentopf. In der Küche lagen Eierschalen, in der Pfanne war wohl eben ein Omelett gebacken worden. Es waren zwei braune Eierschalen und eine weiße. Sie steckte den Finger ins Fett – es war noch warm. Ihr Herz hastete ihr voran die Stiege hinauf, es war, als stecke eine Schrotkugel in ihrem Körper. Die Hand schon auf der Klinke, hielt sie plötzlich an, blieb stehen – schlich von der Tür zurück zur Bank auf dem Treppenabsatz.

Nein, sie würde nicht stören. Es war ja ganz klar, warum Mr. Reinhardt hierher kam. Er betrog sie bei Tag, so wie sie ihn bei Nacht betrog. Wenn sie Glück hatten, würden sie eines Tages – oder eines Nachts – einander hier treffen und das Geheimnis teilen, aber bis dahin ließ sie wohl am besten alles so, wie es war. Auf Zehenspitzen stieg sie die Stufen hinunter und war froh, nichts Überstürztes getan, ihren Kopf nicht verloren zu haben.

Ludwig Thoma

Der Münchner im Himmel

Alois Hingerl, Nr. 172, Dienstmann in München, besorgte einen Auftrag mit solcher Hast, daß er vom Schlage gerührt zu Boden fiel und starb.

Zwei Engel zogen ihn mit vieler Mühe in den Himmel, wo er von St. Petrus aufgenommen wurde. Der Apostel gab ihm eine Harfe und machte ihn mit der himmlischen Hausordnung bekannt. Von acht Uhr früh bis zwölf Uhr mittags »frohlokken«, und von zwölf Uhr mittags bis acht Uhr abends »Hosianna singen«. – »Ja, wann kriagt ma nacha was z'trink'n?« fragte Alois. – »Sie werden Ihr Manna schon bekommen«, sagte Petrus.

»Auweh!« dachte der neue Engel Aloisius, »dös werd schö fad!« In diesem Momente sah er einen roten Radler, und der alte Zorn erwachte in ihm. »Du Lausbua, du mistiga!« schrie er, »kemmt's ös do rauf aa?« Und er versetzte ihm einige Hiebe mit dem ärarischen Himmelsinstrument.

Dann setzte er sich aber, wie es ihm befohlen war, auf eine Wolke und begann zu frohlocken:

»Ha-lä-lä-lä-lu-u-hu-hiah!« . . .

Ein ganz vergeistigter Heiliger schwebte an ihm vorüber. – »Sie! Herr Nachbar! Herr Nachbar!« schrie Aloisius, »hamm Sie vielleicht an Schmaizla bei Eahna?« Dieser lispelte nur »Hosianna!« und flog weiter.

»Ja, was is denn dös für a Hanswurscht?« rief Aloisius. »Nacha hamm S' halt koan Schmaizla, Sie Engel, Sie boaniga! Sie ausg'schamta!« Dann fing er wieder sehr zornig zu singen an: »Ha-ha-lä-lä-lu-u-uh – – Himmi – Herrgott – Erdäpfi – Saggerament – – lu – uuu – iah!«

Er schrie so, daß der liebe Gott von seinem Mittagsschlafe erwachte und ganz erstaunt fragte: »Was ist denn da für ein Lümmel heroben?«

Sogleich ließ er Petrus kommen und stellte ihn zur Rede. »Horchen Sie doch!« sagte er. Sie hörten wieder den Aloisius singen: »Ha – aaaaah – läh – – Himmi – Himmi – Herrgott – Saggerament – uuuuuh – iah!« . . .

Petrus führte sogleich den Alois Hingerl vor den lieben Gott, und dieser sprach: »Aha! Ein Münchner! Nu natürlich!

Ja, sagen Sie einmal, warum plärren denn Sie so unanständig?«

Alois war aber recht ungnädig, und er war einmal im Schimpfen drin. »Ja, was glaab'n denn Sie?« sagte er. »Weil Sie der liabe Good san, müaßt i singa, wia'r a Zeiserl, an ganz'n Tag, und z'trinka kriagat ma gar nix! A Manna, hat der ander g'sagt, kriag i! A Manna! Da balst ma net gehst mit dein Manna! Überhaupts sing i nimma!«

»Petrus«, sagte der liebe Gott, »mit dem können wir da heroben nichts anfangen, für den habe ich eine andere Aufgabe. Er muß meine göttlichen Ratschlüsse der bayrischen Regierung überbringen; da kommt er jede Woche ein paarmal nach München.«

Des war Aloisius sehr froh. Und er bekam auch gleich einen Ratschluß für den Kultusminister Wehner zu besorgen und flog ab.

Allein, nach seiner alten Gewohnheit ging er mit dem Brief zuerst ins Hofbräuhaus, wo er noch sitzt. Herr von Wehner wartet heute noch vergeblich auf die göttliche Eingebung.

ALOIS BRANDSTETTER
Der Spitzensportler

Große Sportler müssen nicht dumm sein, niemand zwingt sie. Trainieren müssen sie, trainieren natürlich fleißig. Bleibt freilich wenig Zeit zum Lernen. Daß Spitzensportler dumm sind, ist längst als Klischee entlarvt. Klischees sind der triviale Ausdruck wohlfeiler Wahrheiten. Die Dummheit ist die Binsenweisheit des Sports. Die Ausnahmen sind nicht zu übersehen. Kluge Ausnahmen bestätigen die blöde Regel.

Es ist ganz einfach zu erklären, wie die Sportler zu ihrem schlechten intellektuellen Ruf gekommen sind. Intellektuelle haben ihnen diesen Ruf angehängt, sehr unsportliche Existenzen. Oft handelt es sich dabei um Journalisten und Schriftsteller, die aus einem Neidkomplex heraus alles körperlich Tüchtige und Athletische denunzieren. Der Verfasser des Buches ›Der Leumund des Löwen‹, das eigentlich ›Die Verleumdung des Löwen‹ heißen sollte, mißt beispielsweise nur 1 Meter und 69 Zentimeter, das sagt alles.

Ich beginne von vorne und baue jetzt einmal systematisch einige Spitzensportler auf. Mein erster Kandidat heißt Siegfried, seine Angehörigen und die Reporter nennen ihn später Sigi, auch noch als alten Mann. Sigi ist Gastwirtssohn und Tiroler, er hat sieben Geschwister und einen elendslangen Schulweg. Sigi legt den langen Schulweg ins Tal im Winter, der hier sehr lange dauert und fast nicht mehr aufhören will, mit den Schiern zurück. Ich kann keinen Schuhlbus nicht benutzen, sondern fahre ich immer zu Fuhs zur Schuhle, schreibt der Bub einmal in einem Schuhlaufsatz. Sigi ist auf dem Schulweg besser als in der Schule, aber die Anfahrt wird leider nicht benotet. Sigi kommt jedenfalls schnell und gut zur Schule, aber dort langsam voran und schlecht weg. Er fährt von Jahr zu Jahr schneller zur Schule, weiß aber von Jahr zu Jahr weniger, wozu und warum eigentlich. Als Schifahrer fällt er auf, als Schüler ab. Am Schluß, erinnert sich später einmal sein Lehrer, raste der Sigi praktisch nur noch zum Sitzenbleiben zur Schule.

Die moderne medizinische Wissenschaft behauptet, daß ein überzüchteter Intellekt alles Vitale, Vegetative sowie den kreatürlichen und natürlichen Instinkt im Menschen verschüttet, ja abtötet. Ein Sportler aber muß Intuition besitzen und seinen

Boxsektor müssen wieder Natur und Umwelt ein wenig mitspielen. Was das Körperliche anlangt, so ist hier etwas mehr vonnöten als nur eine Nase, die nicht zu weit in den freien Raum hinausragt, wie ein Laie vielleicht meint. Der Mann muß Gewicht auf die Waage bringen, dieses Gewicht darf aber nicht von Fett herrühren, sondern von festem Muskelfleisch.

Zum Sozialen: Ein Aufwachsen in Slums kann eine Boxerkarriere nur fördern. Der junge Mensch wird so frühzeitig auf seine körperlichen Möglichkeiten aufmerksam. Frank mußte sich durchboxen, von Kindheit an. Auch ein kurzes Gastspiel im Milieu und gewisse Erfahrungen mit Kriminellen können nur nützen, solange sie nicht ausgesprochen schaden.

Eines Tages kommt der Big Boss in den Slum, um nach Talenten Ausschau zu halten. Er stellt sich auf die Hinterhöfe und beobachtet die Balgereien der jungen Leute. Über die Unterlegenen, die zu Boden gegangen sind, sieht er hinweg, die Fäuste der Sieger und Triumphatoren betrachtet er sich schon genauer. Einen aber nimmt er mit, kleidet ihn neu ein, bringt ihm Manieren bei und übergibt ihn dem Trainer.

Dies ist der Anfang des unaufhaltsamen Aufstieges des Champions, des Meisters aller Klassen, den sie heute Frank the Lion nennen. Er führt aus dem Elend eines Slums einer mittleren Großstadt im amerikanischen Süden hinauf (Richtung Norden), steil hinauf bis zu den höchsten Ehren, die der Boxsport zu vergeben hat.

Dies ist natürlich ein weiter Weg, liebe Freunde, und er kostet Kraft und Ganglien. Wenige haben ihn ohne Schaden zurückgelegt, mancher Boxer sieht danach leider wie ein Boxer aus. Damit ist nicht der Hund gleichen Namens gemeint, der diesen Namen nicht verdient, jedenfalls nicht mutwillig verschuldet hat. Er ist nur das Produkt einer sonderbaren Züchtung durch den Menschen. Eine Sache der Promotion.

Der dritte Sportler, den ich hier als literarischer Promotor promoviere, ist ein Fußballer, ein Vertreter eines Mannschaftssportes. Die Art dieses Mannschafts- und Männersportes verlangt von denen, die ihn ausüben, spezielle geistige und körperliche Voraussetzungen. Wir denken bei ersteren nicht an den absoluten Geist oder den Weltgeist, von dem Hegel spricht. Der Fußballer benötigt vielmehr Geist in der Form des Mannschaftsgeistes. Er soll kein extremer Individualist und Sonderling sein, er muß ja nicht nur spielen, sondern hin und wieder auch zuspielen. Wieder ist das Wichtigste aber das Unbewußte, man spricht etwa vom Riecher, auch Instinkt, einer zoologischen Fakultät also. Ich stehe aber nicht an zu behaupten, daß neben Geist, Instinkt und einem athletischen Körper zu einem überragenden Spitzensportler auf dem Felde des Fußballs noch mehr gehört, etwas schwer zu Beschreibendes, auch wissenschaftlich kaum Faßbares. Ich nenne es die Gnade des Himmels und den Eigentümer dieses göttlichen Geschenks den begnadeten Fußballer. Ein begnadeter Fußballer ist mehr als ein guter Fußballer.

Mein Superstar heißt Jesus Maria, genannt Jema, ist Südamerikaner und Mulatte und paßt somit als Mischling rassemäßig genau zwischen den weißen Tiroler und den schwarzen Amerikaner. Er beginnt bereits als Bub barfuß mit Konservenbüchsen zu schießen, steigt später auf sogenannte Fetzenbälle um und lernt erst relativ spät, nach seinem Eintritt in die Schülermannschaft, das runde Leder kennen. Von hier ab läuft seine Karriere nach dem bekannten südamerikanischen Muster, wie mit Oliven geölt.

Das Fußballspiel ist ein Kampf, seine Terminologie ist militärisch, taktisch, strategisch, es kennt Offensive und Defensive, Bomben und Granaten. Und es kennt Verletzte und Verwundete, in Südamerika auch jede Menge Sterbeszenen, simulierte vor allem, aber auch echte. Oft ist das Spiel nur der Auslöser einer größeren Schlacht auf den Rängen, manchmal sind das Spiel und die Schlacht auf den Rängen sogar die Initialzündung für eine kriegerische Auseinandersetzung zweier benachbarter Länder. Der Krieg ist die Fortsetzung des Fußballs mit anderen Mitteln, in Südamerika, ich spreche immer von Südamerika.

Schluß mit dem planmäßigen Aufbau von Spitzensportlern, halten wir Gleichenfeier und setzen wir Rüstbäume.

Und wieder bleiben viele Fragen offen. Wie halten wir es mit dem olympischen Gedanken? Einer schreibt einen Brief an das Nationale Olympische Komitee mit der Bitte, bei den Spielen mitmachen zu dürfen. Er möchte nur dabeisein, siegen könne er gar nicht. Aber die Herren schreiben nicht zurück, eine Niederlage. Keine doppelte, sondern keine Moral. Und wie steht es um den Amateurstatus? Wann wird Amateur endlich als Beruf anerkannt, wie Installateur oder Spediteur. In den Fremdenverkehrsorten ist der Amateur, zu deutsch Liebhaber, längst eine feste Institution, es gibt somit schon Berufsbilder, an denen man sich orientieren könnte. Nicht behandelt wurde außerdem neben dem Spitzensport der Breitensport, neben dem Männersport der Frauensport. Ist der Sport wirklich nur eine herrliche, die herrlichste, und nicht auch die fraulichste Nebensache der Welt? Und zuletzt das delikate Problem des Hermaphroditen. Warum nur Damen *oder* Herren und nicht auch Zwitter, meine Damen *und* Herren?

Günter Stein
Ich, der Regenmacher

Immer wieder muß ich mir von allen möglichen Leuten sagen lassen, wie phantastisch das Wetter in ihrem Urlaub gewesen sei. Bekannte, die vier Wochen Irland im Spätherbst gebucht hatten, wußten sich vor Begeisterung nicht zu fassen.

»Wir waren an einem wunderbaren weißen, feinkörnigen Strand. Kristallklares blaues Wasser von durchweg 23 Grad. Und vor allem: Die ganze Zeit über hatten wir knallheißes Wetter. Die Sonne war teilweise so stark, daß wir uns in den Schatten legen mußten. Deshalb sind wir auch nicht braun.«

Ein anderes Ehepaar war in Lappland gewesen. »Wir haben uns bis nachts um 12 oder 1 Uhr gesonnt«, berichteten sie aufgeregt, »denn tagsüber war es so heiß, daß wir auf dem Zimmer bleiben mußten. Nur die Mitternachtssonne war einigermaßen erträglich. Leider ist unsere ganze Bräune schon wieder weg. Schließlich haben wir drei Tage im Auto gesessen.«

Solche Erzählungen rufen meinen Neid hervor, denn nichts liebe ich mehr als Sonne im Urlaub. Leider ist sie mir in den letzten Jahren versagt geblieben, obwohl ich mich noch nicht einmal nach Irland oder Lappland gewagt, sondern so wetterbeständigen Ländern wie Italien und Spanien den Vorzug gegeben habe.

Als ich das letzte Mal an der Costa Brava ankam, regnete es in Strömen, und der Hotelbesitzer begrüßte mich mit den freudigen Worten: »Sie haben Glück mit dem Wetter. Die letzten Monate war die Hitze nicht zu ertragen. Seien Sie deshalb froh und genießen Sie den Regen, denn in ein paar Tagen werden auch Sie unter der Hitze zu stöhnen haben. Wollen wir wetten?«

Leider wettete ich nicht. Drei Wochen lang schüttete es aus Kübeln. Und erst als ich ins Flugzeug kletterte, brach die Sonne durchs Gewölk.

Nun ist es außerordentlich peinlich, mit blassem Teint nach Hause zu kommen. Keine Sonne im Urlaub, das ist ein Zeichen von Versagen. Und wer möchte das auf sich sitzen lassen? Auch meine Bemerkungen, daß ich nur der Kunst und der Landschaft wegen in den Süden führe, Sonnenbräune aber verabscheute und mühsam von Schatten zu Schatten geflüchtet sei, wurden mir nicht geglaubt. Auch ich glaubte nicht daran. Es galt, die Sache professionell anzugehen.

Wochenlang löcherte ich alle erreichbaren Reisebüros nach dem garantiert trockensten Platz der Welt. Anfänglich versuchte man noch, mich mit Sizilien und Andalusien abzuspeisen, worüber ich laut lachte. Auch Teneriffa und Tunesien konnten mich nicht beeindrucken.

»Dort regnet es höchstens zwei bis drei Wochen im Jahr«, versuchte man mich zu beruhigen. »Drei Wochen«, konnte ich korrigieren, »und zwar die, die ich dort sein werde.«

Längst gab ich mich nicht mehr mit Reisebüroauskünften zufrieden, sondern fragte alte Globetrotter, Entwicklungshelfer, Meteorologen und Geologie-Professoren.

Schließlich kristallisierte sich ein Ort heraus: M'Zumba, ein kleines Dorf am südöstlichen Rand der Sahara, das von den Zubindis bewohnt wird. Das ist ein Stamm, der seit 2000 Jahren keinen Regen mehr gesehen hat, weshalb es in der Zubindi-Sprache auch kein Wort dafür gibt.

Dies schien mir der rechte Urlaubsort zu sein, und ich buchte drei Wochen, erste Hütte am Platz mit Vollpension.

Natürlich war die Anreise nicht ganz einfach. Erst mit dem Flugzeug, dann ein klappriger Bus, die letzten 700 km mit dem Kamel.

M'Zumba selbst konnte einem sofort gefallen. Ein paar Lehmhütten, davor Ziegen, die wie tot in der Sonne lagen. Neger sah man nicht, sie waren vor der mörderischen Hitze in die Hütten geflohen. Tatsächlich, M'Zumba stellte auch meine kühnsten Erwartungen weit in den Schatten, wenn es welchen gegeben hätte.

Der Häuptling begrüßte mich persönlich. Er kam mir sogar bis zur Tür seiner Hütte entgegen. Immerhin war ich der erste weiße Mann seines Lebens, und das war für ihn Grund genug, diese unmenschliche Anstrengung auf sich zu nehmen.

Ich schlief auf hartem Lehmboden, halb ohnmächtig vor Hitze. Aber ich schlief mit einem seligen Lächeln auf meinem blassen Gesicht: Ich träumte der Sonne entgegen.

Am nächsten Morgen regnete es.

Ich erwachte durch jauchzende Schreie. Frauen und Kinder sprangen in einem wahren Wolkenbruch herum und streckten die Hände zum Himmel, um der nie gesehenen Wasserquelle näher zu sein. Männer standen in den verschiedensten Phasen der Entrückung, und ihre Lippen murmelten sprachlose Gebete. Ein Kamel kniete in Dankbarkeit nieder.

Zitternd stand der Häuptling vor mir. »Ich wußte, du würdest uns das große Wasser bringen. Tausende von Monden, seit dem Tod des großen Movamba, sind vergangen, ohne daß ein Tropfen diesen Sand berührt hat. Aber nun bist du gekommen, mit dem großen Juju. Befiehl über uns.« Und er fiel vor mir in den Schlamm.

Von da an änderte sich mein Leben. Der Häuptling brachte mir seine beiden Lieblingstöchter, alte Frauen versorgten mich mit selbstgekautem Bier, und der Medizinmann, ein widerlicher Speichellecker, versuchte sich bei mir anzubiedern, um mir meine Tricks abzuluchsen.

Von dem Nachbardorf – nur knappe 600 km entfernt –, wo natürlich ununterbrochen die Sonne brannte, kam eine Delegation, die mich flehentlich bat, doch auf einen Sprung vorbeizukommen, um ebenfalls Wasser zu bringen. Sie nannten es ochori koa puka, der Fluß, der von oben nach unten fließt. Das Wort Regen kannte man auch dort nicht.

Sie boten mir als Gegenleistung Perlenschnüre und bunte Kiesel an. Großzügig tat ich ihnen den Gefallen und verwandelte den ganzen Sahara-Abschnitt kurzerhand in ein Überschwemmungsgebiet. Automatisch war ich der Begründer einer Kanuregatta, die dort jedes Jahr ausgetragen werden sollte. Dazu kam es aber nicht. Denn als sich drei Wochen später mein Wasserflugzeug in die Luft erhob, kam hinter abziehenden Wolken die Sonne hervor, um weitere 2000 Jahre zu scheinen.

Ich kehrte zwar ungebräunt zurück, aber die Presse hatte von dem außergewöhnlichen Ereignis Wind bekommen und berichtete in langen und ausführlichen Artikeln. Wissenschaftler schrieben über mich, und Universitäten luden mich ein. Es dauerte nicht lange, und das Entwicklungshilfe-Ministerium wandte sich an mich. Viele unterentwickelte Nationen seien dies nur deshalb, weil sie an chronischem Wassermangel litten. Ob ich denn da nicht ...

So reiste ich denn mit Diplomatenpaß und Badehose um die Welt. Wo immer ich ankam, wurde ich wie ein Schlagersänger oder Fußballspieler empfangen und gefeiert. Ministerpräsidenten schüttelten mir die Hände, Frauen aller Rassen versuchten, mein magisches Geheimnis zu ergründen, kurz, es war eine wunderbare Zeit.

Trotzdem hatte ich eines Tages das zwingende Bedürfnis, einmal auszuspannen. Nun werden Sie zwar sagen, daß meine ganze Arbeit ja nur aus Urlaub bestand. Schließlich hatte ich nichts anderes zu tun, als irgendwo anzukommen, es regnen zu lassen und dann wieder abzufliegen. Das ist wahr. Nur: Jede Mission, auch die angenehmste, empfindet man früher oder später als Pflicht und damit als Arbeit. Und dann eben die Empfänge, das ganze Drumherum, die langen Bootsfahrten – nein, ich mußte mal Urlaub machen.

Aber wo sollte ich hinfahren? Wüsten- und chronische Sonnengebiete fielen natürlich aus, das hätte ja wieder Arbeit bedeutet. Und an die Riviera wollte ich schon deshalb nicht reisen, um den vielen Leuten dort nicht den Urlaub zu verderben – es war ein schwieriges Problem.

Da kam mir blitzartig eine Erkenntnis: Ich mußte dahin fahren, wo es sowieso immer regnete. Da gab es nichts für mich zu tun, und ich konnte ungestört abschalten. Endlich mal im Regen spazierengehen, der vom Wetter kam und nicht von mir, das mußte ein Erlebnis sein. Und so buchte ich einen Urlaub in Salzburg.

Beschwingt kam ich an, fuhr durch den Schnürlregen, klopfte dem Portier, der sich wegen des schlechten Wetters bei mir entschuldigen wollte (»... verstehe es selbst nicht ..., purer Zufall ..., gerade jetzt ...«), begeistert auf die Schulter, trank eine Flasche Gumpoldskirchner, schlief tief und traumlos und erwachte am anderen Morgen bei strahlendem Sonnenschein. Kein Trugbild. Der Himmel wölbte sich in wolkenlosem Blau, die Sonne schien wie in Afrika (bevor ich ankam) und trocknete die letzten Pfützen.

Der Portier fiel mir um den Hals. »Sie haben ihn uns gebracht, den ersten Sonnenschein seit Menschengedenken. Wir alle stehen tief in Ihrer Schuld. Hoffentlich bleibt es so.«

Es blieb so. Drei Wochen lang schien die Sonne wie auf Salzburger Ansichtspostkarten. Die Zeitungen schwelgten in Schlagzeilen, in denen immer wieder das Wort Wunder auftauchte: Seit 2000 Jahren schien wieder einmal die Sonne, das war es wert, Wunder genannt zu werden.

Natürlich sprach es sich herum, daß ich es war. Ich wurde empfangen, gepriesen, herumgereicht, und es gelang mir nur mit Mühe und Not, nachts und auf Schleichwegen aus Salzburg herauszukommen.

Während ich davonfuhr, einem aufziehenden Regen entgegen, ahnte ich dunkel, welche Arbeit da auf mich zukam. Gewiß, eine große und befriedigende Aufgabe.

Nur – wo mache ich jetzt Urlaub?

Eugen Roth
Stammtischgespräche

Gesprächsstoff, gar nicht auszuschöpfen,
Wird selbst den allerklügsten Köpfen
Der Austausch jeglicher Erfahrung
Bezüglich ihrer *Urlaubsnahrung*.
Der Virtuos, sonst Töne meisternd,
Erzählt begeistert und begeisternd,
Wie er am Würmsee, in Leoni
Zuerst bekommen Makkaroni
Und nachher, für zwei Mark, man denke,
Geschmort in Butter, eine Renke,
Die – doch, schon wird er unterbrochen
Vom Maler, der, erst vor vier Wochen, –
»Ich sage Ihnen, meine Herrn,
Zu übertreiben, liegt mir fern –«
In Glonn aß eine Haxen – soo!
»Wie die verzehrt war, war ich froh!«
Doch eh er sich in Einzelheiten,
Wie er gern möchte, kann verbreiten,
Berichtet laut schon der Verleger,
In Köln bei Schmitz zu essen pfleg' er
Sooft er hinkomm, jedesmal,
Den hochberühmten rheinischen Aal –
Ihn wiederum setzt außer Kraft
Der Mann der Geisteswissenschaft,
Der, gradezu mit Akribie,
Erzählt von einer Radpartie,
Bei der er, mit noch zwei Gesellen,
Gegessen dreizehn Bachforellen,
Um achtzig Pfennige das Stück –
Und ganz verklärt schaut er zurück
In jene Zeiten, längst verschollen . . .
Doch aus der Gegenwart, der vollen,
Formt nun der Holzbildhauer plastisch
Die Gans (mit Händen rundend, drastisch),
Die, mit den Seinen, vor drei Wochen,
Er abgenagt bis auf die Knochen. –
Im Lauf der Schildrung wächst die Größe

Der Gans, wie der Kartoffelklöße,
Bis, unterm wilden Zuruf: »Schluß!«
Der Märchen-Fresser schweigen muß.
Dafür steigt jetzt, als große Nummer,
Des Doktors sagenhafter Hummer,
Der, wenn auch oft und oft serviert,
Doch seine Zugkraft nie verliert.
Der einzige, wie er sonst auch dichtet,
Der Dichter, hier auf Ruhm verzichtet
Und er bekennt, bescheiden-klein:
»So oft ich ausgeh, geh ich ein!«

Carlo Manzoni
Reise mit Hund und Kind

Beschwerliche Reisen habe ich viele hinter mich gebracht, aber die, von der ich erzählen will, schlägt jeden Rekord. Ich habe schon eine ängstliche Alte transportiert, einen verrückten Autobesitzer, einen Schwätzer, bin schlafend, stechmückengeplagt, mit Blumen beladen dahingefahren, aber die Sache mit der ruhigen Dame, ihrem Kind und ihrem Hund war der Gipfel!

Wir stiegen also ein. Die Dame bestand nur aus Lächeln und Entschuldigungen. Entschuldigungen wegen der Störung, wegen der Belästigung, es tut mir ja soo leid, vielleicht wären Sie lieber allein gefahren ... usw., usw.

Und weiter: Wir stören Sie bestimmt nicht, wir werden ganz ruhig sitzenbleiben, tun Sie, als wenn wir überhaupt nicht vorhanden wären, lassen Sie sich in nichts stören, kümmern Sie sich überhaupt nicht um uns ... Lauter solche Geschichten, während wir einstiegen, als ich die Türen schloß und auch noch als ich auf den Anlasser drückte. Der Hund kam nach hinten.

»Los, Bobby, hinein mit dir, und sei schön brav, mein Hundchen! Nein, nicht auf die Sitze, auf den Boden.«

»Lassen Sie ihn nur, Signora. Dem Sitzkissen schadet das nicht.«

»Er ist ja soo sauber, müssen Sie wissen. Ich bade ihn alle Tage, und bevor wir eingestiegen sind, habe ich ihm noch die Pfoten abgeputzt. Leg dich, Bobby.«

Das Kind schlief, die Signora hielt es im Arm.

Dann fuhren wir los.

Der Hund zeigte reges Interesse an der vorbeifliegenden Landschaft. Die Pfoten auf den Fensterrahmen gestützt, preßte er die Schnauze an das Glas.

»Er schaut sich die Gegend an«, sagte ich, nur um etwas zu sagen. Muß man doch, wenn man Gäste im Wagen hat.

»Nicht wahr, Bobby!« rief ich und drehte mich ihm halb zu. Das war das Signal für den Hund, mich wie einen alten Freund zu begrüßen. Er legte die Pfoten auf meine Rücklehne und begann mir Hals und Ohren zu lecken.

»Brav sein, Bobby«, sagte die Signora, packte den Hund am Halsband und beförderte ihn auf den Sitz zurück. Der Hund war sofort wieder hinter mir und leckte weiter liebevoll meinen Hals und die Ohren ab.

»Er ist sehr temperamentvoll«, meinte sein Frauchen. »Kaum merkt er, daß sich jemand für ihn interessiert, gerät er außer Rand und Band vor Freude. Er ist ja so sensibel!«

»Das sehe ich«, war meine Antwort. Ich versuchte, ihn mir im wahren Sinn des Wortes vom Hals zu schaffen, nur daß ich bei dieser Bewegung unglücklicherweise nach rechts abwich und ein Radfahrer mit einem Riesenpaket auf der Lenkstange wahre equilibristische Kunststücke wenige Zentimeter vor meiner Motorhaube vollbringen mußte.

Ich trat mit aller Wucht auf die Bremse, und die Signora samt Kind im Arm stieß gegen die Windschutzscheibe, während der Hund über mich hinweg auf das Lenkrad plumpste.

Die Hupe dröhnte durch die Gegend, und der Hund, hingerissen von diesem Krach, begann herumzutanzen und versuchte sich meiner Nase zu bemächtigen.

Es gelang ihm auch, nachdem er mir nebenbei einen kräftigen Klaps auf mein rechtes Auge versetzt hatte.

Ich ließ das Steuer los und wollte ihn packen. Er entschlüpfte mir, machte den Hals lang und fuhr mit seiner Lieblingsbeschäftigung, nämlich mir das Gesicht mit der Zunge zu bearbeiten, fort.

Ich muß noch erwähnen, daß das Kind natürlich aufgewacht war und zu weinen anfing, da es sich den Kopf am Armaturenbrett angeschlagen hatte.

»Hat es sich wehgetan?« wagte ich zu fragen. Dabei versuchte ich, den Hund vom Lenkrad wegzulotsen und ihn zugleich von meinem Gesicht fernzuhalten.

»Nein, nein«, sagte die Signora, »es weint fast immer, wenn es wach wird. Das dauert ein bißchen, und dann beruhigt es sich wieder. Leg dich, Bobby.«

Bobby wandte plötzlich sein ganzes Interesse dem Kind zu. Begeistert setzte er alle fünf Beine, d. h. seine vier Beine und den Schwanz, in Bewegung und stürzte sich liebevoll auf das Gesicht des Babys, das natürlich mit erhöhter Lautstärke weiterbrüllte.

»Tut mir ja soo leid«, entschuldigte sich die Signora, »all diese Störungen ...«

»Das macht fast gar nichts«, sagte ich. »Ich liebe Hunde. Sei jetzt brav, Bobby.«

Meine Stimme lenkte Bobbys Aufmerksamkeit wieder auf

mich. Vor Freude winselnd, sprang er zwischen meine Knie und das Lenkrad. Das Kind hatte inzwischen zu weinen aufgehört und wollte gern mit dem Schwanz des Hundes spielen.

Fünf Minuten vergingen, deren Ablauf ich in allen Phasen nicht mehr wiedergeben kann, aber inzwischen habe ich Abstand gewonnen und glaube mich zu erinnern, daß auf den Vordersitzen meines Wagens mindestens vier Kinder, zwei reizende Signoras, zehn sich vor Freude wie wild gebärdende Hunde mit vierzig Schwänzen und zwanzig, nassen Badetüchern nicht unähnlichen Zungen herumtobten.

Ein Klopfen am Fenster holte mich in die Wirklichkeit zurück. Ein Polizist stand neben meinem Wagen.

»Wenn Sie mit Hund und Kind spielen wollen«, meinte er, »verlagern Sie sich wenigstens an den Straßenrand.«

»Ich spiele nicht mit dem Hund«, antwortete ich, »er spielt mit mir. Ich fahre gleich beiseite.«

Mit einiger Mühe steuerte ich den Wagen an den Rand der Fahrbahn, stieg aus, nahm den Hund und steckte ihn in den Kofferraum.

»Da wird es ihm gefallen«, sagte ich, »er hat genügend Luft und vier wunderbar weiche Kissen.«

Und ich knallte den Deckel zu.

Wir setzten unsere Reise fort. Das Kind fand keinen Schlaf mehr. Es begann sämtliche Knöpfe auf dem Armaturenbrett zu drücken und mit allen Hebeln zu spielen. Zuletzt wollte es unbedingt auf meinem Schoß sitzen und selbst steuern.

»Es tut mir ja soo leid«, sagte die Signora zum ich-weiß-nicht-wievielten Mal, »alle diese Umstände ...«

»Macht nichts«, sagte ich, »ich liebe Kinder ...«

Endlich erreichten wir unseren Bestimmungsort.

In der nächsten Bar ließ ich mir einen Kamillentee servieren.

Ursula Haucke
Bloß das Fahrgeld hatten wir vergessen

In unserer Familie weiß man echt nicht, mit wem man Geschenke kaufen gehen soll. Papa kann man vergessen. Der fällt schon beinah in Ohnmacht, wenn er reinkommt in ein Kaufhaus und ihm bläst die heiße Luft von der Heizung ins Gesicht. Und dann rennt er bloß schnell an die Stelle, wo er was kaufen will. Ohne Gucken, ohne alles. Mit ihm hat das also keinen Zweck. Bei Mama kann man ruhig stehenbleiben und überlegen, aber sie bleibt selber auch überall stehen und überlegt, und es dauert ewig! Und dann kauft sie gleich am Anfang irgendeinen Kochtopf oder ein dickes Buch, weil es Sonderangebot ist. Und man muß die ganze Zeit alles schleppen. Oma will immer, daß ich mitkomme, damit ich aussuchen helfe, aber wir streiten uns bloß immer, was schön ist oder nicht. Sie redet auch immer so viel mit den Verkäuferinnen und fragt, wie man den Pullover waschen muß und ob er eingeht, und dabei steht das alles irgendwo drauf. Aber Oma kann das ohne Brille nicht lesen und sie sagt, dafür ist eine Verkäuferin da, daß sie einen berät. Mir ist das irre peinlich. Wenn ich mit Meike gehe, dann rennt die immer gleich zu den Platten und setzt Kopfhörer auf, und dann ist sie weg vom Fenster.

Mit Monika geht es am besten; aber die hat immer eine lange Liste, und immer reicht das Geld nicht. Und wir müssen die ganze Zeit rechnen, daß es beinahe wie Schule ist. Gestern haben wir aber so gut gerechnet, daß wir zum Schluß alles gekauft hatten. Bloß das Fahrgeld für nach Hause hatten wir vergessen! Und in den blöden Ein-Mann-Bussen kann man nicht mal solange mitfahren, bis der Schaffner kommt und man kann nicht bezahlen und er schmeißt einen raus. Anhalter dürfen wir nicht machen. Aber dann haben wir das doch gemacht, weil es so saukalt war. Monika hat gesagt, wir gucken erst, wie der Typ aussieht und vielleicht ist es auch eine Frau. Aber es hat keine Frau gehalten, sondern ein Typ mit Bart. Der hat aber gar nicht die Tür aufgemacht, sondern nur das Fenster, und dann hat er angefangen zu quatschen. Daß man nicht in fremden Autos mitfährt, und besonders, wo es schon dunkel ist. Ob unsere Eltern uns das nicht gesagt haben! Und wir sollen mit dem Bus fahren. Monika hat ganz wütend geantwortet, daß leider keiner den Busfahrern gesagt hat, daß sie Kinder im Dunkeln auch ohne Geld mitnehmen. Und leider haben wir keins! Da hat der Mann gelacht und gesagt, wenn das so ist, ist ja alles klar. Und er hat uns das Fahrgeld einfach aus dem Fenster rausgereicht! Vor lauter Schreck haben wir gesagt, das geht nicht. Aber der Mann hat gesagt, das geht schon, bloß Mitfahren geht nicht. Und dann ist er weitergefahren. Das war echt stark und ein richtiges Erlebnis! Aber wir können das zu Hause gar nicht erzählen. Die verderben dann bloß alles mit lauter Gerede. Und wir machen sowieso nicht wieder Anhalter.

EPHRAIM KISHON
Sex

Es war einmal ein blondes Mädchen, das lebte in Amerika, genauer: in Nordamerika, noch genauer: in den Vereinigten Staaten. Das Mädchen hieß Susie und war ein ganz normales blondes Mädchen, das sich in nichts von anderen normalen blonden Mädchen unterschied. Infolgedessen drehten sich die Männer auf der Straße nach ihr um und stießen anerkennende Pfiffe und Lockrufe aus, genau wie sie es bei allen anderen blonden Mädchen machten. Und wie alle blonden Mädchen fühlte sich unsere Susie zum Film hingezogen. Da sie jedoch, wir sagten es schon, ein blondes Mädchen war wie alle anderen, oder vielleicht nicht einmal das, bekam sie immer nur ganz kleine Engagements als Statistin.

Was aber tat Gott der Herr in Seiner Güte?

Er tat nichts Außergewöhnliches oder gar Revolutionäres. Er hatte, wie man weiß, Seinerzeit den Himmel und die Erde geschaffen, den Menschen und die Tiere einschließlich der Insekten – und so kam es, daß unsere Susie, als sie eines Morgens aufwachte, die Augen nicht öffnen konnte. Denn in der Nacht hatte sie ein blutrünstiger Moskito in beide Augenlider gestochen, wie das im Sommer gelegentlich vorkommt, und am Morgen waren die beiden Augenlider so angeschwollen, daß Susie nur mit Mühe imstande war, sie ein ganz klein wenig zu heben und durch einen ganz schmalen Spalt durchzugucken. Überdies hatten sich ihre Augenbrauen in Richtung Stirne verschoben, was ihr ein merkwürdiges, originelles, beinahe exotisches Aussehen verlieh.

Aber die Dreharbeiten begannen pünktlich, und Susie mußte mit geschwollenen Augen ins Atelier fahren.

Und nun geschah das Wunder. Es entfaltete sich bereits im Straßenbahnwagen, als Susie dem Schaffner ihre Fahrkarte einhändigte und ihn dabei aus notgedrungen geschlitzten Augen von unten her ansah. Der Mann erbleichte, fiel auf die Knie und bat sie, ihn zu heiraten, er würde sich sofort nach Ende seiner heutigen Dienstzeit scheiden lassen. Noch ehe der Wagen vor dem Filmatelier hielt, hatte Susie insgesamt 24 Heiratsanträge bekommen, teils legaler und teils unsittlicher Prägung. Als sie ausstieg, stockte der gesamte Straßenverkehr, denn alle männlichen Passanten und Autofahrer blieben stehen und starrten hinter Susie einher.

Im Atelier fand das Wunder seine Fortsetzung. Kaum hatte Susie ihre Garderobe betreten, da drangen der Produzent, der Regisseur und die Darsteller der männlichen Hauptrollen auf sie ein und warben um sie. Die Darstellerinnen der weiblichen Hauptrollen verfärbten sich gelbgrün in der Reihenfolge ihres Auftretens.

Nach Beendigung der Dreharbeiten kam der Chef der Filmgesellschaft zu ihr und bot ihr die Hauptrolle in seinem nächsten Film an, den er eigens für sie schreiben lassen würde. Susie sollte in diesem Film die größte Sexbombe aller Zeiten spielen, eine unwiderstehliche Verführerin, die einen Mann nur anzusehen brauchte, um ihn sofort seiner gesunden Sinne zu berauben. Es versteht sich von selbst, daß Susie den Vorschlag annahm.

Auf dem Heimweg konnte sie sich des unguten Gefühls nicht erwehren, daß es mit dem Wunder zu Ende ginge. Anders ausgedrückt: ihre Augenlider schwollen ab und ihre Augenbrauen kehrten allmählich an die für sie vorgesehene Stelle zurück. Niemand drehte sich nach ihr um, der Schaffner im Straßenbahnwagen würdigte sie keines Blickes, und von den männlichen Fahrgästen bekam sie nicht einen einzigen Antrag. Sie sah aus wie alle anderen Blondinen, die noch von keinem Moskito gestochen worden waren.

Trübselig saß sie in ihrem kleinen Zimmer und starrte aus weit offenen Augen vor sich hin.

Da hörte sie plötzlich einen leisen, summenden Ton, der wie Musik in ihren Ohren klang:

»S-s-s-s. . .«

Der Moskito kreiste um ihr Blondhaar.

Eilends erhob sich Susie, schloß die Fensterläden sehr, sehr dicht, legte sich hoffnungsfroh in ihr Bettchen und sandte noch rasch ein Stoßgebet zum Himmel, ehe sie einschlief.

Und siehe da: als sie am Morgen erwachte, konnte sie die Augen kaum öffnen, weil ihre Lider so angeschwollen waren. Der Moskito hatte ganze Arbeit geleistet.

Susie engagierte ein Expertenteam, bestehend aus einem Insektologen, einem Innenarchitekten und einem Maurer, deren Aufgabe darin bestand, die kleine Wohnung hermetisch abgeschlossen zu halten und dem Moskito keine Chance zum Entwischen zu geben.

Seit Kleopatra hatte keine Frau eine so phantastische Karriere gemacht wie Susie. Ihre Filme spielten Millionenbeträge ein. Die Männerwelt aller Altersstufen geriet bei ihrem Anblick in Raserei, in allen zivilisierten Ländern des Erdballs stieg die Scheidungsrate, Ehegatten verließen scharenweise ihre Frauen, weil keine von ihnen diesen gewissen Blick von unten her zustande brachte, der so einmalig verheißungsvoll und erotisch war.

Auf dem Gipfel ihres Ruhmes angelangt, heiratete Susie einen millionenschweren Ölmagnaten, und alle drei – Susie, Magnat und Moskito – gingen auf Hochzeitsreise rund um die Welt. Unter anderem besuchten sie Saigon, wo Nord- und Südvietnamesen einige Tage lang die Waffen ruhen ließen, um sich an Susies Augen, die selbst für vietnamesische Verhältnisse ungewöhnlich geschlitzt waren, persönlich oder im Fernsehen weiden zu können. Der Moskito, der mittlerweile auf den Namen Ginsberg hörte, begleitete die Expedition in einem wattierten Schächtelchen mit winzigen Luftlöchern und unter ständiger Obhut des Insektologen, der das kostbare Tier immer nur des Nachts in Susies Schlafzimmer entließ. Und dort ereignete sich das Unglück. Susies Gatte verspürte im Halbschlaf ein unangenehmes Jucken am Nacken, schlug hin – und um Ginsberg war es geschehen. Unter der flachen Hand des Millionärs hauchte er sein unersetzliches Leben aus.

Zwar ließ sich Susie sofort von dem brutalen Mörder scheiden, aber das änderte nichts mehr daran, daß ihr Stern im Eiltempo zu sinken begann. Vor ein paar Wochen las man in den Zeitungen, daß die Filmgesellschaft den Vertrag mit ihr gelöst hatte. Der selige Ginsberg hatte Susies Sex-Appeal auf Nimmerwiederstich ins Grab mitgenommen.

Thaddäus Troll
Wie wirke ich originell?

Anders sein als die anderen – das ist im Zeitalter der Vermassung ein Ziel, aufs innigste zu wünschen.

Wenn Heerwürmer sich zusammenrotten, um die Hauptstraßen Mitteleuropas zu bereisen, wenn der oft verstopfte Brenner zum Brennpunkt wird, der mit magischer Gewalt die Invasoren aus dem Norden anzieht, dann gibt es immer noch abseits der Hauptstraße Platz, viel Platz für Leute, die unter sich sein wollen. Platz auch für Snobs.

Unsere Konsumgewohnheiten gleichen sich immer mehr an. Sogar im Eros. Wunschbild des männlichen Geschlechts (soweit seine Mitglieder noch nicht aus diesem ausgetreten sind) ist das kinematografierte, infantile Weibchen, ein geistig unterentwickeltes Wesen mit halbgeöffnetem Schmollmund, das nichts Hervorragendes an sich hat außer dem, was es unter dem zu engen Pullover zeigt; das entweder träge Sinnlichkeit oder gelangweilte Frigidität verspricht; eine platonische Geliebte, bei welcher der fruströs neurotische Partner nichts zu halten braucht.

Der Originalitätssnob sagt: »Ich habe keinen Typ. Und wenn ich einen hätte, dann Alice Schwarzer oder Rosa von Praunheim.« Und zu einer Dame, die nicht nur einen Flirt wert wäre: »Wie schade, daß man mit Ihnen nicht flirten kann. Ich bin eben so anders als andere Männer.« Das ist besonders raffiniert. Denn da heute viele Männer anders sind, ist der, der anders als die anderen ist, für eine Frau besonders erstrebenswert. Deshalb ist der Ausspruch »Ich bin so ordinär normal« für einen Supersnob besonders originell. Fast besser noch als »Ich wasche mich nie«.

Führt der Snob eine gute Ehe, so behauptet er: »Jeder Mann möchte seine Frau von Zeit zu Zeit totschlagen.« Ist er ein vorbildlicher Familienvater, so gibt er mit dem Ausspruch »Kinder sind mir widerlich« der Gesellschaft reichen Gesprächsstoff. Hat er jedoch ein bewegtes Leben hinter sich, so sagt er: »Ich sammle Schwiegermütter wie andere Leute Briefmarken.«

Übt der Snob einen geistigen Beruf (Kammermusiker oder -jäger, Weinhändler, Dichter, Oberkellner oder -regierungsrat,

Universitätsprofessor) aus, so behauptet er kühn: »Mein Hobby ist das Sammeln von Hundertmarkscheinen.« Sammeln sich jedoch diese, ohne daß er viel dazu zu tun braucht (bei Karnevalsprinzen, Schnulzensängerinnen, Aufsichtsräten, Volksfestwirten, Medizinalräten, Bundesligaspielern), auf seinem Konto, so zeigt er die Verachtung für schnöden Mammon: »Ich mache mir aus Geld gar nichts! Man kann doch nicht mehr als zwei Steaks zum Frühstück essen!«

Erzählt ihm in Gesellschaft eine Gesprächspartnerin, wie schwer vor jedem Wochenende die Entscheidung falle, ob man das Chalet in Ascona, das Weekendhaus in Freudenstadt, den Bungalow auf Sylt, den Sommersitz in Portofino oder die Villa an der Costa Brava anfliegen solle, so sagt der Snob schlicht: »Ich habe mir eine bescheidene Zweisiedelei im Bayrischen Wald gebaut. Aber wir bewohnen in dieser Saison nur das Mezzanin im rechten Flügel!« Der Eigenheimsnob erklärt: »Mein Architekt hat mir geraten, eine neue Frau zu suchen. Die jetzige paßt nicht mehr zu der betont schlichten statischen Funktion des Hauses.«

Wer es zu etwas gebracht hat, beweist das mit einem Wagen, der sich konservativ gebärdet. Die Lieferfirma sei so reizend versnobt, daß sie auf die Beschwerde, man beschmutze sich beim Öffnen des Tanks die Finger, entgegnen: »Wer unseren Wagen fährt, öffnet niemals eigenhändig den Tankverschluß.« Was bleibt da dem Originalitätssnob anderes übrig, als entweder ein neurotisches Auto mit vollautomatischen Fehlern oder jenen schlichten Ausländer zu fahren, dem seine zwei PS den trefflichen Namen Döschwo eingetragen haben? In brenzligen Situationen, in denen andere Fahrer dem Snob drohen, ihm das Nasenbein einzuschlagen, erwidert dieser höflich und leise: »Ich werde es für Sie tun.«

Auch in seiner politischen Haltung fällt der Originalitätssnob aus dem Rahmen. Galt es früher als schick, als Linksradikaler aufzutreten, so ist das heute viel zu abgeschmackt. Auch der Ausspruch »Ich stehe ziemlich weit links« ist, seit die Linksparteien das rechte Mittelmaß gefunden haben, nicht mehr originell. Wer sich zur »heimatlosen Linken« bekennt, bringt sich in den Ruf einsamer Nostalgie. Doch lasse man diesen Ruf nicht allzu hörbar werden, da man sonst als Sympathisant gebrandmarkt wird und es im Telefon knackt. Geht der Snob zur Bärenjagd auf den Balkan, so stiftet er zuvor ein paar Scheine für den »Verein zur Abtragung der Schandmauer«.

Je mehr er verdient, um so mehr nimmt der Snob Ärgernis an Leuten, die immer noch viel verdienen. Gleich einem Karl Moor zeigt er Verachtung für dieses fetttriefende Jahrhundert, das nur für üppige Tafeln und ekles Feilschen Sinn habe. Den Abscheu am Wohlstand teilt er mit jenen Kabarettisten, die aus ihrem weißen Porsche kurz mal auf die Barrikaden steigen und ihren Degout an Leuten, die nichts als Auto und Fernsehen im Kopf haben, für einen größeren Scheck an den Mann bringen.

Der Anti-Telewischen-Snob, der behauptet, Fernsehen töte das Tischgespräch und verflache den Geschmack, wird immer seltener. Es gehört schon viel Mut dazu, um auf die Frage »Haben Sie gestern Karajan gehört?« zu antworten: »Nein, wir musizieren selbst.« Noch kühner: »Nein, wir können uns keinen Fernsehapparat leisten.«

Ehemals gehörten Tennis, Golf, Polo und Segeln zu den von Snobs bevorzugten Sportarten. Aber seit auch exklusive Klubs von Neo-Protzkisten unterwandert sind, antwortet der echte Snob auf die Frage »Kennen Sie den Poloplatz von Taormina?« mit der Bemerkung: »Nein – ich spiele weder Polo, noch war ich in Taormina.« Oder ganz kühn: »Für mich ist ein gesundes Liebesleben die beste Vorbeugung gegen lästige sportliche Betätigung.«

Ein hämischer Kollege fragte einmal einen Schriftsteller: »Wissen Sie, daß Sie miserabel schreiben?« Obgleich diese Frage rein rhetorisch war und keine Antwort erwartete, kam eine solche, reizend versnobt: »Ich weiß es wohl. Aber sagen Sie es nicht so laut. Meine Leser wissen es nämlich nicht.« Es wäre grob, hinzuzufügen: »Bei Ihnen ist es umgekehrt!« Dieses Beispiel brillanten Snobismus ist leicht auf andere Branchen zu übertragen.

Zum Schluß ein Bekenntnis: Ich bin ein Pointensnob. Bei einer Fahrt durchs Land lief mir einmal ein von allen guten Geistern verlassener Mann in die Quere, der so markig wirkte, wie man nur zwischen Hannover und Braunschweig wirken kann. Er zeichnete sich durch jene Forschheit aus, die ein fast lebenslänglicher Militärdienst hinterläßt. An seiner Seite ging ein Mädchen, das in jenen Kreisen Mädel heißt und dem man den Leitsatz der Erziehung »Halt dich gerade!« ansah. Ich trat hart auf die Bremse, um ein Heldenleben nebst Nachwuchs zu erhalten. Der würdige Herr war darüber so erschrocken, daß er mit dem Spazierstock auf mein Auto schlug und sich wütender Beschimpfungen entledigte, die stilgemäß zu erwidern es mir an der schnarrenden Stimme mangelte. Ziemlich kleinlaut fuhr ich weiter, und erst nach vier Kilometern fiel mir eine passende Antwort ein.

Ich fuhr zurück, mit Herzklopfen, denn ich gehöre zu den Menschen, bei denen eine Pointe, die nicht an den Mann gebracht werden kann, wie eine verschluckte Gräte wirkt und zu schweren Gesundheitsschäden führen kann. Glücklicherweise traf ich das würdige Paar noch. Ich kurbelte das Fenster herunter und sagte: »Ich weiß, weshalb Sie so undiszipliniert sind. Sie haben sicher nie gedient.« Mir ist noch nie ein Mensch begegnet, dem man es so ansah, daß er sich bis ins innerste Mark der Ehre verkannt fühlte.

Aber jedesmal wenn ich diese Geschichte erzähle, schwindle ich. Ich behaupte, ich hätte das Paar nicht mehr gefunden. Meine Pointe sei verpufft wie eine Rakete auf Kap Canaveral.

Sie können daraus schließen: Ich bin ein Understatement-Snob. Ein Minusprotz. Ein Tiefstapler.

Und das sind die Schlimmsten!

Hans Scheibner
Die Eumeniden von Ohlsdorf

Angefangen hat alles vor über zwei Jahren. Damals waren Anni und Else, die beiden alten Damen aus Eimsbüttel, Nachbarinnen seit 30 Jahren, zusammen auf dem Ohlsdorfer Friedhof gewesen, um ihre Männer zu besuchen – genauer gesagt: die Gräber ihrer Männer. Anschließend waren sie dann noch etwas spazierengegangen, und Else hatte noch gesagt: »Ohlsdorf ist eigentlich der schönste Park in Hamburg – wenn man sich die vielen Toten mal wegdenkt.«

Dann war plötzlich der große Regen gekommen. Es goß wie aus Eimern. Wo sollten Anni und Else so schnell hin? Also rüber zur Kapelle 12. Sie wollten sich doch bloß unterstellen. Aber da empfing sie schon der schwarzgekleidete Mann mit dem traurigen Gesicht. »Schnell, schnell«, sagte er, »es hat grad angefangen.« Ehe sie sich versahen, saßen Anni und Else unter den trauernden Angehörigen in der Kapelle. Es war eine große Beerdigung.

Sie hörten die schöne Predigt des Pastors, hörten Musik von Bach – und drückten beim Rausgehen der Witwe und den Töchtern zum Beileid die Hände. Es kam einfach so. »Sie kommen doch noch mit?« fragte die Witwe.

Und so saßen Anni und Else plötzlich mitten unter den anderen Gästen bei der Trauermahlzeit im Restaurant.

»Ich hab' Angst«, flüsterte Else. »Ach was«, sagte Anni, »ich hab' einen furchtbaren Hunger.« Zwar kamen hin und wieder noch fragende Blicke von den Verwandten zu ihnen herüber – aber das war schnell geklärt. »Wir kennen den Verstorbenen noch aus der Schulzeit«, sagte Anni zu ihrer Nachbarin. – »Schön, daß Sie gekommen sind«, erwiderte die.

Damit hätte die Geschichte eigentlich zu Ende sein können. Aber Anni – sie hatte ja schon immer den Schalk im Nacken –, Anni wollte nach der Trauerfeier unbedingt noch mal auf den Friedhof, um sich mit Else richtig auszukichern.

»Irgendwie fand ich es sogar schön«, sagte Else, »einen fremden Menschen zu betrauern. Wir sind doch alle Fremde, wenn man es recht bedenkt.«

»Else«, sagte Anni, »jetzt müssen wir uns noch Kaffee und Kuchen verdienen.«

Else hatte stärkste Bedenken – aber dann saßen die beiden plötzlich in Kapelle 10. Else mußte wirklich weinen über das harte Schicksal der Mutter mit drei Kindern, die hier von uns gegangen war. Die Beerdigung war nicht so groß wie die vom Vormittag. An der Kaffeetafel mußten Else und Anni schon etwas geschickter sein. Aber erstens hatten sie inzwischen schon etwas gelernt (»Wir waren zusammen im Luftschutzkeller«), und außerdem mußte Else sowieso immer weinen, so daß die Tischnachbarin ihr sogar tröstend über den Kopf strich.

Seither haben Anni und Else schon an die 200 Beerdigungen besucht. Aber man muß Else glauben, wenn sie sagt: »Es ist wirklich nicht nur wegen des Essens. Ich geb' ja zu: Ich hab' schon allerhand Rente gespart. Aber das Wichtigste ist doch das Menschliche. Und daß es so schön traurig ist.«

Anni dagegen sagt: »Ein paar Pastoren kennen uns schon. Aber die verraten uns nicht. Sonst verraten wir nämlich, wie oft sie wörtlich dieselbe Predigt auf verschiedenen Beerdigungen halten.«

Auf mancher Beerdigung sind Anni und Else sogar die einzigen Trauergäste. Da freut sich der Hinterbliebene, daß überhaupt jemand gekommen ist.

Für mich sind Anni und Else die Eumeniden von Ohlsdorf. Sie wissen doch: Das sind die milde gewordenen Rachegöttinnen, die Wohlwollenden, die den Verblichenen über den Styx in die Unterwelt begleiten. Auf manchen meiner guten Freunde würde ich bei meiner eigenen Beerdigung mit Freuden verzichten. Aber Anni und Else sind herzlich eingeladen.

André Heller
Die wahren Abenteuer sind im Kopf

Ich wär ein schlechter Kapitän,
die Meridiane sind mein Handwerk nicht.
Und trommelt auch der Regen in den Tropen
Neuguineas die Mangoblätter wund,
es heißt, am Ende aller Reisen weiß man doch
wiederum die Erde rund.

Und Abendstern und kleiner Bär
sind Feuer in der schwarzen Wiese über meinem Haus.

Die wahren Abenteuer sind im Kopf,
und sind sie nicht im Kopf, dann sind sie nirgendwo.
Die wahren Abenteuer sind im Kopf,
und sind sie nicht im Kopf, dann sind sie nirgendwo.

Der Maskenhändler mit der Blutmaschine,
der Detektiv der kühlen Worte,
das Saltorückwärts-Kind mit Bakelitperücke,
die Schmerzensdienerin des Hokusei.
Sie alle sind in meinem Kopf, und sind sie nicht
in meinem Kopf, dann sind sie nirgendwo.
Sie alle, alle sind in meinem Kopf, und sind sie nicht
in meinem Kopf, dann sind sie nirgendwo.

Im Jahr der Insekten, dem Dreimonatsjahr,
gleitet von Ferne in die Nähe,
bizarre, gefräßige Architektur
aus Stachel und Zange, Schere und Lärm
und stiehlt die Schatten aus den Zweigen
und dringt in den Traum des Soldaten.
Und die kleinen Gebärden der Hasardeure
werden wie Segel eingeholt.

Die wahren Abenteuer sind im Kopf, in meinem Kopf,
und sind sie nicht in meinem Kopf, dann sind sie nirgendwo.
Die wahren Abenteuer sind im Kopf, in deinem Kopf,
und sind sie nicht in deinem Kopf, dann suche sie.

Die wahren Abenteuer sind im Kopf, in euren Köpfen,
und sind sie nicht in euren Köpfen, dann suchet sie.
Die Wirklichkeit,
die Wirklichkeit trägt wirklich ein Forellenkleid
und dreht sich stumm,
und dreht sich stumm
nach andern Wirklichkeiten um.

AMBROSE GWINNETT BIERCE, geboren am 24. Juni 1842 in Meigs County/Ohio, verschollen 1914 in Mexiko, war Offizier im amerikanischen Bürgerkrieg, später Journalist.
Von Ambrose Bierce sind im Deutschen Taschenbuch Verlag erschienen: ›Der Mönch und die Henkerstochter. Erzählungen‹ (dtv-Bd. 1863), ›An Occurrence at Owl Creek Bridge and Other Stories/Ein Vorfall an der Eulenfluß-Brücke und andere Erzählungen‹ (dtv zweisprachig 9157), ›From the Devil's Dictionary/Aus dem Wörterbuch des Teufels‹ (dtv zweisprachig 9183).
›Eine Begebenheit an der Owl-Creek-Brücke‹ 143
(Abdruck mit freundlicher Genehmigung der Kossodo Verlag AG, Anières-Genf. Aus: A. B., Der Mönch und die Henkerstochter. Anières-Genf 1968. Deutsch von K. B. Leder, Gerd Leetz und M. S. Arnemann.)

HEINRICH BÖLL, geboren am 21. Dezember 1917 in Köln, gestorben am 16. Juli 1985 in Hürtgenwald, erhielt 1972 den Nobelpreis für Literatur.
Von Heinrich Böll sind im Deutschen Taschenbuch Verlag erschienen: ›Irisches Tagebuch‹ (dtv-Bd. 1), ›Zum Tee bei Dr. Borsig. Hörspiele‹ (dtv-Bd. 200), ›Als der Krieg ausbrach. Erzählungen‹ (dtv-Bd. 339), ›Nicht nur zur Weihnachtszeit. Satiren‹ (dtv-Bd. 350; auch als dtv großdruck 2575), ›Ansichten eines Clowns. Roman‹ (dtv-Bd. 400), ›Wanderer, kommst du nach Spa... Erzählungen‹ (dtv-Bd. 437), ›Ende einer Dienstfahrt. Erzählung‹ (dtv-Bd. 566), ›Der Zug war pünktlich. Erzählung‹ (dtv-Bd. 818), ›Wo warst du, Adam? Roman‹ (dtv-Bd. 856), ›Gruppenbild mit Dame. Roman‹ (dtv-Bd. 959), ›Billard um halbzehn. Roman‹ (dtv-Bd. 991), ›Die verlorene Ehre der Katharina Blum. Erzählung‹ (dtv-Bd. 1150; auch als dtv großdruck 2501), ›Das Brot der frühen Jahre. Erzählung‹ (dtv-Bd. 1374), ›Hausfriedensbruch. Hörspiel/Aussatz. Schauspiel‹ (dtv-Bd. 1439), ›Und sagte kein einziges Wort. Roman‹ (dtv-Bd. 1518), ›Ein Tag wie sonst. Hörspiele‹ (dtv-Bd. 1536), ›Haus ohne Hüter. Roman‹ (dtv-Bd. 1630), ›Eine deutsche Erinnerung. Interview mit René Wintzen‹ (dtv-Bd. 1691), ›Du fährst zu oft nach Heidelberg und andere Erzählungen‹ (dtv-Bd. 1725), ›Fürsorgliche Belagerung. Roman‹ (dtv-Bd. 10001), ›Das Heinrich Böll Lesebuch‹ (dtv-Bd. 10031), ›Was soll aus dem Jungen bloß werden? Oder: Irgendwas mit Büchern‹ (dtv-Bd. 10169), ›Das Vermächtnis. Erzählung‹ (dtv-Bd. 10326), ›Die Verwundung und andere frühe Erzählungen‹ (dtv-Bd. 10472); Schriften und Reden: ›Zur Verteidigung der Waschküchen. 1952–1959‹ (dtv-Bd. 10601), ›Briefe aus dem Rheinland. 1960–1963‹ (dtv-Bd. 10602), ›Heimat und keine. 1964–1968‹ (dtv-Bd. 10603), ›Ende der Bescheidenheit. 1969–1972‹ (dtv-Bd. 10604), ›Man muß immer weitergehen. 1973–1975‹ (dtv-Bd. 10605), ›Es kann einem bange werden.

1976–1977‹ (dtv-Bd. 10606), ›Die ‚Einfachheit' der ‚kleinen' Leute. 1978–1981‹ (dtv-Bd. 10607); zusammen mit Klaus Staeck: ›Gedichte/Collagen‹ (dtv-Bd. 1667); zusammen mit Lew Kopelew: ›Warum haben wir aufeinander geschossen?‹ (dtv-Bd. 10211); zusammen mit Lew Kopelew und Heinrich Vormweg: ›Antikommunismus in Ost und West. Zwei Gespräche‹ (dtv-Bd. 10280).

(Abdruck mit freundlicher Genehmigung des Kiepenheuer & Witsch Verlags, Köln. Aus: H. B., Erzählungen 1950–1970. Köln 1972; enthalten auch in dtv-Bd. 350.)

Alois Brandstetter, geboren am 5. Dezember 1938 in Pichl/Oberösterreich, studierte Germanistik und Geschichte, lehrt heute als Professor für Deutsche Philologie an der Universität Klagenfurt.
Von Alois Brandstetter sind im Deutschen Taschenbuch Verlag erschienen: ›Der Leumund des Löwen. Geschichten von großen Tieren und Menschen‹ (dtv-Bd. 10021), ›Die Abtei. Roman‹ (dtv-Bd. 10218), ›Die Mühle. Roman‹ (dtv-Bd. 10296), ›Über den grünen Klee der Kindheit‹ (dtv-Bd. 10450), ›Vom Schnee der vergangenen Jahre‹ (dtv-Bd. 10478).

(Abdruck mit freundlicher Genehmigung des Residenz Verlags, Salzburg. Aus: A. B., Der Leumund des Löwen. Salzburg 1976.)

Heimito von Doderer, geboren am 5. September 1896 in Weidlingau bei Wien, gestorben am 23. Dezember 1966 in Wien, studierte Geschichtswissenschaft. 1930 erschien sein erster Roman, ›Geheimnis des Reichs‹.
Von Heimito von Doderer sind im Deutschen Taschenbuch Verlag erschienen:
›Die Merowinger oder Die totale Familie. Roman‹ (dtv-Bd. 281), ›Die Wasserfälle von Slunj. Roman‹ (dtv-Bd. 752), ›Die Strudlhofstiege. Roman‹ (dtv-Bd. 1254), ›Ein Mord den jeder begeht. Roman‹ (dtv-Bd. 10083), ›Die Peinigung der Lederbeutelchen und andere Erzählungen‹ (dtv-Bd. 10287), ›Die Dämonen. Roman‹ (dtv-Bd. 10476).

(Abdruck mit freundlicher Genehmigung des Biederstein Verlags, München. Aus: H. v. D., Die Erzählungen. München 1972.)

Alfred Döblin, geboren am 10. August 1878 in Stettin, gestorben am 26. Juni 1957 in Emmendingen bei Freiburg, war Nervenarzt in Berlin. Emigration 1933, Rückkehr nach Deutschland 1945. Lebte seit 1953 in Frankreich.
Von Alfred Döblin sind im Deutschen Taschenbuch Verlag erschienen: ›Berlin Alexanderplatz. Die Geschichte vom Franz Biberkopf‹ (dtv-Bd. 295), ›November 1918. Eine deutsche Revolution. 4 Bände‹ (dtv-Bd. 1389), ›Die Ermordung einer Butterblume und andere Erzählungen‹

(dtv-Bd. 1552), ›Die drei Sprünge des Wang-lun. Chinesischer Roman‹ (dtv-Bd. 1641), ›Ein Kerl muß eine Meinung haben. Berichte und Kritiken 1921–1924‹ (dtv-Bd. 1694), ›Der Überfall auf Chao-lao-sü. Erzählungen aus fünf Jahrzehnten (dtv-Band 10005), ›Babylonische Wandrung oder Hochmut kommt vor dem Fall. Roman‹ (dtv-Bd. 10035), ›Wallenstein. Roman‹ (dtv-Bd. 10144).

›Die Ermordung einer Butterblume‹ 15

(Abdruck mit freundlicher Genehmigung des Walter-Verlags, Olten. Aus: A. D., Die Ermordung einer Butterblume und andere Erzählungen. Olten und Freiburg im Breisgau.)

Friedrich Dürrenmatt, geboren am 5. Januar 1921 in Konolfingen bei Bern, studierte Literatur, Philosophie und Naturwissenschaften. Er lebt seit 1952 in Neuchâtel.

Von Friedrich Dürrenmatt sind im Deutschen Taschenbuch Verlag erschienen:

›Das Versprechen. Requiem auf den Kriminalroman‹ (dtv-Bd. 1390; auch als dtv großdruck 2562), ›Es steht geschrieben/Die Wiedertäufer. Zwei Stücke‹ (dtv-Bd. 1462).

›Die Notoperation‹ 62

(Abdruck mit freundlicher Genehmigung des Diogenes Verlags, Zürich. Aus: F. D., Der Verdacht. © Diogenes Verlag AG, Zürich.)

Gabriel García Márquez, geboren am 6. März 1928 in Aracataca/Kolumbien, erhielt 1982 den Nobelpreis für Literatur.

Von Gabriel García Márquez sind im Deutschen Taschenbuch Verlag erschienen:

›Das Leichenbegängnis der Großen Mama und andere Erzählungen‹ (dtv-Bd. 1237), ›Laubsturm. Roman‹ (dtv-Bd. 1432; auch als dtv großdruck 2557), ›Der Herbst des Patriarchen. Roman‹ (dtv-Bd. 1537), ›Der Oberst hat niemand, der ihm schreibt. Roman‹ (dtv-Bd. 1601), ›Die böse Stunde. Roman‹ (dtv-Bd. 1717), ›Augen eines blauen Hundes. Frühe Erzählungen‹ (dtv-Bd. 10154), ›Hundert Jahre Einsamkeit. Roman‹ (dtv-Bd. 10249), ›Die Geiselnahme‹ (dtv-Bd. 10295), ›Bericht eines Schiffbrüchigen‹ (dtv-Bd. 10376).

›Die unglaubliche und traurige Geschichte von der einfältigen Eréndira und ihrer herzlosen Großmutter‹ 265

(Abdruck mit freundlicher Genehmigung des Kiepenheuer & Witsch Verlags, Köln. Aus: G. G. M., Das Leichenbegängnis der Großen Mama. Köln 1974. Deutsch von Curt Meyer-Clason.)

Lars Gustafsson, geboren am 17. Mai 1936 in Västeras/Mittelschweden, wo er auch heute noch lebt. 1961 Promotion zum Dr. phil., 1979 Habilitation.

Von Lars Gustafsson sind im Deutschen Taschenbuch Verlag erschienen:

›Wollsachen. Roman‹ (dtv-Bd. 1273), ›Das Familientreffen. Roman‹ (dtv-

Bd. 1470), ›Die Tennisspieler. Erzählung‹ (dtv-Bd. 10008), ›Erzählungen von glücklichen Menschen‹ (dtv-Bd. 10175), ›Die Stille der Welt vor Bach. Gedichte‹ (dtv-Bd. 10299).

›Die vier Eisenbahnen von Iserlohn‹ 310
(Abdruck mit freundlicher Genehmigung des Carl Hanser Verlags, München. Aus: L. G., Erzählungen von glücklichen Menschen. München und Wien 1981. Deutsch von Verena Reichel.)

RUDOLF HAGELSTANGE, geboren am 14. Januar 1912 in Nordhausen/Harz, gestorben am 5. August 1984 in Hanau. Bekannt wurde er 1943 mit dem Sonettenzyklus ›Venezianisches Credo‹.
Von Rudolf Hagelstange sind im Deutschen Taschenbuch Verlag erschienen:
›Spielball der Götter. Roman‹ (dtv-Bd. 411), ›Altherrensommer. Roman‹ (dtv-Bd. 812), ›Der General und das Kind. Roman‹ (dtv-Bd. 1222), ›Zeit für ein Lächeln. Heitere Prosa‹ (dtv-Bd. 1321), ›Der große Filou. Die Abenteuer des Ithakers Odysseus‹ (dtv-Bd. 1431), ›Tränen gelacht. Steckbrief eines Steinbocks‹ (dtv-Bd. 1513), ›Alleingang. Sechs Schicksale‹ (dtv-Bd. 1729), ›Venus im Mars. Liebesgeschichten aus der Zeit des Hasses‹ (dtv großdruck 2534), ›Venezianisches Credo und andere Gedichte‹ (dtv großdruck 2543), ›Der sächsische Großvater‹ (dtv großdruck 2553).

›Ein Bärenfang‹ 56
(Abdruck mit freundlicher Genehmigung der Paul List Verlag KG, München. Aus: R. H., Zeit für ein Lächeln. München 1975.)

URSULA HAUCKE lebt in Berlin, ist freie Schriftstellerin und für Rundfunk und Fernsehen tätig. Hauptautorin der Sendereihe ›Papa, Charly hat gesagt. . .‹.
Von Ursula Haucke ist im Deutschen Taschenbuch Verlag erschienen:
›Ich hab geschielt, und Papa war beleidigt. Notizen aus Karolines Tagebuch‹ (dtv-Bd. 10180; illustriert von Franziska Becker).

›Bloß das Fahrgeld hatten wir vergessen‹ 352
(Aus: U. H., Ich hab geschielt, und Papa war beleidigt. Deutscher Taschenbuch Verlag GmbH & Co. KG, München 1983.)

ANDRÉ HELLER, geboren am 22. März 1947 in Wien, wo er heute noch lebt.
Von André Heller sind im Deutschen Taschenbuch Verlag erschienen:
›Auf und davon. Erzähltes‹ (dtv-Bd. 10178), ›Die Sprache der Salamander. Lieder 1971–1981‹ (dtv-Bd. 10347).

›Die wahren Abenteuer sind im Kopf‹ 363
(Abdruck mit freundlicher Genehmigung des Hoffmann und Campe Verlags, Hamburg. Aus: A. H., Die Sprache der Salamander. Hamburg 1981.)

MASCHA KALÉKO, geboren am 7. Juni 1907 in Schidlow/Galizien, gestorben am 21. Januar 1975 in Zürich, hatte 1933 mit dem ›Lyrischen Steno-

grammheft‹ ihren ersten großen Erfolg. 1938 emigrierte sie in die USA, von wo sie 1966 nach Israel übersiedelte.
Von Mascha Kaléko sind im Deutschen Taschenbuch Verlag erschienen: ›In meinen Träumen läutet es Sturm. Gedichte und Epigramme‹ (dtv-Bd. 1294), ›Heute ist morgen schon gestern. Gedichte aus dem Nachlaß‹ (dtv-Bd. 10102), ›Der Gott der kleinen Webefehler‹ (dtv-Bd. 10367), ›Das himmelgraue Poesie-Album‹ (dtv-Bd. 10517).
›Zärtliche Epistel‹ 122
(Aus: M. K., In meinen Träumen läutet es Sturm. Deutscher Taschenbuch Verlag GmbH & Co. KG, München 1977.)

Ephraim Kishon, geboren am 23. August 1924 in Budapest, lebt seit 1949 in Israel.
Von Ephraim Kishon sind im Deutschen Taschenbuch Verlag erschienen: ›Nicht so laut vor Jericho. Satiren‹ (dtv-Bd. 989), ›Der Blaumilchkanal. Satirische Szenen‹ (dtv-Bd. 993), ›Salomos Urteil – zweite Instanz. Neue Satiren‹ (dtv-Bd. 1038), ›Kein Applaus für Podmanitzki. Satirisches‹ (dtv-Bd. 1121), ›Es bleibt in der Familie. Satiren‹ (dtv-Bd. 10440), ›Bekenntnisse eines perfekten Ehemanns. Satiren‹ (dtv-Bd. 10496).
›Sex‹ 354
(Abdruck mit freundlicher Genehmigung der Albert Langen – Georg Müller Verlag GmbH, München. Aus: E. K., Salomos Urteil – zweite Instanz. München und Wien 1972. Deutsch von Friedrich Torberg.)

Horst Krüger, geboren am 17. September 1919 in Magdeburg, lebt seit 1967 als freier Schriftsteller in Frankfurt am Main.
Von Horst Krüger sind im Deutschen Taschenbuch Verlag erschienen: ›Ostwest-Passagen. Reisebilder aus zwei Welten‹ (dtv-Bd. 1562), ›Poetische Erdkunde. Reise-Erzählungen‹ (dtv-Bd. 1675), ›Erste Augenblicke. Reiseprosa‹ (dtv-Bd. 10103), ›Deutsche Stadtpläne. Reiseprosa‹ (dtv-Bd. 10266), ›Spötterdämmerung. Lob- und Klagelieder zur Zeit‹ (dtv-Bd. 10355).
›Camping‹ 123
(Abdruck mit freundlicher Genehmigung des Hoffmann und Campe Verlags, Hamburg. Aus: H. K., Unterwegs. Gesammelte Reiseprosa. Hamburg 1980; enthalten auch in dtv-Bd. 10103.)

Günter Kunert, geboren am 6. März 1929 in Berlin, lebt seit 1979 in der Bundesrepublik.
Von Günter Kunert sind im Deutschen Taschenbuch Verlag erschienen: ›Der andere Planet. Ansichten von Amerika‹ (dtv-Bd. 1781), ›Warnung vor Spiegeln/Unterwegs nach Utopia/Abtötungsverfahren. Gedichte‹ (dtv-Bd. 10033), ›Verspätete Monologe‹ (dtv-Bd. 10224), ›Die Beerdigung findet in aller Stille statt. Erzählungen‹ (dtv-Bd. 10262), ›Diesseits des Erinnerns. Aufsätze‹ (dtv-Bd. 10438), ›Ein englisches Tagebuch‹ (dtv-

Bd. 6310), ›Ziellose Umtriebe. Nachrichten vom Reisen und vom Daheimsein‹ (dtv-Bd. 6327).

›Vom Reisen‹ 7

(Abdruck mit freundlicher Genehmigung des Carl Hanser Verlags, München. Aus: G. K., Ziellose Umtriebe. © Günter Kunert.)

SELMA LAGERLÖF, geboren am 20. November 1858 auf dem Familiensitz Mårbacka (Värmland)/Schweden, gestorben am 16. März 1940 ebenda. Sie erhielt 1909 den Nobelpreis für Literatur.

Von Selma Lagerlöf sind im Deutschen Taschenbuch Verlag erschienen: ›Die schönsten Legenden‹ (dtv-Bd. 1391), ›Gösta Berling. Roman‹ (dtv-Bd. 1441), ›Die schönsten Sagen und Märchen‹ (dtv-Bd. 1593), ›Der Kaiser von Portugallien. Roman‹ (dtv-Bd. 10437), ›Christuslegenden‹ (dtv großdruck 2573), ›Nils Holgerssons schönste Abenteuer‹ (dtv-Bd. 7280), ›Fünf große Erzählungen‹ (dtv-Bd. 7944).

›Tale Thott‹ 194

(Abdruck mit freundlicher Genehmigung der Nymphenburger Verlagshandlung GmbH, München. Aus: S. L., Große Erzählungen. München 1974. Deutsch von Marie Franzos; enthalten auch in dtv-Bd. 7944.)

SIEGFRIED LENZ, geboren am 17. März 1926 in Lyck/Ostpreußen, lebt heute als freier Schriftsteller in Hamburg.

Von Siegfried Lenz sind im Deutschen Taschenbuch Verlag erschienen: ›Der Mann im Strom. Roman‹ (dtv-Bd. 102; auch als dtv großdruck 2500), ›Brot und Spiele. Roman‹ (dtv-Bd. 233), ›Jäger des Spotts. Geschichten aus dieser Zeit‹ (dtv-Bd. 276), ›Stadtgespräch. Roman‹ (dtv-Bd. 303), ›Das Feuerschiff. Erzählungen‹ (dtv-Bd. 336), ›Es waren Habichte in der Luft. Roman‹ (dtv-Bd. 542; auch als dtv großdruck 2551), ›Der Spielverderber. Erzählungen‹ (dtv-Bd. 600), ›Haussuchung. Hörspiele‹ (dtv-Bd. 664), ›Beziehungen. Ansichten und Bekenntnisse zur Literatur‹ (dtv-Bd. 800), ›Deutschstunde. Roman‹ (dtv-Bd. 944), ›Einstein überquert die Elbe bei Hamburg. Erzählungen‹ (dtv-Bd. 1381; auch als dtv großdruck 2576), ›Das Vorbild. Roman‹ (dtv-Bd. 1423), ›Der Geist der Mirabelle. Geschichten aus Bollerup‹ (dtv-Bd. 1445; auch als dtv großdruck 2571), ›Heimatmuseum. Roman‹ (dtv-Bd. 1704), ›Die Wracks von Hamburg‹ (dtv-Bd. 1767), ›Der Verlust. Roman‹ (dtv-Bd. 10364), ›Die Erzählungen 1949–1984‹ (3 Bände in Kassette; dtv Bd. 10527), ›Über Phantasie. Gespräche‹ (dtv-Bd. 10529), ›Elfenbeinturm und Barrikade. Erfahrungen am Schreibtisch‹ (dtv-Bd. 10540), ›So war das mit dem Zirkus. Fünf Geschichten‹ (dtv-Bd. 7163).

›Der heimliche Wahlsieger‹ 82

(Abdruck mit freundlicher Genehmigung des Hoffmann und Campe Verlags, Hamburg. Aus: S. L., Der Geist der Mirabelle. Hamburg 1975.)

JACK LONDON, geboren am 12. Januar 1876 in San Francisco, beging Selbstmord am 22. November 1916 in Glen Ellen/Kalifornien.

Von Jack London sind im Deutschen Taschenbuch Verlag erschienen: ›Lockruf des Goldes. Roman‹ (dtv-Bd. 871), ›Der Sohn des Wolfs. Erzählungen‹ (dtv-Bd. 897), ›König Alkohol. Roman‹ (dtv-Bd. 899), ›An der weißen Grenze. Roman‹ (dtv-Bd. 918), ›Südseegeschichten‹ (dtv-Bd. 923), ›Abenteurer des Schienenstranges. Roman‹ (dtv-Bd. 948), ›Die glücklichen Inseln. Erzählungen‹ (dtv-Bd. 971), ›In den Wäldern des Nordens. Erzählungen‹ (dtv-Bd. 978), ›Jerry, der Insulaner. Roman‹ (dtv-Bd. 1006), ›Der Seewolf. Roman‹ (dtv-Bd. 1027), ›Martin Eden. Roman‹ (dtv-Bd. 1074), ›Das Feuer im Schnee. Erzählungen‹ (dtv-Bd. 1241), ›Die Art des weißen Mannes. Erzählungen‹ (dtv-Bd. 1282), ›Wolfsblut. Roman‹ (dtv-Bd. 1298), ›Der Rote. Erzählungen‹ (dtv-Bd. 1303), ›Ein Sohn der Sonne. Erzählungen‹ (dtv-Bd. 1418), ›Der Ruf der Wildnis. Roman‹ (dtv-Bd. 1563), ›Joe unter den Piraten. Roman‹ (dtv-Bd. 1615).

(Abdruck mit freundlicher Genehmigung des Universitas Verlags, München. Aus: J. L., Ein Sohn der Sonne. Deutsch von Erwin Magnus.)

Carlo Manzoni, geboren 1909 in Mailand, futuristischer Maler, begann 1936 zu schreiben.
Von Carlo Manzoni sind im Deutschen Taschenbuch Verlag erschienen: ›Haust du mich – hau ich dich. Ein Super-Thriller‹ (dtv-Bd. 1130), ›Der vierzehnte Gast. Kuriose Geschichten‹ (dtv-Bd. 1364).

(Abdruck mit freundlicher Genehmigung der Albert Langen – Georg Müller Verlag GmbH, München. Aus: C. M., Liebling, zieh die Bremse an. München und Wien 1974. Deutsch von Maria Kern.)

Isabella Nadolny, geboren am 26. Mai 1917 in München, ist heute vorwiegend als Übersetzerin tätig und lebt am Chiemsee.
Von Isabella Nadolny sind im Deutschen Taschenbuch Verlag erschienen: ›Ein Baum wächst übers Dach. Roman‹ (dtv-Bd. 1531), ›Seehamer Tagebuch‹ (dtv-Bd. 1665), ›Vergangen wie ein Rauch. Geschichte einer Familie‹ (dtv-Bd. 10133), ›Der schönste Tag. Geschichten‹ (dtv-Bd. 10201).

(Abdruck mit freundlicher Genehmigung der Paul List Verlag KG, München. Aus: I. N., Seehamer Tagebuch. München 1962.)

Joyce Carol Oates, geboren am 16. Juni 1938 in Lockport/New York, lehrt heute an der Princeton University.
Von Joyce Carol Oates sind im Deutschen Taschenbuch Verlag erschienen: ›Grenzüberschreitungen. Erzählungen‹ (dtv-Bd. 1643), ›Jene. Roman‹ (dtv-Bd. 1747), ›Lieben, verlieren, lieben. Erzählungen‹ (dtv-Bd. 10032), ›Ein Garten irdischer Freuden. Roman‹ (dtv-Bd. 10394), ›Bellefleur. Roman‹ (dtv-Bd. 10473).

(Abdruck mit freundlicher Genehmigung der Deutschen Verlags-Anstalt GmbH, Stuttgart. Aus: J. C. O., Lieben, verlieren, lieben. Stuttgart 1980. Deutsch von Charlotte Franke.)

EDNA O'BRIEN, geboren am 15. Dezember 1936 in Galway/Irland, studierte Pharmazie und lebt heute in London.
Von Edna O'Brien sind im Deutschen Taschenbuch Verlag erschienen: ›Mrs. Reinhardt träumt von No. 10. Erzählungen‹ (dtv-Bd. 1739), ›Das Liebesobjekt. Erzählungen‹ (dtv-Bd. 10086), ›Eine Rose im Herzen. Erzählungen‹ (dtv-Bd. 10135).
›Mrs. Reinhardt träumt von No. 10‹ 325
(Abdruck mit freundlicher Genehmigung der Franz Ehrenwirth Verlag GmbH & Co. KG, München. Aus: E. O'B., Mrs. Reinhardt träumt von No. 10. München 1979. Deutsch von Hannelore Neves.)

RUTH REHMANN, geboren am 1. Juni 1922 in Siegburg, studierte Kunstgeschichte, Archäologie und Musik, lebt heute als freie Schriftstellerin im Voralpenland.
Von Ruth Rehmann sind im Deutschen Taschenbuch Verlag erschienen: ›Der Mann auf der Kanzel. Fragen an einen Vater‹ (dtv-Bd. 1726), ›Paare. Erzählungen‹ (dtv-Bd. 10075).
›Paare‹ 101
(Abdruck mit freundlicher Genehmigung der Franz Ehrenwirth Verlag GmbH & Co. KG, München. Aus: R. R., Paare. München 1978.)

EUGEN ROTH, geboren am 24. Januar 1895 in München, gestorben am 28. April 1976 ebenda. Er studierte Germanistik, Geschichte und Kunstgeschichte, war Redakteur, seit 1933 freier Schriftsteller.
Von Eugen Roth sind im Deutschen Taschenbuch Verlag erschienen: ›Ernst und heiter‹ (dtv-Bd. 10), ›Genau besehen. Verse und Anekdoten‹ (dtv-Bd. 749), ›So ist das Leben. Verse und Prosa‹ (dtv-Bd. 908; auch als dtv großdruck 2529), ›Das Eugen Roth Buch‹ (dtv-Bd. 1592), ›Je nachdem. Heitere Verse und Gedichte‹ (dtv-Bd. 1730), ›Spaziergänge mit Hindernissen. Anekdoten‹ (dtv-Bd. 10046), ›Der Weg übers Gebirg. Erzählung‹ (dtv großdruck 2545).
›Stammtischgespräche‹ 347
(Abdruck mit freundlicher Genehmigung der Dr. Eugen Roth Erben, München. Aus: E. R., Gute Reise; enthalten auch in dtv-Bd. 908.)

HANS SCHEIBNER, geboren am 27. August 1936 in Hamburg, ist gelernter Verlagskaufmann, Journalist und Texter. Er lebt in Hamburg.
Von Hans Scheibner sind im Deutschen Taschenbuch Verlag erschienen: ›Scheibnerweise. Satiren‹ (dtv-Bd. 10047), ›Lemminge, Lemminge. Neue Satiren‹ (dtv-Bd. 10314).
›Die Eumeniden von Ohlsdorf‹ 361
(Abdruck mit freundlicher Genehmigung des Hans Christians Verlags, Hamburg. Aus: H. S., Keine Angst vorm Feuer – wir löschen mit Benzin. Hamburg 1982; enthalten auch in dtv-Bd. 10314.)

Isaac Bashevis Singer, geboren am 14. Juli 1904 in Radzymin/Polen, emigrierte 1935 in die USA, lebt heute in New York. 1978 erhielt er den Nobelpreis für Literatur.
Von Isaac B. Singer sind im Deutschen Taschenbuch Verlag erschienen: ›Feinde, die Geschichte einer Liebe. Roman‹ (dtv-Bd. 1216), ›Der Kabbalist vom East Broadway. Geschichten‹ (dtv-Bd. 1393), ›Leidenschaften. Geschichten aus der neuen und der alten Welt‹ (dtv-Bd. 1492), ›Das Landgut. Roman‹ (dtv-Bd. 1642), ›Schoscha. Roman‹ (dtv-Bd. 1788), ›Das Erbe. Roman‹ (dtv-Bd. 10132), ›Eine Kindheit in Warschau‹ (dtv-Bd. 10187), ›Die Gefilde des Himmels. Eine Geschichte vom Baalschem Tow‹ (dtv-Bd. 10265), ›Verloren in Amerika. Vom Schtetl in die Neue Welt‹ (dtv-Bd. 10395), ›Als Schlemihl nach Warschau ging und andere Geschichten‹ (dtv großdruck 2523).

(Abdruck mit freundlicher Genehmigung des Carl Hanser Verlags, München. Aus: I. B. S., Der Kabbalist vom East Broadway. München und Wien 1976. Deutsch von Ellen Otten.)

Günter Stein, geboren am 10. Dezember 1933 in Darmstadt, war jahrelang Texter in internationalen Werbeagenturen. Er lebt heute in Stuttgart.
Von Günter Stein sind im Deutschen Taschenbuch Verlag erschienen: ›Enthüllungen aus dem Land der Riesenwaschkraft. Satiren‹ (dtv-Bd. 10020), ›Die Logik des Strafmandats. Satiren‹ (dtv-Bd. 10179).

(Abdruck mit freundlicher Genehmigung der Goldoni Verlagsgesellschaft mbH, Stuttgart. Aus: G. S., Die Logik des Strafmandats. Stuttgart 1977/1978.)

Udo Steinke, geboren am 2. Mai 1942 in Lodz, wuchs in der Nähe von Leipzig auf. Er lebt seit 1968 in der Bundesrepublik.
Von Udo Steinke sind im Deutschen Taschenbuch Verlag erschienen: ›Ich kannte Talmann. Erzählungen‹ (dtv-Bd. 6305), ›Die Buggenraths. Roman‹ (dtv-Bd. 6357).

(Aus: U. S., Ich kannte Talmann. Deutscher Taschenbuch Verlag GmbH & Co. KG, München 1980.)

Ludwig Thoma, geboren am 21. Januar 1867 in Oberammergau, gestorben am 26. August 1921 in Rottach-Egern, studierte Rechtswissenschaft. 1899 verkaufte er seine Anwaltskanzlei und wurde Redakteur.
Von Ludwig Thoma sind im Deutschen Taschenbuch Verlag erschienen: ›Altaich. Eine heitere Sommergeschichte‹ (dtv-Bd. 132), ›Der heilige Hies. Bauerngeschichten‹ (dtv-Bd. 201), ›Lausbubengeschichten‹ (dtv-Bd. 997; auch als dtv großdruck 2509), ›Andreas Vöst. Roman‹ (dtv-Bd. 1292),

›Erinnerungen‹ (dtv-Bd. 10087), ›Der Münchner im Himmel. Satiren und Humoresken‹ (dtv großdruck 2556).
›Der Münchner im Himmel‹ 334
(Abdruck mit freundlicher Genehmigung des R. Piper & Co. Verlags, München. Aus: L. T., Gesammelte Werke in sechs Bänden. München 1968.)

Friedrich Torberg, geboren am 16. September 1908 in Wien, gestorben am 10. November 1979 ebenda, emigrierte 1938 und kehrte 1951 nach Wien zurück.
Von Friedrich Torberg sind im Deutschen Taschenbuch Verlag erschienen: ›Der Schüler Gerber. Roman‹ (dtv-Bd. 884), ›Die Tante Jolesch oder Der Untergang des Abendlandes in Anekdoten‹ (dtv-Bd. 1266), ›Die Erben der Tante Jolesch‹ (dtv-Bd. 1644), ›. . . und glauben, es wäre die Liebe. Roman‹ (dtv-Bd. 1790), ›Kaffeehaus war überall. Briefwechsel mit Käuzen und Originalen‹ (dtv-Bd. 10300).
›Die Tante Jolesch persönlich‹ 65
(Abdruck mit freundlicher Genehmigung der Albert Langen – Georg Müller Verlag GmbH, München. Aus: F. T., Die Tante Jolesch oder Der Untergang des Abendlandes in Anekdoten. © 1975 Friedrich Torberg.)

Thaddäus Troll (eigtl. Hans Bayer), geboren am 18. März 1914 in Stuttgart, gestorben am 5. Juli 1980 ebenda, promovierte 1938 zum Doktor der Philosophie, war Theaterkritiker und Essayist.
Von Thaddäus Troll sind im Deutschen Taschenbuch Verlag erschienen: ›Hilfe – die Eltern kommen! Roman‹ (dtv-Bd. 559), ›Der himmlische Computer und andere Geschichten‹ (dtv-Bd. 10079; auch als dtv großdruck 2574), ›Fallobst und andere Geschichten‹ (dtv-Bd. 10148), ›Der Tafelspitz. Eine wunderbare Geschichte (dtv großdruck 2558).
›Wie wirke ich originell?‹ 357
(Abdruck mit freundlicher Genehmigung des Hoffmann und Campe Verlags, Hamburg. Aus: T. T., Der himmlische Computer und andere Geschichten. Hamburg 1978.)

P(elham) G(renville) Wodehouse, geboren am 15. Oktober 1881 in Guildford/England, gestorben am 14. Februar 1975 in New York, war Bankbeamter und seit 1903 freier Schriftsteller.
Von P. G. Wodehouse sind im Deutschen Taschenbuch Verlag erschienen: ›Sommerliches Schloßgewitter. Roman‹ (dtv-Bd. 1613), ›Die Hunde-Akademie und andere Stories‹ (dtv-Bd. 1661), ›Dann eben nicht, Jeeves. Roman‹ (dtv-Bd. 1710), ›Ein Pelikan im Schloß. Roman‹ (dtv-Bd. 1792), ›Vollmond über Blandings Castle. Roman‹ (dtv-Bd. 10078), ›Schwein oder Nichtschwein. Roman‹ (dtv-Bd. 10126), ›Schloß Blandings im Sturm der Gefühle. Roman‹ (dtv-Bd. 10194), ›Adel vergißt sich. Roman‹ (dtv-

Bd. 10279), ›Schwamm drüber, Sir. Roman‹ (dtv-Bd. 10380), ›Das höchste der Gefühle. Roman‹ (dtv-Bd. 10534).

(Aus: P. G. W., Die Hunde-Akademie und andere Stories. Deutscher Taschenbuch Verlag GmbH & Co. KG, München 1981. Deutsch von Harald Raykowski.)

Gabriele Wohmann, geboren am 21. Mai 1932 in Darmstadt, studierte Germanistik und Musikwissenschaft. Sie lebt in Darmstadt.

Von Gabriele Wohmann sind im Deutschen Taschenbuch Verlag erschienen:

›Alles zu seiner Zeit. Erzählungen‹ (dtv-Bd. 1164), ›Sieg über die Dämmerung. Erzählungen‹ (dtv-Bd. 1621), ›Sonntag bei den Kreisands. Erzählungen‹ (dtv-Bd. 10057), ›Ach wie gut, daß niemand weiß. Roman‹ (dtv-Bd. 10100), ›Einsamkeit. Erzählungen‹ (dtv-Bd. 10275), ›Der Nachtigall fällt auch nichts Neues ein. Vier Hörspiele‹ (dtv-Bd. 5461), ›Heiratskandidaten. Ein Fernsehspiel und drei Hörspiele‹ (dtv-Bd. 6324), ›Komm donnerstags. Erzählungen‹ (dtv großdruck 2548).

(Abdruck mit freundlicher Genehmigung des R. Piper & Co. Verlags, München. Aus: G. W., Sieg über die Dämmerung. München 1960.)

Wolf Wondratschek, geboren am 14. August 1943 in Rudolstadt/Thüringen, studierte Literaturwissenschaft und Philosophie. Er lebt heute als freier Schriftsteller in München.

Von Wolf Wondratschek ist im Deutschen Taschenbuch Verlag erschienen: ›Früher begann der Tag mit einer Schußwunde und andere Prosa‹ (dtv-Bd. 6318).

(Abdruck mit freundlicher Genehmigung des Carl Hanser Verlags, München. Aus: W. W., Früher begann der Tag mit einer Schußwunde. München 1969.)

Lars Gustafsson

»Es begann mit kleinen Rissen, Unstimmigkeiten, einem mikroskopischen Abstand zwischen der Welt, von der man redete, und der Welt, die tatsächlich da war.« (Lars Gustafsson, 1972)

Lars Gustafsson:
Wollsachen
Roman

dtv

dtv 1273

Lars Gustafsson:
Das Familientreffen
Roman

dtv

dtv 1470

Lars Gustafsson:
Die Tennisspieler
Erzählung

dtv

dtv 10008

Lars Gustafsson:
Erzählungen
von glücklichen
Menschen

dtv

dtv 10175

Lars Gustafsson:
Die Stille der Welt
vor Bach
Gedichte

dtv

dtv 10299

dtv